China die zukünftige Weltwirtschafts- und Supermacht?

Raimund G. Philipp

China die zukünftige Weltwirtschafts- und Supermacht?

Mythos und Realität

Band 2

Verlag Traugott Bautz

Bibliografische Information Der Deutschen Nationalbibliothek:
Die Deutsche Nationalbibliothek verzeichnet diese Publikation in der Deutschen Nationalbibliografie; detaillierte bibliografische Daten sind im Internet über <http://dnb.d-nb.de> abrufbar.

99734 Nordhausen 2012
ISBN 978-3-88309-724-4

Landwirtschaftliche Grundlagen und die Produktionsbedingungen

Nach der ausführlichen, jedoch nicht vollständigen Betrachtung der Arbeits- und Lebensbedingungen der Arbeitsmigrant/innen wenden wir uns nun den landwirtschaftlichen Grundlagen und den Produktionsbedingungen zu, die mit ein Grund für die enorme Landflucht der bäuerlichen Bevölkerung sind.
Es klang ja schon mehrfach an, dass die sozioökonomischen Verhältnisse im ländlichen Raum alles andere als gut zu nennen sind. Dies soll hier vertiefend dargestellt werden und zwar an Hand der Anstrengungen zur Modernisierung des Agrarsektors, wie sie sich die Zentralregierung auf die Fahnen geschrieben hat. Hier ist anzumerken, dass es sowohl Rückschritte als auch positive Veränderungen gegeben hat. So mangelt es einerseits an qualifiziertem wissenschaftlich-technischen Personal, andererseits nahm die Zahl der eingesetzten Landwirtschaftsmaschinen enorm zu und es fand seit dem WTO-Beitritt eine Diversifizierung der Agrarproduktion statt. Trotz all dieser von der Zentralregierung eingeleiteten Maßnahmen, wird der ländliche Raum Chinas unter den Bedingungen der dritten industriellen Revolution und dem Globalisierungsprozess, die beide zusammen die Krise des Kapitals verschärft haben, sich unter diesen Umständen nicht modernisieren und auf das weltweit in der Landwirtschaft herrschende Produktivitätsniveau anheben lassen. Auch die sich im Niedergang befindende kapitalistische Produktionsweise verhindert dies.

Schauen wir uns zuerst das wissenschaftlich-technische Personal an, das für eine Modernisierung des Agrarsektors von grundlegender Bedeutung ist.

In der ersten Volkszählung werden die Wissenschaftler und Techniker, die in der Landwirtschaft insgesamt tätig sind, mit 2.717.000 Personen angegeben und machen 0,64% der gesamten landwirtschaftlichen Arbeitskräfte aus. Aufgeschlüsselt nach Arbeitsbereichen sind sie tätig:

"(. . .) in crop planting there were 204 thousand, in animal husbandry 382 thousand, in forestry 163 thousand, in fisheries 127 thousand. The farm professionals were 2410 thousand, on average there were 3.2 persons in each village board, of which, agricultural machinery were 858 thousand, water controllers were 552 thousand, electricity controllers were 1000 thousand."[409]

Auch die Fortbildungsmaßnahmen, an denen die Bauern in den verschiedenen Bereichen teilgenommen haben, werden explizit aufgelistet:

"In the year of 1996, 22458 thousand farmers had been trained in agricultural technology, and accounted for 5,3% of the total persons engaged in agricultural activities. Of which, persons experienced technology training in crop planting were 12038 thousand, in fruit plantation and horticulture were 3595 thousand, in livestock and animal husbandry were 3127 thousand, in forestry 1134 thousand, in fisheries and culturing 513 thousand, and in agricultural machinery 2051 thousand."[410]

Diese detaillierten Angaben fehlen in der zweiten Volkszählung. Es werden lediglich die Anzahl der Agrartechniker mit 2.070.000 erwähnt, was einen Rückgang von 647.000 bedeuten würde. Ferner wird darauf verwiesen, dass von diesen 940.000 in den landwirtschaftlichen Unternehmen beschäftigt sind und:

"In terms of title of the technical post, the senior, secondary and junior agricultural technicians hit respectively 120, 460 and 1,490 thousand persons."[411]

---

409 National Bureau of Statistics of China (Hrsg.) 2002. Agricultural Census Communique No. 3. Rural Persons Engaged and Agricultural Machinery, S. 2. http://.www.stats.gov.cn./was40/gjtjj_en_detail.jsp?channelid=4920&record=39, Stand: 28.3.2008.

410 Ebd.

411 Ebd. Diese landwirtschaftlichen Techniker werden wie folgt beschrieben:
„3. Agricultural technician: refers to the personnel engaged in agriculture industry, has received technical training in various agricultural professionals, or have an agricultural or specialized

Der Verlust von mehr als 640.00 Agrartechnikern lässt sich dadurch erklären, dass die Arbeits- und Lebensbedingungen auf dem Lande, verglichen mit den Städten, alles andere als attraktiv sind.

Schaut man sich den jährlichen *Report on the Work of the Government* an, so fällt zweierlei auf. Erstens tauchen im Jahresrückblick nur allgemeine Aussagen über Erfolge bzw. Probleme in Bezug auf die Landwirtschaft auf (von Ausnahmen abgesehen). So heißt es z. B. im Report von 2002 über das vergangene Jahr als China der WTO beigetreten war, dass die Einkommen der Bauern zu langsam ansteigen würden und in manchen, von Naturkatastrophen heimgesuchten Getreideanbaugebieten, sie sogar rückläufig seien.[412] Kein direktes Wort darüber, dass es zwischen 1996 und 2006, dem Zeitraum zwischen den beiden Volkszählungen zu einem Rückgang der in der Landwirtschaft beschäftigten Agrartechniker und Wissenschaftler kam.[413] Indirekt wird zugegeben, dass es weiterer Anstrengungen zur Verwissenschaftlichung der Landwirtschaft bedarf. So heißt es im *Report on the Outline of the Tenth Five-Year Plan for National Economic and Social Development (2001)*:

"We need to work diligently to reinvigorate agriculture through science and education.

---

technical skills with professional titles, meanwhile, they must be a higher level issued by the department in charge of professional and technical qualified certification, which devided into junior, secondary and senior levels. The level of professional and technical personnel was ranked by the registered professional technical qualifications." (Ebd., S. 4f.).

412 Vgl. Zhu Rongji 2002. Report on the Work of the Government (2002). Delivered at the Fifth Session of the Ninth People's Congress on March 5, 2002), S. 2. http:english.gov.cn/official/2005-07/29/content_18337.htm, S. 1-11. Stand: 19.9.2008.

413 Vgl. dazu auch die nachfolgenden Tätigkeitsberichte der Regierung unter Zhu und seinem Nachfolger Wen Jiabao, auf die ich noch eingehen werde.

We need to strengthen the research, development and application of biotechnology, information technology and other high and new technologies, and spread the use of improved strains and advanced technologies. Great efforts need to be made to stimulate the industrialization of agriculture by applying agricultural science and technology. We need to improve the socialized service system for agriculture. Market information systems for agricultural products need to be established and standards and inspection procedures need to be formulated to ensure food safety and quality. In restructuring agriculture, we need to proceed in light of local conditions and follow the principles governing the development of the market, and we need to protect farmers' right to independence in production and operation and refrain from pressure and coercion."[414]

Hier sind die Hauptprobleme der chinesischen Landwirtschaft benannt und immer wieder tauchen sie in den nachfolgenden Jahren in den Tätigkeitsberichten auf. Aus diesen offiziellen Dokumenten sollen einige Passagen zitiert werden. Nicht, um die Anstrengungen der Zentralregierung zu diskreditieren, sondern um zu verdeutlichen, welche riesige Aufgabe es ist, den Agrarsektor zu modernisieren. So heißt es in dem *Report* von 2006:

"The building of a new socialist countryside is a long-term arduous task. We need to proceed from reality, take measures suited to local conditions, give guidance tailored to the situation and plan carefully. We need to respect the wishes of farmers, oppose formalism and coercion, and avoid the herd mentality. We need to advocate a spirit of self-reliance and hard struggle, be realistic and pragmatic, and work diligently."[415]

---

414 Zhu Rongji 2001. Report on the Outline of the Tenth Five-Year Plan for National Economic and Social Development (2001), S. 4. (Delivered at the Fourth Session of the Ninth National People's Congress on March 5, 2001). http://english.gov.cn./official/2005-07/29/content_18334.htm, S. 1-11. Stand: 19.9.2008.

415 Wen Jiabao 2006. Report on the Work of the Government (2006). (Delivered at the Fourth Session of the Tenth National People's Congress on March 5, 2006), S. 5. http://english.gov.cn/official/2006-03/14/content_227248.htm, S. 1-14. Stand: 20.7.2008.

Es wird von seiten der KP-Führung stets wiederholt, dass die Landwirtschaft die Grundlage der chinesischen Ökonomie ist.[416] Weiter oben haben wir gesehen, dass die bisher aufgelisteten Probleme schon beträchtlich sind und wir werden feststellen, dass es nicht die einzigen bleiben werden.

Es wird immer wieder darauf hingewiesen, wie groß die entwicklungspolitischen Defizite hinsichtlich der Industrialisierung und Verwissenschaftlichung des Agrarsektors sind, aber lediglich einmal in den Tätigkeitsberichten (von 2002 bis 2008) wird in dem von 2005 explizit auf die Agrarwissenschaftler und Techniker eingegangen. Dort heißt es:

"Fourth, we will accelerate Innovation in agricultural science and technology and spread of the use of agricultural technology. We will gradly increase investment in agricultural science and technology, raise innovativeness in them, and further improve the system for expanding the use of agricultural technology. Subsidies will be increased for expanding the use of important agricultural technologies. We will encourage and support scientists and technicians to go to the countrysidc to provide technical consultation and services."[417]

---

416 Vgl. u. a. Wen Jiabao 2008. Report on the Work of the Government (2008) Delivered at the First Session of the 11th National People's Congress on March 5, 2008, S. 7. http//english.gov.cn/official/2008-03/20/content_924600.htm, S. 1-17. Stand: 20.7.2008. Dort heißt es im Wortlaut: „Agriculture, the foundation of the economy, remains weak. The difficulty of maintaning steady agricultural development gap between urban and rural areas and between regions has not been checked. In particular, the institutional factors hindering economic development remain serious, making institutional reform a daunting task" (ebd.). Womit weitere Schwierigkeiten angesprochen worden sind, die weiter unten noch behandelt werden.

417 Wen Jiabao 2005. Report on the Work of the Government (2005). (Delivered at the Third Session of the Tenth National People's Congress on March 5, 2005, S. 6. http://english.gov.cn/official/2005-07/29/content_18351.htm, S. 1-12. Stand: 19.9.2008.

Ein Jahr bevor die zweite Volkszählung auf dem Lande durchgeführt und bei der Auswertung festgestellt wurde, dass es einen Rückgang des technischen Personals gab, appellierte die Regierung quasi an diese Wissenschaftler. Dies ist mehr als ein Indiz dafür, wie schlecht es mit den Lebensverhältnissen im ländlichen Raum bestellt sein muss. Allem Anschein nach verfügt Beijing nicht über die Anreize und Instrumente, um qualifiziertes Personal rekrutieren zu können.[418] Und es zeigt überdies, dass alle noch so gut gemeinten Maßnahmen der Zentralregierung ins Leere zu laufen drohen, denn im *Report* von 2008 heißt es erneut:

"Fourth, we will improve the system for spreading agricultural science and technology and providing agricultural technical services. We will work harder to make innovations in agricultural science and technology and apply advances in agricultural science and technology, and improve the diverse array of mainly nonprofit agricultural technical services. We will accelerate agricultural mechanization. We will improve the systems for superior seed varieties, information, and the quality and safety of agricultural products, and for preventing and mitigating disasters, and do a good job preventing and controlling animal epidemics, plant diseases and insect pests. We will expand trial soil testing to

418 Das gleiche Problem zeigt sich auch bei den auf dem Lande dringend benötigten Lehrern. Unter der Überschrift *Ländliche Gebiete brauchen dringend Lehrer* heißt es: „Die schlechteren Lebensbedingungen und das geringe Einkommen schrecken viele qualifizierte ab, in den ländlichen Gebieten zu unterrichten. Subventionen und verbesserte Leben- (sic; RGP) und Arbeitsbedingungen sind nötig, um mehr Lehrer aufs Land zu locken" (German.China.Org.Cn 2008. Ländliche Gebiete brauchen dringend Lehrer, S. 1. http://german.china.org.cn/china/2008-12/22/content_16989018.htm, S. 1-1. Stand: 22.12.2008). Der Sprachgebrauch „aufs Land zu locken" zeigt an, dass die im Westen - z. T. durchaus mit Recht - gescholtene Parteidiktatur nicht die Machtmittel besitzt, diesem Defizit ein Ende zu bereiten. Jeder kleine Angestellte bzw. Beamte in der Arbeitsagentur verfügt über mehr Druckmittel als die „allmächtige" chinesische Führung.

determine appropriate fertilizer formulas."[419]

Nach der zweiten Volkszählung weiß die Führung zwar woran es im Agrarsektor hapert und dies wird, wie das obige Zitat beweist, auch schonungslos zugegeben. Aber eine wesentliche Veränderung des wissenschaftlich-technischen Niveaus scheint immer noch nicht erreicht worden zu sein. Wen wundert es ob der Größe und Unzugänglichkeit des ländlichen Raums, des Kapitalbedarfs und der fehlenden Techniker und Wissenschaftler, die einen Teil der Probleme beseitigen könnten. Schucher z. B. verweist ebenfalls darauf, dass die „Unterstützung seitens Technologie und Wissenschaft schwach und die Infrastruktur rückständig sind.“[420] Und dies, obwohl die Regierung zwischen 2003 und 2006 allein 139,3 Mrd. USD in den Aufbau der Landwirtschaf investiert hat.[421] An Hand dieser Investitionen wird der oben angesprochene Kapitalbedarf für den ländlichen Raum deutlich, es scheint ein Fass ohne Boden zu sein, denn an den prekären Verhältnissen hat sich seit dem wenig geändert (s. w. u.).

Und schon 2004 wurde beschlossen, dass von nun an „nicht mehr die Landwirtschaft die Industrie, sondern die Industrie die Landwirtschaft

---

419 Wen Jiabao 2008. Report on the Work of the Government (2008) Delivered at the First Session of the 11th National People‘s Congress on March 5, 2008, S. 10. http//english.gov.cn/official/2008-03/20/content_924600.htm, S. 1-17. Stand: 20.7.2008.

420 Schucher, Günter 2007. Landwirtschaft bleibt offiziell „No. 1", S. 114. In: C. a. 1/2007, S. 114-115.

421 Vgl. ebd.

unterstützen“ soll.[422] Ziel sei es, die Agrarproduktivität zu erhöhen.[423]

Kommen wir auf die Agrarwissenschaftler etc. noch einmal zu sprechen, um uns das Dilemma besser vor Augen führen zu können. Weiter oben wurde die Zahl dieser Personengruppe mit über 2 Mio. angegeben. Von diesen sind 940.000 in den landwirtschaftlichen Holdings beschäftig. D. h. es kommen auf ein Unternehmen 2,37 Agrarwissenschaftler. Setzt man nun die Zahl der 1.130.000 Techniker, die - davon gehen wir hier einmal aus - ihre Dienste den 200.160.000 Bauernhaushalten anbieten dürften, kommt man pro Familienbetrieb auf 0,0056 Wissenschaftler. Natürlich ist diese Rechnung irreal, sie soll nur illustrativ verdeutlichen, wie das Verhältnis Einzelbetrieb zu Techniker aussieht. Nehmen wir statt dessen die ca. 700.000 Dörfer als Berechnungsgrundlage, so erhalten wir pro Dorf 1,61 Techniker. Bei ca. 150 Höfen je Dorf,[424] was von Region zu Region erheblich differieren dürfte, ist die Anzahl der Techniker sehr gering, absolut zu niedrig, um das wissenschaftlich-technische Niveau der bäuerlichen Bevölkerung effektiv anheben zu können.

Wenn man sich die Verteilung der Agrartechniker und -wissenschaftler auf die Gesamtzahl der Bauernhaushalte und der Holdings anschaut, wird dies einmal mehr deutlich. 54,59% von ihnen sind für 200,160 Mio. Höfe tätig und 45,41% arbeiten in den gerade einmal 395.000 landwirtschaftlichen Unternehmen.

Vom rein wirtschaftlichen Standpunkt mag dies durchaus sinnvoll sein, denn es

---

422 Schucher, Günter 2006. Mehr Geld für die Bauern, S. 117. In. C. a. 2/2006, S. 117-119.

423 Vgl. ebd. Schucher konstatiert, dass diese in den größten Teilen Chinas schon relativ hoch sei. Allerdings lediglich für chinesische Verhältnisse, weltweit besehen, ist dies nicht der immer der Fall (siehe dazu den Abschnitt über die Chinas Landwirtschaft im internationalen Vergleich).

424 Vgl. Aubert, Claude 2006. Landwirtschaftspolitik, S. 114. In: Staiger, Brunhild/Friedrich, Stefan/Schütte, Hans-Wilm 2006. China. Lexikon zu Geographie und Wirtschaft, Darmstand, S. 113-116.

ist davon auszugehen, dass die Holdings flächenmäßig größer, von der materiellen Ausstattung (Maschinen, Fuhrpark etc.) besehen besser gestellt sind und vornehmlich für Großverbraucher (Fleisch- und Konservenfabriken) und den Export produzieren. Aus sozioökonomischer Sicht ist dies ein gravierender Nachteil,[425] denn nur wenn die Masse der bäuerlichen Produzenten mit den modernsten agrarwissenschaftlichen Methoden vertraut gemacht wird, lassen sich die Erträge steigern und damit die Einkommen erhöhen. Nur so könnten sich die Bauern langlebige Konsumgüter im größeren Stil kaufen und die Binnennachfrage auf dem Lande steigern. Ein Ziel, das die Regierung ja schon seit längerem verfolgt, nicht erst seit der Weltwirtschaftskrise.

Wir brauchen hier nicht einmal von einem Preisverfall im Zuge eines Überangebots abstrahieren, denn der würde zwangsläufig, den Gesetzen der Konkurrenz folgend, dazu führen, dass die weniger produktiven Bauern bankrottieren müßten und sich so die Zahl der Familienbetriebe reduzieren würde.

Chen und Wu verdeutlichen die Misere an dem Dorf Kleingang (Kreis Fengyang, Provinz Anhui) von dem das *Produktionsveranwortlichkeitssystem* (*PVS*) seinen Ausgangspunkt nahm.[426]

"Wenn auch das Ernährungs- und Unterbringungsproblem gelöst war und die Familien

---

425 Chen und Wu machen folgende Rechnung auf:
„China hat augenblicklich 1,3 Milliarden Einwohnen, davon leben 900 Millionen in Bauernfamilien, im arbeitsfähigen Alter sind davon über 500 Millionen. Dabei benötigt die landwirtschaftliche Produktion nur etwas mehr als 100 Millionen, und die Gemeindeunternehmen fangen nur einige Dutzend Millionen auf. Da bleiben also 300 bis 400 Millionen überschüssiger Arbeitskräfte für die Wanderschaft.
Deshalb kann man sagen, erst wenn ein Großteil dieser Bauern das Land verlässt und zu Städtern wird, hat die Modernisierung Chinas eine Chance" (Chen 2007, S. 515).

426 Vgl. ebd., S. 312ff.

alle etwas zu essen und anzuziehen hatten, so war man doch auf dem Niveau der bloßen Versorgung mit Nahrung und Kleidung stehen geblieben, und das auch noch nach fast 20 Jahren Reform. Man konnte keine Häuser bauen, man konnte die Straßen nicht renovieren, es gab kein Telefon, es gab kein fließendes Wasser, es gab keine Schule, es gab nicht ein einziges Unternehmen, es gab keine Toilette, die die Bezeichnung hygienisch verdient hätte. Ja, an diesem Ort, an dem die gewaltige Reformierung Chinas ihren Anfang genommen hatte, war man am Ende nicht einmal in der Lage, eine Ausstellungsraum einzurichten, in dem die Menschen sich hätten informieren können."[427]

Und sie konstatieren:

"Aber natürlich stand Kleingang, wo sich in 20 Jahren nichts verändert hatte, gleichermaßen in einer bestimmten Stellvertreterschaft für die riesigen ländlichen Gebiete Chinas. Es war doch nur ein begrenzter Teil der ländlichen Gebiete um die Küstenstädte, der schnell reich wurde, dem überwiegenden Rest ging es nicht besser als Kleingang. Wenn man unter diesem Gesichtspunkt einmal die letzten 20 Jahre von Kleingang betrachtet, so kommt ihm eine geradezu klassische Bedeutung für das Verständnis der Landwirtschaft, der ländlichen Gebiete und der Bauern Chinas zu."[428]

Es wird hier noch einmal deutlich, dass die Masse der ländlichen Bevölkerung, die Bauern, von diesen Reformen nicht profitiert haben und die Modernisierung bei den wenigsten angekommen ist. China hatte in der vorkapitalistischen Epoche, in der frühen Qing-Zeit (1644-1911), eine der fortschrittlichsten und produktivsten Landwirtschaften auf der Welt und die Bauern gaben ihr Wissen über Anbaumethoden, Fruchtfolgen etc. von Generation zu Generation weiter. Im Industriezeitalter, zumal in der Epoche der dritten industriellen Revolution, nützt die ganze, auf Tradition basierende, Erfahrung und Kenntnis nicht mehr viel. Die bäuerliche Bevölkerung muss in moderner Agrartechnik und -wissenschaft geschult und unterrichtet werden, was die Zentralregierung laut

---

[427] Ebd., S. 315.

[428] Ebd.

ihren Aussagen in den *Reports* erkannt hat.

Weiter oben wurden die Schulungsmaßnahmen, an denen die Bauern teilgenommen hatten, angeführt, um sie mit den modernsten Agrartechniken vertraut zu machen. Wir haben aber gesehen, dass fast die Hälfte der Agrartechniker für die Holdings arbeiten. Im Tätigkeitsbericht von 2007 wird erneut eine Absichtserklärung hinsichtlich der Schulung der bäuerlichen Bevölkerung abgegeben, dort heißt es:

"Five, we will promote the training of people in the practical skills needed in the countryside and the development of rural human ressources. We will step up training of farmers to make them better able to apply scientific techniques to growing crops, raising livestock and producing aquaculture products and to find employment outside of agriculture, and to foster the development of a new type of farmer."[429]

Tatsächlich hat seit dem WTO-Beitritt Chinas eine Diversifizierung in der landwirtschaftlichen Produktion stattgefunden, aber es darf mit Fug und Recht bezweifelt werden, dass von dieser die Mehrheit der bäuerlichen Bevölkerung profitiert hat. Darauf wird im Zusammenhang mit den Lebensverhältnissen nach näher einzugehen sein.

Es lässt sich also festhalten, dass von den hier analysierten Tätigkeitsberichten der Regierung (von 2002 bis 2008, ferner der 10. FJP) immer wieder Absichtserklärungen und Appelle formuliert wurden, die in Bezug auf die Modernisierung des ländlichen Raums (Aufbau der Infrastruktur, Unterstützung des Agrarsektors durch die Industrie, Verwissenschaftlichung der landwirtschaftlichen Produktion etc.) inhaltlich identisch sind und sich im

---

429 Wen Jiabao 2007. Report On The Work Of The Government. Delivered at the Fifth Session of the Tenth National People's Congress on March 5, 2007, Wen Jiabao, Premier of the State Council, S. 7. http://english.gov.cn/2007-03/16/content_552995.htm, S. 1-15. Stand: 20.7.2008.

Wortlaut ähneln. Das heißt nichts anderes als dass trotz aller Fortschritte, die bisher erzielt worden sind, die Verantwortlichen auf zentraler Ebene von Partei und Regierung noch weit davon entfernt sind, die sozioökonomischen Verhältnisse in der Landwirtschaft ihren Vorstellungen entsprechend umgestaltet zu haben.

Es ist, ob der enormen Bedeutung des ländlichen Raums mit seinen 900 Mio. Einwohnern, blauäugig, wenn China-Beobachter die Volksrepublik in den Rang einer zukünftigen Weltwirtschaftsmacht heben. Sie „übersehen" einfach die überwiegende bzw. partielle Rückständigkeit des Agrarsektors, der - verglichen mit dem der westlichen Industrieländer - weit von einer modernen, mechanisierten und verwissenschaftlichten Agrarindustrie entfernt ist. Und damit ist nun ein weiteres grundlegendes Problem benannt, das der mangelhaften Motorisierung.

Die Anzahl der wichtigsten Landmaschinen, die im Agrarsektor eingesetzt werden, beziffert die Volkszählung von 1996 auf 24.691.000. Im Durchschnitt kommen auf 1.000 Bauern 44,03 landwirtschaftliche Gerätschaften.[430] Je nach den einzelnen Regionen variiert der Einsatz und die Anzahl der Landwirtschaftsmaschinen, wie die nachfolgenden Tabellen zeigt:

---

430 National Bureau of Statistics of China (Hrsg.) 2002. Agricultural Census Communique No. 3. Rural Persons Engaged and Agricultural Machinery, S. 2. http://.www.stats.gov.cn./was40/gjtjj_en_detail.jsp?channelid=4920&record=39, S. 1-3. Stand: 28.3.2008.

Tabelle 10: Possession of five kinds of main agricultural machinery in the east, middle and west parts of China (in thousand)

	East part	Middle part	West part
Large-sized tractors	264.0	288.7	125.1
Small-sized tractors	5038.8	5178.8	1577.4
Combines	66.7	35.8	10.9
Motored threshers	4978.1	2060.9	482.5
Agricultural transportion vehicles	2355.1	1743.0	490.3

Quelle: Vgl. National Bureau of Statistics of China (Hrsg.) 2002. Agricultural Census Communique No. 3. Rural Persons Engaged and Agricultural Machinery, S. 3. http://.www.stats.gov.cn./was40/gjtjj_en_detail.jsp?channelid=4920&record=39, Stand: 28.3.2008.

Der Osten, zu dem bei der ersten Volkszählung auch der Nordosten (Nordostchinesische Ebene) mit seinen Staatsfarmen gehört, verfügt über mehr als die Hälfte aller Landwirtschaftsmaschinen (12.702.700), während die mittlere Region auf 9.307.200 und der Westen lediglich auf 2.686.200 kommen. Damit ist zwar nichts über die Qualität der eingesetzten Maschinen und die Produktivität ausgesagt,[431] aber es zeichnet sich ein deutliches regionales Gefälle im Mechanisierungsgrad ab. Zieht man dann noch die unterschiedliche Größe und die geografischen Verhältnisse in Betracht, die zugegebenermaßen im

431 Wenn ich nachfolgend den Begriff der Produktivität verwende, bezieht er sich auf die betriebswirtschaftliche Produktivität im langläufigen Sinne. Im Zusammenhang mit dem Marxschen Wertgesetz hat der obige Begriff eine gänzlich andere Bedeutung.

Westen alles andere als ideal für den Ackerbau sind, wird die Diskrepanz noch deutlicher.

Tabelle 11: Number of major agricultural machineries (Unit: 10,000 sets)

	National Total	Eastern Region	Central Region	Western Region	Northeastern Region
Large-medium sized tractors	140	36	29	31	44
Small-sized tractors	2550	868	1003	395	284
Large-medium sized tractor towing farm machinery	147	34	33	32	48
Small-sized tractor towing farm machinery	2509	587	1342	338	242
Combine harvester	55	23	24	4	4

Quelle: Vgl. National Bureau of Statistics of China (Hrsg.) 2008. Communiqué on Major Data of the Second National Agricultural Census of China (No. 2). Agricultural Basic and Production Conditions, S. 3. http://www.stats.gov.cn./english/newsandcomingevents/t20080227_402464772.htm, S. 1-5. Stand: 11.3.2008.

Was unter den einzelnen Maschinen zu verstehen ist, wird in der im Zensus von 2006 angeführten Fußnote verdeutlicht. Da sich diese Definitionen geändert haben bzw. eine differenzierte Einteilung vorgenommen wurde, lassen sich die Zahlen von 1996 und 2006 nur bedingt vergleichen. Etwas Licht mag die Erklärung in der der Tabelle nachfolgenden Fußnote aus der zweiten Volkszählung bringen.[432]

Die Zahl der landwirtschaftlichen Maschinen hat sich im Zeitraum von 1996 bis 2006 mehr als verdoppelt. Laut Tabelle 10 gab es bei der ersten Volkszählung

---

432 „4. Agricultural machinery: refer to large, medium and small sized tractors and their towing farm machineries, combine harvester and other agricultural machineries. The specific explanation is as follows: Large and medium-sized tractors refers to the engine rated power in the 14.7 kilowatts (including 14.7 kilowatts or 20 hp), including track-link and wheeled tractors models. Small tractors refers to the engine rated at 2.2 kilowatt power (including 2.2 kilowatts), less than 14.7 kilowatts, including small four-wheels and working models.
Small sized tractor refers to the engine rated at 2.2 kilowatt power (including 2.2kilowatts), less than 14.7 kilowatts, including small four-wheels and working models.
Large and medium-sized tractors towing farm machinery refers to towing and hanging mobile equipment operations which compound of large-medium sized tractors in farming land, such as tractor towing plow, tractor towing harrow, tractor towing sower, rotary plow and other agricultural implements. The tractor towing and hanging agricultural implements transformed by old type and semi-mechanized agricultural implements do not included.
Small sized tractor towing farm machinery refers to towing and hanging mobile equipment operations which compound of small sized tractors in farming land. The tractor towing and hanging agricultural implements transformed by old type and semi-mechanized agricultural implements do not included.
Combine harvester refers to harvesters that can complete several works (such as harvesting and threshing) in the course of harvestry, such as grain combine harvester, cotton combine harvester (cotton picker), including towing and self-propelled models."
National Bureau of Statistics of China (Hrsg.) 2008. Communiqué on Major Data of the Second National Agricultural Census of China (No. 2). Agricultural Basic and Production Conditions,S. 5. http://www.stats.gov.cn./english/newsandcomingevents/t20080227_402464772.htm. Stand: 11.3.2008.

24.696.100 (im Text sind es 5.000 weniger), im Jahr 2006 waren es 54.010.000. 1996 kamen auf 1.000 Bauern 44,03 Maschinen. Aber ob die Holdings in diesem Durchschnittswert einbezogen wurden, ist aus dem Dokument nicht ersichtlich. Für den rapiden Anstieg der Nutzung von Landwirtschaftsmaschinen dürfte u. a. die Diversifizierung innerhalb des Agrarsektors sowie die verstärkten Investitionen und Subventionen verantwortlich sein, wobei die landwirtschaftlichen Unternehmen die Hauptkäufer gewesen sein dürften, gerade was die teuren Großgeräte anbelangt. Da diese Holdings in der Regel über eine größere Anbaufläche verfügen als Bauernfamilien, macht der Einsatz dieser Maschinen Sinn. Zudem kommen sie am ehesten an das benötigte Kapital und sie sind kreditwürdig.[433] Diese Annahme lässt sich an Hand der Tätigkeitsberichte der Regierung stützen, aus denen weiter oben schon zitiert wurde. Da die inhaltlichen Aussagen weitestgehend übereinstimmen, sei hier lediglich aus dem *Report* von 2008 zitiert, darin heißt es:

"Second, we will strengthen agricultural support policies. We will increase direct subsidies for grain producers and general direct subsidies for purchasing agricultural supplies. We will expand both the size and scope of subsidies for using superior seed varieties. We will subsidize the purchase of more kinds of agricultural machinery and tools and raise such subsidies. Starting this year, eligibility for these subsidies will be expanded to all agricultural counties. We will raise the minimum grain purchase prices based on actual conditions."[434]

Diese Subventionen u. a. für Maschinen und Werkzeuge dürfte den Holdings

---

433 Bei den hinlänglich bekannten Verflechtungen zwischen Unternehmensleitungen und lokalen Behörden (nicht nur in der Landwirtschaft), dürfte dieser Sachverhalt nicht verwundern (sieh dazu den Abschnitt über die wachsende soziale Instabilität auf dem Lande).

434 Wen Jiabao 2008. Report on the Work of the Government (2008) Delivered at the First Session of the 11th National People's Congress on March 5, 2008, S. 10. http//english.gov.cn/official/2008-03/20/content_924600.htm, S. 1-17. Stand: 20.7.2008.

eher zugute kommen als den Kleinbauern, die - siehe die oben zitierten Aussagen von Chen/Wu - gerade einmal von der Hand in den Mund leben und nicht die finanziellen Mittel zur Verfügung haben, um sich moderne Gerätschaften kaufen zu können - Subventionen hin oder her, denn:

"Ein staatliches Beratungsgremium hat ermittelt, dass nur ein Fünftel von den staatlichen Subventionen in der Landwirtschaft bei den Bauern ankommt."[435]

Wie eingangs schon erwähnt, sind sowohl in bergigen als auch in den dicht besiedelten Regionen die Anbauflächen klein, zum Teil zerstückelt, so dass der Einsatz von Maschinen nicht effizient genutzt werden kann. Hier kommen immer noch Zugtiere zum Einsatz. Diese gartenbaumäßige Landwirtschaft dient in erster Linie der Eigenversorgung, lediglich wenige Überschüsse und Produkte aus Heimarbeit werden auf den Märkten angeboten, um sie gegen Waren einzutauschen bzw. zu kaufen, die nicht selbst hergestellt werden können, wie z. B. hochwertiges Saatgut, Dünger, Kleidung, Hygieneartikel etc.

Hier muss noch einmal darauf hingewiesen werden, dass, abgesehen von einigen Erzeugnissen, die auf dem Weltmarkt konkurrenzfähig sind, der chinesische Agrarsektor insgesamt besehen unterproduktiv und weit von einer industriellen landwirtschaftlichen Produktion entfernt ist, was ja auch aus den Tätigkeitsberichten der Regierung hervorgeht. Aus diesen ist allerdings ebenso zu entnehmen, dass es auf Grund der zentralstaatlichen Unterstützung durchaus zu einer Weiterentwicklung gekommen ist.

Wie erwähnt, lassen sich die in den zwei Volkszählungen aufgelisteten Landwirtschaftsmaschinen auf Grund definitorischer Veränderungen nur bedingt aussagekräftig miteinander vergleichen. So sind wahrscheinlich die großen und mittleren Traktoren im Zensus von 2006 zusammengefasst worden. Bei den

435 Schucher, Günter 2006. Mehr Geld für die Bauern, S. 118. In. C. a. 2/2006, S. 117-119.

Kleintraktoren hat sich der Bestand um mehr als das Doppelte auf über 25 Tausend erhöht. Und wenn man „combine“ und „combine harvester“ schlicht mit Mähdrescher übersetzt, ergibt sich nahezu eine Verfünffachung. Es wurde festgestellt, dass sich zwischen 1996 und 2006 die Zahl der landwirtschaftlichen Maschinen mehr als verdoppelt hat. Das zeigt, wie niedrig 1996 der Mechanisierungsgrad im Agrarsektor war und dass der Bedarf immer noch immens ist (s. den Abschnitt über den Vergleich beider Volkszählungen).

Tabelle 12: In der Landwirtschaft eingesetzte Maschinen 1996 und 2006

	1996	2006
Large-sized tractors	677.800	
Large-medium sized tractors		1.400.000
Small-sized tractors	11.795.000	25.500.000
Combines	113.400	
Combine harvesters		550.000
Large-medium towing farm machinery		1.470.000
Small-sized towing farm machinery		25.090.000
Motored treshers	7.521.500	
Agricultural transportation vehicles	4.588.400	

Quelle: Eigene Zusammenstellung an Hand der Kommuniqués von 1996 und 2006: Vgl.: National Bureau of Statistics of China (Hrsg.) 2002. Agricultural Census Communique No. 3. Rural Persons Engaged and Agricultural Machinery, S. 2f. http://.www.stats.gov.cn./was40/gjtjj_en_detail.jsp?channelid=4920&record=39, S. 1-3. Stand: 28.3.2008, vgl. ferner National Bureau of Statistics of China (Hrsg.) 2008. Communiqué on Major Data of the Second National Agricultural Census of China (No. 2). Agricultural Basic and Production Conditions, S. 2f. http://www.stats.gov.cn./english/newsandcomingevents/t20080227_402464772.htm, S. 1-5. Stand:

11.3.2008.

Dass sich die chinesische Landwirtschaft weiter entwickelt hat und es zu einer Ausweitung und Diversifizierung gekommen ist, lässt sich an folgendem Sachverhalt ablesen:

"At the end of 2006, the areas of greenhouses, large and small-medium sized vegetable sheds respectively achieved 81, 465 and 231 kilo hectares. In 2006, the area of vegetables, edible fungus, fruits and horticulture plantings respectively was 723, 46, 137 and 47 kilo hectares."[436]

In der ersten Volkszählung war von Gewächshäusern etc. nicht die Rede, dürfte also eine marginale Rolle gegenüber 2006 gespielt haben. Obwohl deshalb ein direkter Vergleich mit 1996 nicht möglich ist, sei die Tabelle der Vollständigkeit halber angeführt.

Exkurs: Die Irrationalität des modernen warenproduzierenden Systems am Beispiel chinesischer Erdbeeren

Rein rhetorisch gefragt: Ist es interessant zu wissen, dass China mittlerweile mehr Erdbeeren in die EU liefert als Polen? Der Anteil Polens fiel auf 15% im Jahr 2005, 2002 hatte es noch einen von 21%. Derjenige Chinas stieg von 3% (2002) auf 20% (2005).[437]

---

436 National Bureau of Statistics of China (Hrsg.) 2008. Communiqué on Major Data of the Second National Agricultural Census of China (No. 2). Agricultural Basic and Production Conditions,S. 3. http://www.stats.gov.cn./english/newsandcomingevents/t20080227_402464772.htm, S. 1-5. Stand: 11.3.2008.

437 Xiù Cai 2007. 23. Nicht mehr Polen, sondern China liefert die Erdbeeren in die EU. In: Xiù Cai 2007, China im (Schau) Bild (1), Nr. 86, 19.1.2007, S. 12. http://xiucai.oai.de/XiuCai/XiuCaiNo86.pdf, S.

Dieses obige und das nachfolgende Beispiel veranschaulicht einmal mehr den irrationalen Charakter des modernen warenproduzierenden Systems.

"So verbraucht etwa ein Kilo Erdbeeren, eingeflogen aus Israel, fast fünf Liter Erdöl, ein Kilo Erdbeeren vom heimischen Feld nur 0,2 Liter bis zum Supermarkt."[438]

Legen wir die Flugentfernung von Jerusalem nach Frankfurt am Main zugrunde, die 2.989 km beträgt und vergleichen diese mit der Strecke Beijing nach Frankfurt am Main, die per Flugzeug 7.780 Kilometer auseinander liegen,[439] so ergibt sich für ein Kilo aus China eingeflogene Erdbeeren ein Kerosinverbrauch von 13,01 Litern Erdöl.

Mit Frachtflugzeugen werden über eine Distanz von fast 8.000 km Tonnen von Erdbeeren und andere landwirtschaftliche Erzeugnisse von China in die EU geflogen (noch nicht mit eingerechnet der Transport innerhalb Chinas von den Erzeugerorten hin zu den Flughäfen). Hier werden sie auf dem Wochenmarkt und in den Geschäften für 4 bis 6 Euro das Kilo verkauft (außerhalb der Saison teurer, aber was hat der chinesische Produzent davon?). Eine Verdichtung des Flugverkehrs weltweit (denn nicht nur die EU wird mit Agrarprodukten aus China versorgt, auch andere Teile der Welt) und ein erheblicher Kerosinverbrauch, der die Umwelt schädigt, sind die Folgen. Wofür? Um z. B. auch Erdbeeren im Winter konsumieren zu können?

1-26.

438 Naturally Healthy o. J. Der lange Weg vom Feld zum Teller, S. 1. http://www.altameda.de/cms/artikel/3004061144.html, S.1-2. Stand: 10.8.2009.

439 Vgl. Entfernung berechnen , S. 1. http://www.new-media-engineering.com/entfernung/berechnen_weltweit.php, S.1-1. Stand: 25.8.2009.

Und der eben zitierte Artikel übt verhaltene Kritik an diesen Zuständen:

"Hinter der Entwicklung, dass Lebensmittel, die Tausende Kilometer weit gereist sind, oft billiger sind als regionale Produkte, stecken billige Arbeitskräfte und staatliche Subventionen sowohl in der Produktion als auch im Transport. Das alles geht zu Lasten von Menschen - beginnend mit oftmals ausbeuterischen Verhältnissen in den Produktionsstätten und im Frachtgewerbe, über massive Belastungen für die AnrainerInnen von Transitrouten bis hin zu gesundheitlichen Risiken für KonsumentInnen von Lebensmitteln, die oft nur mithilfe von Chemie fit für die langen Wege gemacht werden können."[440]

Zwar entsprechen die beschriebenen Verhältnisse der Realität, aber dass das moderne warenproduzierende System im Zeitalter der Globalisierung diese Entwicklung erst ermöglicht hat und so seinen irrationalen Charakter weiter auf die Spitze trieb und letztendlich dafür verantwortlich ist, darüber wird in dem zitierten Artikel kein Wort verloren.

Werfen wir einen Blick auf die Tabelle 13, die zeigt, dass die Volksrepublik China seit dem WTO-Beitritt Ende 2001 begrenzte Bereiche ihrer landwirtschaftlichen Produktion auf Exporterzeugnisse umgestellt hat, u. a. Gemüse- und Obstanbau sowie Fischzucht. Es kann davon ausgegangen werden, dass die Mehrheit der Bauern nicht wesentlich davon profitieren, vielmehr dürften auch hier die Holdings den größten Anteil an der Produktion und damit letztlich auch am Profit haben (von einzelnen Bauernhaushalten im Osten einmal abgesehen).

In der nachfolgenden Tabelle werden die Erträge, der in den Gewächshäusern und überdachten Hallen angebauten Produkte in Kilogramm pro Hektar

---

440 Naturally Healthy o. J. Der lange Weg vom Feld zum Teller, S. 1. http://www.altameda.de/cms/artikel/3004061144.html, S.1-2. Stand: 10.8.2009.

angegeben. Da die Gesamtfläche der Gewächshäuser etc. nicht aufgeführt wurde, ist die Tabelle wenig aussagekräftig. Es gibt überdies nur eine grobe Spezifizierung hinsichtlich der angebauten Produkte (Gemüse, Obst, Speisepilze).

Ersichtlich wird aus der Tabelle nur, dass die Ernteerträge (Kilo pro ha) im Osten immer höher sind als in anderen Regionen. Zumindest bei den Gewächshäusern ist dies kaum verständlich, da diese ja von Witterungseinflüssen weitgehend unabhängig sind. Bei den „Areas of large sized vegetable shed“, den „Vegetables“ und den „Fruits“ hat die östliche Region alleine einen Anteil von mehr als 50% gegenüber allen anderen Regionen zusammen.

Immerhin scheint sich die Annahme von Max Weber partiell zu bestätigen, als er schrieb:

> “Der Chinese würde, aller Voraussicht nach, ebenso fähig, vermutlich noch fähiger sein als der Japaner, sich den technisch und ökonomisch im neuzeitlichen Kulturgebiet zu Vollendung gelangten Kapitalismus a n z u e i g n e n.”[441]

Zumindest ist mir nicht bekannt, dass Japan Erdbeeren in die EU exportiert. Allerdings kann man mit dieser Nischenproduktion nicht zur führenden Weltmacht avancieren - schon gar nicht in Zeiten des globalen Niedergangs der kapitalistischen Produktionsweise.

---

[441] Weber, Max 1988[1920]. Gesammelte Aufsätze zur Religionssoziologie I, Tübingen, S. 535 (Hervorhebung im Original).

Tabelle 13: Establishment of agriculture (Unit: kilo ha.)

	National Total	Eastern Region	Central Region	Western Region	Northeastern Region
Areas of greenhouse	81	31	11	21	18
Areas of large sized vegetable shed	465	262	75	63	65
Areas of small-medium sized vegetable shed	231	104	48	57	22
Areas of main crops in greenhouses and sheds					
Vegetables	723	385	123	101	114
Edible fungus	46	22	14	8	2
Fruits	137	77	23	16	21
Horticultures	47	17	12	12	6

Quelle: Vgl. National Bureau of Statistics of China (Hrsg.) 2008. Communiqué on Major Data of the Second National Agricultural Census of China (No. 2). Agricultural Basic and Production Conditions, S. 4. http://www.stats.gov.cn./english/newsandcomingevents/t20080227_402464772.htm, S. 1-5. Stand: 11.3.2008.

Dass die östliche Region in Bezug auf die Landwirtschaft und die anderen Sektoren immer noch eine größere Bedeutung hat, auch auf Grund der Tatsache, dass sie weitestgehend in den Weltmarkt integriert ist, als die westlichen und zentralen Landesteile, wird an Hand der offiziellen Verlautbarungen deutlich. Letztere werden zwar explizit im 10. FJP genannt,[442] ebenso im Tätigkeitsbericht von 2002,[443] allerdings wird die Landwirtschaft in beiden Dokumenten lediglich in einem Halbsatz erwähnt. Im Zusammenhang mit dem WTO-Beitritt wird allgemein eine Diversifizierung der schon bestehenden Anbau- und Export-Palette gefordert.[444] Und im *Report* von 2008 heißt es in Bezug auf den Agrarsektor:

"While working to increase agricultural output, we also need to improve the structure of grain varieties grown and promote a constant increase in the production of important agricultural products. We will conscientiously implement policies and measures to boost pig production, dairy farming and oilseed production. We will energetically develop animal husbandry and aquaculture and support and promote their large-scale development as well as healthy farming practices. We will promote standardization of

---

442 Zhu Rongji 2001. Report on the Outline of the Tenth Five-Year Plan for National Economic and Social Development (2001). (Delivered at the Fourth Session of the Ninth National People‘s Congress on March 5, 2001), S. 6. http://english.gov.cn./official/2005-07/29/content_18334.htm, S. 1-11. Stand: 19.9.2008.

443 Zhu Rongji 2002. Report on the Work of the Government (2002). Delivered at the Fifth Session of the Ninth People‘s Congress on March 5, 2002), S. 5f. http:english.gov.cn/official/2005-07/29/content_18337.htm, S. 1-11. Stand: 19.9.2008.

444 Zhu Rongji 2001. Report on the Outline of the Tenth Five-Year Plan for National Economic and Social Development (2001). (Delivered at the Fourth Session of the Ninth National People‘s Congress on March 5, 2001), S. 6f. http://english.gov.cn./official/2005-07/29/content_18334.htm, S. 1-11. Stand: 19.9.2008.

agricultural production to improve the quality and safety of agricultural products."[445]

Basis ist nach wie vor die Sicherstellung der Versorgung mit Grundnahrungsmitteln wie Getreide etc., aber darüber hinaus wird eine Ausweitung der landwirtschaftlichen Produktion gefordert, wobei die Fleischproduktion, Vieh- und Fischzucht im großen Stil gefördert werden sollen. Des weiteren soll eine Qualitätskontrolle eingeführt werden, die die Qualität der landwirtschaftlichen Produkte sicher stellen soll. Denn in der Vergangenheit sind des Öfteren gerade auch von der EU Importverbote für Geflügel und z. B. auch Aquaprodukte aus China verhängt worden, da sie übermäßig mit Medikamenten (Antibiotika etc.) behandelt worden waren. Überdies sind die Flüsse und Seen mit ungereinigten Industrieabwässern und Pestiziden (durch Überdüngung gelangten diese u. a. ins Grundwasser) vergiftet worden.[446]

Explizit wird in dem Tätigkeitsbericht von 2008 nichts von einer Weltmarktintegration der einzelnen Landesteile verlautbart. Allerdings hatte Ma Kai, der Minister der Staatlichen Entwicklungsplanungskommission auf der Tagung des Nationalen Volkskongresses 2004 Richtlinien für die Entwicklung der zurückgebliebenen Regionen bekannt gegeben, ähnlich wie sie auch in den Tätigkeitsberichten der jeweiligen Ministerpräsidenten angekündigt worden

---

445 Wen Jiabao 2008. Report on the Work of the Government (2008) Delivered at the First Session of the 11th National People's Congress on March 5, 2008, S. 9. http//english.gov.cn/official/2008-03/20/content_924600.htm, S. 1-17. Stand: 20.7.2008.

446 Vgl. u. .a Xiù Cai 2007. China im (Schau) Bild (4), S. 5. In: Xiù Cai 2007, Nr. 89, 21.2.2007, S. 1-12. Zum extensiven Verbrauch von chemischem Dünger vgl. den Abschnitt *Chinas landwirtschaftliche Produktion im internationalen Vergleich*.

waren.[447]

Entscheidend für die Entwicklung der westlichen Provinzen ist die Schaffung von infrastrukturellen Rahmenbedingungen durch die Finanzierung ausgewählter Schlüsselprojekte, wie z. B. der Ausbau bzw. Neubau von Eisenbahnlinien, Straßen, (Wasser-) Kraftwerke, Flughäfen etc.[448] Dies ist der grundsätzliche Tenor in allen Regierungsverlautbarungen. Hier sei eine Passage aus dem Tätigkeitsbericht von 2005 wieder gegeben:

"Efforts were focussed on restructering, and investment was increased in agriculture, water conservancy, energy, transportation, environmental protection and social undertakings. A 4,000-kilometer-long pipeline to divert natural gas from the west to the east was completed in ist entirety and put to operation. Further progress was made on major projects such as the Three Gorges Dam Project, the West-to-East Electricity Transmission Project, the Qinghai-Tibet Railway, and the South-to-North Water Diversion Project. Coal Production capacity was expanded by 120 million tons, installed power-generating capacity was increased by 50.55 million kilowatts, and an additional 1,433 kilometers of railways and 46,000 kilometers of highways were opened to traffic in 2004."[449]

Wen spricht hier auch andere Projekte an, die keinen unmittelbaren Bezug zum Westen und zur Zentralregion haben, ersichtlich wird aber dadurch, welche

---

447 Vgl. dazu die entsprechenden Tätigkeitsberichte der Regierung: für 2003 S. 12f.; 2004 S. 6.; 2005 S.7f.; 2006 S. 6f.; 2007 S. 9; 2008 S. 11.

448 Vgl. Schüller, Margot 2004. NVK-Tagung: Ausgeglichene Regionalentwicklung als Ziel, S. 252f. In: C. a. 3/2004, S. 252-253.

449 Wen Jiabao 2005. Report on the Work of the Government (2005). (Delivered at the Third Session of the Tenth National People's Congress on March 5, 2005, S. 2. http://english.gov.cn/official/2005-07/29/content_18351.htm, S. 1-12. Stand: 19.9.2008.

immensen Aufgaben und Probleme in China insgesamt herrschen.

Aus Sicht der Zentralregierung ließen sich nur durch diese Maßnahmen eine allmähliche Entwicklung des Westens mit dem Ziel einer späteren Weltmarktintegration erreichen. Schon 2004 ist deshalb aus- und inländischen Investoren erlaubt worden, Portfolio-Investitionen in Unternehmen zu tätigen.[450]

Alles in allem wird die sozioökonomische Erschließung und Durchdringung der westlichen und zentralen Regionen und die Umstrukturierung des Nordostens Jahrzehnte in Anspruch nehmen, und dies nicht nur in Bezug auf die Landwirtschaft.[451] Die in dem obigen Zitat angeführten Schlüsselprojekt erfordern eine Unsumme an Kapital, das die einzelnen Provinzen niemals alleine aufbringen könnten. Im *Report* von 2008 wird folgende Summe an Transferzahlungen genannt:

"The central government turned over 4.25 trillion yuan in transfer payments to local governments from 2003 to 2007, with 87% of it allocated to the central and western regions."[452]

D. h. von den 4,25 Billionen Yuan (ca. 425,0 Mrd. Euro) sind 3,6975 Billionen Yuan (etwa 369,75 Mrd. Euro) allein in den letzten fünf Jahren in den Aufbau dieser Regionen geflossen. Im Durchschnitt sind jährlich 85 Mrd. Euro an

---

450 Vgl. Schüller, Margot 2004. NVK-Tagung: Ausgeglichene Regionalentwicklung als Ziel, S. 253. In: C. a. 3/2004, S. 252-253.

451 Hier sei noch einmal hervorgehoben, dass diese Aussagen nur unter der Voraussetzung gelten, dass das moderne warenproduzierende System nicht vorher kollabiert.

452 Wen Jiabao 2008. Report on the Work of the Government (2008) Delivered at the First Session of the 11th National People's Congress on March 5, 2008, S. 3. http//english.gov.cn/official/2008-03/20/content_924600.htm, S. 1-17. Stand: 20.7.2008.

Transferzahlungen von der Zentral- an die Lokalregierung überwiesen worden, davon allein 73,95 Mrd. Euro in die oben genannten Regionen. An Hand dieses immensen Kapitaltransfers sieht man, wie groß die sozioökonomischen und infrastrukturellen Defizite sind. Bedenkt man weiter, dass damit der Aufbau dieser Landesteile noch längst nicht abgeschlossen ist, kann man sich vorstellen, wie viel Kapitel in den nächsten Jahren noch investiert werden muss.

Kommen wir zur Landwirtschaft zurück, die sich ja auch nur dann entwickeln und ihre Produkte landesweit vermarkten kann, wenn die infrastrukturellen Rahmenbedingungen vorhanden sind. Im gleichen Report wird die Unterstützung für den Agrarsektor der letzten fünf Jahre wie folgt beschrieben:

> "Central government allocations for agriculture, rural areas and farmers reached 1.6 trillion yuan over the past five years, including nearly 300 billion yuan that was used for developing rural infrastructure. Local governments also substantially increased their input."[453]

Bleiben wir allein bei den Finanzmitteln, die die Zentralregierung überwiesen hat. 1,6 Billionen Yuan (160 Mrd. Euro), das sind jährlich ca. 32 Mrd. Euro allein für die Unterstützung der Landwirtschaft und davon wurden für die Entwicklung der ländlichen Infrastruktur 300 Mrd. Yuan (ca. 30 Mrd. Euro) überwiesen, das sind 5 Mrd. Euro jährlich. Die Umstrukturierung und Modernisierung der Landwirtschaft ist ebenso wenig wie die der westlichen Region vollendet.

---

[453] Ebd., S. 2.

Exkurs: Weltwirtschaftskrise, fiktives Kapital und Konjunkturprogrammblase

Hier muss noch eine kurze, aber bedeutsame Anmerkungen gemacht werden. Das Kapital, das in diesen Aufbau fließt kommt z. T. aus dem Finanzüberbau, ist im Grunde genommen substanzlos, wie sich an dem Platzen der Immobilienblase im Jahr 2008 gezeigt hat.[454] Die Hypothekenschulden konnten nicht mehr eingebracht werden, sie waren als Kapitalanlage nichts mehr wert. Zur Rettung der Banken musste der Staat mit Krediten bzw. Bürgschaften einspringen, die zu einer explosionsartigen Ausdehnung der Staatsverschuldung führte. Überdies haben die Staaten Konjunkturprogramme aufgelegt, um die Wirtschaft nicht in die Rezession stürzen zu lassen. Diese Programme - in China, daran sei noch einmal erinnert, sind es ca. 400 Mrd. Euro - könnten, wenn die Wirtschaft in absehbarer Zeit nicht wieder zu einem nennenswerten Wachstum zurückkehrt, ebenso platzen wie die Immobilienblase. Und entgegen den Weissagungen der Wirtschaftswaisen (sic; RGP) dürfte die Konjunktur nicht so schnell wieder anspringen. Denn die Krise hat noch längst nicht das verarbeitende Gewerbe in vollem Umfang erreicht (die Automobilindustrie in Deutschland z. B. verzeichnete Anfang 2010 einen Rückgang der Neuzulassungen um 30%). Wenn diese Konjunkturprogramme nicht greifen sollten, bricht die Produktion massiv ein, die Arbeitslosigkeit steigt und die Einnahmen des Staates brechen weg.

---

[454] Zur so genannten Finanzkrise vgl. u. a. boerse.ARD.de 2008. Apocalypse now an der Börse. http://boerse.ard.de/druck.jsp?key=dokument_311102, S. 1-2. Stand:15.9.2008; boerse.ARD.de 2008. Finanzkrise erreicht neue Dimension. http://boerse.ard.de/druck.jsp?key=dokument_311102, S. 1-3. Stand:16.9.2008.
boerse.ARD.de 2008. Die Finanzkrise dürfte sich noch verschärfen. http://boerse.ard.de/druck.jsp?key_dokument_311478, S. 1-2. Stand: 16.9.2008.
boerse.ARD.de 2008. Börsen-Kollaps auch in Japan. http://boerse.ard.de/druck.jsp?key_dokument_311400, S. 1-2. Stand:16.9.2008.

Dann erst wird das ganze Ausmaß der Krise richtig sichtbar: simulierte Mehrwertproduktion auf der Basis von substanzlosem Kapital und das wird China und seine unterentwickelten Provinzen treffen wie die EPZ/SWZ und den Rest der Welt. Griechenland ist nur ein Vorgeschmack.

Um ein geflügeltes Wort Deng Xiaopings abzuwandeln und salopp zu formulieren: alles war für die Katz - es ist egal, ob sie schwarz oder weiß ist.

Kehren wir zurück zum eigentlichen Thema

Angesichts dieser „zwei Baustellen“[455] ist ersichtlich, dass die letzten beiden Führungsgenerationen der VR China das Ausmaß der Rückständigkeit des ländlichen Raumes, der einzelnen Regionen und Sektoren erkannt und unter den gegebenen Bedingungen des warenproduzierenden Systems realistisch eingeschätzt haben. Aus ihrer Sicht unternehmen sie alle erdenklichen Schritte, diese Defizite schrittweise zu beheben.

Wie in diesem Abschnitt eingangs schon erwähnt, unter den Verwertungsbedingungen des modernen warenproduzierenden Systems wird dies nicht mehr möglich sein. Der Abstand zwischen den unterentwickelten Regionen und den weiter entwickelten ist zu groß, als dass diese Lücke geschlossen werden könnte - ganz zu schweigen von dem weltweit in der Landwirtschaft herrschenden Produktivitätsniveau.

---

[455] Dass es noch weitere gibt, habe ich schon angedeutet, dazu in den entsprechenden Abschnitten mehr.

Die ländlichen Unternehmen und ihre sozioökonomischen Bedingungen

In diesem Abschnitt gehe ich auf die ländlichen Unternehmen ein. Gegründet zu Zeiten der Volkskommunen, um diese autark zu machen, entwickelten sie sich in der ersten Reformphase äußerst dynamisch. Unter den Bedingungen der noch existierenden Planwirtschaft in den Städten hatten sie einen größeren Spielraum in der Herstellung und in Bezug auf ihre Produktpalette. Spätestens seit den 90er Jahren des 20. Jahrhunderts haben die ländlichen Unternehmen an Bedeutung verloren, da die in den SWZ engagierten ausländisch-investierten Firmen begannen, für den chinesischen Markt zu produzieren. Unter dem Führungsduo Hu/Wen steuerte die Zentralregierung um. Sie schloss veraltete Produktionskapazitäten aller Art und begann mit der Modernisierung der verbliebenen. Auch hier gilt das im vorherigen Abschnitt Gesagte, dass die ländlichen Unternehmen Chinas das in den jeweiligen Branchen herrschende globale Produktivitätsniveau nicht, oder nur in seltenen Ausnahmefällen werden erreichen können.

Betrachten wir nun die ländlichen Unternehmen, so wie sie in den beiden Volkszählungen dokumentiert wurden. Während in der ersten Volkszählung noch ausführliche Angaben über sie gemacht wurden, fehlen diese in der zweiten von 2006 gänzlich. Weder über die Zahl der Betriebe, ihre juristischen Eigentumsformen oder ihre Tätigkeitsfelder nach Branchen bzw. Sektoren wird ein Wort verloren.

Hingegen wird bei der ersten Volkszählung eine Unterscheidung hinsichtlich der „non-agricultural township and town enterprises“[456] sowie den Unternehmen in

[456] Vgl. National Bureau of Statistics of China (Hrsg.) 2002. Agricultural Census Communique No. 2. Number and Structure of Rural Holdings, S. 3. http://www.stats.gov.cn/was40/gjtjj_en_detail.jsp?channelid=4920&record=40, S. 1-4. Stand: 28.3.2008.

den „town districts“[457] gemacht. Laut des Kommuniqués Nr. 2 gab es insgesamt 1,3963 Mio. nicht-landwirtschaftliche Kreis- und Stadtunternehmen. In den Kreisen und Städten waren 310,2 Tausend angesiedelt, in den Dörfern 511,9 Tausend und an Familien- bzw. Individualbetrieben wurden 574,2 Tausend gezählt. Insgesamt arbeiteten 5.296,73 Mio. Menschen in den Betrieben, im Mittel waren dies 37,94 Personen pro Unternehmen.

Das verarbeitende Gewerbe war führend, gefolgt vom Groß- und Einzelhandel sowie dem Gaststättengewerbe, an dritter Stelle rangierte das Bauwesen, an vierter die Dienstleistungsunternehmen und andere Industrien[458] und das Schlusslicht bildete das Transportwesen (siehe Tabelle 14).

---

457 Vgl. National Bureau of Statistics of China (Hrsg.) 2002. Agricultural Census Communique No. 4. Rural Town Districts and Their Socio-Economic Conditions, S. 1f. http://www.stats.gov.cn./was40/gjtjj_en_detail.jsp?channelid=4920&record=38, S. 1-4. Stand: 28.3.2008.

458 Weder der Begriff „public service“ wird näher erläutert noch „other industries“. Mit dem ersten Begriff könnte der staatliche Dienstleistungssektor gemeint sein.

Tabelle 14: Industrial types and structure of non-agricultural township and town enterprises in China

	Number	Percentage
Total	1396254	100.00
Industry	1127917	80.78
Construction	88038	6.31
Transportation	23820	1.71
Wholesale, retail and catering service	112152	8.03
Public service and other industries	44327	3.17

Quelle: Vgl. National Bureau of Statistics of China (Hrsg.) 2002. Agricultural Census Communique No. 2. Number and Structure of Rural Holdings, S. 3. http://www.stats.gov.cn/was40/gjtjj_en_detail.jsp?channelid=4920&record=40, S. 1-4. Stand: 28.3.2008.

Es folgt eine weitere Aufschlüsselung nach Regionen und nach dem Standort bzw. der Art des Unternehmens:

Tabelle 15: Structure and distribution of non-agricultural township and town enterprises in the east, middle and west parts

	East part	East part	Middle part	Middle part	West part	West part
	Number	%	Number	%	Number	%
Total	771232	100.00	440516	100.00	184506	100.00
By town-ships and towns	162257	21.04	90853	20.62	57036	30.91
By villages	293856	38.10	160425	36.42	57609	31.22
By household unions	101948	13.22	69945	15.88	17441	9.45
By individual households	213171	27.64	119293	27.08	62420	28.41

Quelle: Vgl. National Bureau of Statistics of China (Hrsg.) 2002. Agricultural Census Communique No. 2. Number and Structure of Rural Holdings, S. 3. http://www.stats.gov.cn/was40/gjtjj_en_detail.jsp?channelid=4920&record=40, S. 1-4. Stand: 28.3.2008.

Die Familien- und Individualbetriebe stehen mit 584.218 an erster Stelle im Verhältnis von 189.334 zu 394.884, gefolgt von den Dorfunternehmen mit 511.890 und das Schlusslicht bildeten die Kreis- und Stadtbetriebe mit 310.146. Inwieweit diese Firmen mit denen der Kleinstädte (538.512, siehe unten) identisch sind, sich überschneiden oder einen gänzlich anderen Charakter aufweisen, geht aus den einzelnen Kommuniqués nicht hervor.

Laut dem Kommuniqué Nr. 4 gab es Ende 1996 16.124 Städte (37,4% aller Städte). Die Gesamtzahl der Bevölkerung, die in diesen Kleinstädten lebten wird mit 72.881.766 angegeben, wovon 33.401.692 zur nicht-landwirtschaftlichen Bevölkerung gerechnet wurden. Im Durchschnitt lebten 4.520 Personen in diesen Städten, davon zählten 2.072 zur nicht-landwirtschaftlichen Bevölkerung, die damit einen Anteil an der gesamten ländlichen Bevölkerung von 45,8% hatte.[459]

Die Zahl der ländlichen Betriebe bezifferte sich auf 538.512. Legt man die 16.124 Kleinstädte zugrunde ergab sich ein Durchschnitt von 33,4 Unternehmen pro Stadt. Insgesamt waren in diesen Betrieben 20.092.248 Menschen beschäftigt, pro Stadt im Mittel 1.246 Personen. Schlüsselt man die Unternehmen nach ihren jeweiligen juristischen Eigentumsstrukturen auf, lagen privat und kollektiv geführte an der Spitze, dahinter die staatseigenen, mit weitem Abstand folgten die ausländisch-investierten aus Hongkong, Macau und Taiwan sowie JV und das Schlusslicht bildeten Unternehmen aus anderen Staaten.

Ein etwas anderes Bild ergab sich bei der Beschäftigtenzahl. Hier absorbierten die Kollektivunternehmen die meisten Arbeitskräfte, gefolgt von den staatlichen und privaten. Mit einigem Abstand kamen dann die Unternehmen aus Hongkong, Macau und Taiwan. Die JV lagen dahinter und zum Schluss folgten die ausländisch-investierten Unternehmen aus anderen Staaten (siehe nachstehende Tabelle).[460]

---

459 National Bureau of Statistics of China (Hrsg.) 2002. Agricultural Census Communique No. 4. Rural Town Districts and Their Socio-Economic Conditions, S. 1. http://www.stats.gov.cn./was40/gjtjj_en_detail.jsp?channelid=4920&record=38, S- 1-3. Stand: 28.3.2008.

460 National Bureau of Statistics of China (Hrsg.) 2002. Agricultural Census Communique No. 4. Rural Town Districts and Their Socio-Economic Conditions, S. 2.

Tabelle 16: Economic types of enterprises in the town districts

	Number of enterprises	Proportion (%)	Persons engaged	Proportion (%)
State	39958	7.4	4285709	21.3
Collective	199871	37.1	11331649	56.4
Private	250734	46.6	2170150	10.8
Jointly operated	37785	7.0	909926	4.5
Foreign invested	3000	0.6	438380	2.2
Hongkong, Macau and Taiwan invested	7164	1.3	956434	4.8

Quelle: Vgl. National Bureau of Statistics of China (Hrsg.) 2002. Agricultural Census Communique No. 4. Rural Town Districts and Their Socio-Economic Conditions, S. 2. http://www.stats.gov.cn./was40/gjtjj_en_detail.jsp?channelid=4920&record=38, Stand: 28.3.2008.

Betrachtet man die Tätigkeitsfelder der Unternehmen, so liegt der Anteil der Industriebetriebe an erster Stelle, gefolgt vom tertiären Sektor. „Andere" liegen an dritter Stelle, das Transport- und Bauwesen komplettiert die Reihenfolge. Untersucht man hingegen die Zahl der Beschäftigten ins Visier, sieht das Bild anders aus. In den Industriebetrieben sind demnach 14.242.024 Menschen beschäftigt, im Bauwesen 2.690.123, im tertiären Bereich 1.822.622, „andere Industrien" (die nicht näher benannt werden) haben 916.902 Beschäftigte und

http://www.stats.gov.cn./was40/gjtjj_en_detail.jsp?channelid=4920&record=38, S- 1-3. Stand: 28.3.2008.

das Schlusslicht bildet das Transportwesen mit 420.577 (siehe Tabelle 17).[461]

Tabelle 17: Composition of industries of enterprises in the town districts

	Number of enterprises	Proportion (%)	Persons engaged	Proportion (%)
Industry	242324	45.0	14242024	70.9
Construction	22661	4.2	2690123	13.4
Transportation	38519	7.1	420577	2.1
Wholesale, retail and catering service	176542	32.8	1822622	9.1
Other indu-stries	58466	10.9	916902	4.6

Quelle: National Bureau of Statistics of China (Hrsg.) 2002. Agricultural Census Communique No. 4. Rural Town Districts and Their Socio-Economic Conditions, S. 2. http://www.stats.gov.cn./was40/gjtjj_en_detail.jsp?channelid=4920&record=38, S. 1-3. Stand: 28.3.2008.

Mit der Reform- und Öffnungspolitik von 1978 gewannen in den 80er Jahren die nicht-landwirtschaftlichen Unternehmen enorm an Bedeutung zu gewinnen.

"The development of Township and Village Enterprises (henceforth TVEs) is one of the most important parts of PRC's economic miracle. Before the mid-1990s, the TVE sector played the role of the growth ‚engine' for national economic development. At their peak they contributed about one third of GDP and more than 50% of industrial valued

461 National Bureau of Statistics of China (Hrsg.) 2002. Agricultural Census Communique No. 4. Rural Town Districts and Their Socio-Economic Conditions, S. 2. http://www.stats.gov.cn./was40/gjtjj_en_detail.jsp?channelid=4920&record=38, S. 1-3. Stand: 28.3.2008.

added."[462]

Einmal abgesehen davon, dass die rasante ökonomische Entwicklung im ländlichen Raum kein Wunder war, gab es im Wesentlichen fünf Gründe für den Aufschwung der nicht-landwirtschaftlichen Unternehmen. Erstens wurden diese Betriebe durch den Staat finanziell und technisch gefördert. Zweitens, und damit zusammenhängend, ließ der Staat einzelwirtschaftliche, private und kooperative Betriebe im Zuge der Auflösung der Volkskommunen wieder zu. Drittens durften die, über den Staatsplan hinaus gefertigten, Produkte auf dem Markt frei veräußert werden. Viertens, mit Punkt zwei korrelierend, wurde durch das aus der Landwirtschaft übernommene PVS die vertragliche Übergabe der Kollektivbetriebe auf die Betriebsangehörigen, Einzelpersonen oder Gruppen ermöglicht.[463] Und fünftens, bedingt durch die auf die schwerindustrielle Produktion ausgerichtete Planwirtschaft, gab es einen Mangel an leicht-industriellen und Konsumgütern.

"TVEs have faced heightened market competition in recent years. Before the 1990s, PRC was a shortage economy and there was a huge potential demand for most products,

---

462 Chen Jianbao 2006. ABD Institute Discussion Paper No. 45. Finance and Economic Development: Financing Township and Village Enterprises in the People's Republic of China, S. 2. http://adb.org/files/2006.03.dp45.finance.development.prc.pdf, S. 1-17. In einer Fußnote übernimmt Chen die offizielle Definition der TVEs:
„In Chinese statistics, TVEs include all the enterprises at or below township level, regardless of their ownership types. These enterprises include not only operating in industrial sectors, but also those in construction, transportation, commerce, and food services. We adopt this definition in this paper" (ebd.)

463 Vgl. dazu Schädler, Monika 1989. Neue Wege für Chinas Bauern. Produktion, Beschäftigung und Einkommen im nichtlandwirtschaftlichen Sektor, Hamburg, S. 70f.

especially for the products of light industry."[464]

Diese nicht-landwirtschaftlichen Unternehmen produzierten bis in die 90er Jahre hinein nahezu unangefochten von ausländischer Konkurrenz für den heimischen Markt. Dabei kam dem verarbeitenden Gewerbe eine besondere Bedeutung zu, wie die *Asian Development Bank* konstatiert:

"TVIEs (damit sind die „Township and Village Industrial Enterprises" gemeint; RGP) have developed rapidly since the early 1980s and now account for 70 percent of the total output of TVEs. TVIE output grew at an average of 43 percent per annum between 1989 and 1994, reaching Y3,234 billion in 1994, five times the 1989 figure."[465]

Diese Unternehmen sind u. a. in der Papierbrei- und Papierproduktion, in der Chemiebranche, dem Druckgewerbe, der Färberei und dem Brauwesen tätig, ferner in der Ziegelproduktion, der Keramikherstellung und dem Verhüttungswesen.[466]
So sehr sie auch die Entwicklung der Industrie im ländlichen Raum befördert und zur gesamtökonomischen Umstrukturierung des sekundären Sektors - vornehmlich der SEU - durch das Zwangsgesetz der Konkurrenz beigetragen haben, so trugen sie eben auch maßgeblich zur Umweltzerstörung bei. Sie waren und sind auf Grund der veralteten Produktionsmethoden und der Anwendung

---

[464] Chen Jianbao 2006. ABD Institute Discussion Paper No. 45. Finance and Economic Development: Financing Township and Village Enterprises in the People's Republic of China, S. 14. http://adb.org/files/2006.03.dp45.finance.development.prc.pdf, S. 1-17.

[465] Asian Development Bank 1996. Technical Assistance To The People's Republic Of China For Industrial Pollution Investigation And Assessment In Town And Village Enterprises, S. 1. http://www.adb.org/Documents/TARs/PRC/30067-PRC-TAR.pdf, S. 1-12.

[466] Vgl. ebd.

überkommener Technologien, die Hauptverursacher der Wasser-, Luft und Bodenverschmutzung.

"TVIEs are major contributors to wastewater pollution from the PRC's industrial sector: 18.7 percent of chemical oxygen demand (COD)[467], 14.2 percent of heavy metals, 20 percent of cyanide, and 43 percent of the volatile phenol. Such high concentrations of pollutions and levels of toxicity, over two to ten times those from the urban industrial wastewater stream, reflected factors such as low level of environmental awareness, low treatment rates, low rates of compliance with environmental regulations, and inadequate environmental (both prevention and treatment) technologies used by TVIEs."[468]

Nicht umsonst nahm die Zentralregierung von der *Asian Development Bank* (*ADB*) technische Hilfe an,[469] und ließ im Laufe der 90er Jahre ländliche Unternehmen u. a. wegen rückständiger Produktionsmethoden und Überkapazitäten schließen. Aber der schleichende Bedeutungsverlust dieser Betriebe hat daneben auch noch andere Ursachen. Erstens versiegten die Kredite bedingt durch die Reform des Bankenwesens,[470] die nunmehr staatlicherseits dazu angehalten wurden, keine „politischen" Kredite mehr zu vergeben, sondern ökonomische Kriterien als Maßstab anzuwenden, und selbst profitorientiert zu wirtschaften. Vordem konnten die nötigen Kredite auf informellem Wege oder durch Maßnahmen der jeweiligen lokalen Behörden bzw. Regierungen auf Grund der Reputation und/oder der Beziehungen der

---

467 Laut Fußnote: „An indicator of the volume of organic matters in wastewater" (RGP). (siehe nachfolgende FN).

468 Ebd., vgl. auch den Exkurs über die Umweltzerstörung in China weiter unten.

469 Zu den einzelnen Maßnahmen vgl. ebd., S. 3ff.

470 Vgl. dazu Schüller, Margot 1995. Die Reform des chinesischen Finanzsystems: Banken und Kapitalmärkte im Wandel. In: C. a. 10/1995, S. 926-934.

jeweiligen Firmenleiter gewährt werden.[471] Zweitens - und mit oben gesagtem korrelierend - bekamen die ausländisch-investierten Unternehmen und die JV, die anfänglich für den Export produzierten, ein größeres Gewicht auf dem chinesischen Markt:

“However, since the 1990s, the economy‘s structure has changed and surplus production has begun to emerge in manufacturing. TVEs now have to face competition from private firms, joint ventures and others. In this situation, banks are very cautious about financing small firms, such as TVEs. In addition, what directed credit remains in the banking system has gone to large loss-making state enterprises rather than to TVEs and other small forms.”[472]

Drittens waren die ausländischen Unternehmen mit den neuesten Technologien ausgestattet, wodurch die veralteten Produktionsmethoden der TVEs offenkundig wurden, sie waren schlichtweg nicht mehr konkurrenzfähig. Hinzu kam, dass sich im Laufe der 80er und 90er Jahre in den einzelnen Provinzen Überkapazitäten aufgebaut hatten. Verantwortlich dafür waren u. a. der lokale Egoismus der Kader und die gegenseitige Abschottung der jeweiligen Provinzen. Dass die oben geschilderten Probleme aus den 90er Jahren noch existent sind, zeigt der Tätigkeitsbericht der Regierung. In Bezug auf rückständige Produktionsmethoden kündigt Wen an:

“First, we will implement the plan to close down backward production facilities in the electricity, steel, cement, coal and papermaking industries. We will also put in place a mechanism for closing these facilities and improve and implement support policies and

---

471 Vgl. Chen Jianbao 2006. ABD Institute Discussion Paper No. 45. Finance and Economic Development: Financing Township and Village Enterprises in the People‘s Republic of China, S. 4. http://adb.org/files/2006.03.dp45.finance.development.prc.pdf, S. 1-17.

472 Ebd., S. 14.

measures for shutting down enterprises. In addition, we will step up efforts to develop advanced production facilities in these industries accordance with the plan."[473]

Bei dem Rückblick auf die Arbeit der vergangenen Jahre vermeldet der Premierminister Chinas Erfolge bei der Energieeinsparung, der Reduzierung der Schadstoffemission, gibt genaue Zahlen über die Schließung veralteter Produktionskapazitäten an und was an Umweltschutzmaßnahmen eingeleitet worden ist:

"In the last two years, a general work plan for saving energy and reducing emissions was introduced; a system of targets for this work, a monitoring system, a system for assessing work performance and a system of accountabilitiy for reaching the targets were put in place; and a state plan to adress climate change was promulgated. A large number of backward production facilities were shut down in accordance with the law. They include small thermal power plants with a total capacitiy of 21.57 million KW, 11,200 small coal mines, backward facilities with a total capacity of 46.59 million tons, backward steel plants with a total capacitiy of 37.47 million tons and cement plants with a total capacity of 87 million tons. Ten major energy-saving projects were launched. Breakthroughs were made in carrying out desulfurizing projects for coal-fired power plants. The central government provided financial support for 691 projects to prevent and control water pollution in major river valleys."[474]

Auch wenn die Zahlen im Einzelnen nicht ganz der Realität entsprechen und insgesamt einen Tropfen auf dem berühmten „heißen Stein" sein dürften, ist sich zumindest die Zentralregierung darüber im klaren, dass es ein Mindestmaß an ökologischen Standards bedarf, um die Umwelt nicht gänzlich zu zerstören.

---

473 Wen Jiabao 2008. Report on the Work of the Government (2008) Delivered at the First Session of the 11th National People's Congress on March 5, 2008, S. 11. http//english.gov.cn/official/2008-03/20/content_924600.htm, S. 1-17. Stand: 20.7.2008.

474 Ebd., S. 2f.

Aber damit allein will es Wen Jiabao nicht belassen, wie das Beispiel der ländlichen Betriebe verdeutlicht. Um die Kollektivunternehmen zu stärken, sollen diese reformiert werden und einen leichteren Zugang zu Krediten erhalten:

"We will advanced the reform of collectively owned enterprises and develop diverse forms of collective and cooperative economic operations. We will conscientiously implement the policies for encouraging, supporting and guiding the development of individual-proprietorship business and private companies in the nonpublic sector of the economy. In particular, we will help them solve problems related to market access and financial support."[475]

Die mangelnde Kreditwürdigkeit bzw. deren Gewährung ist, wie oben schon angeklungen, hausgemacht. Denn durch die Reform des Bankensystems haben die Staatsbanken Filialen im ländlichen Raum geschlossen, wie Chen ausführt:

"The different speed of transition between the banking and the enterprise sector leads to the result that state-owned bank have largely abondoned rural areas and have thus have greatly decreased the divisions and branches that serve TVEs. Table 4 (hier von mir eingegliedert als 17a; RGP) shows that the four state-owned banks have closed 66,718 division and branch institutions from 1995 to 2003. 90% of these closures are at the county and below-county level."[476]

---

475 Ebd., S. 12.

476 Chen Jianbao 2006. ABD Institute Discussion Paper No. 45. Finance and Economic Development: Financing Township and Village Enterprises in the People's Republic of China, S. 13. http://adb.org/files/2006.03.dp45.finance.development.prc.pdf, S. 1-17.

Tabelle 17a: National Bank Branch Closures

	1995	2003		
	Numbers	Numbers	Decreased Number	Change %
Industrial and Commercial Bank	38583	24129	14454	37.5
Agricultural Bank of China	67092	36138	30954	46.1
Bank of China	13637	11609	2028	14.9
People's Construction Bank	35895	16613	19282	53.7
Total	155207	88489	66718	42.99

Source: China Statistical Yearbook, 1996 and 2004 (zit. nach Chen 2006, S. 14).

Dass nun die Zentralregierung gegensteuert, ist auf die programmatische Politik zurückzuführen, die der Landwirtschaft Priorität einräumt, um die soziale Stabilität des gesamten Landes aufrecht erhalten zu können. Dazu bedarf es der Schaffung neuer Arbeitsplätze im ländlichen Raum. Chen verweist auf die Erfolge, die durch die ländlichen Unternehmen seit 1978 erzielt wurden:

"In 1978, only 10% of the rural labor force was engaged in industrial activities, and only 8% or rural income was contributed by the non-farm sector; by 2003, 28% of the rural labor force were working in the TVE sector, and non-farm income accounted for 35% of rural per capita net income. In 2003, the 50% of the incremental part of rural per capita income is from TVE sector. TVEs are providing jobs to around 135 million people. The total assets of TVEs have increased about twenty times since 1978 and their average annual growth rate of value-added over 1978-2003 is around 20%."[477]

Hingegen gehen Chen und Wu davon aus, dass diese Unternehmen lediglich einige Dutzend Millionen Arbeitskräfte absorbieren würden.[478] Schüller kommt für 2002 auf rund 133 Mio., die in den so genannten Dorf- und Gemeindeunternehmen beschäftigt sind.[479] Von den 489,6 Mio. im ländlichen Raum tätigen Menschen wären dies 27,16% (eigene Berechnung). Mit 19% tragen diese Unternehmen zur Gesamtbeschäftigtenzahl in China bei.[480] Von 2002 bis 2007 ist der auf dem Lande beschäftigte Personenkreis allerdings lediglich um 13,20 Mio. auf 476,40 gesunken. Dies lässt den Schluss zu, dass die Anzahl der Dorf- und Gemeindeunternehmen sich nicht wesentlich erhöht hat und damit eine Grenze in der Absorption von ländlichen Arbeitskräften erreicht zu sein scheint. Diese Annahme fußt auf den von Wen Jiabao gemachten Aussagen über die Schließung von u. a. auch TVIEs, die den Umweltstandards und dem heute erreichten Produktivitätsniveau nicht mehr entsprechen. Dass durch die Schließung von nicht-landwirtschaftlichen Unternehmen die Zahl der Beschäftigten rückläufig ist, zeigt ein Vergleich mit

---

477 Chen Jianbao 2006. ABD Institute Discussion Paper No. 45. Finance and Economic Development: Financing Township and Village Enterprises in the People‘s Republic of China, S. 4. http://adb.org/files/2006.03.dp45.finance.development.prc.pdf, S. 1-17.

478 Chen/Wu 2007, S. 515.

479 Schüller, Margot 2004. Chinas Landwirtschaft. Neue Entwicklungstrends nach dem WTO-Beitritt., S. 516. In: C. a. 5/2004, S. 515-527, Hamburg.

480 Vgl. ebd.

dem Jahr 2000, in dem 170,78 Mio. Personen in diesen Betrieben arbeiteten.[481] Zu 2002 ist dies ein Rückgang um ca. 27 Mio.

Wenn man bedenkt, dass der Anteil der reinen landwirtschaftlichen Tätigkeit am Pro-Kopf-Einkommen von 1985 bis 2002 von 66,4% auf 45,8% abgenommen hat, bedeutet dies, „dass die realen Einkommen der ländlichen Haushalte, die über keine oder nur geringe Nebeneinkünfte aus nichtlandwirtschaftlicher Tätigkeit verfügen, in den letzten Jahren nicht gewachsen sind, sondern eher noch abgenommen haben.“[482]

Auf der einen Seite ist es zwingend erforderlich, die veralteten und umweltschädigenden TVEs und TVIEs zu schließen bzw. zu modernisieren, auf der anderen müssen nach den Forderungen der Zentralregierung, neue, mit modernster Technik ausgestattete nicht-landwirtschaftliche Unternehmen an ihrer statt errichtet werden. Dieses Unterfangen umzusetzen, ist auf Grund natürlicher und sozioökonomischer Gegebenheiten äußerst schwierig zu realisieren. Die Größe des Landes bildet das eine Hindernis, die spezifischen sozialen und wirtschaftlichen „Erblasten“, historisch bedingt, sind die andere, nicht minder schwer zu überwindende Hürde. Hinzu kommt noch ein administratives bzw. machtpolitisches Problem:

“Unterhalb einer gewissen Rangstufe, so würden Artikel in der chinesischen Presse, aber auch das verbotene Buch von Chen Guidi und Wu Chuntao zur *Untersuchung der chinesischen Bauern* zeigen, werden Details aus zentralen Dokumenten von den lokalen Autoritäten häufig nicht bekannt gemacht, da sie deren Interessen beeinträchtigen. Bauern umgekehrt würden den Dokumenten ebenfalls wenig Beachtung schenken, da sie ‚all talk

---

481 Zhang Junhua 2003. Der Aufbau eines sozialen Sicherungssystems in der VR China - eine kritische Betrachtung, (Teil 2), S. 993. In: C. a. 8/2003, S. 986-997.

482 Schucher, Günter 2005. Gelingt es der KP Chinas „rechtzeitig umzuschalten“? - Zur neuen Agrarpolitik, S. 18. In: C. a. 2/2005, S. 15-20.

and no action‘ bedeuten (Elfstrom 2005).”[483]

Da die Zentralregierung auf die lokalen Behördenvertreter angewiesen ist, versucht sie diese durch ideologische Indoktrination zu disziplinieren. Ferner greift die Regierung zu „demokratischen“ Maßnahmen:

“Über Dorfwahlen, mehr Information und Transparenz (e-Government), Ausbau von Partizipationsmöglichkeiten und mehr innerparteilicher Demokratie soll der Druck auf die Lokalregierungen erhöht werden, die Anweisungen der Zentrale umzusetzen.”[484]

D. h., Beijing kann sich nicht immer sicher sein, dass die Unternehmen geschlossen werden, die von der Zentralregierung dazu auserkoren wurden. Das hat vielfältige Gründe, u. a. der oben erwähnte Interessenkonflikt, aber auch der Egoismus der lokalen Kader, die um ihre Pfründe fürchten.

Des Weiteren tritt bei der Modernisierung der TVEs noch ein allgemeines ökonomisches Problem auf, dass dem modernen warenproduzierenden System immanent ist und mit der dritten industriellen Revolution der Mikroelektronik zusammenhängt. Der wissenschaftlich-technische Fortschritt bedingt, dass die Wirtschaftsstruktur immer kapitalintensiver wird, nicht nur in der städtischen, sondern auch in der ländlichen Industrie.[485] Mit anderen Worten, es werden immer weniger Arbeitsplätze durch den Einsatz modernster Technologien geschaffen. Die oben erwähnte Grenze der Absorption von Arbeitskräften dürfte dann über kurz oder lang auch die TVIEs erreichen. Bei den TVEs, die nicht im verarbeitenden Gewerbe tätig sind, setzt die Zentralregierung auf

---

483 Ebd., S. 19.

484 Schucher, Günter 2007. Chinas Streben nach Harmonie: Wunsch und Wirklichkeit, S. 53. In: C. a. 5/2007, S. 40-69.

485 Böschen, Mark 2003. Arbeitsminister spricht von Jobverlusten im bisher ungekanntem Ausmaß, S. 305. In: C. a. 3/2003, S. 304-305.

arbeitsintensive Unternehmen. Hier stellt sich zwangsläufig die Frage, ob diese überhaupt konkurrenzfähig und ob diese Arbeitskräfte kapitalproduktiv, das heißt Mehrwert schaffend sind oder nicht. Im letzteren Fall müßten sie aus der Gesamtmehrwertmasse alimentiert werden.

Da China weder die erste noch die zweite industrielle Revolution komplett durchlaufen hatte, konnte der ländliche Raum auch nicht dem Prozeß der Verwertung des Werts unterworfen werden, so wie dies Mitte des 20. Jahrhunderts im Zuge des Fordismus in den industriellen Kernländern geschah. Die dort ansässigen mittelständischen Betriebe wurden im Laufe der Zeit durch das Zwangsgesetz der Konkurrenz zur Modernisierung bei Strafe des Bankrotts gezwungen. Dies war in China innerhalb der Planwirtschaft nicht der Fall. So muss die Volksrepublik nunmehr im gesamten ländlichen Raum eine Entwicklung nachholen, die in den OECD-Ländern schon längst abgeschlossen ist. Unter den Bedingungen der dritten industriellen Revolution ist dieses Unterfangen hoffnungslos. In China haben wir es also nicht allein mit einer räumlichen Unterentwicklung zu tun, sondern vornehmlich mit einer sektoralen.

An dem Beispiel der nicht-landwirtschaftlichen Unternehmen zeigt sich einmal mehr, dass die Regierung vor einer weiteren Quadratur des Kreises steht.[486]

Kommen wir nun zu dem nächsten Problem bzw. der nächsten „Baustelle“.

---

486 Hier lassen wir vorerst die Auswirkungen der Weltwirtschaftskrise, die in China wie weltweit schon zu dramatischen Arbeitsplatzverlusten geführt hat, außer acht.

Handel und Märkte im ländlichen Raum Chinas

Weiter oben haben wir gesehen, dass in China seit der Song-Dynastie bis ins 19. Jahrhundert hinein ein ausgeklügeltes Handels- und Marktnetz existierte. Das war zwar mit dem im aufkommenden Kapitalismus in Europa nicht vergleichbar und es hatte wegen der fehlenden Ausbildung einer umfassenden Geldwirtschaft einen anderen Charakter,[487] aber es genügte, um die Bedürfnisse der Masse der Bevölkerung zu befriedigen. Durch den Sturz der Qing-Dynastie und den Kriegs- und Bürgerkriegswirren sowie der in den 50er Jahren des letzten Jahrhunderts installierten Planwirtschaft verfielen ländliche Infrastruktur und das Handels- und Marktnetz wurde bedeutungslos. Erst seit den ökonomischen Reformen und zu Beginn des 21. Jahrhunderts investierte die Zentralregierung umfangreiche Summen an Kapital, um ein leistungsfähiges Marktwirtschaftssystem im ländlichen Raum zu etablieren. Wir werden sehen, dass dies bis zur Volkszählung noch immer nicht Realität geworden ist.

Laut dem besagten Kommuniqué haben sich die ländlichen Märkte und der Handel ähnlich schnell entwickelt wie die kommerzielle Wirtschaft. So gab es Ende 1996 30.850 Jahrmärkte und Märkte mit festen Standorten, ferner 20.917 allgemeine Märkte und 9.933 Spezialmärkte.[488]
In der zweiten Volkszählung wurden die einzelnen Markttypen zwar genauer beschrieben, allerdings fehlen absolute Zahlen, sodass ein Vergleich mit 1996 nicht möglich ist.

---

487 Es hatte sich unter den Kaufleuten ein Geldwesen etabliert (vgl. Osterhammel 1989, S. 51), aber das Geld selbst war keine ausgesonderte Ware.

488 National Bureau of Statistics of China (Hrsg.) 2002. Agricultural Census Communique No. 4. Rural Town Districts and Their Socio-Economic Conditions, S. 3. http://www.stats.gov.cn./was40/gjtjj_en_detail.jsp?channelid=4920&record=38, S. 1-3. Stand: 28.3.2008.

Tabelle 18: Composition of towns and townships or villages with financial commercial undertaking (Unit: %)

	National Total	Eastern Region	Central Region	Western Region	Northeastern Region
Aggregate markets in towns and townships	68.4.	78.8	73.7	59.0	69.5
of which: aggregate markets with annual transaction volume more than 10 million yuan in town and townships	23.9	36.9	25.9	15.7	20.2
Specialized markets in towns and townships	28.2	36.0	38.5	18.2	24.2
of which: specialized markets with annual transaction volume more than 10 million yuan in towns and townships	10.5	19.0	12.4	4.7	9.6

Specialized agricultural product markets in towns and townships	23.0	27.8	33.9	14.7	16.5
of which: specialized agricultural product markets with annual transaction volume more than 10 million yuan in towns and townships	7.6	13.4	9.4	3.3	6.4
Saving banks in towns and townships	88.4	95.0	95.0	79.5	94.3
Aggregate stores or supermarket s above 50 square meters scales in villages	34.4	40.6	35.1	22.3	57.2

Capability of buying fertilizers inside villages	50.2	54.6	51.6	44.8	42.3
By distance of the villages and stores for TV sets					
capability of buying TV inside villages	5.2	5.2	5.2	5.4	3.5
1-3 km	34.5	42.5	37.0	25.0	16.9
4-5 km	19.1	21.0	20.5	16.0	15.0
6-10 km	20.6	18.9	20.9	21.3	26.6
11-20 km	12.4	8.9	10.9	16.7	22.0
20 km above	8.2	3.5	5.5	15.6	16.0

Quelle: Vgl. National Bureau of Statistics of China (Hrsg.) 2008. Communiqué on Major Data of the Second Agricultural Census of China (No. 3). Rural Infrastructural Construction and Basic Social Services, S. 5f. http://www.stats.gov.cn/english/newsanddomingevents/t20080229_402465269.htm. Stand: 11.3.2008.[489]

---

489 Zu den oben angeführten Tabellen gab das National Bureau of Statistics of China folgende Erläuterungen:

„Notes:

1. Village: refers to the geographical jurisdiction of the village

committee, and geographical jurisdiction of collectively owned agricultural land or agricultural household registration of the neighborhood committee.
2. Village having accessed to highways: refer to highway access to the village from outside. Highway refers to the way that automobiles and tractors can drive on.
3. Nearest distance of the village and station or dock: refers to the distance between the local villagers' committee and the nearest station or dock. The spots of regular or frequent coaches pass through, and with gesture of beckoning to the coach as also the location of the station.
4. Village having accessd (sic; RGP) to electricity: refers to village that can do regular productions and living activities by the use of electricity.
5. Village having accessed to telephone: refer to village that can do communicate with outside by fixed telephones or mobile phones.
6. Village with sanitation rooms: refers to the area of local villages where established sanitation organs by villages collectivity or individual under the approval of administrative sanitation departments at county-level. The sanitation rooms have fixed site, engaging in medical activities, and taking management function; while excluding professional dentistry rooms, and units engaging in medicine sales.
7. Village with purified drinking water: refers to drinking water of village committee households being purified, disinfected, and other treatment. The drinking water from the water plants treat as concentrated purification.
8. Villages with collective wastes processing: refers to the area of local villages where garbage being processed collectively in facilities or the garbage disposed in a collective way without having such facilities.
9. Villages completed toilets reconstruction: refers to the basically eliminated the open-air dropping jars, cesspit, aqua privies, simple latrines, most of the residents use the septic tanks, firedamp pools or three-pools toilet in the local village, some residents use public toilets or other designated places of the village designated as a dumping water sites.
10. Towns with concentrated water supply: refer to towns providing residents in the town area concentrated water supply through pipe system. The water quality must be in line with the state water or drinking water standards. If it does not conform to state water or drinking water standard, or relevant departments of the state water

Da keines der Kommuniqués eine Definition der „aggregate markets“ gibt, dürften darunter wohl allgemeine regelmäßig stattfindende Märkte zu verstehen sein, auf denen Bauern und Händler ihre gesamte Produktpalette feilbieten und es darüber hinaus fast alles zu kaufen gibt, was in den städtischen Warenhäusern angeboten wird. Nach der obigen Tabelle verfügten die Städte und Stadtbezirke der östlichen Region mit 78,8% über die meisten dieser Märkte, gefolgt von dem zentralen (73,7%) und dem nordöstlichen Gebiet (69,5%), die Kleinstädte des Westens hatten mit 59% die wenigsten. Von der anderen Warte aus betrachtet gab es in 21,2% bis 41% der Städte im ländlichen Raum keinen Markt, wodurch der kommerzielle Handel äußerst eingeschränkt war. In den „towns and townships“ der östlichen Region hatten nur 36,9% der Märkte einen jährlichen Umsatz von mehr als 10 Mio. Yuan. Das waren noch nicht einmal die Hälfte der Städte, die über einen Markt verfügten. In Zentralchina sind waren es gerade einmal etwas mehr als ein Viertel, im Nordosten gab es knapp über 29% und in Westchina 26,6%.

Noch düsterer sah es bei den so genannten „specialized markets“ aus, die nicht näher definiert werden (siehe Tabelle 15). Im Osten hatten etwas mehr als die Hälfte dieser Märkte ein Umsatzvolumen von mehr als 10 Mio. Yuan (19,9%

---

quality testing has not been identified as qualified, it would not be the concentrated water supply, although water in the form of concentrate.
11. Towns with the living sewage processing: this refers to the living sewage of the residents of the town bring into the sewage network and processing by the sewage plants.
12. Towns with garbage station: refers to the town in the region have focused on the garbage, transit ro drug-free treatment of the waste clean-up sites. Garbage station does not include storage of garbage only, but not to carry out any deal with the garbage dumps sites.“ National Bureau of Statistics of China (Hrsg.) 2008. Communiqué on Major Data of the Second Agricultural Census of China (No. 3). Rural Infrastructural Construction and Basic Social Services, S. 6f. http://www.stats.gov.cn/english/newsanddomingevents/t20080229_402465269.htm, S. 1-7. Stand: 11.3.2008.

von 36%), in der Zentralregion waren es knapp ein Drittel (12,4% von 38,5%), im nordöstlichen Landesteil knapp 40% (9,6% von 24,2%) und im Westen ein Viertel (4,7% von 18,2%).
Bei den Märkten, die sich auf den Verkauf von Agrarprodukten spezialisiert hatten, die in Bezug auf die Produktpalette ebenfalls nicht näher erläutert werden, verfügten nur 27,8% der Kleinstädte im Osten über einen solchen Markt, in Zentralchina waren es 33,9%, im Westen 14,7% und in der nordöstlichen Region 16,5%. In der gleichen Reihenfolge hatten nur 58,2%, 48,2%, 27,7% und 38,8% dieser Märkte ein Umsatzvolumen von mehr als 10 Mio. Yuan.

Insgesamt gesehen ist der Kommerzialisierungsgrad im ländlichen Raum Chinas äußerst gering. Weiter oben wurde schon erwähnt, dass nur ca. 30 % der Produkte vermarktet werden.

Es ist in dieser Abhandlung schon mehrfach darauf hingewiesen worden, dass China keine in sich geschlossene Nationalökonomie im Sinne der modernen Industriestaaten ist. Das Land zerfällt in mehr oder weniger isoliert agierende Großregionen, die wiederum selbst nicht über ein kohärentes Marktsystem verfügen, vornehmlich in den abgeschiedenen Gegenden der unterentwickelten zentralen und westlichen Regionen. Insofern ist es - aus der Sicht der Zentralregierung - zwingend erforderlich, diese sozioökonomisch zurückgebliebenen Gebiete infrastrukturell zu erschließen.

Der Staat hat für die notwendigen Rahmenbedingungen zu sorgen, damit das moderne warenproduzierende System sich überhaupt entfalten und funktionieren kann. In den 80er Jahren schuf China die Voraussetzungen, um ausländisches Kapital, Unternehmen und wissenschaftlich-technisches Know-how in den Süden und die Küstenprovinzen des Landes zu holen. Weil diese Rahmenbedingungen existierten und es ein williges und billiges Arbeitskräftepotential gab, siedelten sich ausländisch-investierte Firmen an, zuerst solche aus Hongkong, Auslandschinesen, Taiwanesen und schließlich auch Unternehmen

aus den industriellen Kernländern.
Diese von der chinesischen Regierung eingeschlagene Entwicklungsstrategie trug zur raschen partiellen oder besser gesagt zonenartigen sozioökonomischen Entwicklung der genannten Regionen bei.

“A well-functioning marktet system is fostered by physical infrastructure (i. e. transport and telecommunications) in addition to legal, regulatory, and financial infrastructure. Such types of infrastructure have key public good dimensions. Infrastructure investments involve substantial economies of scale and externalities, and thereby provide strong justification for the public sector‘s role in financing such investments.”[490]

Angemerkt sei hier, dass die geringe Zahl an Märkten, Infrastruktur überhaupt, auch Auswirkungen auf die Ansiedlung ausländisch-investierter Unternehmen in den Hinterlandprovinzen hat:

“According to an ADB business climate survey, 39% of foreign companies operating in China would not consider expanding their operations into the interior provinces, mainly because of lack of markets and poor infrastructure. The situation is similiar in many provinces of the central region, limiting economic opportunities and access to important services.”[491]

Es ist also nur folgerichtig, wenn Hu Jintao und Wen Jiabao die einst so erfolgreiche Entwicklungsstrategie im Süden und den Küstenprovinzen des Landes auf die unterentwickelten Regionen übertragen wollen. Aber es ist mehr als fraglich,

---

490 Yao Xianbian 2003. Infrastructure and Poverty Reduction - Making Markets Work for the Poor, S. 3. http://www.adb.org/Documents/EDRC/Policy_Briefs/PB014.pdf, S. 1-9.

491 Jin Liqun 2007. China in the Global Economy, S. 4. http://www.adb.org/printer-friendly.asp?fn=%2FDocuments%2FSspeeches%2F2007%2Fms2007066.asp&news=none, S. 1-8. Stand 12.2.2009.

ob dies gelingen kann. Allein ein Blick auf die Anzahl der Märkte, die sich auf den Verkauf von Landwirtschaftsprodukten spezialisiert haben, lässt es eben unwahrscheinlich erscheinen, dass ein flächendeckendes Marktsystem auf Provinzebene in absehbarer Zukunft realisiert werden kann, ganz zu schweigen davon, dass die zentralen und westlichen Regionen mit den anderen Landesteilen zu einem einheitlichen Wirtschaftsraum verschmolzen werden können.

Schauen wir uns noch kurz die anderen infrastrukturellen Elemente wie Sparkassen, Supermärkte etc. an. Laut der zweiten Volkszählung sollen landesweit 88,4% der ländlichen Städte und Distrikte über eine Sparkasse verfügen, wobei die westliche Region mit 79,5% das Schlusslicht bildet, während die anderen Regionen über 94% haben sollen (siehe Tabelle 18).
Auf den ersten Blick scheint die Dichte des Bankenfilialnetzes im ländlichen Raum widersprüchlich zu sein, zumal wenn man die geringen Einkommen der bäuerlichen Bevölkerung zugrunde legt. Ein Blick auf die Gesamtersparnissen aller chinesischen Privathaushalte zeigt jedoch, dass sie 2006 mit 166,617 Mrd. Yuan[492] die höchsten Spareinlagen der Welt hatten. 30% des Einkommens wurde z. B. allein 2003 gespart. Im Vergleich dazu lag die Sparquote in Deutschland bei 10%.[493] In den USA tendiert sie gegen Null, ja die Kreditkartenverschuldung

492 National Bureau of Statistics (Hrsg.) 2007. Statistical Communiqué of The People's Republic of China on the 2006 National Economic And Social Development, S. 13. http://www.stats.gov.cn/english/newsandcomingevents/t20070301_402388091.htm, S. 1-22. Stand: 15.6.2007. Mittlerweile ist die Summe der Spareinlagen erheblich gestiegen (s. w. u.).

493 Haag, Daniela 2004. Autofinanzierung in China, S. 26. In: Xiù Cai, Nr. 40, 26.8.2004. http://xiucai.oai.de/XiuCai/XiuCaiNo40.pdf. S. 1-108. Hier muss auf Grund der massiven Einkommensdisparitäten relativiert werden. Für 1999 hält Johnny Erling fest:
„Die Hälfte aller privaten Sparguthaben von insgesamt fast 6000 Milliarden Yuan, umgerechnet rund 700 Milliarden Dollar, gehören nach den jüngsten Veröffentlichungen nur einem Prozent der Bevölkerung" (Erling, Johnny 2005. Johnny Erling . . . aus China (3.7.1997 bis

der US-Bürger belief sich 2008 auf ca. 900 Mrd. USD. Nebenbei bemerkt dürfte dies die nächste Blase sein, die zu platzen droht, nämlich dann, wenn die Arbeitslosigkeit in den USA auf Grund der Weltwirtschaftskrise weiter steigen wird.

Da es im Statistischen Kommuniqué keine getrennte Aufschlüsselung nach städtischen und ländlichen Spareinlage gibt, kann eine genaue Angabe über die letzteren nicht gemacht werden. Auf Grund der Einkommensunterschiede von 6 zu 1 dürften die Sparguthaben auf dem Lande längst nicht das Niveau der urbanen Bevölkerung haben. Trotzdem kann davon ausgegangen werden, dass die Einlagen nicht so gering sein werden, wie es das Einkommensverhältnis vermuten lässt. Denn einerseits gibt es kaum soziale Sicherungssysteme, so dass z. B. im Krankheitsfall die bäuerliche Bevölkerung die Kosten überwiegend bzw. in manchen Fällen selbst tragen muss (dazu weiter unten mehr). Zum anderen sind die Konsumangebote äußerst dürftig wie aus den Angaben über die Supermärkte hervorgeht. Im landesweiten Durchschnitt verfügen nur 34,4% der Kleinstädte über Geschäfte, die größer als 50 qm sind und das ist verglichen mit Supermärkten in den urbanen Zentren klein. Der Nordosten kommt auf 57,2%, was wohl daran liegt, dass er das ehemalige schwerindustrielle Kerngebiet Chinas war. Alle anderen Regionen liegen weit darunter, wobei der Westen mit 22,3% wieder einmal das Schlusslicht bildet. Dies mag an der dünnen Besiedelung liegen und an der mangelhaft ausgebauten Infrastruktur, die die Transportkosten in die Höhe treibt. Jedoch, um noch einmal auf die Spareinlagen zurückzukommen, kann davon ausgegangen werden, dass die städtische Bevölkerung die größere Summe an Depositen hat als die ländliche.

31.12.1999) [Die Reportagen und Berichte in Xiù Cai (im Original in chinesischen Schriftzeichen; RGP) No. 60 bis 66]. Die Welt 1999/10/23. Chinas neue Reiche stellen ihren Luxus jetzt zur Schau, S. 19. In: Xiù Cai 2005, Nr. 66 4.8.2005. http://xiucai.oai.de/XiuCai/XiuCaiNo66.pdf, S. 1-59.)

Ein trauriges Bild gibt die Möglichkeit ab, Kunstdünger in einem Dorf kaufen zu können. Landesweit kann nur in jedem zweiten Dorf dieses für die chinesischen Landwirtschaft so wichtige Gut erworben werden (dazu weiter unten). Die östliche und zentrale Region (54,6% und 51,6%) liegen über 50%, der Westen (44,8%) und der Nordosten (42,3%) darunter. In der letztgenannte Region liegen fruchtbare Böden, die einen extensiven Einsatz von Kunstdünger offensichtlich nicht nötig haben.[494]

Der Kauf eines Fernsehgerätes ist nur in 5,2% der Dörfer möglich. Hier liegt - erstaunlicherweise - der Westen mit 5,4% an erster Stelle und der Nordosten mit 3,5% an letzter.

Die infrastrukturellen Gegebenheiten und die häuslichen Lebensbedingungen im ländlichen Raum Chinas

Aus Sicht der chinesischen Regierung kann der ländliche Raum nur dann wirklich industriell erschlossen werden, sowie der Agrarsektor nur dann modernisiert werden, wenn es ausreichende Transportwege gibt und die einzelnen Städte und Dörfer über Straßen, Schifffahrtswege etc. miteinander verbunden sind. Das dem bei weitem nicht so ist und welche Gründe dafür ausschlaggebend sind, wird in diesem Abschnitt behandelt.
Neben den Infrastrukturmaßnahmen, die rein ökonomischen Charakter haben, werden diejenigen beschrieben, die den Menschen zugute kommen (Bildungseinrichtungen, Sportplätze, Parks etc.). Ferner wird ein Blick auf die „gemischten“ Infrastrukturen geworden, d. h. solche, die sowohl wirtschaftlich genutzt werden können als auch den Menschen das Leben zu erleichtern in der Lage sind (Gas- und Stromversorgung, Telekommunikation etc.). Darüber hinaus wird

---

[494] Kolb, Raimund Th. 2006. Agrarzonen, S. 110. In: Staiger, Brunhild/Friedrich, Stefan/Schütte, Hans Wilm (Hrsg.) 2006. China. Lexikon zu Geographie und Wirtschaft, Darmstadt, S. 110-113.

auf das Bildungswesen im ländlichen Raum eingegangen, das nicht gerade positiv zu bewerten ist. Das Gleiche gilt für die sanitären Verhältnisse, auf die im Anschluss eingegangen wird. Einen breiten Raum nimmt die Betrachtung des Gesundheitswesens ein, das auf dem Land so gut wie nicht mehr existiert bzw. wenn, dann sind die Behandlungskosten für die bäuerliche Bevölkerung unerschwinglich und können eine ganze Familie bei einer ernsthaften Erkrankung in den Ruin treiben.
Nach dieser „Baustelle" Gesundheitswesen wenden wir uns der nächsten zu. Das wären dann die Lebens- und Wohnverhältnisse der ländlichen Bevölkerung, ihr Zugang zu sauberem Trinkwasser, der auf Grund der Umweltzerstörung, der Überdüngung der Felder etc. immer problematischer wird. Ferner werfen wir einen Blick auf die Hauptenergieträger, die in den Haushalten zum Kochen und Heizen Verwendung finden sowie auf die sanitären Verhältnisse, die zu wünschen übrig lassen. Als vorletzter Punkt der Betrachtung wird ein Blick auf den Besitz von langlebigen Konsumgütern und das Sparguthaben der ländlichen Bevölkerung geworfen. Zum Schluss gehe ich dann auf die landwirtschaftliche Nutzfläche ein, die ja die Lebensgrundlage für mehr als 1,3 Mrd. Chinesen bedeutet.

Die Größe des Landes und die Unwegsamkeit gerade der innerchinesischen und westliche Regionen sowie die kleinbäuerliche Struktur des Agrarsektors, in dem z. T. noch Subsistenzwirtschaft betrieben wird, erschweren den Auf- und Ausbau eines umfassenden Handels- und Marktsystems, wie es sich in den industriellen Kerländern seit dem 20 Jahrhundert allmählich im Zuge der fordistischen Produktionsmethode heraus gebildet hat. China wird dieses Niveau flächendeckend nicht mehr erreichen können. Die Gründe, warum dies nicht der Fall sein wird, sind in den beiden vorherigen Abschnitten schon benannt worden und brauchen hier nicht mehr explizit wiederholt werden. Die Konsequenz wird sein, dass weite Teile der ländlichen Bevölkerung auf ihrem jetzigen Arbeits- und Lebensniveau verharren werden. Das könnte bei einem durchaus möglichen Kollaps des modernen warenproduzierenden Systems für die Menschen, die für den Eigenbedarf produzieren und nicht oder nur geringfügig von den vermeintlichen Segnungen der Moderne abhängig sind, Vorteil haben.

Schauen wir uns nun zuerst einmal die die unzureichende infrastrukturelle Erschließung des ländlichen Raums an, so wie sie aus den Tabellen 19 und 20 ersichtlich wird.

Während in der ersten Volkszählung keine dezidierten Angaben über die infrastrukturellen und Lebensbedingungen der ländlichen Bevölkerung gemacht werden, widmet der zweite Zensus von 2006 diesen Umständen zwei Kommuniqués.[495]

Im ersten dieser beiden Kommuniqués wird auf die ländlichen Infrastrukturbedingungen und die öffentlichen Dienstleistungen eingegangen, wobei laut dem Statistikamt alle 34.756 Städte und Distrikte sowie die 637.011 Dörfer einbezogen wurden.

In der folgenden Tabelle wird die Verkehrsanbindung der Städte und Bezirke mit unterschiedlichen Transportmitteln aufgelistet, in der nächsten die der Dörfer. Ohne weiter ins Detail gehen zu müssen, wird ersichtlich, dass die ländliche Infrastruktur z. T. äußerst unterentwickelt ist. Während der letzten Jahrzehnte wurde es versäumt, hier Abhilfe zu schaffen. Erst auf Grund der Weltwirtschaftskrise hat der Staatsrat ein Konjunkturpaket verabschiedet, das u.

---

495 Vgl. National Bureau of Statistics of China (Hrsg.) 2008. Communiqué on Major Data of the Second Agricultural Census of China (No. 3). Rural Infrastructural Construction and Basic Social Services . http://www.stats.gov..cn/english/newsanddomingevents/t20080229_402465269.htm. Stand: 11.3.2008. Und: National Bureau of Statistics of China (Hrsg.) 2008. Communiqué on Major Data of the Second National Agricultural Census of China (No.4). Living Conditions of Rural Households. Http://www.stats.gov.cn/english/newsandcomingevents/t20080229_402465351.htm, S. 1-4. Stand:11.3.2008.

a. den Ausbau der ländlichen Infrastruktur vorsieht.[496] Trotz dieser relativ massiven finanziellen Investitionen werden sich die infrastrukturellen Defizite im ländlichen Raum nicht in absehbarer Zukunft wesentlich verbessern lassen. Dazu bedarf es etlicher Jahre, wenn nicht Jahrzehnte.

496 Vgl. dazu u. a. China gibt Details über massive Finanzspritze bekannt, S. 1. http://german.china.org.cn/txt/2008-12/10/content_16928982.htm, S. 1-1. Stand: 10.12.2008, siehe ferner Konjunkturpaket soll Lebensstandard der chinesischen Bevölkerung verbessern, S. 1f. http://german.china.org.cn/fokus/2008-12/11/coontent_16935118.htm, S. 1-2. Stand: 11.12.2008.

Tabelle 19: Composition of towns and townships with means of transportation (Unit: %)

	National Total	Eastern Region	Central Region	Western Region	Northeastern Region
Towns and townships having railway stations	9.6	8.1	10.2	8.2	21.1
Towns and townships having docks	8.9	13.8	9.4	6.8	3.0
Towns and townships having highways or expressways above second class	46.1	65.9	52.0	29.9	53.6
Distance of entrance and exit to the first-class highway or expressway within 50 km	61.3	82.0	69.1	44.4	63.2
Driving distance between town and township governments to the counties within an hour	78.1	91.7	85.1	64.5	87.1

Quelle: Vgl. National Bureau of Statistics of China (Hrsg.) 2008. Communiqué on Major Data of the Second Agricultural Census of China (No. 3). Rural Infrastructural Construction and Basic Social Services, S. 1. http://www.stats.gov.cn/english/newsanddomingevents/t20080229_402465269.htm. Stand: 11.3.2008.

Schauen wir uns nun die Tabelle einmal näher an. Landesweit haben nur 9,6% der Kleinstädte einen Bahnstation bzw. eine Anbindung ans Schienennetz. Die nordöstliche Region sticht gegen den anderen Landesteilen auf Grund ihres ehemaligen schwerindustriellen Charakter mit 21,1% hervor. Allerdings ist dies auch noch recht dürftig.
Über Anlegestellen (bzw. Häfen?) für Schiffe verfügen im Mittel nur 8,9%. Mit 13,8% liegen hier die Städte der östlichen Region an erster Stelle, die, wie schon mehrfach erwähnt, am stärksten in den Weltmarkt integriert sind.
46,1% aller Kleinstädte haben landesweit gesehen Land- bzw. Schnellstraßen („zweiter Klasse"), also noch nicht einmal die Hälfte. Auch hier nimmt der Osten mit 65,9% Rang eins ein, gefolgt vom Nordosten (53,6%), der zentralen Region (52,0%) und das Schlusslicht bildet einmal mehr der Westen (29,9%), wo mehr als zwei Drittel der ländlichen Kleinstädte keine Anbindung an Land- bzw. Schnellstraßen haben. Zur unzureichenden Infrastruktur des Westens und den Auswirkungen bemerkt Jin Liqun, führendes Mitglied der *ADB*:

"Therefore, development or roads, railways, power, telecommunications and water supply in western China will help pave the way for the hinterland's economic development and thus bring the benefit to the people in those areas. There is still great potential for job creation in the hinterland areas which, if fully tapped, will ease the pressure of labor migration to the coastal aeras."[497]

Jin geht also davon aus, dass der Aufbau einer umfassenden Infrastruktur Arbeitsplätze schafft und den Migrationsfluss in die Küstenprovinzen reduziert. Dies wird von anderen Autoren bestätigt, die darüber hinaus noch weitere so genannte Synergieeffekte ausmachen, wie wir weiter unten noch sehen werden.

---

[497] Jin Liqun 2007. China in the Global Economy, S. 4. http://www.adb.org/printer-friendly.asp?fn=%2FDocuments%2FSspeeches%2F2007%2Fms2007066.asp&news=none, S. 1-8. Stand 12.2.2009.

Wie oben schon angemerkt sind Infrastrukturprojekte äußerst kapitalintensiv, gerade in den entlegenen und unwegsamen Regionen Zentral- und Westchinas. Das entscheidende Merkmal dieser Maßnahmen ist, dass sie zwar notwendige Rahmenbedingungen für das reibungslose Funktionieren der kapitalistischen Produktionsweise sind und deshalb zwangsläufig vom Staat in Angriff genommen werden müssen, aber sie sind eben auch in den überwiegenden Fällen kapitalunproduktiv. Sie müssen durch Steuereinnahmen und/oder Kredite finanziert werden, also aus generierter Mehrwertmasse, die dann in der realen Produktion als Investitionen fehlen könnten.

Aber setzen wir einmal voraus, dies könnte die chinesische Zentralregierung stemmen, dann stellt sich die Frage, ob in den kapitalproduktiven Industriezweigen, die eventuell in diesen Regionen entstehen könnten, so viel Profit erzeugt wird, dass die „toten Kosten“ (Marx) nicht nur kompensiert sondern überkompensiert werden können. Unter den Bedingungen der dritten industriellen Revolution, durch die die Produkte arbeitsarm, d. h. mit einer geringen Dosis an Mehrwert, auf den Markt treten, ist dies äußerst zweifelhaft. Ganz zu schweigen von der Vernichtung von Arbeitsplätzen in den alten Industrien, die auf Grund des immensen Produktivitätsschubs der mikroelektronischen Produktionsmethode nicht mehr konkurrenzfähig wären. Man kann es drehen und wenden wie man will: ökonomische Entwicklung vor diesem Hintergrund bringt den Menschen keinen Wohlstand, wie Jin meint.

Zugang zu einem „first class highway or expressway“ innerhalb von 50 km haben im Durchschnitt 61,3% aller Kleinstädte. Auch hier nimmt die dichtbesiedelte östliche Region mit 82,0% Platz eins ein, auf dem letzten rangiert wieder der Westen mit 44,4%.
Die Fahrzeit zwischen Kleinstadt und Regierungssitz, die innerhalb einer Stunde bewältigt werden kann, wird landesweit mit 78,1% angegeben. Auch hier ist die westliche Region benachteiligt (64,5%), während alle anderen Landesteile prozentual gesehen relativ dicht beieinander liegen. Allerdings wird über das Fortbewegungsmittel nichts ausgesagt, naheliegend wären Überlandbusse.

Die Prozentzahlen sind wenig aussagekräftig. An Hand der obigen Tabelle habe ich auf der Kenntnis, dass es national 34.756 Kleinstädte und Distrikte im ländlichen Raum gibt, die absoluten Zahlen für die ersten vier Spalten berechnet. Demnach verfügten 3.377 Kleinstädte über eine Bahnstation, 3.093 hatten einen Schiffsanlegeplatz, eine Verkehrsanbindung qua Landstraße zweiter Klasse konnten immerhin 16.022 Kleinstädte aufweisen und in 50 km Entfernung gab es für 21.305 Kleinstädte einen Zugang zum „first-class highway or expressway“.[498] D. h., dass die umweltschonenden Massenverkehrsmittel, wie Güter- und Personenzüge sowie Schiffe, relativ schlecht ausgebaut sind, während Straßen aller Art weitaus besser abschneiden. Mit anderen Worten, auch China wird seine Natur in Zukunft zubetonieren und auf individuelle Transportmittel wie Lkw und Pkw setzen, wie in dem *Report* (s. u.) von Wen indirekt anklingt.

Bevor wir uns der Tabelle 19a zuwenden, soll hier eine längere Passage aus dem *Report on the Work of the Government (2008)* zitiert werden, in der Wen Jiabao auf die umfassenden Investitionen für den Agrarsektor im weitesten Sinne eingeht:

“Investment in agriculture and rural areas was gradly increased. Central government allocations for agriculture, rural areas and farmers reached 1.6 trillion yuan over the past five years, including nearly 300 billion yuan that was used for developing rural infrastructure. Local governments also substantially increased their input. During the five-year periods, an additional 6.667 million hectares of farmland was equipped with water-saving irrigation facilities, methane gas was made available to 16.5 million more households, 1.3 million kilometers or rural roads were built or upgraded, and safe drinking water was

498 Da im Kommuniqué keine Angaben über die Anzahl der Städte in den einzelnen Regionen gemacht wurden, kann hier keine regionale Berechnung angestellt werden. Da Ost- und Zentralchina dichter besiedelt sind als die anderen beiden Großregionen, dürften die Kleinstädte bei ersteren eine bessere infrastrukturelle Anbindung haben. Das Gleiche wird auch auf die Dörfer zutreffen (vgl. Tabelle 20).

provided to an additional 97.48 million rural residents."[499]

Hier interessieren uns erst einmal drei Zahlen[500]: In den Jahren 2003 bis 2007 sind allein von der Zentralregierung 1,6 Billionen Yuan für die Landwirtschaft, den ländlichen Raum und die Bauern ausgegeben worden. Das sind im Schnitt pro Jahr 320 Mrd. Yuan (ca. 32 Mrd. Euro). Davon wurden allein für Infrastrukturmaßnahmen fast 300 Mrd. Yuan (ca. 30 Mrd. Euro) aufgewendet. Pro Jahr waren dies 60 Mrd. Yuan (ca. 6 Mrd. Euro) allein in den infrastrukturellen Aufbau. Von den Gesamtinvestitionen gingen also 18,75% in diesen Bereich, das waren jährlich 11,25 Mrd Yuan (ca. 11 Mrd. Euro). Einen Teil dieser Summe gab man - unter anderem, da ja auch in weitere Projekte investiert wurde - für den Bau von 1,3 Mio. km Landstraßen aus, die neu gebaut oder umgebaut wurden. Im Mittel wären dies 260.000 km Straße pro Jahr.

Auf den ersten Blick erscheinen diese Ausgaben, die die Zentralregierung allein für den Agrarsektor bereitstellte, imposant. Und offensichtlich will die Führung eine umfassende Modernisierung dieses Bereichs massiv fördern, zumal er ja in den letzten Jahren immer wieder Gegenstand des *Dokument Nr. 1* war. Und bedingt durch die Steuerreform von 1994 verfügt die Zentralregierung auch über die finanziellen Mittel, um sie gezielt einsetzen zu können.
Jedoch trügt der Schein, wenn nur allein der Blick auf die Investitionen in den Agrarsektor geworfen wird. Vergleicht man hingegen die zentralstaatlichen Gesamtinvestitionen und die für den Agrarbereich, wie es Zhao und Kanamori getan haben, kommt man zu einem gänzlich anderen Ergebnis:

---

499 Wen Jiabao 2008. Report on the Work of the Government (2008) Delivered at the First Session of the 11th National People's Congress on March 5, 2008, S. 2.. http//english.gov.cn/official/2008-03/20/content_924600.htm, S. 1-17. Stand: 20.7.2008.

500 Auf die anderen Investitionsprojekte wird an entsprechender Stelle eingegangen werden.

"On the other hand, the statistical data in Table 6 (wird von mir als Tabelle 19a integriert; RGP) shows that the government has doubled ist revenue every five years since 1995, but the ratio of expenditure on agriculture (or rural area) slowed though the absolute level of expenditure on agriculture increased. The ratio of government infrastructure spending on agriculture capital construction remains extremely low, government expenditure on rural infrastructure rarely exceeds 3%. In contrast government for overall capital construction is basically greater than 11%. Considering the composition of the Chinese population, it is difficult to say that it is reasonable for the 58% of the population registered as rural residents to enjoy just 12.7% of public expenditure and for the 42%[501] of the population registered as urban residents to enjoy 87.3% of public expenditures."[502]

---

501 Lt. Fußnote: „In terms of the current identity registration system, rural people make up 72.6 %" (S. 15; Quelle: siehe nachfolgende Fußnote).

502 Zhao Zhijun/Kanamori, Toshiki 2007. Infrastructure and Regional Development in the People's Republic of China, ADB Institute Discussion Paper No. 69, June 2007, S. 14f. http://adbi.adb.org/files/dp69.prc.infrastructure.regional.dev.pdf, S. 1-46.

Tabelle 19a: Table6. Government Expenditure for Agriculture[503]

year	(1)	(2)	(3)	(4)	(5)	(6)	(7)
1978	1122.09	451.92	40.3%	150.66	13.4%	51.14	4.6%
1980	1228.83	346.36	28.2%	149.95	12.2%	48.59	4.0%
1985	2004.25	554.56	27.7%	153.62	7.7%	37.73	1.9%
1989	2823.78	481.7	17.1%	265.94	9.4%	50.64	1.8%
1990	3083.62	547.39	17.8%	307.84	10.0%	66.71	2.2%
1991	3386.62	559.62	16.5%	347.57	10.3%	75.49	2.2%
1992	3742.2	555.9	14.9%	376.02	10.0%	85	2.3%
1993	4642.3	591.93	12.8%	440.45	9.5%	95	2.0%
1994	5792.62	639.72	11.0%	532.98	9.2%	107	1.8%
1995	6823.72	789.22	11.6%	574.93	8.4%	110	1.6%
1996	7937.55	907.44	11.4%	700.43	8.8%	141.51	1.8%
1997	9233.56	1019.5	11.0%	766.39	8.3%	159.78	1.7%
1998	10798.18	1387.74	12.9%	1154.76	10.7%	460.7	4.3%
1999	13187.67	2116.57	16.0%	1085.76	8.2%	357	2.7%
2000	15886.5	2094.89	13.2%	1231.54	7.8%	414.46	2.6%
2001	18902.58	2510.64	13.3%	1456.73	7.7%	480.81	2.5%
2002	22053.15	3142.98	14.3%	1580.76	7.2%	423.8	1.9%
2003	24649.95	3429.3	13.9%	1754.45	7.1%	527.36	2.1%
2004	28486.89	3437.5	12.1%	2337.63	8.2%	542.36	1.9%
2005	33930.28	4041.34	11.9%	2450.31	7.2%	512.63	1.5%

503 In der Tabelle 5 (Table 5, vorhergehende Seite 14 bei Zhao/Kanamori) wurde die Maßeinheit „100 million Yuan“ angegeben, in der Tabelle 6 (Table 6, s. o.) ist diese fortgelassen worden. Ein Vergleich mit dem „total government expenditure“ aus beiden Tabellen ergibt eine Identität, deswegen dürfte die Maßeinheit auch für Tabelle 6 gelt.

Quelle: „Source: China Statistical Yearbook 2006.
Notes: (1) Total government expenditure; (2) government expenditure for total capital construction; (3) ratio of government expenditure to total capital construction; (4) government expenditure for agriculture; (5) ratio of government expenditure for agriculture; (6) government expenditure for agriculture capital construction; (7) ratio of government expenditure for agriculture capital construction" (zit. nach Zhao/Kanamori 2007, S.15).

Bei ihren Berechnungen gehen Zhao und Kanamori z. B. für das Jahr 2005 von den staatlichen Gesamtausgaben aus und kommen in Bezug auf die Ausgaben der Zentralregierung für die Landwirtschaft auf 7,2% bzw. für die Kapitalanlage auf 1,5%. In absoluten Zahlen ausgedrückt, betrugen die Ausgaben Beijings 2005 etwas mehr als 33,93 Mrd. Yuan (ca. 3,393 Mrd. Euro), davon flossen 2,450 Mrd. Yuan (245 Mio. Euro) in die Landwirtschaft und für Anlageinvestitionen wurden 512,63 Mio. Yuan (51,263 Mio. Euro) aufgewandt. Das ist gemessen an den gesamten Staatsausgaben in beiden Fällen ein verschwindend geringer Prozentsatz und rechtfertigt in der Tat nicht die Aussage, dem Agrarsektor würde Priorität eingeräumt. Auch wenn man z. B. die Gesamtausgaben für Kapitalanlagen (Spalte 2) ins Verhältnis setzt zu denen für die Landwirtschaft (Spalte 6) käme man prozentual auf 12,6%. Auch dies ist in Anbetracht der Tatsache, dass der Agrarsektor seit der Gründung der VR China zur Kapitalakkumulation herangezogen wurde, bei gleichzeitig niedrigen staatlichen Ankaufspreisen für landwirtschaftliche Produkte und hohen Verkaufspreisen für im Agrarbereich benötigte Produktionsmittel wie Maschinen, Dünger etc. immer noch zu gering, um ihn umfassend modernisieren, die Armut beseitigen und den Lebensstandard und die Lebensqualität der bäuerlichen Bevölkerung erhöhen zu können.

Schauen wir uns die jüngsten Zahlen für die Investitionen in das Anlagevermögen an, so ergibt sich für 2008 folgendes:

"The complete investment in fixed assets of the country in 2008 was 17,2291 billion yuan, up by 25.5 percent over the previous year. Of the total investment, that in urban areas was 14,816.7 billion yuan, up by 26.1 percent; and that in rural areas reached

2,412.4 billion yuan, up by 21.5 percent. An analysis by regions showed that the investment in east areas was 8,741.2 billion yuan, up by 20.9 percent over the previous year, in central areas was 4,538.4 billion yuan, a growth of 32.6 percent, and in western areas 3,583.9 billion yuan, a growth of 26.9 percent."[504]

Aus diesen Angaben wird ersichtlich, dass erstens die städtischen Zentren die bei weitem größte Summe der Anlageinvestitionen verschlingt, nämlich 86%, während der ländliche Raum lediglich 14% erhält. Auch die prozentuale Steigerungsrate spricht mit 26,1% zu 21,5% eine deutliche Sprache. Von einer massiven Förderung des Agrarsektors kann nicht die Rede sein. Zweitens zeigt die Verteilung der Anlageinvestitionen auf die einzelnen Regionen, dass der Osten nach wie vor bevorzugt wird. Was die absolute Summe anbelangt, erhält er allein mehr als 50% im Vergleich zu den zentralen und westlichen Regionen. Zwar liegen die Zuwachsraten der zentralen und westlichen Landesteile mit 32,6% bzw. 26,9% weit über der des Ostens mit 20,9%, jedoch ist dies der niedrigen Ausgangslage der erstgenannten Regionen geschuldet, die überdies seit einigen Jahren noch als Schwerpunktgebiete ausgewiesen und angeblich gesondert gefördert werden sollen. Ferner gilt es zu bedenken, dass trotz der höheren prozentualen Steigerungsrate, die in absoluten Zahlen ausgedrückte Summe, die für Anlageinvestitionen in der Industrie, der Landwirtschaft und den einzelnen Regionen, die von der Zentralregierung überwiesen wurden, höher waren als die in Prozenten angegebene Steigerung vermuten lässt.
2007 wurden 11,7414 Mrd. Yuan im städtischen Anlagebau investiert, 2008 waren es 3,0753 Mrd. Yuan mehr. Die Steigerungsrate für den ländlichen Raum fiel dagegen äußerst bescheiden aus. Sie stieg gerade einmal von 1,9825 Mrd. Yuan (2007) auf 2,4124 Mrd. Yuan für das folgende Jahr, also um 429,9 Mio. Yuan. Setzt man diese absoluten Zahlen ins Verhältnis, so erreichte die Steige-

---

504 National Bureau of Statistics of China (Hrsg.) 2009. Statistical Communiqué of the People's Republic of China on the 2008 National Economic and Social Development, S. 6. http://www.stats.gov.cn/english/newsandcomingevents/t20080226_402540784.htm, S. 1-19. Stand: 26.2.2009.

rungsrate in den landwirtschaftlichen Investbau gerade einmal knapp 13,98% dessen, was im städtischen Bereich investiert wurde. Ähnliches gilt für die Regionen. Im Osten stiegen die Investitionen um 1,5098 Mrd. Yuan, im zentralen Landesteil noch um 1,1101 Mrd. Yuan und im Westen lediglich um 764,5 Mio. Yuan.[505]

Obwohl offiziell dem Agrarsektor seit 2004 im *Dokument Nr. 1* Priorität eingeräumt wurde, und hier speziell dem Auf- und Ausbau der Infrastruktur, dürfte deutlich geworden sein, dass dies nicht die reale Zustände widerspiegelt. Zwar sind enorme Summen in den ländlichen Raum geflossen, doch der Großteil der Investitionstätigkeit der Zentralregierung kommt immer noch der städtischen Bevölkerung zugute. Das gleiche gilt für die als Schwerpunkte ausgewiesenen zentralen und westlichen Regionen, wie die obigen Zahlen belegen. Auch hier wird weiterhin der Osten mehr gefördert.

Werfen wir nun einen Blick auf die unten stehende Tabelle. Es wurde schon darauf hingewiesen, dass das *NBS* zwischen künstlich geschaffenen Verwaltungsdörfern (villages) und natürlich gewachsenen Dörfern (natural villages) unterscheidet. So ist es nicht verwunderlich, dass erstere bei der Anbindung an eine Landstraße besser abschneiden als letztere, landesweit im Verhältnis von 95,5% zu 82,6%. Im Umkehrschluss bedeutet dies, dass 4,5% der Verwaltungsdörfer und 17,4% der natürlichen ohne halbwegs moderne infrastrukturelle Anbindung an die Außenwelt sind, wobei die westliche Region mit 8,8% bzw.

505 Zu den Daten für 2007 siehe National Bureau of Statistics of China (Hrsg.) 2008, S. 6. Statistical Communiqué of the People‘s Republic of China on the 2007. National Economic and Social Development. http://www.stats.gov.cn/english/newsandcomingevents/t20080228_402465066.htm, S. 1-20. Stand:11.3.2008.

22% am schlechtesten abschneidet.[506]

Weiter oben haben wir gesehen, dass sie in absoluten Zahlen die geringste Summe für Anlageinvestitionen zugewiesen bekam. Das lässt den Schluss zu, das der entwicklungspolitische Abstand zwischen dem Westen und den anderen Regionen nicht kleiner, sondern größer wird.
Über Bahnstationen bzw. Anlegestellen für Schiffe (bzw. Häfen?) verfügen landesweit nur 25% der Dörfer.[507] Die nordöstliche Region als ehemaliges schwerindustrielles Kerngebiet Chinas liegt mit 45,5% weit vor allen anderen Landesteilen und das Schlusslicht bildet wieder einmal der Westen mit 19,9%. Tabelle 20 unterscheidet zudem noch nach Distanzen der Dörfer zur nächsten Bahnstation bzw. einem Schiffsanliegeplatz (vgl. Tabelle 19). Hier haben 75% der Dörfer landesweit gesehen einen minimale Distanz von 1 bis 3 km und eine maximale von über 20 km zu überwinden.
Beide Zahlen belegen, dass die Anbindung der Dörfer an Eisenbahnlinien und Wasserstraßen äußerst unzureichend ausgebildet ist. Das hat natürlich Auswirkungen auf die ökonomische Entwicklung und mithin auf die Lebensbedingungen der Bevölkerung.

In diesem Zusammenhang muss eine Definition des bisher allgemein gefassten Begriffs *Infrastruktur* gegeben werden, wobei Zhao und Kanamori drei Arten unterscheiden:

---

506 Hier kann keine Umrechnung in absoluten Zahlen vorgenommen werden, da im Kommuniqué keine Angaben über das Verhältnis von Verwaltungs- zu natürlichen Dörfern gemacht wurde. Da ein Verwaltungsdorf mehrere natürliche Dörfer umfasst, stellen letztere die Mehrheit. D. h., dass die infrastrukturellen Anbindungen an die verschiedenen Verkehrswege noch schlechter sein dürften als die Prozentzahlen es auszudrücken vermögen.

507 Aus dem Kommuniqué wird nicht ersichtlich, ob hier eine Unterscheidung zwischen Verwaltungs- und natürlichen Dörfern gemacht wird.

"We roughly classify infrastructure into three kinds: pure productive infrastructure, pure living infrastructure and mixed productive and living infrastructure. Pure productive infrastructure refers to infrastructure that provides service only for production, such as land irrigation systems. Pure living infrastructure refers to infrastructure refers to infrastructure that provides a service only for the improvement of living conditions, such as drinking water systems, gasoline, marsh gas, and broadcast und television networks. Some infrastructure provides services to both production processes and living processes. Roads, railways, environmental protection and maintenance facilities, electricity systems, and telecommunication systems belong to this type."[508]

Bezogen auf Tabelle 20 interessiert uns hier erst einmal der dritte Typ, und zwar die Qualität der Straßen, mit denen die Kleinstädte und Dörfer mit der Außenwelt verbunden sind. Die oben genannten Autoren haben die Klassifizierung dieses Verkehrsweges vom *China Statistical Yearbook* (*CSY*) übernommen:

"In the *China Statistical Yearbook*, roads are classified into six types: expressways, class 1, class 2, class 3, class 4, and substandard. Expressways can be classified into three kinds, two-way 4 lanes, two-way 6-lanes, and two-way 8-lanes. Generally, a one-kilometer section of expressway costs about 20 million yuan in plain areas and as much as 70 million yuan in mountainous areas; first class road with 25 meter wide costs about 5 million yuan per kilometer, a class 2 road with a width of 12-17 meters costs 1-1.5 million per kilometer; a class 3 road with a width of 8 meters costs 0.7-0.8 million yuan; and a class 4 road with a width of 7 meters costs 0.5 million yuan per kilometer. There are two kinds of village roads according to the standards for new village building. The first, with a width of 3.5 meters, 20 centimeters of sand and 20 centimeters of thick cement, costs about 0.12 million yuan. Some local officials and ordinary people feel that such roads are too narrow for two cars or busses to pass. The other typ has a width of 6 meters, with 20 centimeters of sand and 20 centimeters of cement, costing about 0.24

---

508 Zhao Zhijun/Kanamori, Toshiki 2007. Infrastructure and Regional Development in the People's Republic of China, ADB Institute Discussion Paper No. 69, June 2007, S.16. http://adbi.adb.org/files/dp69.prc.infrastructure.regional.dev.pdf, S. 1-46.

million yuan. For the same cost as a one- kilometer section of expressway, and a 80-kilometer village road can be built. The cost per kilometer of expressway in Beijing is as much as 100 million yuan. The expenditure for a one-kilometer section of expressway in Beijing is enough to build 500 kilometers of village roads. The utility of a one-kilometer section of expressway top the people of Beijing might be negligible, but a 500-kilometer village road could completely change the appearance of a middle-sized county, thus ist utility to the county could be significant. This tells us that the benefit or reallocating fiscal budget from the developed regions to underdeveloped regions may be huge. If more public structure investment were made in rural areas for low standard roads, and if the government could change ist viewpoint toward achievement, reduce projects that demonstrate achievement and increase projects that are beneficial to civilians, the goal of developing the countryside could be realized more rapidly."[509]

Die Kritik von Zhao und Kanamori lässt an Deutlichkeit nichts zu wünschen übrig, wenn sie darauf hinweisen, dass mit einer ein Kilometer langen Teilstrecke in Beijing 500 Kilometer Landstraße gebaut werden könnten, die einen mittelgroßen Distrikt in seinem Erscheinungsbild sozioökonomisch umstrukturieren würde. An Hand des *CSY* können sie nachweisen, dass mehr „expressways" etc. gebaut wurden und deren Wachstumsrate höher war als Straßen mit einem niedrigeren Standard, wie *Table 9* (von mir als 19b integriert) zeigt:

---

509 Ebd., S. 17f.

Tabelle 19b: Table 9. Development of Roads Infrastructure (By Kilometer)

Year	Express	Class1	Class2	Class3	Class4
1982		669.9	15,665	115,249	419,149
1985		1019.833	21,194	128,541	456,286
1988	1065.75	3465.5	32,949	159,376	503,126
1990	1892.25	3,343.286	41,599	167,040	511,848
1995	4,434.93	11,685.38	84,910	207,282	606,841
2000	18,196.38	20,805.43	152,672	276,672	750,267
2001	20,131.18	26,114.5	177,759	308,626	800,665
2005	42,467.39	39,753.82	246,440		
Growth	24.20%	19.40%	12.70%	5.30%	3.50%

(Source: China Statistical Yearbook)

Quelle: Zhao Zhijun/Kanamori, Toshiki 2007. Infrastructure and Regional Development in the People's Republic of China, ADB Institute Discussion Paper No. 69, June 2007, S. 18. http://adbi.adb.org/files/dp69.prc.infrastructure.regional.dev.pdf, S. 1-46.

Sie kommen zu dem Schluss, dass Autobahnen und Schnellstraßen Großstädte miteinander verbinden und Mautgebühren kosten, während normale Landstraßen nicht kostenpflichtig sind und in der Regel Distrikte und Kleinstädte (sowie Dörfer; RGP) vernetzen. Zudem hätten sie eine größere sozioökonomische Wirkung für den ländlichen Raum.[510] Wie Table 9 (Tabelle 19b) belegt, neigen die verantwortlichen Funktionäre eher dazu, Prestigeobjekte zu bauen, in diesem Fall eben Prachtstraßen, um sich ein Denkmal zu setzen oder wie Zhao und Kanamori formulieren:

---

510 Vgl. ebd.

"In the PRC, there is an expression that ,the official produces numbers, and numbers produce the officials, the bigger the number, the bigger the official, (. . .)."[511]

Zwar sind im Zeitraum von 1982 (bzw. 1988) bis 2005 (bzw. 2001) lediglich 88.187,88 Kilometer „expressways" gebaut worden, während z. B. Straßen der Kategorie 4 mit 4.048.182 km zu Buche schlagen, aber die Steigerungsraten für prestigeträchtige Objekte sind größer und die der niedriger klassifizierten Straßen fallen kleiner aus, wie aus obiger Tabelle zu entnehmen ist. So lag z. B. die Wachstumsrate für „expressways" bei 24,20 %, die der Klasse 3 und 4 nur bei 5,30 % bzw. 3,50 %.

Exkurs: Infrastrukturmaßnahmen als notwendige staatliche Rahmenbedingung

Nun ist es müßig, eine Rechnung darüber aufzustellen, wie viele Kilometer Straßen niederer Qualität mit den Kosten für die über 88 Tausend km „expressways" hätten gebaut werden können.[512] Denn diese waren ja nicht nur Prestigeobjekte, sondern z. T. jedenfalls notwendige Rahmenbedingungen, um ausländische Investoren ins Land holen zu können. Ohne eine umfangreiche und gut funktionierende Infrastruktur - zu der gehört neben den Straßen und anderen Verkehrswegen bzw. -einrichtungen (wie u. a. Flughäfen), die Erschließung von Bauland für Fabriken und Wohnhäuser, Kanalisation etc. - hätten z. B. die SWZ, die südlichen und Küstenprovinzen nicht diese rasante ökonomische Entwicklung durchmachen können.

---

511 Ebd.

512 Es wären, dies der Vollständigkeit halber, ca. 44 Mio. km gewesen. Damit hätte man wohl den ganzen ländlichen Raum Chinas mit Straßen infrastrukturell erschließen können. Da dies eine rein hypothetische Betrachtung ist, will ich auch nicht über die ökologischen Folgeschäden spekulieren.

Zurück zu obiger Tabelle. Addiert man die in der obigen Tabelle aufgelisteten Straßenkilometer, so kommt man für die einzelnen Klassifizierungen bei *class1* auf 105.857,649 km, bei *class2* auf 773.188 km, die *class3*-Straßen beziffern sich auf 1.362.786 km und *class4* sind gar 4.048.182 km gebaut worden. Insgesamt sind in den in der Tabelle angegebenen Jahren mehr als 5.382.200 km dieser verschieden klassifizierten Straßen gebaut worden. Einerseits ist dies durchaus eine imposante Leistung, andererseits zeigt diese Zahl, wie wenig ausgebaut das Straßennetz vor 1982 in China war. Drittens geht aus obiger Tabelle 19 und 20 hervor, dass noch längst nicht alle ländlichen Kleinstädte und Dörfer verkehrstechnisch ausreichend miteinander verbunden sind. Viertens verweist Wen Jiabao in seinem *Report* von 2008, dass 1,3 Mio. km Landstraßen neu gebaut oder umgebaut worden sind.[513] Es besteht im ländlichen Raum also weiterhin ein enormer Bedarf an dieser Art von Verkehrswegen.

Yao verweist einerseits auf die negativen Auswirkungen einer mangelhaften Infrastruktur und den wirtschaftlichen Vorteilen, die die ländliche Bevölkerung durch eine gut ausgebaute haben könnte:

"Rural transport and communications infrastructure is a key dimension of such a foundation (gemeint sind vielfältige ökonomische Aktivitäten, die dadurch erleichtert würden; RGP). It plays a critical role in extending the product and factor markets, in reducing the costs of marketing agricultural produce, and in the transmission of informations on prices. Studies of agricultural marketing have documented that deficient rural infrastructure drive a significant wedge between prices at market centers and those at farm-gate (. . .). Low output prices and high input costs at farm-gate reduce the profitability of farmers' output and limit them to subsistence farming or production of low-value perishable produce or

---

513 Vgl. Wen Jiabao 2008. Report on the Work of the Government (2008) Delivered at the First Session of the 11th National People's Congress on March 5, 2008, S. 2. http//english.gov.cn/official/2008-03/20/content_924600.htm, S. 1-17. Stand: 20.7.2008. Ob dieser Neu- bzw. Umbau allein im Jahr 2007 vonstatten ging oder sich über mehrere Jahre erstreckte, geht aus dem Kommuniqué nicht hervor.

cheap grains for a limited local market. Access to expanded markets and reduction in the costs of marketing, on the other hand, give farmers the opportunities to raise the profitability of existing production and provide further incentives for them to increase farm productivity.
Rural infrastructure like roads, transport, and communications, among others, provide the necessary prerequisites for growth of nonfarm activities besides farm production. Significant linkages among production, consumption, and labor activities in rural economies have been amply documented in the development literature (. . .). Agricultural productivity improvement triggers growth in secondary and tertiary sectors, through input, output, and consumption linkages , thereby resulting in higher labor productivity and wages. These take place through diversification of economic activities, increase in mobility, and accessibility of output and factors of production. Improved geographic access and information flow also increase labor mobility, making it easier for surplus labor to move to where labor is in short supply.
Thus, the growth process, facilitated by market expansion that is underpinned by rural infrastructure development, serves as the crucial pull-up factor for mainstreaming the rural poor, enabling them to take advantage of the growth and diversification of agriculture and nonfarm opportunities."[514]

Es ist in Anlehnung an Wittfogel schon auf die gartenbaumäßige Landwirtschaft Chinas hingewiesen worden und diese ist eben mit für die geringe Vermarktung der Produkte von ca. 30% verantwortlich. Diese wird noch durch die unzureichende bis mangelhafte Infrastruktur, hier die fehlende Anbindung an Straßen, Wasserwege und das Eisenbahnnetz verstärkt.

An Yao zu kritisieren ist, dass er einzig und allein vom Standpunkt des modernen warenproduzierenden Systems argumentiert, so als gäbe es dazu keine Alternativen. Erinnert sei hier noch einmal daran, dass es im China der Song-

---

514 Yao Xianbian 2003. Infrastructure and Poverty Reduction - Making Markets Work for the Poor, S. 4. http://www.adb.org/Documents/EDRC/Policy_Briefs/PB014.pdf, S. 1-9.

Dynastie und den darauf folgenden - also in vorkapitalistischen Zeiten - ein durchaus funktionierendes Handels- und Marktnetz gab, das die Bedürfnisse der meistens Bevölkerungsteile zu befriedigen in der Lage war. Warum, so die berechtigte Frage, sollte dies in einem nach-kapitalistischen System nicht auch möglich sein, zumal für alle Menschen der Welt schon heute genügend stofflicher Reichtum vorhanden ist. In einer postkapitalistischen Gesellschaft fiele zudem der Zwang zur Verwertung um des Profit willens fort, es würde sich also nicht mehr um Preise, Marktzugang, Schaffung von Arbeitsplätzen etc. handeln müssen, sondern es ginge vielmehr um die Frage der Organisation der Produktion von nützlichen Dingen und wie sie verteilt werden können.[515]

Zurück zum eigentlichen Thema.

Zwar hat die Regierung laut des Tätigkeitsberichts von 2008 direkte Subventionen für die Bauern etabliert, wie dem nachfolgenden Zitat zu entnehmen ist:

"In addition, we set up a subsidy scheme for agriculture, instituting direct subsidies for grain producers, subsidies for superior crop varities, subsidies for the purchase of agricultural machinery and tools, and general subsidies for agricultural production supplies and providing incentives to major grain-producing counties and subsidies to counties and townships with serious financial difficulties."[516]

Aber erst dann, wenn ein umfassendes infrastrukturelles Netz aufgebaut worden ist, das die lokalen Märkte miteinander verbindet, können die Produktionskosten

---

515 Näher kann ich hier nicht darauf eingehen, dazu bedürfte es einer eigenständigen Abhandlung. Zum jetzigen Zeitpunkt besteht auch leicht die Gefahr in Utopismus zu verfallen.

516 Wen Jiabao 2008. Report on the Work of the Government (2008) Delivered at the First Session of the 11th National People's Congress on March 5, 2008, S. 2. http//english.gov.cn/official/2008-03/20/content_924600.htm, S. 1-17. Stand: 20.7.2008.

gesenkt werden. Und es würde, wie Yao feststellt, im Zuge dessen eine Diversifizierung im reinen Agrarsektor und im nichtlandwirtschaftlichen Bereich vollzogen, von der auch der sekundäre und tertiäre Sektor profitieren könnte.

Aus Sicht des modernen warenproduzierenden Systems ist Yao zuzustimmen, wenn damit die Armut in den ländlichen Gebieten Chinas verringert werden könnte. Eine wertabspaltungskritische Betrachtung muss allerdings zu dem Schluss kommen, dass der chinesische Agrarsektor und die in ihm entstehenden industriellen und tertiären Zweige das Niveau, das in der Landwirtschaft der westlichen Staaten niemals wird erreichen können.[517]

Hier ist ein Blick auf Tabelle 20 angebracht. Nur 25 % der Dörfer landesweit haben innerhalb ihres Gebietes eine Bahnstation und einen Schiffsanliegeplatz, wobei die nordöstliche Region am besten abschneidet (45,5 %), gefolgt vom Osten (29 %), Zentral- und Westchina bilden mit 21,9 % und 19,9 % die Schlusslichter. Alle anderen Dörfer müssen eine Entfernung von mindestens einen bis mehr als 20 km überwinden. Unter diesen Umständen ist eine rasche sozioökonomische Entwicklung im weitesten Sinne des Wortes kaum möglich (vgl. Tabelle 20).

---

517 Im ländlichen Raum Chinas müssen alternative Produktionsformen angedacht werden, jenseits von Wert, Markt etc., was hier allerdings in diesem Rahmen nicht geleistet werden kann.

Tabelle 20: Composition of villages with means of transportation (Unit: %)

	National Total	Eastern Region	Central Region	Western Region	Northeastern Region
Villages having accessed to the highways	95.5	98.2	96.1	91.2	98.1
Natural villages having accessed to the highways	82.6	89.2	81.1	78.0	92.7
By distance of the village and the nearest station & dock					
Stations and docks inside villages	25.0	29.0	21.9	19.9	45.5
1-3 km	45.2	52.1	48.4	34.8	36.9
4-5 km	11.5	9.1	13.4	13.4	6.9
6-10 km	10.3	6.7	10.7	15.1	6.9
11-20 km	5.2	2.5	4.3	9.5	2.8
20 km above	2.8	0.6	1.3	7.3	1.0
By type of highway's pavement entered into villages					
Cement pavement	35.2	51.8	37.1	14.1	25..1
Blacktop pavement	26.3	32.8	26.7	16.4	34.9

Sand-gravel pavement	25.7	10.8	26.3	42.7	32.7
Brick and flagging pavement	1.1	1.2	1.1	0.6	2.4
Other pavements	11.7	3.4	8.8	26.2	4.9
By type of primary road pavement inside villages					
Cement pavement	27.7	44.0	26.4	10.6	15.6
Blacktop pavement	11.1	16.5	11.0	4.3	13.0
Sand-gravel pavement	35.7	24.1	38.9	43.5	57.0
Brick and flagging pavement	2.7	3.9	2.7	1.1	2.6
Other pavements	22.8	11.5	21.0	40.5	11.8
Villages with streetlights inside	21.8	44.5	13.0	4.0	10.9

Quelle: Vgl. National Bureau of Statistics of China (Hrsg.) 2008. Communiqué on Major Data of the Second Agricultural Census of China (No. 3). Rural Infrastructural Construction and Basic Social Services, S. 2. http://www.stats.gov.cn/english/newsanddomingevents/t20080229_402465269.htm. Stand: 11.3.2008.

Der zweite Abschnitt des besagten Kommuniqués behandelt den Zugang zum Stromnetz sowohl der Städte und Bezirke als auch der Dörfer sowie die Kommunikationsmöglichkeiten mittels Post und Telefonzugang.

Landesweit haben 81,9% aller Städte bzw. Distrikte ihr Stromnetz modifiziert, was immer darunter zu verstehen ist. Umgekehrt scheint es so zu sein, dass 18,1% dieser Kleinstädte nicht über einen modifizierten Anschluss an ein Stromnetz verfügen. Ähnlich verhält es sich mit den Postämtern, wobei landesweit 18,9% der ländlichen Städte keines haben.
Legt man die obige Infrastruktur-Definition von Zhao und Kanamori zugrunde, bedeutet dies, dass knapp 20% dieser Kleinstädte und Distrikte in ihrer sozioökonomischen Entwicklung äußerst eingeschränkt sind. In die zweite Volkszählung wurden 15.365 townships und 19.391 towns einbezogen,[518] insgesamt 34.756 Einheiten. Das heißt 6.290 haben keinen modifizierten Stromanschluss und 6.568 kein Postamt.
Die Verwaltungsdörfer haben landesweit zu 98,7% Zugang zur Elektrizität bzw. zu 97,6% Zugang zu einem Telefon. Das bedeutet aber nicht, dass sie darüber tatsächlich verfügen. Fast im gleichen Maße trifft dies auf die natürlichen Dörfer zu, die zu 98,3% Zugang zur Elektrizität und zu 93,07% zum Telefon haben. Legt man die 656.020 village-level organizations zugrunde, so sind 8.528 bzw. 15.744 ohne jeglichen Zugang zu Elektrizität bzw. zu einem Telefon.[519]

Da die natürlichen Dörfer in absoluten Zahlen im Zensus nicht aufgeführt worden sind, lassen sich hier keine Berechnungen anstellen.

Werfen wir einen Blick auf die Regionen, so zeigt sich, dass der Westen den größten Nachholbedarf an den Segnungen der modernen technischen Errungenschaften hat. Dies zu realisieren, dürfte ob der Unwegsamkeit und der Weite des

---

518 National Bureau of Statistics (Hrsg.) 2006. Communiqué On Major Data Of The First National Census of China (No. 1), S. 1. http://www.stats.gov.cn./english/newsandcomingevents/t200060301_402307658.htm. Stand: 1.2.2008.

519 Vgl. ebd. Die Zahl der „village level organizations" ist mit 656.020 um 19.009 größer als die im ersten der beiden Kommuniqués angegebene Zahl von 637.011 Dörfern.

Raums schwierig werden. Lassen wir wieder einmal beiseite, ob die Angaben in Tabelle 21 tatsächlich den realen Zuständen entsprechen, so dürfte doch deutlich geworden sein, dass hier ein weiteres entwicklungspolitisches Problem vorliegt, die die Urbanisierung der chinesischen Landwirtschaft bzw. des ländlichen Raums insgesamt erschwert. Wenn führende Politiker wiederholt von China als einem Entwicklungsland sprechen, so trifft dies zu, ob dies nun mehr rhetorisch oder tatsächlich so gemeint ist, sei dahin gestellt. Diese Einschätzung wird noch durch die z. T. dürftigen kulturellen Angebote und Bildungsmöglichkeiten untermauert.

Tabelle 21: Composition of towns and townships or villages with electricity and communication facilities (Unit: %)

	National Total	Eastern Region	Central Region	Western Region	Northeastern Region
Towns and townships finished grid modification	81.9	96.8	87.7	67.2	97.6
Towns and townships with post offices	81.1	86.2	89.2	71.6	90.7
Villages having accessed to electricity	98.7	99.8	99.8	96.0	99.9
Villages having accessed to telephones	97.6	99.6	98.6	93.8	99.6
Natural villages having accessed to electricity	98.3	99.6	99.4	96.1	99.90
Natural villages having accessed to telephones	93.07	97.0	95.2	89.6	98.9

Quelle: Vgl. National Bureau of Statistics of China (Hrsg.) 2008. Communiqué on Major Data of the Second Agricultural Census of China (No. 3). Rural Infrastructural Construction and Basic Social Services, S. 2f. http://www.stats.gov..cn/english/newsanddomingevents/t20080229_402465269.htm. Stand: 11.3.2008.

Um sich ein genaueres Bild über die infrastrukturellen Gegebenheiten Chinas machen zu können, ist ein internationaler Vergleich angebracht, so wie Zhao und Kanamori es getan haben. Dann sind die „pure productive infrastructure, pure living infrastructure and mixed productive and living infrastructure"-Daten alles andere als verheißungsvoll zu nennen (vgl. Tabelle 21).

Tabelle 21a: Table 7. International Comparison in Infrastructure Service Provision

	Electricity (1)	Telecommunication (2)	Telecommunication (3)	Transportation (4)	Transportation (5)	Coverage (6)	Coverage (7)
PRC	1379	499	73	1.4	0.05	77	44
Low income countries	358	72	24	3.0	0.13	65	41
Middle income countries	1720	485	90	7.0	0.40	89	79
High income countries	9503	1309	545	4.3-17.3**	0.36-0.53**	99	99-100**
World average	2456	471	139	6.7	0.33	80	64

Source: World Bank, 2005; Goicoecha and Estache, 2005.

Note 1: * 2002 data for PRC, per capita level from 1997 to 2002 for other countries

Note 2: ** Smaller number represents the level of non-OECD rich countries, bigger number represents the level of OECD countries.

(7) Electric power (kilowatt hours/per capita) (2003)

(8) Number of Telephone and mobile phone (per 1000 persons) (2004)

(9) Number of unsers using network (per 1000 persons) (2004

(10) Density of highway (kilometers/1000 persons) (2002)*

(11) Density of railway (kilometers/1000 persons) (2002)*

(12) Water supply (%) (2002)

(13) Drainage (%) (2002)

Quelle: Zhao Zhijun/Kanamori, Toshiki 2007. Infrastructure and Regional Development in the People's

Republic of China, ADB Institute Discussion Paper No. 69, June 2007, S. 16. http://adbi.adb.org/files/dp69.prc.infrastructure.regional.dev.pdf, S. 1-46.

Hier sticht hervor, dass China gegenüber den *low income countries* in Bezug auf die Personenbeförderung qua Straße bzw. Eisenbahn hinter diesen zurückliegt. Das lässt bis 2002 auf eine geringe Mobilität der Bevölkerung zumindest im ländlichen Bereich schließen. Allerdings muss dies in zweierlei Hinsicht relativiert werden. Einmal verhinderte die Größe und Unwegsamkeit des Landes den Ausbau des Straßen- und Eisenbahnnetzes im großen Stil. Erst nachdem der ländliche Raum für die Zentralregierung Priorität bekam, bzw. vermeintliche Priorität bekam, wie wir oben gesehen haben, änderte sich dies allmählich. Da der Agrarsektor 30 Jahre lang in diesen und vielen anderen Belangen vernachlässigt wurde, lässt sich dieses Defizit nicht so schnell beseitigen. Zum anderen sind die Bauernarbeiter sehr wohl mobil, wenn es um die Suche nach einem Arbeitsplatz geht, jedoch nur in Bezug auf die Fernreise zu den Ost- und Küstenprovinzen bzw. den Metropolen. Dort halten sie sich länger, meist mehrere Jahre auf und kehren meistens nur einmal zum Frühlingsfest in ihren Heimatort zurück. Dann allerdings sind z. B. die Züge im Fernverkehr extrem überlastet (so auch im Vorfeld zum Nationalfeiertag).
Bei allen anderen Infrastruktureinrichtungen, die uns hier weniger interessieren, liegt China laut der obigen Tabelle über den *low income countries*.

Nachfolgende Tabelle listet die kulturellen Angebote und die Bildungsmöglichkeiten im ländlichen Raum auf. Schauen wir uns zuerst die Einrichtungen an, die der sinnvollen Freizeitbeschäftigung dienlich sein können. Die Kleinstädte und Kreise haben landesweit zu 11,7% einen Park, der zur Erholung und anderen Aktivitäten einlädt, wobei fast ein Viertel dieser Einrichtungen auf die östliche Region entfallen, alle anderen schlagen mit weniger als 10% zu Buche.

Tabelle 22: Composition of towns and townships with cultural and educational facilities (Unit: %)

	National Total	Eastern Region	Central Region	Western Region	Northeastern Region
Towns and townships with vocational / technical schools	10.8	14.3	12.3	7.8	11.7
Towns and townships with parks	11.7	23.3	9.9	6.6	8.9
Towns and townships with broadcasting and TV stations	71.3	72.6	75.6	67.4	74.7
By distance of the village and primary school					
Primary school inside village	32.4	25.9	37.8	34.1	38.2
1-3 km	55.2	64.4	51.8	48.5	47.2
4-5 km	6.3	5.7	5.8	7.6	7.2
6-10 km	3.9	3.0	3.4	5.3	5.1
11-20 km	1.5	0.9	1.1	2.6	1.8
20 km above	0.7	0.1	0.1	1.9	0.5

By distance of the village and secondary school					
Secondary school inside village	5.8	5.3	6.2	5.9	6.9
1-3 km	43.6	52.2	47.1	31.1	32.2
4-5 km	20.0	21.1	21.1	17.1	23.0
6-10 km	18.2	15.3	17.7	21.1	27.1
11-20 km	8.3	4.8	6.4	14.5	8.7
20 km above	4.1	1.3	1.5	10.3	2.1
Villages receivable for TV program	97.6	99.2	98.0	94.9	99.7
Villages installed cable TV	57.4	73.6	48.2	43.4	74.5
Villages with kindergarten and child-care center	30.2	35.1	31.1	22.0	37.3
Villages with physical fitting places	10.7	19.0	6.7	48	7.6

Villages with physical fitting places	10.7	19.0	6.7	48	7.6
Villages with reading rooms and cultural stations	13.4	18.1	9.7	10.9	16.4
Villages with amateur cultural organizations	15.1	19.4	12.8	12.0	15.4
Natural villages receivable for TV program	95.3	97.2	96.0	92.9	99.3
Natural villages installed cable TV	44.3	70.6	34.3	35.5	57.3

Quelle: Vgl. National Bureau of Statistics of China (Hrsg.) 2008. Communiqué on Major Data of the Second Agricultural Census of China (No. 3). Rural Infrastructural Construction and Basic Social Services, S. 3f. http://www.stats.gov..cn/english/newsanddomingevents/t20080229_402465269.htm. Stand: 11.3.2008.

Auf den ersten Blick erscheint zumindest das kulturelle Angebot gering, bedenkt man allerdings, dass der ländliche Raum mit unzähligen Problemen zu kämpfen hat - u. a. Umweltverschmutzung, Abholzung von Wäldern etc., relativiert sich dies. Hinzu kommt, dass die Kreise und Dörfer hoch verschuldet sind. Nach Angaben des Landwirtschaftsministeriums beliefen sich die Schulden vor dem Jahr 2005 auf 325,9 Mrd. Yuan (rd. 32 Mrd. Euro). Dem wird allerdings widersprochen:

"One researcher has concluded that the Agriculture Ministry has underestimated the debt of township and villages, which may reach as much as 600-900 billion yuan across the country (Lu Xueyi, 2005)."[520]

Ob sich die Schulden auf das Doppelte bis Dreifache dessen belaufen, was das Ministerium offiziell verkündet hat, unter diesen Umständen ist die Zahl der Parks in den ländlichen Städten und Kreisen doch beachtenswert. Ähnlich verhält es sich mit anderen kulturellen und sportlichen Einrichtungen, wie Sportplätzen, Bibliotheken usw. (siehe Tabelle 22). Dazu vermerkt der *Report* von 2008:

"Government expenditure for culture and sports programs totaled 310.4 billion yuan for the five-year period, a 130% increase over the previous five-year period. The basic elements of public cultural services system at the county and township levels were put in place, and basically every county now has a library and cultural center. Substantive progress was made in setting up local cultural facilities such as the projects to set up a national shared databank of cultural information and resources and extend radio and television coverage to all villages. Philosophy, the social sciences, the press and publishing, radio, film and television, literature and art thrived. Protection of cultural relics and intangible cultural heritage was strengthened. Cultural exchanges with other countries were intensified. Development of public sports facilities in urban and rural areas was accelerated, mass sports activities developed vigorously, and Chinese athletes did well in

---

520 Zhao Zhijun/Kanamori, Toshiki 2007. Infrastructure and Regional Development in the People's Republic of China, ADB Institute Discussion Paper No. 69, June 2007, S. 15. http://adbi.adb.org/files/dp69.prc.infrastructure.regional.dev.pdf, S. 1-46.

international competitions."[521]

Für den Zeitraum vom 2003 bis 2007 wurden 310,4 Mrd. Yuan für Kultur- und Sportprogramme ausgegeben, jährlich sind dies im Mittel 62,08 Mrd. Yuan. Verteilt auf die 34.756 Kreise und Kleinstädte macht dies etwas mehr als 1.786 Yuan aus. Das erscheint wenig, wenn man aber bedenkt, dass in der davor liegenden Fünf-Jahr Periode (1997-2002) 130% weniger ausgegeben wurden, also knapp 135 Mrd. Yuan (genau 134,95652 Mrd. Yuan), dann wird daraus ersichtlich, wie der ländliche Raum in Bezug auf diese Freizeit- und Bildungsangebote vernachlässigt wurde.
Die Aussage Wen Jiabaos, dass jeder Kreis Bibliotheken und Kulturhäuser hat, mag zutreffend sein. Die Dörfer sind, wie aus Tabelle 22 ersichtlich wird, mit diesen Einrichtungen nur mit landesweit 13,4% versorgt, mit Sport- und Trainingsplätzen nur zu 10,7%.
Anders sieht es hingegen mit Radio- und TV-Stationen auf Kreis- und Stadtebene aus, landesweit existieren 71,3%. Der Empfang von Fernsehprogrammen in den Verwaltungs- und natürlichen Dörfern nähert sich der 100%-Marke, während Kabelfernsehen zu 57,4% bzw. 44,3% installiert sind (vgl. Tabelle 22).

Exkurs: Meinungsindustrie in der VR China und dem Westen

Auch in der VR China existiert eine Meinungsindustrie, die allerdings anders als in den industriellen Kernländern von der Partei- und Staatsführung kontrolliert

---

521 Wen Jiabao 2008. Report on the Work of the Government (2008) Delivered at the First Session of the 11th National People's Congress on March 5, 2008, S. 4f. http//english.gov.cn/official/2008-03/20/content_924600.htm, S. 1-17. Stand: 20.7.2008.

wird.[522] Die seichte Unterhaltung, Fernsehserien und Spielfilme sowohl aus dem In- und Ausland (die deutsche Fernsehserie *Derrick* war ein Quotenknüller in China) lullt, wie in den oben genannten Ländern die Bevölkerung, ein. Die politische und ökonomische Berichterstattung dient der Indoktrination, allerdings erfolgt dies nicht auf eine subtile Art und Weise wie in den westlichen Staaten, in denen auf die Meinungsfreiheit verwiesen werden kann und kontroverse Diskussionen stattfinden, die aber genauso wenig wie in China das nahezu totalitäre warenproduzierende System in Frage stellen.
Allerdings stellt das Fernsehen auch eine gewisse, eher wohl langfristige Bedrohung für die Elite dar. Denn es zeigt ja gerade den Landbewohnern eine für sie unerreichbare Glitzer-, Pracht- und Prunkwelt, die den Bauern ihre missliche bis elende Lage drastisch vor Augen führt.

Kommen wir nun zu den verschiedenen Bildungseinrichtungen. Im besagten *Report* führt Wen zu diesem Thema folgendes aus:

"Public expenditures on education in China reached 2.43 trillion yuan over the five-year period, a 126% increase compared to the previous five-year period. Funding for rural compulsory education is now fully provided by the government budget. All the 150 million students receiving compulsory education in rural areas are exempt from paying tuition and miscellaneous fees and are supplied with free textbooks, and living allowances are provided to the 7.8 million students from poor families who stay in school dormitories. The plan to make nine-year compulsory education basically universal and to basically eliminate iliteracy among young and middle-aged in the western region was implemented on schedule. The state allocated special funds to support the renovation of

---

522 Hier einige Fakten: Für 2005 werden folgende Zahlen für den Printmedienbereich genannt: es wurden 224.800 Bücher mit einer Gesamtauflage von 6,4 Mrd. verlegt, 9.423 Periodika erschienen mit einer Gesamtauflage von 2,8 Mrd. Stück, insgesamt erschienen 1.939 Zeitungen in China, Gesamtauflage 40,4 Mrd. (vgl. Xiù Cai 2007. China im (Schau) Bild (5), 115. Zeitungen, Herausgeber-Ebene, 2005, S. 7. In Xiù Cai Nr. 90, 22.2.2007.http://xiucai.oai.de/XiuCai/XiuCaiNo90.pdf S. 7-8.).

dilapidated buildings at more than 22,000 primary and secondary schools and the building of more than 7,000 schools with student dormitory facilities. Distance education now covers 360,000 rural primary and middle schools, making quality education available to more rural students. Greater efforts were made to develop vocational education, with the student population reaching 20 million at secondary vocational schools and 8.61 million at vocational colleges in 2007. A total of 11,44 million students were enrolled in undergraduate and graduate programs in regular institutions of higher learning. More effort was put into developing key disciplines in institutions of higher learning. A system of government scholarships and financial aid to students in regular undergraduate institutions, vocational colleges and secondary vocational schools was instituted and improved, and ist funding from central government budget was increased from 2.05 billion yuan in 2007. This enabled over 20% of the students in institutions of higher learning and more than 90% of the students in secondary vocational schools to benefit from financial aid and allowed schools to gradly raise the amount of aid offered. An experiment to provide free education to education students at normal universities directly under the Ministry of Education was launched in 2007. Major progress was made in providing equitable education oppurtunities for all."[523]

Im genannten Zeitraum wurden 2.430.000.000.000 Yuan für das gesamte Bildungswesen ausgegeben, jährlich 486.000.000.000 Yuan, also ca. 48,6 Mrd. Euro. Im Zeitraum davor waren es gerade einmal 1.928.571.428.000 Yuan, die in den Bildungssektor investiert wurden, jährlich waren dies 385.714.285.000 Yuan.

In dem Abschnitt *Allgemeine Angaben über die Verhältnisse im ländlichen Raum Chinas* wurde gesagt, dass lediglich 23% der Ausgaben für Bildung dem Lande zugute kommen würden. Legt man die jährlichen Zahlungen für den Zeitraum von 2003 bis 2007 zugrunde, wären dies gerade einmal 111.780.000.000 Yuan, also noch nicht einmal ein Viertel dessen, was in die städtischen Bildungsein-

---

523 Wen Jiabao 2008. Report on the Work of the Government (2008) Delivered at the First Session of the 11th National People's Congress on March 5, 2008, S. 4. http//english.gov.cn/official/2008-03/20/content_924600.htm, S. 1-17. Stand: 20.7.2008.

richtungen fließt.
Wen berichtet, dass 150.000.000 Schüler und 7.800.000 Internatsschüler von Schulgebühren etc. befreit wurden und dass sie kostenlos Lehrbücher erhalten hätten. Ferner wäre die neunjährige allgemeine Schulpflicht im Wesentlichen durchgesetzt worden. Dies bestätigt auch ein Bericht mit dem Titel *Schulpflicht in China Realität geworden*, in dem es heißt:

"Der Ständige Ausschuss des Nationalen Volkskongresses hat in diesem Jahr eine umfassende landesweite Kontrolle über die Durchführung des Gesetzes der Schulpflicht getätigt. Das Ergebnis zeige, dass die Schulpflicht sowohl in den städtischen als auch in den ländlichen Gebieten durch staatliche Finanzierung gewährleistet werde und mittlerweile die Schulpflicht in China auch in der Realität ausgeübt werde. Dies teilte der stellvertretende Vorsitzende des Ständigen Ausschusses des Nationalen Volkskongresses, Lu Yongxiang, am Donnerstag in Beijing mit."[524]

Es mag sein, dass dem so ist, die Frage nach der Qualität des Unterrichts scheint aber nicht in dem gewünschten Umfang gegeben zu sein, denn, so ein Artikel, die ländlichen Gebiete bräuchten dringend Lehrer:

"Trotz des rapiden Anstiegs von Regierungssubventionen sind einem vom Bildungsministerium veröffentlichten Bericht zufolge die ländlichen Gebiete Chinas immer noch nicht attraktiv für qualifizierte Lehrer. Der Bericht besagt, dass in den ländlichen Gebiete (sic!; RGP) des Landes Lehrer für Fremdsprachen, Musik, Sport, Kunst und Informationstechnologie benötigt werden.
Offizielle Statistiken zeigten, dass das Verhältnis zwischen der Zahl der Schulklassen und Lehrer in den neun ärmsten Provinzen und Regionen in West- und Zentralchina 1 zu 1,3 im Jahr 2006 betrug, und damit niedriger als das durchschnittliche Verhältnis in China von 1 zu 1,9 ist. Abgesehen davon hinkt die Zahl an Lehrern der schnellen Entwicklung von Schulen auf dem Lande hinterher. Qualifizierte Lehrer ziehen ungern in ländliche Gebiete, da das momentane Humankapitalmanagement der Bildungsämter ihren

---

[524] German.ChINA.ORG.CN (Hrsg.) 2008. Schulpflicht in China Realität geworden, S. 1. http://german.china.org.cn/china/2008-12/26/content_17013856.htm, S. 1-2. Stand 27.12.2008.

Bedürfnissen nicht gerecht werde, heißt es in dem Bericht.
Im vergangenen Jahr gab es 379.000 ‚Aushilfslehrer', das heißt unqualifizierte Lehrer, landesweit, von denen 87,8 Prozent in ländlichen Gebieten arbeiteten. (. . .)'Aushilfslehrer' mehrten sich in den 1990er Jahren, als Lokalregierungen sich nicht mehr leisten konnten, qualifizierte Lehrer einzustellen. In den letzten Jahren wurden sie mehr und mehr durch Absolventen pädagogischer Hochschulen ersetzt, da die Zentral- und Lokalregierungen mehr Gelder für die Bildung auf dem Land bereitstellten. Dennoch, so der Bericht, sei die Qualität der Lehrer auf dem Lande in Grund- und weiterführenden Schulen kein Grund zum ‚Optimismus', da über 40 Prozent der Lehrer auf dem Lande keinen Anschluss (sic!, müßte wohl Abschluss heißen; RGP) in Fächern wie Chinesisch, Mathematik, Kunst, Musik und Sport hätten.
Der Bericht besagt außerdem, dass erfahrene und junge Lehrer wegen der nicht zufriedenstellenden Lebensbedingungen und dem geringeren Einkommen nicht an Schulen auf dem Lande unterrichten wollten. Im Jahr 2006 lag das durchschnittliche monatliche Einkommen von Lehrern in Grundschulen von 273 Kreisen und in weiterführenden Schulen von 210 Kreisen unter 1000 Yuan (rund 110 Euro). Hinzu kommt, dass viele Lehrer auf dem Lande keine Sozialversicherung haben. Über 60 Prozent der Schuldirektoren, die interviewt wurden, gaben an, dass ihre Lehrer keine Krankenversicherung hätten."[525]

Dieses längere Zitat zeigt mehrere Dilemmata auf. Einerseits führte die mangelnde Qualität des Schulunterrichts und das eingeschränkte Lehrangebot dazu, dass das Bildungsniveau der Kinder und Jugendlichen im ländlichen Raum gegenüber dem der städtischen Absolventen schlechter ist. Das hat Konsequenzen, wie Min Tang ausführt:

"As educational attainment has dramatic effects on employment and incomes, making education universal has significant implications for the efforts to reduce poverty and prevent it from being transmitted from generation to generation. Parents in poor families are often financially unable to offer their children desirable learning conditions. Special

---

525 German.China.Org.Cn 2008. Ländliche Gebiete brauchen dringend Lehrer, S. 1. http://german.china.org.cn/china/2008-12/22/content_16989018.htm, S. 1-1. Stand: 22.12.2008.

care and policies are needed to cater to the educational needs of poor households.
In areas where rural people live in scattered communities and the students have had to travel long distances since the consolidation of elementary and high schools, a policy is needed to subzidize the boarding and living expenses of students of modest means. Such financial assistance should be sufficiently widespread and well-targeted to prevent students from having to drop out of school due to the changed education landscape in the countryside."[526]

Andererseits sind Lehrer auf dem Lande solche „zweiter Klasse", denn wie der Artikel *Schlupflicht in China Realität geworden* ausführt, verdienen sie weniger, haben keine Krankenversicherung bzw. nicht in dem Maße wie in der Stadt und die Lebensqualität im ländlichen Raum ist insgesamt weitaus schlechter als in den urbanen Zentren. Insofern ist es fraglich, ob die neunjährige Schulpflicht tatsächlich Realität geworden ist.
Wenn wir die Ausführungen von Min Tang hinzuziehen, dann muss die Wechselwirkung zwischen dem Lehrer-Schüler-Verhältnis gesehen werden. Nur ein qualifizierter Unterricht durch gut ausgebildete und motivierte Lehrer kann dazu beitragen, dass die Kinder und Jugendlichen aus der Armut herauskommen und diese eben nicht von Generation zu Generation weitergegeben wird. Aus dem Bericht von Wen Jiabao lässt sich deutlich herauszulesen, dass die Zentralregierung um diese Problematik weiß, daher die Anstrengungen und hohen finanziellen Aufwendungen für den Bildungsbereich insgesamt.

Schauen wir uns nun das Angebot an weiterführenden Schulen und Berufsschulen etc. auf dem Lande an, dass ebenfalls nicht mit dem der städtischen

---

526 Min Tang 2008. Inclusive Growth and the New Phase of Poverty Reduction in the People's Republic of China, S. 95. http://www.adb.org/Documents/Periodicals/ADR/ADR-Vol/25-1-1-Tang.pdf, S. 81-99, vgl. dazu auch Zhao Zhijun/Kanamori, Toshiki 2007. Infrastructure and Regional Development in the People's Republic of China, ADB Institute Discussion Paper No. 69, June 2007, S. 39. http://adbi.adb.org/files/dp69.prc.infrastructure.regional.dev.pdf, S. 1-46.

konkurrieren kann, wie Tabelle 22 belegt.
Landesweit haben 10,8% der Kreise und Kleinstädte Fachoberschulen (FOS) für Berufsausbildung und Fachhochschulen (FH) für Berufsausbildung, in denen jeweils 20 und 8,61 Mio. Schüler bzw. Studenten immatrikuliert sind.[527] Ob sich die letzten Zahlen allein auf den ländlichen Raum beziehen, geht aus dem *Report* nicht eindeutig hervor.
Nur 32,4% der Dörfer haben eine Grundschule im Ort, zur nächstgelegenen müssen 1 bis 3 km von den Kindern zurückgelegt werden, das sind landesweit 55,2%. In den abgelegenen, wenig erschlossenen und unterentwickelten Regionen des Landes muss eine Distanz von 4 bis 5 km und mehr überwunden werden. Landesweit sind 0,7% der Grundschulen über 20 km vom Dorf entfernt. Das in diesen Gebieten ein geregelter Schulbesuch stattfindet, darf bezweifelt werden, wenn man sich die nicht gut ausgebaute Infrastruktur - hier Straßen und regelmäßiger Schulbusverkehr - vor Augen hält (s. w. o.). Allerdings könnten hier Internate das Manko beheben.
Über weiterführende Schulen, die so genannte *Secondary School*, also Mittelschule, verfügen landesweit lediglich 5,8% der Dörfer. Die geringste Distanz zur nächsten dieser Schulform liegt vom Dorf 1 bis 3 km entfernt, mit 43,6% ist sie niedriger als bei der Grundschule (55,2%). Alle anderen Schultypen dieser Art sind prozentual und landesweit gesehen weiter von einem Dorf entfernt als dies bei den Grundschulen der Fall ist (vgl. Tabelle 22). Auch hier sind Zweifel angebracht, ob die neunjährige Schulpflicht tatsächlich im Wesentlichen durchgesetzt werden konnte. Das gleiche gilt unter den gegebenen Umständen auch für eine Verringerung der Analphabetenrate in den westlichen Gebieten.

Dass die Analphabetenrate bis 2005 nicht abgenommen, sondern zugenommen hätte, bestätigt Gao Xuegui, Direktor des Büros zur Beseitigung des Analphabetismus, der zwischen 2000 und 2005 von einer Zunahme um 30 Mio. Menschen

---

527 Wen Jiabao 2008. Report on the Work of the Government (2008) Delivered at the First Session of the 11th National People's Congress on March 5, 2008, S. 4. http//english.gov.cn/official/2008-03/20/content_924600.htm, S. 1-17. Stand: 20.7.2008.

spricht. Zwar hätten in dieser Zeit 9,75 Mio. Erwachsene lesen und schreiben gelernt, trotzdem sei die Zahl der Analphabeten auf 116 Mio. gestiegen, 2000 wären es noch 87. Mio. gewesen. Als Grund nannte er, dass die Bauern die Schulpflicht vernachlässigen würden, weil sie in der Industrie für einfache Arbeit mehr verdienen würden. Das Fazit von Gao lautet, dass nicht mehr vorenthaltene Bildung den neuen Analphabetismus kennzeichne, sondern der Bildungsabbruch. Als Analphabet gilt in China, wer nicht mindestens 1.500 Schriftzeichen lesen und schreiben kann.[528]

In einer komplexer werdenden Arbeitswelt, die z. T. auch den ländlichen Raum mit einbezieht, sind mittlere und höhere Schulabschlüsse, die zum Besuch von FOS, FH und Universitäten berechtigen, eine zwingende Notwendigkeit geworden. Die enorme Summe von 2,43 Billionen Yuan, die die Zentralregierung in den Jahren von 2003 bis 2007 aufgewandt hatte, u. a. auch für den Auf- und Umbau von 22.000 Grund- und Mittelschulen sowie 7.000 Internaten,[529] zeigt, dass die Führung des Landes sich dieser Problems bewusst geworden ist, wie es ja auch in den Äußerungen von Min Tang anklang.

In diesem Zusammenhang ist wieder ein Vergleich mit den industriellen Kernländern hilfreich, der die Probleme vor denen China steht, etwas besser verdeutlich. Seit ca. Mitte des 19. Jahrhunderts haben diese Staaten begonnen, nicht nur Kapital im großen Stil zu akkumulieren, sie züchteten auch - mittels der Schulpflicht - eine Facharbeiterklasse, Naturwissenschaftler, Ingenieure etc. heran, das so genannte Humankapital.[530] Das Bildungswesen wurde über einen langen

---

528 Willmann, Katrin 2007. Analphabetentum nimmt zu, S. 116f. In: C. a. 3/2007, S. 116-117.

529 Damit könnten die Schulen gemeint sein, die 20 km und darüber von einem Dorf entfernt liegen, aber auch höhere Schultypen dürften darunter fallen.

530 Zu diesem Aspekt vgl. Kurz, Robert 1999. Schwarzbuch Kapitalismus. Ein Abgesang auf die Marktwirtschaft, Frankfurt am Main, S. 101ff.

Zeitraum ausgebaut und weiter entwickelt. Auf dieser Basis kam es dann im Laufe der zweiten und dritten industriellen Revolution zu einer Verwissenschaftlichung der Produktion, die auch die ländlichen Gebiete und die Bauernschaft mit einbezog.
D. h., über einen Zeitraum von mehr als 150 Jahren wurden so kontinuierlich pädagogische und wissenschaftlich-technische Grundlagen geschaffen, die in China erst allmählich nach der Gründung der Volksrepublik systematisch angegangen werden konnten. Da das Land aber über einen Proto-Fordismus nicht hinaus kam und von der dritten industriellen Revolution der Mikroelektronik quasi überrollt wurde, wird verständlich, warum die jetzige Führung in das Schul- und Ausbildungswesen, vornehmlich auch in die Universitäten solch enormen Summen investiert. Allerdings wird China diese Defizite nur partiell beseitigen können, weshalb die Regierung ja auch Schwerpunkte in die Hightech-Wissenschaften setzt, wie z. B. in die Biotechnologie, Gentechnik, Informatik etc.

Aus systemimmanenter Sicht kann als Fazit festgehalten werden, dass die Zentralregierung Anstrengungen unternimmt, um das Bildungssystem auf dem Lande zu modernisieren und auszubauen. Abgesehen von den historischen Altlasten, die im Vergleich mit den Industriestaaten deutlich gemacht wurden, stößt die chinesische Führung auf weitere Probleme, wie die mangelnde Lebensqualität und die fehlenden sozialen Sicherungssysteme. Einerseits trägt all dies zur Unzufriedenheit der ländlichen Bevölkerung bei und andererseits mangelt es an wissenschaftlichem und technischen Personal, den Agrarwissenschaftlern (s. w. o.) und eben Pädagogen.

Im Zeitalter des Niedergangs des modernen warenproduzierenden System wird China dieses Problemfeld kaum befriedigend lösen können, wenn überhaupt, dann auch nur ansatzweise.

Der Zustand der sanitären und ökologischen Verhältnisse im ländlichen Raum

Kommen wir nun zu der nächsten „Baustelle", den sanitären Verhältnissen im ländlichen Raum. Mangelhafte oder unzureichende sanitäre Bedingungen können Krankheiten, Epidemien etc. nach sich ziehen, so wie z. B. die Vogelgrippe oder die 2003 ausgebrochene SARS-Epidemie. Sie beeinträchtigen die Gesundheit und das Wohlbefinden der Bevölkerung und richten - aus Sicht der kapitalistischen Produktionsweise - enorme ökonomische Schäden an.

Tabelle 23 gibt Aufschluss über den Bestand an sanitären Einrichtungen innerhalb der Kleinstädte und Dörfer. Im Kommuniqué heißt es:

"Of 19,391 towns in this census, 72.3 percent of that conducted concentrated water supply, 19.4 percent of that conducted living sewage concentrated processing, and 36.7 percent of that having garbage station."[531]

---

531 National Bureau of Statistics of China (Hrsg.) 2008. Communiqué on Major Data of the Second Agricultural Census of China (No. 3). Rural Infrastructural Construction and Basic Social Services,S.4. http://www.stats.gov..cn/english/newsanddomingevents/t20080229_402465269.htm, S. 1-7.11.3.2008.

Tabelle 23: Composition of towns or villages with sanitation facilities (Unit: %)

	National Total	Eastern Region	Central Region	Western Region	Northeastern Region
Towns conducted concentrated water supply	72.3	76.6	65.0	74.6	68.3
Towns conducted living sewage concentrated processing	19.4	25.7	17.3	16.7	12.9
Towns had garbage station	36.7	48.9	35.3	30.0	21.9
Villages conducted purified drinking water concentrated processing	24.5	47.4	9.4	11.7	20.3
Villages implemented living sewage concentrated processing	15.8	29.9	7.9	6.2	14.5
Villages had firedamp pools	33.5	22.5	41.2	42.6	14.7
Villages finished toilets modification	20.6	28.5	15.7	16.9	12.0

Quelle: Vgl. National Bureau of Statistics of China (Hrsg.) 2008. Communiqué on Major Data of the Second Agricultural Census of China (No. 3). Rural Infrastructural Construction and Basic Social Services, S. 4. http://www.stats.gov..cn/english/newsanddomingevents/t20080229_402465269.htm.

Stand: 11.3.2008.

Die Angaben sind z. T. etwas vage, was die Übersetzung der Begrifflichkeiten anbelangt, wenn es z. B. oben heißt „concentrated water supply". Ich gehe davon aus, dass es sich um den Anschluss an ein Wasserversorgungssystem handelt, an dem die Haushalte und Fabriken angeschlossen sind. 72,3% der Städte verfügen landesweit über so einen Anschluss, das wären etwa 25.129 von 34.756 Städten, wobei die östliche und die westliche Region mit 76,6% bzw. 74,6% über dem Durchschnitt liegen, der zentrale und der nordöstliche Landesteil liegen mit 65,0% bzw. 68,3% darunter.

Nur 19,4% der ländlichen Städte haben Abwasser- bzw. Kläranlagen, um das verunreinigte Wasser wieder aufbereiten zu können. In konkreten Zahlen ausgedrückt wären dies ca. 6.742 Kleinstädte. Hier liegt die östliche Region mit 25,7% über dem landesweiten Mittel, alle anderen darunter, die nordwestliche mit 12,9% sogar erheblich.

Müllsammelstellen existieren in 36,7% der Städte, landesweit hätten dann 12.755 der Städte solche Depots. Auch hier liegt der Osten mit 48,9% über dem Schnitt, alle anderen Landesteile entweder knapp darunter (zentrale Region mit 35,3%) oder weit unterhalb wie der Westen und der Nordosten mit 30,0% bzw. 21,9%.

Das z. B. Müllverbrennungsanlagen nicht immer gesehen werden, zeigt ein Bericht mit dem Titel *China: Dorfbewohner legen Müllverbrennungsanlage lahm*, der hier vollständig wieder gegeben werden soll:

"Dorfbewohner aus der Provinz Zhejiang haben schon seit Sonntag eine Müllverbrennungsanlage in Jiaxing City besetzt. Aus Bedenken über eine potentielle Umweltverschmutzung blockierten sie den Eingang der einzigen Müllbeseitigungsanlage der Stadt. Der Müll stapelt sich inzwischen schon zu Hunderten von Tonnen, da mehr als 20 Müllsammelstationen die Ladung nicht zum Verbrennen fahren können. Diese Stationen würden normalerweise täglich mehr als 400 Tonnen Müll bewältigen. Die Behörden verhandeln noch immer mit den Anwohnern und versuchen die Auseinandersetzung beizulegen, berichtete gestern die Nachrichtenagentur Xinhua. Mehr als 30 Anwohner hätten aber nachmittags nach wie vor den Eingang der Fabrik blockiert und würden einander ablösen, um die Dauerblockade halten zu können.

Die Agentur Xinhua gab in ihrem Bericht keine Details zur Umweltverträglichkeit der Müllverbrennungsanlage bekannt, der sich in der Stadt stapelnde Müll birgt jedoch inzwischen auch ein Gesundheitsrisiko für die Bewohner."[532]

Geht man von der wahrheitsgemäßen Darstellung dieses Artikel aus, so lassen sich folgende Schlüsse ziehen: erstens ist das Umweltbewusstsein der Dorfbewohner erwacht und zweitens scheint eine Müllverbrennungsanlage in unmittelbarer Nähe zu einem Dorf errichtet worden zu sein, was drittens wieder einmal eine Benachteiligung der Landbevölkerung darstellen würde, auf deren Interessen keine oder nur geringe Rücksicht genommen wird. Viertens versuchen die Behörden den Konflikt durch Verhandlungen zu lösen, was allerdings eine spätere Gewaltanwendung nicht ausschließt (wie wir später noch sehen werden). Fünftens scheinen die Dorfbewohner mittlerweile über gut funktionierende Organisationsstrukturen zu verfügen.

Kommen wir nun zu den Verhältnissen in den Dörfern. Im nationalen Durchschnitt haben 24,5% der Dörfer eine Wasseraufbereitungsanlage, das wären 160.725 Ortschaften.
Landesweit haben lediglich 15,8% der Dörfer eine Abwasseranlage, in absoluten Zahlen wären dies lediglich 103.651 der 656.020 Dörfer (näheres zum Problem mit der Trinkwasserversorgung siehe die Analyse zu Tabelle 23). Mit 29,9% liegt die östliche Region fast zweimal so hoch wie der Landesdurchschnitt, der Nordwesten knapp darunter und die zentrale und westliche Region mit 7.9% bzw. 6,2% ist am Ärgsten betroffen.
33,5% der Dörfer haben einen Löschteich, im Mittel wären dies ca. 219.767 Dörfer. Hier liegt der Westen und die zentrale Region mit 42,6% bzw. 41,2% über dem landesweiten Mittel, gefolgt vom Osten mit 22,5% und das Schlusslicht bildet der Nordwesten mit 14,7%. Dörfer ohne Löschteich sind beim Aus-

532 German.China.Org.Cn 2008. China: Dorfbewohner legen Müllverbrennungsanlage lahm, S. 1. http://german.china.org.cn/environment/txt/2008-11/13/content_16761251.htm, S. 1-1, Stand:17.11.2008.

bruch eines Feuers diesem nahezu hilflos ausgeliefert, denn es kann kaum davon ausgegangen werden, dass sie über einen Feuerlöschzeug oder ähnlichen Gerätschaften verfügen.
Landesweit haben 20,6% der Dörfer Toiletten umgerüstet, was immer darunter zu verstehen ist. Im nationalen Durchschnitt hätten demnach 135.140 Dörfer ihre Toilettenanlagen modernisiert. Tabelle 25 gibt Aufschluss über die Art der Toiletten, die im ländlichen Raum gebräuchlich sind, deshalb an entsprechender Stelle ausführlicheres darüber.

Die genannten hygienischen und sanitären Verhältnisse müssen im ländlichen Raum noch erheblich verbessert werden.[533] Dies ist ein weiteres Problemfeld vor dem die Zentralregierung und die lokalen Behörden stehen. Hier hat die Führung einen erheblichen Nachholbedarf und die Modernisierung wird etliche Jahre in Anspruch nehmen bis ein halbwegs erträglicher Standard erreicht werden wird. Alles in allem sind die hygienischen und sanitären Zustände in den Kleinstädten und Dörfern äußerst rückständig, nicht nur gemessen an westliche Verhältnisse. Die jahrzehntelage Vernachlässigung und auch Ausbeutung des Agrarsektors ist für ganz China eine unermessliche Erblast und von erheblicher Tragweite für die weitere Entwicklung des ländlichen Raums. Hier liegt eine weitere „Baustelle" vor.

---

533 Zum Problem des Wasserkonsums und seiner Gewinnung, der Verschmutzung von Flüssen, Seen und Grundwasser vgl. den Exkurs *Umweltzerstörung in China am Beispiel der Ressource Wasser* weiter unten.

Der Zustand der ländlichen Gesundheits- und Sozialeinrichtungen

Wenden wir uns nun Tabelle 24 zu, in der die medizinischen und sozialen Einrichtungen aufgelistet sind. Hier muss zuerst einmal ein Fehler korrigiert werden, der sich in die Tabelle eingeschlichen hat. Wenn in Reihe eins und zwei von Hospitälern, Gesundheitszentren und Altenheimen, die in den Dörfern gebaut worden sind, die Rede ist, sind laut Text die Städte und Distrikte gemeint. Erst in Reihe drei folgende werden die Krankenhäuser etc. in den Dörfern aufgeführt. Landesweit sollen demnach in 98,8% der Kleinstädte bzw. Bezirke Hospitäler und Gesundheitszentren errichtet worden sein,[534] Altenheime gibt es landesweit 66,6%, wobei die westliche Region mit 49,5% unter dem Mittel liegt.
Nur 7,2% der Dörfer verfügen über Krankenhäuser und Gesundheitszentren. Hier liegen die westliche (7,8%) und die nordöstliche Region (7,4%) über dem Durchschnitt. Ferner werden die Einrichtungen nach der Entfernung von einem Dorf aufgelistet. Z. B. sind landesweit 43% dieser Einrichtungen 1 bis 3 km von einem Dorf entfernt. Und 2% liegen mehr als 20 km weit weg. Bei dieser Entfernung und der gerade in entlegenen Gegenden schlechten infrastrukturellen Anbindung könnte bei lebensbedrohenden Erkrankungen jede Hilfe zu spät kommen.
Allerdings sollen in allen Landesteilen 74,3% der Dörfer über einen Sanitätsraum verfügen und gar 76,1% haben einen Arzt. In 16,3% gibt es eine Hebamme. Glaubt man den statistischen Angaben, scheinen die medizinischen Einrichtungen in den Bezirken und den Städten ausreichend zu sein, auf der

[534] Ich erspare mir hier die Umrechnung der Prozentangaben in absolute Zahlen, z. B. über die Anzahl der Hospitäler bzw. Gesundheitszentren innerhalb der Dörfer, denn zur Zeit der Niederschrift dieses Abschnittes lag das ländliche Gesundheitssystem darnieder, d. h., es gab für die allerwenigsten Bauern eine Krankenversicherung. Deshalb mussten die Behandlungskosten von den Familien selbst getragen werden, was nicht wenige in den Ruin trieb und des Öfteren zu Massenproteste führte. Nach der Auswertung der Tabelle, die überdies nicht sehr aussagekräftig ist, werde ich auf die desolaten Zustände des ländlichen Gesundheitswesens näher eingehe.

dörflichen Ebene ist die medizinische Versorgung als schlecht einzustufen. Ähnlich wie bei den qualifizierten Lehrern, die auf dem Lande nicht unterrichten wollen, weil die Bezahlung und Lebensqualität nicht einmal annähernd dem Niveau der Städte entspricht, dürfte es beim medizinischen Personal aussehen. Aus altruistischen Gründen dürfte sich kaum ein Arzt oder eine Krankenschwester bzw. -pfleger bereit finden, in einem Dorf zu praktizieren und/oder seinen Dienst in einem dieser Einrichtungen versehen.

Tabelle 24: Composition of towns and townships or villages with medical and social welfare institution and personnel (Unit: %)

	National Total	Eastern Region	Central Region	Western Region	Northeastern Region
Hospital and health centers constructed in villages	98.8	99.2	99.2	98.8	96.4
Geracomiums in villages	66.6	81.8	76.2	49.5	81.1
By distance of the villages and hospitals & health centers					
Hospitals and health centers inside villages	7.2	7.0	6.7	7.8	7.4
1-3 km	43.0	51.8	43.1	34.1	29.8
4-5 km	21.0	21.3	22.9	18.5	22.4
6-10 km	19.3	15.5	19.9	22.0	29.0
11-20 km	7.5	3.9	6.2	12.8	9.7
20 km above	2.0	0.5	1.2	4.8	1.7
Sanitation rooms in villages	74.3	74.1	79.6	68.1	81.7
Certificated doctors in villages	76.1	75.9	80.8	68.9	91.5
Certificated midwives in villages	16.3	9.3	19.3	20.9	23.9

Quelle: Vgl. National Bureau of Statistics of China (Hrsg.) 2008. Communiqué on Major Data of the Second Agricultural Census of China (No. 3). Rural Infrastructural Construction and Basic Social Services, S. 4f.
http://www.stats.gov..cn/english/newsanddomingevents/t20080229_402465269.htm. Stand: 11.3.2008.

Werfen wir nun einmal einen Blick auf das chinesische Gesundheitssystem insgesamt und im Besonderen auf das ländliche. Der stellvertretenden Ministerpräsident Li Lanqing hob am 29.10.2002 die Erfolge hervor, die seit der Gründung der Volksrepublik China im Gesundheitswesen erreicht worden seien, vornehmlich in den ländlichen Gebieten. So hätte es Ende 2001 2.018 allgemeine Krankenhäuser auf Gemeindeebene gegeben, 1.226 Krankenhäuser für traditionelle chinesische Medizin (TCM), 1663 zur Seuchenverhütung, 1.393 Zentren für die Versorgung von Müttern und Kindern und 48.090 öffentliche Gesundheitszentren in Städten und Kleinstädten.[535]

"89,7% aller administrativen Dörfer verfügten über eigene Kliniken und im Durchschnitt kam ein Landarzt oder ein Mediziner auf 1,82 Dorfbewohner. Bereits Ende 2000 sollen 95% aller agrarischen Gemeinden die Zielvorgaben der Regierung für die medizinische Versorgung der Bevölkerung erreicht haben. So habe man auch die hygienischen Bedingungen für die Bauern entscheidend verbessern können. Von 1949 bis 2001 sei die Rate der Kindersterblichkeit von 20% auf 3,38% gesenkt worden, die Sterberate von Gebärenden sank von 1,5% auf 0,06% und das Auftreten ansteckender Krankheiten fiel von 20% auf 0,19%. Nicht einmal nach den schweren Fluten von 1998 sei es zum Ausbruch von Epidemien gekommen. Die durchschnittliche Lebenserwartung der Landbevölkerung konnte so von 35 auf 69,55 Jahre erhöht werden."[536]

---

535 Vgl. Schucher, Günter 2002. Plan zur Verbesserung der öffentlichen Gesundheitsversorgung in ländlichen Gebieten, S. 1242. In: C. a. 11/2002, S. 1242-1244.

536 Ebd.

Dass die medizinische Versorgung in den ländlichen Gebieten für chinesische Verhältnisse relativ gut war, sagt Wen Dale, die zur so genannten „Neuen Linken“ zählt.[537] Bis zur Auflösung der Volkskommunen hätten „80 bis 90% der Landbevölkerung Zugang zu irgendeiner Form von kostenloser medizinischen Versorgung besessen. So hatte jede Kommune einen Arzt, der für die medizinische Grundversorgung zuständig war, die so genannten Barfußärzte.“[538] Dieses System, so Wen weiter, wäre kosteneffizient gewesen und diente der Prävention und der alltäglichen Gesundheitsvorsorge. Ernsthafte Erkrankungen wären dann in Kliniken weiter behandelt worden. Nach den Reformen von 1978 zerfiel dieses System und wurde durch kein anderes ersetzt.[539] Schucher vertritt die gleiche Auffassung, wenn er schreibt, dass nach 1978 die kommunalen Einrichtungen weggebrochen seien. Während seit 1986 in den Städten am Aufbau eines Versicherungssystems gearbeitet worden sei, wäre die Landbevölkerung auf eigene Anstrengungen und gegenseitige Hilfe angewiesen gewesen. Li spricht in seiner Rede von den Schwierigkeiten und Problemen, die es in der Gesundheitsversorgung auf dem Lande geben würde, allerdings nur indirekt. So gäbe es nur eine langsame Steigerung in den wichtigen Gesundheitsindizes der bäuerlichen Bevölkerung. Zudem hat sich die Lücke in der medizinischen Ver-

---

[537] „Die ‚Neue Linke‘ votiert in Orientierung an die Ära Mao Zedongs für einen alternativen chinesischen Weg der Modernisierung, genauere Konzepte stellen ihre Vertreter allerdings selten vor“ (Kupfer, Kerstin 2007. „Warum ist denn mit Sozialismus keine Marktwirtschaft zu machen?“ (Deng Xiaoping). Ein Überblick über den chinesischen Reformprozess seit 1978 und die ihn begleitenden Debatten in Partei und Gesellschaft, S. 12. In: Wen Dale 2007. Wie China die Globalisierung bewältigt. Ein kritischer Blick auf die Reformpolitik seit 1978. Mit einer Einleitung von Kerstin Kupfer. http://www.asienhaus.de/public/archiv/focus28.pdf, S. 1-64.)

[538] Wen Dale 2007. Wie China die Globalisierung bewältigt. Ein kritischer Blick auf die Reformpolitik seit 1978. Mit einer Einleitung von Kerstin Kupfer, S. 31. http://www.asienhaus.de/public/archiv/focus28.pdf, S. 1-64.

[539] Vgl. Ebd.

sorgung zwischen Stadt und Land vergrößert. Ansteckende Krankheiten treten relativ häufig auf, vor allem in armen Gebieten, den desolaten Gesundheitseinrichtungen fehlt es an finanzieller Unterstützung, es gäbe nur unzureichende Vorsorgemaßnahmen und die medizinische Dienstleistung ist von relativ geringer Qualität. Alle diese Mängel beeinträchtigen die Gesundheit der Bauern. Li verweist darauf, dass die Verbesserung der Gesundheitsversorgung in unmittelbarem Zusammenhang mit dem Erhalt der sozialen Stabilität im ländlichen Raum stehen würde - und dies wäre der zentrale Punkt. Die Überwindungen der Armut und die Verbesserung der Lebensqualität müsse weiter nach unten korrigiert werden, solange es keine Verbesserung der medizinischen Versorgung geben würde, die die gesundheitlichen Bedingungen der Bauern anhübe.[540]

Aus Sicht des bestehenden Systems ist zu konstatieren, dass die einzelnen unterentwickelten Gebiete im ländlichen Raum kaum miteinander vernetzt sind: fehlende Infrastruktur wie Straßen und Eisenbahnstrecken isolieren die jeweiligen Marktflecken und Dörfer voneinander, erschweren die medizinische Versorgung und rufen krankheitsbedingte Armut hervor. Dies führt in der Folge dazu, dass es weder zu einer Diversifizierung der Produktion noch zu einer nennenswerten Steigerung der Produktivität kommt, die beide zusammen genommen eine Einkommenserhöhung und damit eine Verbesserung der Lebensqualität nach sich ziehen könnte. Dass dies nicht die einzigen schwachen Kettenglieder sind, haben wir weiter oben u. a. an Hand der unzureichenden Bildungsmöglichkeiten, dem vermehrten Abbruch des Schulbesuchs und der wachsenden Analphabetenrate gesehen.

Die Zentralregierung nahm in der Vergangenheit immer wieder neue Anläufe, um das Gesundheitssystem auf dem Lande aber auch in den Städten zu reformieren und die Zahl der Menschen, die über eine Sozialversicherung verfügen, zu

540 Vgl. Schucher, Günter 2002. Plan zur Verbesserung der öffentlichen Gesundheitsversorgung in ländlichen Gebieten, S. 1242. In: C. a. 11/2002, S. 1242-1244.

erhöhen. Waren vordem die *danweis* bzw. die Volkskommunen dafür zuständig, so musste nach den Reformen in Land und Stadt ein außerbetriebliches, beitragsfinanziertes soziales Netz aufgebaut werden. In den ländlichen Gebieten laufen seit dem Jahre 2000 Pilotprojekte (s. w. u.). Die Ergebnisse bis 2004 waren allerdings ernüchternd, denn „80% der Chinesen verfügen über keine Rentenversicherung und 90% der Bevölkerung sind nicht krankenversichert.“[541] Ende 2004 rief das Gesundheitsministerium die regelmäßige „Drei-fürs-Land“-Kampagne aus, diesmal mit dem Motto „„Dem Land Kultur, Wissenschaft und Technik sowie Gesundheit bringen‘“.[542]

In Bezug auf das Gesundheitssystem sieht es ähnlich wie mit dem Bildungswesen aus: es würden nur 30% der Ausgaben auf dem Lande getätigt, „aber 70% in den Städten, wo wiederum nur ein Drittel der Bevölkerung lebe.“[543]

Ende 2003 waren im ländlichen Raum 868.000 Ärzte und medizinische Personal beschäftigt, pro Dorf sind dies 1,25 Ärzte bzw. Personal oder 0,98 pro tausend Bauern aber nur 74.000 Personen arbeiten auf dem Ausbildungsniveau von Assistenzärzten in Dorfkliniken.[544]

Fürwahr eine traurige Bilanz, die aber bei den Autoren, die China zur Weltwirtschaftsmacht hochjubeln, vergeblich gesucht wird. Über die miserablen Lebensbedingungen auf dem Lande gehen sie stillschweigend hinweg oder sie werden nur fußnotartig erwähnt. Da fallen solche China-Experten unter das Niveau mancher zentralstaatlicher Organe und Einzelpersonen, wie wir noch sehen

---

541 Schucher, Günter 2004. Nationaler Volkskongress: Ausbau sozialer Sicherheit, S. 246. In: C. a. 3/2004, S. 245-246.

542 Schucher, Günter 2004. Ländliche Gesundheitsversorgung soll verbessert werden, S. 1194. In: C. a. 11/2004, S. 1194-1195.

543 Ebd.

544 Vgl. ebd.

werden. Es kann eben nicht sein, was nicht sein darf - oder es wird totgeschwiegen, wenn es den eigenen Belangen nicht dienlich ist.

Zurück zur anderen Seite der Medaille, den Bauern. Ihre niedrigen Einkommen erlauben es ihnen z. T. gar nicht, medizinische Hilfe in Anspruch zu nehmen.

"Nach Aussagen des stellvertretenden Gesundheitsministers Zhu Qingsheng betrifft dies immerhin über 50% der Landbewohner oder 390 Mio. Chinesen. Wenn diese Menschen krank werden, riskieren 40-60% von ihnen in die Armut abzugleiten. Bei ernsthaften Erkrankungen würden 60-80% der Betroffenen keine Wahl haben als ohne medizinische Versorgung im Hause zu sterben. Ein Krankenhausaufenthalt würde für einen Dorfbewohner 2.236 Yuan RMB kosten, nur geringfügig weniger als das durchschnittliche ländliche Jahreseinkommen von 2.622 Yuan."[545]

So sieht die Realität aus, die dem Ministerium bekannt ist . . . Untersuchungen des Gesundheitsministeriums unter 193.684 Bewohnern in 92 Städten und Gemeinden hätten ergeben, „dass nicht nur 39% der Dorfbewohner im Krankheitsfall aus finanziellen Gründen keinen Arzt aufsuchen würden, sondern auch 36% der städtischen Kranken."[546] Patienten brechen auch aus Geldmangel die Behandlung in Krankenhäusern ab, 43,3% gehen früher auf eigenen Wunsch, 60% davon aus wirtschaftlichen Gründen.[547]

Seit dem Jahr 2000 wird in 310 Gemeinden eine kooperative Gesundheitsversicherung ausprobiert. 69 Mio. Bauern sind darin eingeschlossen. Diese zahlen 10 Yuan jährlich in eine Gesundheitskasse, die jeweilige Lokal- und die Zentralregierung schießen je 20 Yuan dazu. Laut dem oben genannten Vizeminister Zhu sollen die Fonds eine Größe von 3,02 Mrd. Yuan erreicht haben. 42 Mio. Rech-

---

[545] Ebd., S. 1195.

[546] Ebd.

[547] Vgl. ebd.

nungen in einer Gesamthöhe von 1,4 Mrd. Yuan wurden bislang beglichen und durch die Hilfe der Fonds konnten 27,25% der Krankenhauskosten getragen werden. Bis 2010 sollen alle 2.800 Gemeinden in diese kooperative Gesundheitsversicherung einbezogen werden.[548]

Am 1. Juli 2005 befasste sich eine Konferenz mit dem chinesischen Gesundheitssystem, die in Beijing tagte und an der u. a. die Propagandaabteilung der KP, das Erziehungsministerium und die politische Abteilung der Volksbefreiungsarmee (VBA) teilnahmen.

> "Das Gesundheitswesen, hob Gao (Gesundheitsminister Gao Qiang; RGP) hervor, beeinflusse unmittelbar das Wohlbefinden der Bevölkerung und werde daher auch als Maßstab für die Erfolge wirtschaftlicher Entwicklung, für die Regierungskapazität sowie die Fähigkeit von Partei und Regierung genommen, eine harmonische und faire Gesellschaft zu errichten. Entsprechend massiv seien die Reaktionen der Bevölkerung auf die schwierig und teuer zu erhaltene medizinische Versorgung."[549]

Gao sieht sechs Gründe für die Unzufriedenheit der Bevölkerung, u. a. sind die medizinischen Ressourcen hinter der ökonomischen Entwicklung zurückgeblieben, die Ressourcen würden zudem in den großen Krankenhäusern konzentriert, wobei ein Mangel an Allokationsrationalität aufgetreten sei. Ferner würden zu wenig Menschen medizinisch versorgt. Zudem sind die öffentlichen Gesundheitseinrichtungen am Profit orientiert (siehe später). Der Zustand der Produktion und die Verteilung von Medikamenten und medizinischen Ausrüstungen sei chaotisch. Und zu guter letzt gäbe es Schwierigkeiten, private Investitionen zu mobilisieren.[550]

---

548 Vgl. ebd.

549 Schucher, Günter 2005. Gesundheitsreform gescheitert, S. 81f. In: C. a. 4/2005, S. 81-82.

550 Vgl. ebd., S. 82.

In Bezug auf den letzt Punkt ließ die Regierung Mitte März 2007 verlauten, dass der private Bereich nach Ansicht des Gesundheitsministeriums eine größere Rolle übernehmen solle, allerdings:

“Derzeit sind 2.027 (10,8%) der Krankenhäuser und 146.000 (50,4%) der medizinischen Institute in China privat betrieben. Aber nur 3% der Betten stehen in privaten Krankenhäusern und nur 9% des medizinischen Personals sind dort beschäftigt.”[551]

Kehren wir zurück zur Konferenz von 2005. Die Aussagen von Gao waren schon recht deutlich, aber die Krone des Problems setzte das *Development Research Center* (*DRC*) des Staatsrates auf, das mit der WHO eine Studie erstellt hatte. Das Ergebnis ist demnach absolut ernüchternd: die Gesundheitsreform ist gescheitert und die medizinische Versorgung ist zu einem Privileg der Reichen verkommen.

“Für die Landbevölkerung sei selbst die Grundversorgung praktisch nicht gegeben, aber auch in den Städten könnten sich Arme keine medizinische Versorgung leisten. 48,9% der Kranken, die medizinische Behandlung bräuchten, gehen laut einer Untersuchung von 2003 aus Kostengründen nicht zum Arzt.. Selbst die Krankenversicherung stehe in Gefahr zu einem „Klub der Reichen‘ zu werden, da sie nur 100 Mio. Städter und 10% der Landbevölkerung einbeziehe. Während das Gesundheitssystem vor 20 Jahren die gesamt Bevölkerung kostenlos versorgte, sei es heute eines der am wenigsten effizienten und ungleichsten der Welt. Die WHO listet China in der Rangfolge der Fairness bei der Verteilung medizinischer Ressourcen weltweit an der vierten Stelle von unten.”[552]

Laut der Studie ist die Wurzel des Problems die Kommerzialisierung des Gesundheitssystems. Vor der Reform wurden die Krankenhäuser staatlich finanziert, danach mussten sie ihr Personal aus dem Erlös der Behandlungsgebühren bezahlen. In den 70er und 80er Jahren betrugen die staatlichen Mittel an den

---

551 Schucher, Günter 2007. Aufbau eines Gesundheitssystems, S. 123. In: C. a. 3/2007, S. 122-123.

552 Schucher, Günter. Gesundheitsreform gescheitert, S. 82. In: C. a. 4/2005, S. 81-82.

Haushalten der Krankenhäuser 30%, diese sind im Jahr 2000 auf 7,7% zurückgegangen. Die Folge war, dass die Patienten zu teuren Behandlungsmethoden verleitet wurden, man verschlechterte sogar den Gesundheitszustand absichtlich, um sie länger und kostspieliger behandeln zu können.
Gesundheitsminister Gao bestätigt diese Vorwürfe und nannte die Krankenhäuser „"over-commercialised". Denn von „2000 bis 2003 sei die Zahl der Patienten in den staatlichen Krankenhäusern um 4,7% gefallen, die Einnahmen aber seien um 70% gestiegen."[553]

Dass auch die staatliche Krankenversicherung existentielle Probleme hat, liegt an der demografischen Entwicklung. Das „Verhältnis von Beschäftigten, die einzahlen zu den Rentnern sei von 1:3,2 (200) auf 1:2,6 Anfang 2005 gefallen."[554] Ende Mai 2005 waren 129 Mio. Menschen in die Krankenversicherung einbezogen, darunter waren 27% Rentner.[555] Diese Zahl konnte Ende 2005 nach oben korrigiert werden, denn sie stieg auf 137 Mio., im Jahr 2000 waren es lediglich 37,9 Mio. Versicherte. Aber bei 1,3 Mrd. Menschen ist die erst genannte Zahl natürlich als ein Trauerspiel anzusehen.

Die oben erwähnte Studie des *DRC* schlägt auch die *Chinesische Akademie für Soziawissenschaften* in die gleiche Kerbe. Im *Grünbuch für Gesundheit* wird festgestellt, dass sich durch die staatliche Reform die Qualität des Gesundheitswesens nicht verbessert hätte, sondern das Gegenteil sei der Fall. Es ist ineffizienter und ungerechter geworden. Verantwortlich dafür ist der Rückzug des Staates aus der Finanzierung des Gesundheitssystems und die dadurch bedingte Kommerzialisierung.

"2002 machten Ausgaben für medizinische Versorgung nur 3,9% aller Regierungsaus-

---

553 Ebd.

554 Ebd.

555 Vgl. ebd.

gaben aus, 1978 waren es noch 6,1% gewesen.
Die Reform hat die Versorgung in die Hände lokaler Regierungen gelegt und es den Krankenhäusern ermöglich, über den Verkauf von Medikamenten und neue Behandlungsmethoden Gewinne zu machen. Indem das Verschreiben von Medikamenten, ihr Verkauf und die Behandlung von Patienten in dieselben Hände gelegt wurden, wurden außerdem der Kollusion von Pharmaunternehmen und Krankenhäusern bzw. Ärzten und letztlich der Korruption Tür und Tor geöffnet. Diese Tendenz wurde unterstützt durch die niedrigen Löhne des medizinischen Personal, das daraufhin starke Anreize zur Verschreibung von mehr Medikamenten als notwendig hat."[556]

Durch diese Profitorientierung kam es innerhalb eines Jahrzehnts zu einer Kostenexplosion:

"Dem *Dritten nationalen Gesundheitssurvey* zufolge stiegen von 1993 bis 2003 die durchschnittlichen Kosten für einen Krankenhausbesuch, also eine ambulante Behandlung, in den Städten von 49 auf 120 Yuan (+ 145%) und auf dem Lande von 22 auf 50 Yuan (+ 127%). Eine stationäre Behandlung verteuerte sich durchschnittlich in der Stadt von 1.607 auf 4.178 Yuan (+ 160%) und auf dem Lande von 541 auf 1.455 Yuan (+ 169%). Zwar stieg das verfügbare Pro-Kopf-Einkommen im gleichen Zeitraum noch mehr (in der Stadt um 229% und auf dem Land um 184%), aber durch den erhöhten Eigenanteil wurden die Gesundheitsausgaben zu einer starken Belastung. Da die Kranken in der Regel ihre Behandlung im Voraus bezahlen müssen, können sich viele diese nicht mehr leisten."[557]

Ein Bericht des Gesundheitsministeriums aus dem Jahre 2003 kommt zu folgenden Ergebnissen: jeder zweite Kranke medikamentiert sich selbst und sieben von zehn Patienten verzichten auf einen Krankenhausaufenthalt. 2002 wurden 68% der Gesundheitsausgaben von den Patienten selbst getragen, 1980 waren es nur 36% und im gleichen Zeitraum fielen die Regierungsausgaben von 32% auf

---

556 Schucher, Günter 2006. Gesundheitsversorgung auf dem Lande soll verbessert werden, S. 127f. In: C. a. 3/2006, S. 127-128.

557 Ebd., S. 128.

15%.[558]

In seinem Report von 2006 kündigt Wen Jiabao umfassende Maßnahmen im Gesundheitswesen an, die hier ausführlich wiedergegeben werden sollen und zwar deshalb, weil damit anscheinend eine Wende in diesem Bereich der Sozialversicherung eingeläutet werden sollte:

"We will give a high priority to medical and health care work. We will concentrate on the following three areas to gradually resolve the lack of adequate and affordable medical services. First is to speed up the development of a rural medical and health care system. We will launch the Program for Establishing and Developing a Rural Health Care Service System to improve the system and network of medical and health care that spans the three levels of county, townships and village. The state will spend more than 20 billion yuan over the next five years on renovating hospital buildings in towns and townships and in some counties and upgrading their equipment. We will speed up the establishment of a new type of rural cooperative medical care system by extending the scope of current trials to 40 percent of the counties in China this year and by increasing the allowances paid by the central governments to farmers participating in the system from 20 yuan to 40 yuan. An additional 4.2 billion yuan will be allocated from the central government budget for this program. By 2008, this new system and a rural medical assistance system should be basically in place in all rural areas. We will regularly send urban medical personnel to work in rural health facilities. Second is to strengthen urban community health services. We will accelerate the establishment of a new type of community-based system of urban medical and health care services by redirecting urban medical and health resources, increasing government spending, providing more training, improving services, and promoting innovations in mechanisms. Qualified community health care clinics will be included in the urban basic medical insurance program, and we will carry out pilot projects to gradually make community clinics the first option in medical treatment for minor medical problems, leaving hospitals free to treat only more serious problems. We will explore ways to set up an urban medical assistance system. Third is to deepen reform of the medical care and health services system fully restore and standardize order in medical services and the production and marketing of medicines. We will improve

---

558 Vgl. ebd.

oversight management of prices for medicines and medical services. We will standardize the medical practices of hospitals and doctors and the way they prescribe drugs, and ensure that medical ethics and the medical code of conduct are strictly observed to improve medical services and control medical costs. We will support the development of traditional Chinese medicine and make full use of it in preventing and treating diseases. We will also intensify prevention of serious diseases that endanger that health of the general public and implement measures to prevent and control major communicable diseases such as AIDS, tuberculosis and snail fever. We will give a high priority to preventing and controlling the spread of highly pathogenic avian influenza to humans."[559]

Trotz dieser vollmündigen Ankündigungen hat sich im Laufe der nachfolgenden zwei Jahre an den desolaten Zuständen im Gesundheitswesen relativ wenig geändert. So war das Krankenversicherungssystem 2006 noch nicht flächendeckend etabliert und 73% der ländlichen Bevölkerung sowie 64% der Stadtbewohner haben medizinische Hilfe erst gar nicht nachgefragt.
Im Jahr 2007 wurde auf der dem Nationalen Volkskongress (NVK) immer vorgeschalteten *Politischen Konsultativkonferenz* die öffentliche Gesundheitspolitik scharf kritisiert, darunter neun hochrangige Delegierte, u. a. der ehemalige Präsident der *Chinesischen Akademie für Medizinische Wissenschaft*, Ba Denian. Sie warfen der Zentralregierung vor, das öffentliche Interesse in der Marktwirtschaft zu vernachlässigen und warteten mit konkreten Zahlen auf. In der medizinischen Versorgung rangiere China weltweit an 144. Stelle und in Bezug auf die Versorgungsgerechtigkeit sogar nur an 188., vier Positionen vom Schlusslicht entfernt. Die industriellen Kernländer würden über 10% des BIP in die Gesundheit investieren, Länder wie Brasilien 7,9%, Indien 6,1%, Sambia 5,8%, China hingegen gebe nur 2,7% aus. Die öffentlichen Ausgaben würden

---

559 Wen Jiabao 2006. Report on the Work of the Government (2006). (Delivered at the Fourth Session of the Tenth National People's Congress on March 5, 2006), S. 9. http://english.gov.cn/official/2006-03/14/content_227248.htm, S. 1-14. Stand: 20.7.2008.

sinken, die privaten steigen.[560]

2006 hat eine Expertin des *DRC* des Staatsrates die Kosten for die Etablierung eines für alle erschwinglichen Gesundheitssystems auf 150-200 Mrd. Yuan geschätzt und 100 Mrd. könnte das Finanzministerium bald zur Verfügung stellen.[561]

In seinem *Report* (2008) verweist Wen Jiabao darauf, dass 629,4 Mrd. Yuan innerhalb der letzten fünf Jahre für das Gesundheitswesen ausgegeben worden seien, jährlich also im Mittel 125,88 Mrd. Yuan. Diese wären u. a. für Prävention, dem Bau von Kliniken auf Bezirks-, Stadt- und Dorfebene ausgegeben worden, ferner für medizinische Ausrüstung etc. Aber nicht nur das Land, sondern auch die urbanen Zentren hätten davon profitiert. Über die Anzahl der Krankenversicherten wurde nichts verlautbart.[562] Hingegen gibt es im *Report* von 2009 anscheinend Erfolge im Aufbau eines umfassenden Gesundheitssystems zu verzeichnen, Wen weist darin konkrete Zahlen aus:

“Steady progress was made in reform and development of the pharmaceutical and health care system. A total of 814 million people, accounting for 91.5% of the rural population, now benefit from the new type or rural cooperative medical care system. The number of selected cities participating in trials of the basic medical insurance system for urban residents increased from 88 to 317, and the number of participating individuals increased by 73.59 million to 117 million. Significant progress was made in developing a system of

560 Vgl. Schucher, Günter 2007. NVK: Bessere Gesundheitsversorgung, S. 136. In: C. a. 2/2007, S. 136-137.

561 Vgl. Schucher, Günter 2006. Lecks und Lücken in der sozialen Sicherung, S. 131. In: C. a. 6/2006, S. 130-131.

562 Vgl. Wen Jiabao 2008. Report on the Work of the Government. Delivered at the First Session of the 11 National People‘s Congress on March 5, 2008, S. 4. http//english.gov.cn/official/2008-03/20/content_924600.htm, S. 1-17. Stand: 20.7.2008.

community-based health services in urban areas. We continue to expand the coverage of the reward and assistance system for rural families complying planning regulations, an implement the ‚lower birthrate equals faster prosperity' program in more places in the countryside."[563]

Glaubt man den von Wen vorgelegten Zahlen würden demnach 814 Mio. Menschen auf dem Lande an der genossenschaftlichen medizinischen Betreuung partizipieren. In den Städten erhöhte sich die Zahl der Krankenversicherten auf 117 Mio. Addiert man beide Zahlen, sind landesweit 931Mio. Menschen nunmehr krankenversichert, das wären 71,5% der Gesamtbevölkerung Chinas. Bis 2004 waren 90% der Chinesen nicht in einer Krankenversicherung, im Umkehrschluss also nur 10% Versicherte. Das bedeutet, dass innerhalb von fünf Jahren 61,5% krankenversichert worden sind, wenn auch wie die Termini verraten, in der Stadt mit der grundlegenden Krankenversicherung und auf dem Lande genossenschaftlich organisiert. Mit anderen Worten, es ist eine Basisversicherung aufgebaut worden, die mit dem Krankenversicherungswesen des *rheinischen Kapitalismus* nicht verglichen werden darf. Trotz alledem wäre dies in der Tat eine enorme Leistung der Zentral- und Lokalregierungen.

Inwieweit diese Zahlen der Realität entsprechen und ob im ländlichen Raum tatsächlich über 880 Mio. Menschen diese Art von Krankenversicherung haben und in den Genuss der Leistungen kommen, lässt sich im Moment nicht eindeutig verifizieren. Wong hegt da so seine Zweifel:

"Die Auswirkungen der medizinischen Reform wird man im Laufe der kommenden Jahre genauer untersuchen müssen, denn schon 2006 war eine ähnliche Reform angekündigt, aber nicht konsequent umgesetzt worden, da die Regierung sich mehr dem Kampf gegen die Inflation zugewandt und befürchtet hatte, die Reform könnte die Inflation noch

---

563 Wen Jiabao 2009. Report on the Work of the Government (2009). Delivered at the Second Session of the Eleventh National People's Congress on March 5, 2009, S. 2. http://english.gov.cn/official/2009-03/14/content_1259415.htm, S. 1-14. Stand: 14.3.2009.

verstärken."[564]

Gesetzt den Fall, der Bericht von Wen träfe im Detail so zu, dann gäbe es diese „Baustelle" zwar immer noch, aber sie ist, um die sozialen Stabilität zu wahren bzw. halbwegs wieder herzustellen, entschärft worden. Aber es gibt ja noch andere und einer weiteren wenden wir uns nun zu.

Wohn- und Lebensbedingungen im ländlichen Raum Chinas

Das vierte Kommuniqué gibt im Text und in fünf Tabellen Aufschluss über die Lebensbedingungen im ländlichen Raum Chinas, angefangen über die Art und Weise der Wohngebäude und der Quadratmeterzahl bis hin zum Besitz langlebiger Konsumgüter.

Die durchschnittliche Grundfläche der verschiedenen Haustypen beträgt pro Kopf 128 qm.[565] Erstaunen mag die durchschnittliche „Wohnfläche" pro Kopf

---

564 Wong, Staphany 2009. Auswirkungen der Finanzkrise auf Arbeitsbedingungen in China, 5. März 2009, übersetzt von Anne Scheidhauer, S. 5. http://www.labournet.de/internationales/cn/wong1.pdf, S. 1-6.

565 Zu den verschiedenen Haustypen siehe die nachstehende Erklärung: „1. Residential building: often refers to the houses with cover, walls around, shelter and dwelling for human beings, including cave dwelling, bamboo house, Mongolian yurt, tabernacle, tent, boat house and etc. according to different living habits.
2. Floor space of residential building: refers to floor space of all residential buildings owned by households, including that of self-residence, lease and vacant houses." (National Bureau of Statistics of China (Hrsg.) 2008. Communiqué on Major Data of the Second National Agricultural Census of China (No.4). Living Conditions of Rural Households, S. 3. http://www.stats.gov.cn/english/newsandcomingevents/t20080229_402465351.htm, S. 1-4. Stand:11.3.2008.)

von 127,7 qm. Jedoch ist dies keine reine Wohn- sondern eben auch Nutzfläche, wie aus Punkt 1 der vorherigen Fußnote hervorgeht. 99,3% besitzen ein eigenes Haus. Die Haushalte, die ein Gebäude besitzen machen 204.500 Tausend aus, 14.210 Tausend haben zwei und 770 Tausend mehr als drei Häuser. Der überwiegende Haustyp ist das einstöckige, in dem 147.740 Tausend Haushalte wohnen, gefolgt von nicht näher spezifizierten Gebäuden mit 67.500 Tausend und andere Haustypen kommen auf 5.840 Tausend. Auch die Bauweise der Häuser werden beschrieben:

"The main structure of house was brick-wood, Brick (sic; RGP) concrete, and reinforced concrete. The number of households living in brick and wood, reinforced concrete, bamboo-grass-adobe, and other types amounted to 99,990, 87,060, 13,350, 21,240 and 1,440 thousand, respectively occupying 44.3, 39.4, 6, 9.6 and 0.7 percent."[566]

---

[566] Ebd., S. 1.

Tabelle 25: Floor Space and structure of residential buildings

	National Total	Eastern Region	Central Region	Western Region	Northeastern Region
Per capita floor space of residential building in rural areas (sq. m)	127.7	135.5	133.5	122.2	80.0
By composition of owned houses					
1	92.5	89.0	93.4	95.2	95.3
2	6.4	9.6	5.9	4.0	2.5
3 and over	0.4	0.6	0.3	0.2	0.1
Without house	0.7	0.8	0.4	0.6	2.1
By type of houses					
Building	30.5	32.3	34.1	31.0	2.2
Bungalow	66.8	66.5	62.1	65.4	96.8
Others	2.7	1.2	3.8	3.6	1.0
By structure of houses					
Reinforced concrete	6.0	7.9	7.5	2.9	2.4
Brick concrete	39.4	43.2	47.9	29.5	23.4

Brickwood	44.3	45.5	39.7	44.4	58.7
Bamboo-grass-adobe	9.6	3.1	4.4	21.8	15.3
Others	0.7	0.3	0.5	1.4	0.2

Quelle: Vgl. National Bureau of Statistics of China (Hrsg.) 2008. Communiqué on Major Data of the Second National Agricultural Census of China (No.4). Living Conditions of Rural Households, S. 1f. http://www.stats.gov.cn/english/newsandcomingevents/t20080229_402465351.htm, S. 1-4. Stand:11.3.2008.

Im *Report* (2008) geht Wen nur sehr kurz auf die ländlichen Wohnbedingungen und die Aufgaben, diese zu verbessern, ein. Im Zusammenhang mit der Verbesserung der Trinkwasserversorgung, der Seuchenprävention etc. spricht er von „(. . .) development of a new socialist countryside and brought historic changes to rural China to the great satisfaction of hundreds of millions of rural people.“[567]

Das erinnert mehr an alte ideologische Floskeln und Klischees. Im *Report* (2009) wird er zwar etwas ausführlicher, aber abgesehen von den finanziellen Ausgaben für den Bau von Wohnungen und Häusern geht er nicht konkret auf die Wohnverhältnisse im ländlichen Raum ein.

“This year, the central government will allocate 49.3 billion Yuan for the construction of low-income housing to increase funding for developing low-rent housing and improving housing conditions in shantytowns, and increase housing subsidies for the central and western regions by an appropriate amount. We will expand the pilot program for renovating dilapidated houses in rural areas and build permanent housing for nomads in

567 Wen Jiabao 2008. Report on the Work of the Government. Delivered at the First Session of the 11th National People‘s Congress on March 5, 2008, S. 2. http//english.gov.cn/official/2008-03/20/content_924600.htm, S. 1-17. Stand: 20.7.2008.

ethnic minority areas."[568]

Dass die Wohnverhältnisse der ländlichen Bevölkerung gerade in den entlegenen Gebieten verbessert werden müssen, ist aus obiger Tabelle schon ersichtlich. Auch die Autoren, die bei der *ADB* publizieren, gehen nicht explizit auf den Zustand der Häuser in den Dörfern bzw. im ländlichen Raum ein.[569] Lediglich Zhao und Kanamori sprechen indirekt von der Notwendigkeit eines „new village building" und verweisen auf die Umweltschäden und unhygienischen Bedingungen in vielen Dörfern Chinas.[570]

Der problematische Zustand der (Trink-) Wasserversorgung auf dem Lande und die negativen Konsequenzen

Kommen wir nun zu einem Problem, das mittlerweile weltweit auf Konferenzen diskutiert wird, dem immer häufiger auftretenden Mangel an einem Zugang zu

---

568 Wen Jiabao 2009. Report on the Work of the Government (2009). Delivered at the Second Session of the Eleventh National People's Congress on March 5, 2009, S. 6. http://english.gov.cn/official/2009-03/14/content_1259415.htm, S. 1-14. Stand: 14.3.2009.

569 Vgl. Ali, Ifzal/Yao Xianbin 2004. Inclusive Growth for Sustainable Poverty Reduction in Developing Asia: The Enabling Role of Infrastructure Development. http://www.adb.org/Documents/ERDC/Policy_Briefs/PB027.pdf, S. 1-10, ferner Yao Xianbian 2003. Infrastructure and Poverty Reduction - Making Markets Work for the Poor. http://www.adb.org/Documents/EDRC/Policy_Briefs/PB014.pdf, S. 1-9.

570 Zhao Zhijun/Kanamori, Toshiki 2007. Infrastructure and Regional Development in the People's Republic of China, ADB Institute Discussion Paper No. 69, June 2007, S. 39f. bzw. 19f. http://adbi.adb.org/files/dp69.prc.infrastructure.regional.dev.pdf, S. 1-46.

sauberem Wasser und zu Trinkwasser, wie Mausers Erklärung verdeutlicht.[571]

Wasser wird auch und gerade in China immer knapper, u. a. bedingt durch den Industrialisierungsprozess, der immense Mengen dieser Ressource verschlingt. Hinzu kommt, dass die Abwässer von den Industrieunternehmen ungeklärt in die Flüsse eingeleitet werden, wodurch die noch halbwegs sauberen Flüsse immer mehr verschmutzen und dadurch die Wasserknappheit weiter vergrößert wird.[572] So verwundert es nicht, dass auch der ländliche Raum Chinas Schwierigkeiten hat, an sauberes Trinkwasser zu gelangen.

Die nachstehende Tabelle gibt darüber Aufschluss. Hiernach haben landesweit 10,3% der Haushalte Schwierigkeiten, sauberes Trinkwasser zu bekommen, wobei die westliche Region mit 22,2% weit über dem Landesdurchschnitt liegt, alle anderen Regionen sind laut den Angaben weitaus besser gestellt. Diese niedrigen Prozentzahlen für die letztgenannten Gebiete können angezweifelt werden, denn Wen Jiabao nimmt in seinen Tätigkeitsberichten immer zu Beginn Bezug auf die immer besser werdende Versorgung der Bevölkerung mit Trinkwasser (s. w. u.)
48,6% beziehen ihr Wasser aus Leitungsrohren, allerdings dürften hier die Städte und Kleinstädte gerade auch im dichtbesiedelten Osten (71,1%) mit einbezogen worden sein. Insofern werden die Bedingungen, unter denen die Dörfern ihr Trinkwasser beziehen, geschönt. In den neu errichteten Städten und Dörfern dürfte dieses Trinkwasserleitungssystem allerdings gang und gäbe sein.

---

571 Mauser unterscheidet zwischen Trink- und Sanitärwasser sowie Wasser für die Industrie und die Ernährung (Mauser, Wolfram 2007. Wie lange reicht die Ressource Wasser? Vom Umgang mit dem blauen Gold, Frankfurt am Main, S. 161ff.).

572 Gerade in den unterentwickelten Regionen des Westens werden die Umweltschutzbestimmungen von den örtlichen Behörden nicht umgesetzt bzw. fast zur Gänze übergangen, wenn sich (ausländische) Industrieunternehmen ansiedeln wollen, die Arbeitsplätze schaffen und so zur Entwicklung der Region tatsächlich oder vermeintlich beitragen.

Im Mittel erhalten die Haushalte zu 23,1% gereinigtes und/oder aufbereitetes Wasser. Hier liegt der Osten mit 44,2% an erster Stelle. Der Grund dafür dürfte u. a. die intensiv betriebene Landwirtschaft mit einem hohen Einsatz von chemischen Düngemitteln sein. Weltweit hat China davon den größten Verbrauch (siehe dazu den Abschnitt *Die landwirtschaftliche Produktion Chinas im internationalen Vergleich*).

Brunnenwasser als Trinkwasserquelle macht im landesweiten Durchschnitt 41,8% aus. Hier liegt der Nordosten an erster Stelle, während der wasserarme Westen den letzten Platz einnimmt.

Dafür nimmt die westliche Region bei der Schöpfung des Trinkwassers aus flachen Gewässern (shallow-well water) den ersten Rang ein (43,6%), was allerdings nicht positiv zu bewerten ist. Im Mittel beziehen 27,8% der Haushalte ihr Trinkwasser aus solchen Quellen. Dieses Wasser müsste, bevor es Trinktauglichkeit erreicht, wohl vorher abgekocht werden. Das gleich dürfte auch für das See- und Flusswasser sowie das aus den Teichen entnommene gelten. Zumindest aus hygienischen Gründen und der Gesundheitsvorsorge wäre es ratsam, dies zu tun, denn es kann und wird Krankheiten, wie Cholera etc. nach sich ziehen (s. w. u.).

Landesweit beziehen 2,8% der Haushalte ihr Trinkwasser aus Seen und Flüssen, je 1,4% aus Teichen bzw. durch das Auffangen von Regenwasser, 1,7% aus anderen nicht näher spezifizierten Quellen.

Es ist offensichtlich, dass die Versorgung der ländlichen Bevölkerung mit sauberem Trinkwasser ein dringendes Problem ist und in absehbarer Zeit kaum einer Lösung zugeführt werden kann (siehe den entsprechenden *Exkurs* weiter unten).

Tabelle 26: Conditions of drinking water (Unit: %)

	National Total	Eastern Region	Central Region	Western Region	Northeastern Region
Composition of households on difficulties in obtaining drinking water	10.3	2.8	9.6	22.2	1.3
Composition of household on using piping water	48.6	71.1	28.5	42.9	41.3
By composition of households according to water source					
Purified drinking water	23.1	44.2	8.8	13.3	15.0
Deep-well water	41.8	37.6	53.4	27.5	75.9
Shallow-well water	27.8	15.3	31.7	43.6	9.0
Lake and river water	2.8	1.4	2.0	6.0	0.1
Pool water	1.4	0.4	1.6	2.6	0.0
Rain water	1.4	0.1	1.1	3.7	0.0
Other water	1.7	1.0	1.4	3.3	0.0

Quelle: Vgl. National Bureau of Statistics of China (Hrsg.) 2008. Communiqué on Major Data of the Second National Agricultural Census of China (No.4). Living Conditions of Rural Households, S. 2. http://www.stats.gov.cn/english/newsandcomingevents/t20080229_402465351.htm, S. 1-4.

Stand:11.3.2008.[573]

Wenn wir uns die Tätigkeitsberichte der Regierung für die letzten drei Jahre anschauen (die Zeit von der zweiten Volkszählung 2006 bis 2008), so verweist Wen Jiabao jedesmal darauf, dass für mehrere zig-Millionen Haushalte im ländlichen Raum sauberes Trinkwasser zur Verfügung gestellt werden konnte. Im Jahr 2006 waren es 28,97 Mio. Haushalte, 2007 hatten zusätzlich 97,48 Mio. Zugang zu „safe drinking water" erhalten, wie es im Report so schön heißt. 2008 bekamen erneut mehr als 48 Mio. Menschen Zugang zu „sicherem Trinkwasser".[574] Insgesamt waren dies 174,45 Mio. Menschen (Haushalte?), die in den letzten drei Jahren Zugang zu sauberem und trinkbarem Wasser erhielten. Dies korrespondiert nicht mit der oben angegebenen Prozentzahl von 10,3% landes-

---

573 Über die Schwierigkeiten, Trinkwasser zu bekommen und dessen Qualität, gibt die folgende Fußnote Auskunft:
„3. Difficulty in obtaining drinking water: mainly refers to horizontal distance to intake point more than one kilometer, or vertical elevation difference more than 100 meters, continuous short of water more than 70 days in normal year, or single intake time more than half an hour, as well as including turbidity, standard exceeding and other phenomena of water quality."
(National Bureau of Statistics of China (Hrsg.) 2008. Communiqué on Major Data of the Second National Agricultural Census of China (No.4). Living Conditions of Rural Households, S. 3. http://www.stats.gov.cn/english/newsandcomingevents/t20080229_402465351.htm, S. 1-4. Stand:11.3.2008.)

574 Vgl. die jeweiligen *Reports* von 2007 bis 2009, jeweils S. 2. Es ist auffällig und zeigt die große Bedeutung, die die Versorgung der ländlichen Bevölkerung mit sauberem Trinkwasser für die Regierung einnimmt, dass Wen immer direkt zu Anfang seiner Ausführungen auf dieses Problem zu sprechen kommt. Es ist bedingt durch die Umweltverschmutzung, diverser Chemieunfälle und die Einleitung ungeklärten Wassers in Seen und Flüsse durch Industrieunternehmen mit ein Grund für die zunehmenden Proteste der Bauern. Verständlich, denn erstens haben die Bauern noch ein anderes natürlicheres Verhältnis zu ihrer Umwelt und zweitens leben sie von ihrem Land, das durch oben genannte „Vorfälle" ihre Gesundheit gefährdet.

weit, die Schwierigkeiten hätten an diese elementare Ressource zu kommen. Demnach müssen die anderen oben in der Tabelle aufgeführten Wasserquellen mit einbezogen werden.

In diesem Zusammenhang ist ein Hinweis auf die statistische Methode erforderlich, im Besonderen auf die Art und Weise wie das Haushaltsregistrierungssystem gehandhabt wird. Zhao und Kanamori verweisen darauf, dass dieses System zu Missverständnissen bei der statistischen Datenerhebung führt.

"The current permanent household registration system also leads to misunderstandings in statistical data. According to the permanent household registration system, the PRC had 803.2 million rural people by identity and 790.14 rural people by residence in 1978. In 2005, the rural population by identity increased to 945 million or 73% of the population, and the rural population by residence declined to 745.44 million (. . .)."[575]

Legt man die Zahlen von 2005 zugrunde, so waren von den *population by identity* 18,35% ohne Zugang zu sauberem Trinkwasser bzw. sie hatten Schwierigkeiten an solches zu kommen. Vergleicht man die Bevölkerungszahl nach Identität und nach Haushaltsregistrierung, stellt man eine Differenz von fast 200 Mio. Menschen fest, wahrscheinlich Bauernarbeiter, die in den Boom-Städten oder in derselben bzw. anderen Provinzen arbeiten (siehe dazu weiter oben). Also kommt nur die letzte Bevölkerungszahl, die *rural population by residence* in Betracht. 2005 sind 23,40% ohne Zugang zu sauberem Trinkwasser gewesen bzw. hatten Schwierigkeiten gehabt, es zu bekommen.

Eine Untersuchung der *ADB* in Zusammenarbeit mit *The Department of Disease Control, Ministry of Health, PRC* kommt für Ende 2003 zu anderen Ergebnissen

---

575 Zhao Zhijun/Kanamori, Toshiki 2007. Infrastructure and Regional Development in the People's Republic of China, ADB Institute Discussion Paper No. 69, June 2007, S. 10. http://adbi.adb.org/files/dp69.prc.infrastructure.regional.dev.pdf, S. 1-46.

als in der obigen Tabelle. So soll sich der Zugang zur Wasserversorgung verbessert haben. 874 Mio. Menschen hätten die Möglichkeit, an Trinkwasser zu kommen, das sind 92,7% der gesamten ländlichen Bewohner von 943 Mio. Von den 874 Mio. bekämen 58,18% ihr Wasser aus Leitungen, immerhin etwas mehr als 508,49 Mio. Allerdings würden 37,9% kein sauberes Trinkwasser erhalten, dies wären etwas mehr als 331,24 Mio. Menschen.[576]

Da die Studie 2003 als Untersuchungszeitraum angibt, die zweite Volkszählung 2006 erfolgte und in diesen drei Jahren der Industrialisierungsprozess weiter fortschritt und mithin die Umwelt stärker belastet hat, dürften die Zahlen in Tabelle 23 eher die Bedingungen, unter denen die ländliche Bevölkerung an Trinkwasser gelangt, widerspiegeln. Und das bedeutet dann eben, dass sich die Lange verschlechtert hat.

Ein Fazit der Studie lautet:

"Access to water has significantly improved recently. (. . .) Unsafe water sources may have high pathogen loads due to (i) fecal or other contamination; (ii)) water with high levels of naturally occuring fluoride, arsenic, or salts; and (iii) growing industrial and agricultural chemical pollution. Some areas suffer seasonal water shortage."[577]

Dass das Trinken von unsauberem Wasser aus Flüssen, Seen und Teichen zu Erkrankungen führt, ist oben schon angedeutet worden und wird in der Studie noch einmal bestätigt, die darüber hinaus noch auf einen *Kreislaufeffekt* verweist:

---

576 Vgl. ADB Technical Assistance Consultant's Report 2006. People's Republic of China: Safe Drinking Water and Sanitation for the Rural Poor (Financed by the Poverty Reduction Cooperation Fund, March 2006, S. 1. http://www.adb.org/Documents/Reports/Consultant/36594_PRC/36594_PRC-TACR.pdf, S. 1-160.

577 Ebd.

"These poor conditions of drinking water and sanitation have resulted in high human intake of contaminants and prevalence of water-related diseases, including high rates of diarrheal diseases and viral hepatitis, and lower, although problematic, incidence rates of cholera, dysentery, and typhoid, severaly threatening the physical well-being of the rural population. These problems are manifested in (sic; RGP) It is a cause-and-effect phenomenon that unsafe drinking water and poor sanitation lead to diseases, diseases lead to poverty and poverty tolerates unsafe drinking water and poor sanitation. This is a vicious cycle which severely hampers the social and economic development of the rural poor regions in the PRC."[578]

Dieses Zitat spricht für sich. Es sei hier nur noch erwähnt, dass Wen Jiabao in seinen *Reports* auf die Notwendigkeit der Gesundheitsaufklärung -, -erziehung und -prevention hinweist, so auch 2008.

"The funding was mainly used to develop the public health service system, the medical service system and the medical security system. And basically complete the formation of the disease prevention and control system and emergency medical response system with a fairly comprehensive range of functions, covering both urban and rural areas. The number of diseases covered by the state plan for immunization and disease prevention was increased from 7 to 15, and AIDS, tuberculosis, schistosomiasis and other major communicable diseases are now treated free of charge."[579]

Kommen wir noch einmal auf das Trinkwasser zurück. Laut einer Meldung aus dem Jahr 2008 habe die chinesische Regierung in den vergangenen beiden Jahren nahezu 24 Mrd. Yuan (2,6 Mrd. Euro) ausgegeben, „um über acht Prozent der 1,3 Milliarden Bürger sicheres Trinkwasser zu garantieren. Umweltminister Zhou Shengxian gab in seinem Bericht an eine Plenarsitzung des Ständigen

---

578 Ebd., S. 2.

579 Wen Jiabao 2008. Report on the Work of the Government. Delivered at the First Session of the 11th National People's Congress on March 5, 2008, S. 4. http//english.gov.cn/official/2008-03/20/content_924600.htm, S. 1-17. Stand: 20.7.2008.

Ausschusses des Nationalen Volkskongresses bekannt, dass seit 2006 über 109 Millionen Menschen vom Lande von den Investitionen in sauberes Wasser profitiert hätten."[580] Ferner fügt er hinzu, dass die Qualität des Wassers ungefähr dieselbe sei wie 2006. Na dann Prost.

Dass diese „Baustelle" in absehbarer und ferner Zukunft bestehen bleiben wird, belegt auch der nachfolgende Exkurs.[581]

Exkurs: Umweltzerstörung in China am Beispiel der Ressource Wasser

Obwohl die Umweltzerstörung in China mittlerweile eine existentielle Gefahr geworden ist, sowohl für die bäuerliche Bevölkerung als auch für die Stadtbewohner, kann hier leider nicht im Detail auf die ökologische Problematik eingegangen werden. Wollte man alle Schwierigkeiten, vor denen die Volksrepublik steht, in eine Abhandlung wie diese dezidiert darstellen, würde sie schlichtweg den Rahmen sprengen. Es muss weiteren Arbeiten vorbehalten bleiben, auf die einzelnen Probleme näher einzugehen, wobei die Vernetzung der einen Gegebenheit mit der anderen nicht aus den Augen verloren werden darf. Nachfolgend soll jedoch kurz auf die Umweltzerstörung und ihre Auswirkungen auf Mensch und Natur eingegangen werden.[582]

---

580 German.China.Org.Cn 2008. China garantiert 109 Millionen Landbewohnern sauberes Trinkwasser, S. 1. http://german.china.org.cn/environment/txt/2008-12/25/content_17006469.htm, S. 1-1. Stand 27.12.2008.

581 Auf den Zusammenhang von sauberem Trinkwasser und guten sanitären Verhältnissen, wie er in dem ADB-Bericht anklang, gehe ich nach Tabelle 28 ein.

582 Dass dies nicht so systematisch geschehen kann, wie es wünschenswert wäre und an anderen Stellen dieser Arbeit hin und wieder auf die ökologischen Schäden hingewiesen wird, liegt an den Schwerpunkten und Zielsetzungen dieses Vorhabens (vgl. dazu die einleitende Pro-

Aus obiger Tabelle 26 geht bei näherer Betrachtung hervor, wie schwierig es für die Bevölkerung ist, an trinkbares Wasser zu gelangen. Und dieser Zugang wird durch den anhaltenden Industrialisierungsprozess gerade auch in den ländlichen Regionen weiter verschärft. Nun leidet aber beileibe nicht nur die Landbevölkerung darunter, wie einige Zahlen belegen. Im Jahr 2001 betrug der Wasserkonsum 557 Mrd. qm, eine Zunahme von 13,2 Mrd. qm gegenüber 1998, ein Anstieg um fast 22% innerhalb von drei Jahren. Dieses zusätzlich verbrauchte Wasser wurde aus angebohrten Grundwasserspeichern gewonnen, nicht aus erneuerbaren Oberflächen-Quellen, wie Regenwasser etc.[583] Die Folge war eine Bodenabsenkung, die in 46 Städten (u. a. Shanghai, Tianjin) und in etlichen Provinzen festgestellt wurde. Betroffen war eine Fläche von 49.000 qkm. Ferner leiden 60% der 669 Städte Chinas unter Wasserknappheit, 110 davon sehen die Lage als ernst an.

"Die Wasserentnahme aus den Flüssen Huai, Liao und Gelber Fluss liegt bei ca. 60%, die problematische Grenze wird mit 30% bis 40% angegeben."[584]

Und:

"Nur 15 Milliarden Tonnen der Gesamt-Abwassermenge von 35 Milliarden Tonnen flossen durch Kläranlagen, die man sich freilich kaum so vorstellen sollte wie die der heimischen Stadtwerke.
Quelle: (. . .) Allgemeine Bedingungen des städtischen Umweltschutzes in China, website des KP-Parteiblattes, 13.6.2005."[585]

---

blemstellung).

583 Xiù Cai 2007. Der Preis des Booms. Die Vernichtung der chinesischen Umwelt auf einen Blick, S. 5f. In: Xiù Cai 2007, Nr. 91, S. 4-9. http://xiucai.oai.de/XiuCai/XiuCaiNo91.pdf.

584 Vgl. ebd., S. 6.

585 Ebd., S. 7.

Wenn wundert es da noch, dass die sieben großen Flusssysteme des Landes zu 50% ernsthaft verdreckt und die städtischen Bäche und Flüsse zu 86% oberhalb des erlaubten Standards verschmutzt sind.[586]
Und, um ein wichtiges Einzelbeispiel herauszugreifen, das Wasser des Huai, eines Flusses, an dessen Ufern der Boden landwirtschaftlich äußerst intensiv genutzt wird, war zu 79% nicht für den Gebrauch in Fischfarmen geeignet, „32% nicht einmal für die landwirtschaftliche Bewässerung."[587] Wenn trotzdem eine Wasserentnahme stattgefunden haben sollte - was als wahrscheinlich anzusehen ist -, kann man sich die langfristigen gesundheitsgefährlichen Folgen leicht vor Augen führen. Das kontaminierte Wasser gelangt über die Pflanzen in die tierische und somit auch in die menschliche Nahrungskette.

Umweltminister Zhou ließ auf der oben angeführten Plenartagung auch verlauten, „dass weitere Bemühungen unternommen werden müssen, um die Verschmutzung in wichtigen Flüssen zu bekämpfen. Die Rate der Abwasseraufbereitung in den Städten erreichte 2007 einen Wert von 63 Prozent, was einen Anstieg um elf Prozentpunkte im Vergleich zum Jahr 2005 bedeutet (. . .)."[588]

Mit anderen Worten, 2005 haben gerade einmal etwas mehr als die Hälfte aller Städte Chinas ihr Abwasser aufbereit, und 2007 haben dies 37% der Städte immer noch nicht getan. Wenn man bedenkt, dass es in China mehr als 175 Städte mit einer Einwohnerzahl von über eine Millionen Menschen gibt,[589] nicht

586 Vgl. ebd., S. 8.

587 Ebd.

588 German.China.Org.Cn 2008. China garantiert 109 Millionen Landbewohnern sauberes Trinkwasser, S. 1. http://german.china.org.cn/environment/txt/2008-12/25/content_17006469.htm, S. 1-1. Stand 27.12.2008.

589 Vgl. PortAsian o. J. Der Drache erhebt sich. China in Zahlen, S. 13. http:www.portasia.de/Content/PDF/ChinaZahlen.pdf, S. 1-25.

gerechnet die Groß-, Mittel- und Kleinstädte, die sich wahrscheinlich Kläranlagen gar nicht leisten können, dann wird auch diese „Baustelle“ noch lange bestehen bleiben.

Die Hauptenergiequellen im ländlichen China

Zur Umweltverschmutzung durch den CO_2-Ausstoß trägt u. a. auch der private Energieverbrauch bei, der zum Kochen bzw. Heizen genutzt wird, gerade dann wenn es sich um fossile Brennstoffe handelt, wie Holz oder Kohle, zumal die in China geförderte Kohle z. T. von äußerst schlechter Qualität ist.

Brennholz ist mit 60,2% der mit weitem Abstand häufigste Energieträger bei der Zubereitung der Mahlzeiten. Die nordöstliche (88,2%) und die westliche Region (66,2%) liegen über dem landesweiten Durchschnitt, Zentral- (56,9%) und Ostchina (53,1%) darunter.
Kohle (26,1%) liegt an zweiter Stelle. In Zentralchina (38,4%) wird die Kohle zum Kochen am Häufigsten verwendet, im Nordosten (7,4%), einst das schwerindustrielle Zentrum des Landes, wird sie am wenigsten verwendet.
Kohle oder Gas ist im Mittel mit 11,9% vertreten, hier ist der Osten mit 27,2% überdurchschnittlich vertreten.
Biogas und Elektrizität spielen landesweit eine untergeordnete Rolle. „Andere“ Energieträger sind nicht näher erläutert.

Tabelle 27: Composition of households by utilization of main cooking energy (Unit: %)

	National Total	Eastern Region	Central Region	Western Region	Northeastern Region
Firewood	60.2	53.1	56.9	66.2	88.2
Coal	26.1	18.5	38.4	27.1	7.4
Coal or natural gas	11.9	27.2	3.8	3.2	4.0
Biogas	0.7	0.2	0.7	1.3	0.1
Electricity	0.8	1.0	0.2	1.3	0.3
Others	0.3	0.0	0.0	0.9	0.0

Quelle: Vgl. National Bureau of Statistics of China (Hrsg.) 2008. Communiqué on Major Data of the Second National Agricultural Census of China (No.4). Living Conditions of Rural Households, S. 2. http://www.stats.gov.cn/english/newsandcomingevents/t20080229_402465351.htm, S. 1-4. Stand:11.3.2008.[590]

Da Brennholz der Hauptenergieträger ist, führte dies über die Jahrzehnte zu einem z. T. unkontrollierten Abholzen der Wälder, mit der Folge der Verstep-

590 „4. Cooking energy: refers to main energies used by households in family cooking." (National Bureau of Statistics of China (Hrsg.) 2008. Communiqué on Major Data of the Second National Agricultural Census of China (No.4). Living Conditions of Rural Households, S. 3. http://www.stats.gov.cn/english/newsandcomingevents/t20080229_402465351.htm, S. 1-4. Stand:11.3.2008.)

pung und einer beträchtlichen Desertifikation (s. w. o.).[591] Es gibt kaum einen *Report*, in dem nicht auf dieses Problem direkt oder indirekt hingewiesen wird. So heißt es im Bericht von 2009 ganz allgemein:

"We built on the achievements in returning farmland to forests and restoring livestock pastures to grasslands, and carried out ecological conservation projects such as protecting virgin forests and developing the Sanjiangyuan Nature Reserve in Qinghai Province."[592]

Ein Jahr zuvor verwies Wen auf die Erfolge bei der Umwandlung von Acker- in Waldfläche und gab dabei konkrete Zahlen an:

"Work continued on ecological conservation projects such as those to protect natural forests and control the factors causing sandstorms in Beijing and Tianjin. During the five-year period, the area of farmland retired for forestation and other lands planted with trees amounted to 31.91 million hectares, and grazing land returned to natural grasslands totaled 34.6 million hectares."[593]

Die Wiederaufforstung bzw. Umwandlung von Ackerland in Wälder darf hier nicht verglichen werden mit den Aufforstungsprogrammen in z. B. Westeuropa, wo Mischwälder angelegt werden, um den Schädlingsbefall und den immer häufiger auftretenden Orkanen entgegen zu wirken. In China geht es in erster

591 Im Frühjahr wird z. B. Beijing regelmäßig von Sandstürmen heimgesucht, die über mehrere tausend Kilometer aus der Inneren Mongolei kommen.

592 Wen Jiabao 2009. Report on the Work of the Government (2009). Delivered at the Second Session of the Eleventh National People's Congress on March 5, 2009, S. 2. http://english.gov.cn/official/2009-03/14/content_1259415.htm, S. 1-14. Stand: 14.3.2009.

593 Wen Jiabao 2008. Report on the Work of the Government. Delivered at the First Session of the 11th National People's Congress on March 5, 2008, S. 3. http//english.gov.cn/official/2008-03/20/content_924600.htm, S. 1-17. Stand: 20.7.2008.

Linie darum, die Ausbreitung der Wüsten zu stoppen. Dazu bedarf es schnell wachsender Baumsorten.

In den einzelnen *Reports* finden sich auch Angaben über den vermehrten Verbrauch von Biogas (zum Problem des CO_2-Ausstoßes vgl. auch den nachfolgenden *Exkurs*). Laut Wen sei die Zahl der Methan- bzw. Biogasbenutzer um weitere 16,5 Mio. Haushalte angestiegen.[594]

Wie dem auch sei, die Umweltprobleme nehmen durch den Klimawandel, der eine Katastrophe zu werden droht, und nicht zuletzt durch den Prozess der Globalisierung in China zu.

Exkurs: Einzelkapitalistische Auslagerung als irrationaler globaler Bumerang

Während die USA im Jahr 2002 pro Kopf der Bevölkerung 20,4 t CO_2 ausgestoßen haben, lag China mit 3 t pro Kopf unter dem Weltdurchschnitt von 4 t. Auf Grund der hohen Bevölkerungszahl kam das Land allerdings auf einen Gesamtausstoß von 24 Mrd. t und damit weltweit auf Platz 2 (17 % des Weltausstoßes).[595]

32. Die größte Verschwendungswirtschaft der Erde
Ohne Kommentar
. . . leider erzeugt das heutige chinesische Wirtschaftssystem . . .
. . . die größte Verschwendungswirtschaft der Erde:
Um einen Dollar BIP zu erzeugen, benötigt China:
4,3 mal so viel Energie wie die USA

---

[594] Vgl. ebd., S. 2.

[595] Xiù Cai 2007. China und das CO_2, S. 3. In Xiù Cai 2007. Nr. 92, 18.4.2007, S. 3-5. http://xiucai.oai.de/XiuCai/XiuCaiNo92.pdf.

7,7 mal so viel Energie wie Deutschland
11,5 mal so viel Energie wie Japan
4 mal so viel Wasser wie der Rest der Welt.[596]

Als Quelle wird Pan Yue angegeben, Vize-Leiter der State Environment Protection Administration (SEPA), die chinesische Umweltbehörde, demnach sind diese Angaben offiziell.

Doch, es soll und muss hier kommentiert werden. Zweifelsohne ist dies eine Verschwendung von Energie verglichen mit den angeführten Staaten. Dies aber allein dem chinesischen Wirtschaftssystem in die Schuhe schieben zu wollen, greift schlicht und einfach zu kurz.

Im Zuge der Globalisierung kam es zu einer massiven Auslagerung von arbeits- und energieintensiven Produktionsstätten aus den industriellen Kernländern nach China. Das Land, das lediglich eine proto-fordistische Produktionsmethode fertiggebracht hatte und dementsprechend nicht über die neuesten wissenschaftlich-technischen Produktionsmittel verfügte, verfügen konnte, die in den OECD-Staaten durch den Konkurrenzdruck Standard waren, musste die Produktion auf einem weitaus niedrigerem Niveau bewerkstelligen. Und zwar mittels der gnadenlosen Vernutzung der einheimischen Arbeiter und Arbeiterinnen. Die technische Rückständigkeit hatte u. a. zur Folge, dass der CO_2-Ausstoß rapide anstieg. Dieser Anstieg ist letztlich dem irrationalen Charakter des modernen warenproduzierenden Systems in der Form der dritten industriellen Revolution und der Globalisierung geschuldet, schlug und schlägt mit aller Konsequenz auf die Industriestaaten zurück. Chinas Bedarf an fossilen Energie- und Rohstoffen wuchs gewaltig je mehr ausländische Direktinvestitionen (ADI) ins Land flossen und sich damit die Produktionskapazitäten enorm ausdehnten.

---

596 Xiù Cai 2007. China im (Schau) Bild (1), Nr. 32, S. 17. In: Xiù Cai 2007, Nr. 86, 19.1.2007, S. 1-26. http://xiucai.oai.de/XiuCai/XiuCaiNo86.pdf.

Die Folge war ein Anstieg der fossilen Rohstoffpreise (Erdöl, -gas, Eisenerz, Kohle etc.). Das, was aus einzelkapitalistischer rationaler Sicht durch die Produktionsauslagerung profitabel(er) wird, schlägt in eine gesamt- bzw. globalkapitalistische Irrationalität um.

Wir können davon ausgehen, dass der Privatverbrauch fossiler Brennstoffe, der zum Kochen und eventuell Heizen verwendet wird, nur einen relativ geringen Anteil am CO_2-Ausstoß Chinas hat, verglichen mit dem industriellen Verbrauch.

Die unzureichenden sanitären Verhältnisse und ihren negativen Auswirkungen auf die Gesundheit der Bevölkerung

Kommen wir nun zu den sanitären Verhältnissen, die das besagte Kommuniqué untersuchte. So verfügen 28.380.000 Haushalte über ein WC mit Wasserspülung, 97.960.000 haben eine Trockentoilette und 94.740.000 Haushalte können lediglich ein Klosett benutzen oder habe gar keins.[597]

---

597 Vgl: National Bureau of Statistics of China (Hrsg.) 2008. Communiqué on Major Data of the Second National Agricultural Census of China (No.4). Living Conditions of Rural Households, S. 2f. http://www.stats.gov.cn/english/newsandcomingevents/t20080229_402465351.htm, S. 1-4. Stand:11.3.2008.

Tabelle 28: Composition of households by family sanitation facilities (Unit: %)

	National Total	Eastern Region	Central Region	Western Region	Northeastern Region
Water-flushing toilets	12.8	26.0	6.0	6.2	1.3
Dry toilets	44.3	38.3	54.1	40.6	49.2
Privies or without toilets	42.9	35.7	39.9	53.2	49.5

Quelle: Vgl. National Bureau of Statistics of China (Hrsg.) 2008. Communiqué on Major Data of the Second National Agricultural Census of China (No.4). Living Conditions of Rural Households, S. 3. http://www.stats.gov.cn/english/newsandcomingevents/t20080229_402465351.htm, S. 1-4. Stand:11.3.2008.

Die oben genannte Studie des *ADB* stellt einen Zusammenhang zwischen dem Zugang zu sauberem Trinkwasser, sanitären Verhältnissen, Gesundheitserziehung und der Förderung von Hygiene her, die miteinander verknüpft werden müssen:

"Despite health education, behavior change has been slower to follow. Health messages must be made more effective and demonstrate clearly the relationship between hygienic behavior and improved health. A key area for enhancing future integrated RWSS (gemeint sind *Rural Water Supply and Sanitation*; RGP) projects should be hygiene promotion to realize behavioral change. Village schools provide a key focal point for such activities. Integration of the provision of safe water and sanitation requires cooperation between government and agencies at various levels."[598]

598 ADB Technical Assistance Consultant's Report 2006. People's Republic of China: Safe Drinking Water and Sanitation for the Rural Poor (Financed by the Poverty Reduction Cooperation Fund, March 2006.

2005 gab es 50,90% hygienische Toiletten, womit China unter dem Weltdurchschnitt lag. Addiert man die ersten beiden Arten von Toiletten aus Tabelle 25, waren es 57,1% (Ende 2006). Inwieweit sie den hygienischen Standards der *ADB*-Untersuchung entsprechen, muss hier offen bleiben. Immerhin gibt eine Tabelle über die vergangenen, zur Zeit der Studie bestehenden Verhältnisse und die Zielsetzung der chinesischen Regierung Aufschluss.

---

http://www.adb.org/Documents/Reports/Consultant/36594_PRC/36594_PRC-TACR.pdf, S. 1-160.

Tabelle 28a: ES Table 1 Targets and Accomplishment of Various Planning in RWSS Sector

Indica-tors	9th FY Plan	1996-2000	10th FY Plan	2001-2005	11th FY Plan 2006-2010	Long Term Plan 2011-2015	2020
	2000 Target	Completion	2005 Target	End of 2003	2010 Target	2015 Target	2020 Target
Beneficaries of RWS*	90%	92.38%	95%	92.7%	N.A.	N.A.	N.A.
Beneficaries coverage rate of piped RWS*	50%	55.22%	60%	58.18%	70%	Achieving 75%	About 80%
Prevalence of sanitary latrines	40%	44.84%	55%	50.9%	65%	Achieving 70%	Exceeding 70%
Knowledge of Core Sanitary and Health Information					Eastern 80% Central 70% Western 60%		
Formation of Hygiene Behaviour					Eastern 70% Central 60% Western 50%		

*RWS: Rural Water Supply

Note: The targets is computed by reducing the non-beneficaries portions in 2000 targets by half.
N.A. means not applicable

Quelle: ADB Technical Assistance Consultant's Report 2006. People's Republic of China: Safe Drinking Water and Sanitation for the Rural Poor (Financed by the Poverty Reduction Cooperation Fund, March 2006, S. ES-p-6.
http://www.adb.org/Documents/Reports/Consultant/36594_PRC/36594_PRC-TACR.pdf, S. 1-160.[599]

Auffallend ist, dass die Regierung ab 2006 grundlegendes hygienisches und sanitäres Wissen und Verhalten vermitteln möchte und dazu auch Zielvorgaben in Prozentzahlen angegeben hat. Während vor dem 11. FJP dies nicht geschah und das Hauptaugenmerk auf die materielle und physische Verbesserung der Trinkwasserversorgung sowie der sanitären Verhältnisse gelegt wurde, kommt nun eine pädagogische Aufklärung hinzu.

Besitzverhältnisse langlebiger Konsumgüter

Kommen wir nun zur Tabelle 29, in der verschiedene langlebige Konsumgüter aufgeführt sind. Demnach besitzen landesweit 87,3 von 100 ländlichen Haushalten einen Farbfernsehapparat, 51,9 haben einen Festnetzanschluss, 69,8 ein Mobiltelefon. Ob es bei den Festnetzanschlüssen und den Mobiltelefonen Überschneidungen gibt bzw. Mehrfachnennungen, geht aus dem Kommuniqué nicht hervor. Lediglich 2,2 Haushalte besitzen einen Computer, nur 3,4 verfügen über einen PKW, dagegen sind 38,2 im Besitz eines Motorrades. Angaben darüber, ob die Haushalte über Kühlschränke und Waschmaschinen verfügen, werden im Gegensatz zum Armutsbericht von 2004 nicht gemacht (vgl. Tabelle 29).

---

599 Die Spalte 6 ist im Original ab „70%" dunkelt punktiert, die Spalte 7 und 8 ab „Achieving 75%" sind hell punktiert.

Tabelle 29: Ownership of major durable consumer goods (Unit: set/100 households)

	National Total	Eastern Region	Central Region	Western Region	Northeastern Region
Color TV sets	87.3	97.5	85.1	74.5	97.1
Fixed phones	51.9	68.2	45.9	35.1	64.4
Mobile phones	69.8	86.1	68.7	52.3	63.7
Computers	2.2	4.8	0.9	0.6	1.0
Motorcycles	38.2	50.9	36.0	25.6	34.3
Automobile s	3.4	5.1	2.6	2.2	2.6

Quelle: Vgl. National Bureau of Statistics of China (Hrsg.) 2008. Communiqué on Major Data of the Second National Agricultural Census of China (No.4). Living Conditions of Rural Households, S. 3. http://www.stats.gov.cn/english/newsandcomingevents/t20080229_402465351.htm, S. 1-4. Stand:11.3.2008.

Es stellt sich die Frage, ob die Zahlen, die für die langlebigen Konsumgüter angegeben wurden, auch tatsächlich zutreffend sind. Zweifel dürften aus verschiedenen Gründen angebracht sein. Einerseits sind die Einkommen der bäuerlichen Bevölkerung sehr niedrig im Vergleich zu den städtischen Haushalten, so dass für die Anschaffung dieser Produkte relativ lange gespart werden muss. Andererseits ist, wie wir gesehen haben, die Sparquote der gesamten chinesischen Bevölkerung sehr hoch. Dies hängt damit zusammen, dass es immer noch an einer flächendeckenden sozialen Absicherung fehlt, z. B einer Rentenversicherung (siehe dazu weiter oben). Auf die Gründe für die geringe Anzahl an langlebigen Konsumgütern gehe ich bei dem Vergleich der ländlichen Bevölkerung mit den in relativer bzw. absoluter Armut lebenden ein.

Zhao und Kanamori haben in einer Tabelle das Pro-Kopf-Einkommen und die Konsumausgaben der ländlichen wie der städtischen Bevölkerung aufgelistet:

Tabelle 29a: Table 4 Net Per Capita (Disposable) Income and Consumption/Yuan

Year	(1)	(2)	(3)	(4)	(5)	(6)
1978	133.6	343.4	67.7	57.5	2.6	2.9
1991	708.6	1700.6	602	1840	2.4	3.1
1992	784	2026.6	688	2262	2.6	3.3
1993	921.6	2577.4	805	2924	2.8	3.6
1994	1221	3496.2	1038	3852	2.9	3.7
1995	1577.7	4283	1313	4931	2.7	3.8
1996	1926.1	4838.9	1626	5532	2.5	3.4
1997	2090.1	5160.3	1722	5823	2.5	3.4
1998	2162	5425.1	1730	6109	2.5	3.5
1999	2210.3	5854.02	1766	6405	2.6	3.6
2000	2253.4	6280	1860	6850	2.8	3.7
2001	2366.4	6859.6	1969	7113	2.9	3.6
2002	2475.6	7702.8	2062	7387	3.1	3.6
2003	2622.2	8472.2	2103	7901	3.2	3.8
2004	2936.4	9421.6	2301	8679	3.2	3.8
2005	3254.9	10493.0	2531	9393	3.2	3.7

Notes: (1) Income of rural households; (2) Income of urban households; (3) Rural households consumption; (4) Urban household consumption; (5) Urban-rural income ratio; (6) Urban-rural consumption ratio.

Quelle: Vgl. Zhao Zhijun/Kanamori, Toshiki 2007. Infrastructure and Regional Development in the People's Republic of China, ADB Institute Discussion Paper No. 69, June 2007, S. 13. http://adbi.adb.org/files/dp69.prc.infrastructure.regional.dev.pdf, S. 1-46.

Wie Zhao und Kanamori betonen, sind dies natürlich landesweite Durchschnittswerte, denn in den einzelnen Provinzen und Regionen gibt es ebenfalls Einkommens- und Konsumdifferenzen:

"The unequal income distribution between rural and urban areas is also embodied in interregional difference in income and consumption: We find that provinces in the western region have larger income differences. Generally, the poorer the province, the bigger the income difference is. Tibet has the largest rural-urban income difference in the country, as high as seven times. Of course, there are exceptions. For example, the central province of Anhui has the smallest income difference, and the income in the eastern and most advanced province of Guangdong is bigger than most central provinces."[600]

Es sticht ins Auge, dass laut der obigen Tabelle der ländliche Raum in allen Belangen deutlich schlechter abschneidet als die städtischen Zentren. Es wird in den westlichen Medien und von Ökonomen kolportiert, China sei die Lokomotive der Weltwirtschaft und sein Wachstum nicht so stark von der Weltwirtschaft abhängig, wie manche glauben machen wollen. Das ist ein Irrtum, wie seit dem Ausbruch der Weltwirtschaftskrise auch zugegeben werden muss.[601]

Die Binnennachfrage gerade auf dem Lande ist auf Grund des fehlenden sozialen Sicherungsnetzes, der niedrigen Einkommen und der relativ hohen Preise für langlebige Konsumgüter viel zu gering, um den Wegfall der ausländischen Nachfrage kompensieren zu können. Die Menschen sparen, wo sie nur können.

---

600 Ebd.

601 Vgl. ZEITONLINE AUSLAND 2009. Herr Lu, Herr Li und die Krise, S. 5. http://www.zeit.de/2009/07China?page=all&print_true, S. 1-9. Stand: 16.2.2010.

Wenn wir Einkommen und Konsumausgaben subtrahieren, bleibt eine Summe übrig, die wir als Sparguthaben ansehen können:

Tabelle 29b: Sparguthaben Land zu Stadt

Jahr	Sparguthaben auf dem Land	Sparguthaben in der Stadt
1991	106,6	- 139,4
1992	96	- 235,4
1993	116,6	- 346,6
1994	183	- 355,8
1995	264,1	- 648
1996	300,1	- 693,1
1997	368,1	- 662,7
1998	432	- 683,9
1999	444,3	- 550,98
2000	393,3	- 570
2001	397,4	- 263,4
2002	413,6	315,8
2003	519,2	571,2
2004	635,4	742,6
2005	723,9	1.100
Insgesamt	5.393,7	2.729,6

Quelle: Eigene Berechnungen an Hand der Tabelle 29b (Table 4). (Unberücksichtigt blieb das Jahr 1978, dem Beginn der Reformen.)

Auf den ersten Blick ergibt sich ein erstaunliches Bild. Während die Landbevölkerung 1978 noch 50,67% ihres Einkommens konsumierte, stieg ab

1991 mit wachsendem Jahreseinkommen der Sparbetrag kontinuierlich an (eine Ausnahme bildet das Jahr 1992, wo es rückläufig war). Insgesamt sparten die ländlichen Haushalte pro Kopf durchschnittlich 5.393,7 Yuan (1991-2005). Hingegen legten die Stadtbewohner 1978 von ihrem Jahrseinkommen 83,26% aufs Sparbuch bzw. gaben lediglich 16,74% von ihrem Einkommen für den Konsum aus. Nach 1991 bis 2001 „verschuldeten" sich die städtischen Haushalte pro Kopf bis zum Jahr 2001 im Mittel mit 5.139,98 Yuan. Verschulden in Anführungszeichen, weil davon ausgegangen werden kann, dass vor 1978 bis zu dem Zeitraum als die wirtschaftlichen Reformen auf die Städte übertragen wurden, die Sparquote ähnlich hoch war wie 1978.
Einerseits waren die Städter durch die „Eiserne Reisschüssel" sozial besser gestellt als die ländliche Bevölkerung, andererseits wurden die Grundnahrungsmittel subventioniert, was die konsumtiven Ausgaben erheblich reduzierte. Des Weiteren gab es kaum erschwingliche leichtindustrielle Produkte wie Fernseher etc. und auch das Freizeit- und Vergnügungsangebot war mäßig bis gar nicht vorhanden. Nachdem der Schwerpunkt der industriellen Produktion auf die Leicht- und Konsumgüterindustrie übergegangen war, wurde das Angebot an letzteren Produkten besser sowie zahlreicher und sie waren von nun an für die Masse der Städter erschwinglich. Mit diesem erweiterten Konsumangebot wurde das Bedürfnis nach einem besseren Leben geweckt und wahrscheinlich damit auch die angehäuften Ersparnisse allmählich verbraucht. Ab 2002 bis 2005 waren die Einkommen höher als der konsumtive Verbrauch. Die durchschnittliche Pro-Kopf-Ersparnis betrug in diesen 4 Jahren 2.729,6 Yuan, mehr als die Hälfte dessen, was pro Kopf im ländlichen Raum innerhalb von 15 Jahre angespart wurde, nämlich 5.393,7 Yuan.

Dies lässt folgende Schlüsse zu: erstens dürfte in den Städten ab 2002 der Bedarf an langlebigen Konsumgütern weitestgehend gedeckt worden sein, zumindest was die erschwinglichen anbelangte, wie Farbfernseher, DVD-Player etc. Zweitens waren und sind die Stadtbewohner durch das Versicherungssystem sozial besser abgesichert als die ländliche Bevölkerung - relativ gesehen.[602] Drittens waren die Ersparnisse auf dem Lande eben deshalb höher, weil die soziale Absicherung nach der Auflösung der Volkskommunen weg brach, u. a. eben die kostenlose Gesundheitsversorgung.

"Nach Angaben des Gesundheitsministeriums betrug das jährliche Durchschnittseinkommen der ländlichen Bevölkerung im Jahr 2003 2.662 CNY, die durchschnittlichen medizinischen Kosten allerdings 2.236 CNY."[603]

Gehen wir einmal von einem Krankheitsfall aus, der diese durchschnittlichen Kosten verschlingen würde, dann bliebe einer einzelnen Person auf dem Lande gerade einmal 426 Yuan im Jahr. Das macht deutlich, dass auch ein chinesischer Landbewohner von 426 Yuan (ca. 42,6 Euro) im Jahr nicht leben kann, geschweige denn, eine ganze Familie, auch dann nicht, wenn sie Subsistenzwirtschaft betreiben. Anders formuliert, eine ernsthafte, lebensbedrohliche Erkrankung eines Familienmitglieds bedeutet den finanziellen Ruin der gesamten Familie. Aus diesem Grunde ist auch zu verstehen, warum manche langlebigen Konsumgüter auf dem Lande nur äußerst bedingt nachgefragt werden können, wie z. B. Computer.

---

602 Dass auch die Städter mittlerweile nicht mehr in dem Maße sozial abgesichert sind, belegt eine Studie der *Chinese Academy of Social Science* (*CASS*(. In einer Umfrage klagen sie u. a. über steigende Ausgaben im Wohnungs-, Gesundheits- und Bildungsbereich (vgl. dazu Schucher, Günter 2007. Besorgnis um Einkommenskluft, S. 116f. In: C. a. 1/2007, S. 116-117, ferner Mei Zhang 2007. From Rural Poverty to Urban Poverty. A Case Study in Shanxi, S. 9ff. In: C. a. 2/2007, S. 9-38.

603 Schucher, Günter 2006. Lecks und Lücken in der sozialen Sicherung, S. 130f. In: C. a. 6/2006, S. 130-131.

Die geopolitische Beschaffenheit der landwirtschaftlichen Nutzfläche

Zum Schluss muss noch einmal auf die landwirtschaftliche Nutzfläche eingegangen werden. Das in der ersten Volkszählung nach Regionen aufgelistete kultivierte Land lässt sich mit der Untersuchung von 2006 „Statistics on distribution and classification of cultivated land“ nur in seiner Totale, d. h. der Gesamtfläche vergleichen.

Wie schon angeführt, hat sich die landwirtschaftliche Nutzfläche dramatisch verringert und auch die Kontaminierung durch Umweltgifte, Industrieabwässer und der immense Düngemittelverbrauch trugen dazu bei, dass das Ackerland in bestimmten Regionen, z. B. am Huai-Fluss nur bedingt genutzt werden können.

Auf die insgesamt 121,7759 Mio. ha kultivierte Landfläche, die es laut dem Kommuniqué 2006 noch gegeben haben soll, entfallen mehr als 44 Mio. ha auf die westliche Region. Dies ist überwiegend Weideland, z. B. in der Inneren Mongolei und Tibet, wo Nomaden mit ihren Viehherden übers Land ziehen. U. a. gibt es in Tibet Ackerland auf Hochplateaus, auf dem widerstandsfähiges Getreide angebaut wird. Zentralchina besitzt mehr als 28 Mio. ha kultiviertes Land, gefolgt von der östlichen Region mit über 26 Mio. ha, das Schlusslicht bildet der Nordosten mit 21 Mio. ha. Auf mehr als 31 Mio. ha wird Reis angebaut, im Süden dürfte der Nassreisanbau vorherrschen, mit bis zu drei Ernten im Jahr. Bewässertes Land macht fast 23 Mio. ha aus.[604] In den letzten Jahren hat die Zentralregierung ihr Augenmerk verstärkt auf den Ausbau von Bewässerungssystemen gelegt, was in den *Reports* immer wieder betont wird. Wen führt 2008 dazu wie folgt aus:

---

[604] Es kann hier nicht im Einzelnen auf die klimatischen Verhältnisse, der Bodenbeschaffenheit, etc. eingegangen werden, vgl. dazu deshalb Kolb, Raimund Th. 2006. Agrarzonen, S. 110ff. In: Staiger, Brunhild/Friedrich, Stefan/Schütte, Hans Wilm (Hrsg.) 2006. China. Lexikon zu Geographie und Wirtschaft, Darmstadt, S. 110-113.

"During the five-year period, an additional 6.667 million hectares of farmland was equipped with water-saving irrigation facilities (. . .)."[605]

Die Landfläche, die nicht direkt durch Be- und Entwässerungssysteme gespeist wird, machte 2006 mehr als die Hälfte des gesamten kultivierten Landes aus, nämlich über 67 Mio. ha.
In den gebirgigen Regionen gibt es Hangfelder mit unterschiedlichen Neigungswinkeln. Mehr als 10 Mio. ha haben einen Neigungsgrad zwischen 0 und 15%, über 1 Mio. ha mit mehr als 15 bis 25%. Anbauflächen mit einem Neigungswinkel von mehr als 25% machen ca. 404.000 ha aus und davon sind etwa 90.000 ha Terrassenfelder.
Bei diesen letztgenannten Flächen, die zudem relativ klein sind, ist ein Einsatz von Maschinen nur bedingt möglich (eventuell Handpflugmaschinen etc.). D. h, es dürfte überwiegend menschliche und manuelle Arbeit verrichtet werden, gepaart mit dem Einsatz von Zugtieren. Das macht die Tätigkeit ungeheuer schwer und zudem sind dadurch die Erträge nicht sonderlich hoch - verglichen mit den anderen in der Tabelle klassifizierten Landarten. So dürfte gerade in den bergigen Regionen Subsistenzwirtschaft vorherrschen.

605 Wen Jiabao 2008. Report on the Work of the Government. Delivered at the First Session of the 11th National People's Congress on March 5, 2008, S. 2. http//english.gov.cn/official/2008-03/20/content_924600.htm, S. 1-17. Stand: 20.7.2008. Ähnlich klingt es ein Jahr später, allerdings ohne Zahlen über „the construction of agricultural water conservancy projects" anzugeben (Wen Jiabao 2009. Report on the Work of the Government (2009). Delivered at the Second Session of the Eleventh National People's Congress on March 5, 2009, S. 2. http://english.gov.cn/official/2009-03/14/content_1259415.htm, S. 1-14. Stand: 14.3.2009.).

Tabelle 30 Statistics on distribution and classification of cultivated land

	Areas (1000 hectares)	Composition to Total (%)
National Total	121775.9	100.0
By regions		
Eastern region	26395.2	21.7
Central region	28991.6	23.8
Western region	44937.9	36.9
Northeastern region	21451.2	17.6
By classifications		
Paddy field	31667.9	26.0
Irrigated land	22963.3	18.9
Dry land	67144.7	55.1
By gradients		
0-15	106591.8	87.5
15-25	11143.2	9.2
of which: terrace	3177.5	-
25 over	4040.9	3.3
of which: terrace	900.3	-

Quelle: Vgl. National Bureau of Statistics of China (Hrsg.) 2008. Communiqué on Major Data of the Second National Agricultural Census of China (No. 6). Distribution and Classification of Cultivated Land, S. 1f. http://www.stats.gov.cn/english/newsandcomingevents/t2008030.3_402465630.htm, S. 1-2. Stand: 11.3.2008.

Auf die Konkurrenzfähigkeit der chinesischen Landwirtschaft im Weltmaßstab, komme ich in dem entsprechenden Abschnitt zu sprechen.

Der Bericht über die Armut im ländlichen Raum Chinas

Nun muss ein Thema behandelt werden, das eine weitere „Baustelle“ darstellt, nämlich die Armut im ländlichen China, dem sich die Zentralregierung seit geraumer Zeit angenommen hat, nicht ohne Erfolg. Dennoch bleibt auch hier genügend zu tun, um die absolute und relative Armut weiter zu reduzieren. Inwieweit dies in der weltweiten Wirtschaftskrise überhaupt noch möglich ist, ist eine andere, später zu erörternde Frage.

An Hand der obigen Ausführungen - auf der Grundlage der beiden Volkszählungen - dürfte deutlich geworden sein, wie beschwerlich das Leben der bäuerlichen Bevölkerung im ländlichen Raum Chinas war und ist. Wie dürftig es für die Menschen ist, die von offizieller Seite als Arme eingestuft worden sind, soll nachfolgend näher beleuchtet werden.

Das sechsseitige *Communiqué on Rural Poverty Monitoring in China*[606] gibt zuerst einen allgemeinen Überblick über die ökonomische und soziale Entwicklung im ländlichen Raum. Neben den Angaben über den Ernteertrag bei Getreide, Ölfrüchten etc. folgen solche über das Nettoeinkommen der Bauernhaushalte sowie über das zur Verfügung stehende Geld, mit dem der Lebensunterhalt bestritten wird. Zum Schluss dieses allgemeinen Überblicks wird auf den Gini-Koeffizienten und die sozialen Sicherungssysteme eingegangen.
Als zweites folgt der Bericht über den nationalen Armutsstatus, wobei das staatliche Statistikbüro zwischen der absoluten Armut und dem Niedriglohneinkommen unterscheidet. In diesen Abschnitt fällt auch die Untersuchung über das nationale Programm zur Reduzierung von Armut in 592

---

606 National Bureau of Statistics (Hrsg.) 2005. Communiqué on 2004 Rural Poverty Monitoring of China“. http://www.stats.gov.cn/was40/gjtjj_en_detail.jsp?channelid=49208&record=26, S. 1-6. Stand: 13.3.2008.

Schlüsselbezirken bzw. -kreisen.

2004 betrug das jährliche Nettoeinkommen der ländlichen Bevölkerung pro Kopf 2.936 Yuan (293,6 Euro), eine Steigerung um 314 Yuan oder 12% gegenüber dem Vorjahr. Das monatliche Einkommen eines Bauerhaushalts betrug umgerechnet ca. 24,5 Euro. Pro Kopf standen für die Lebenshaltungskosten im weitesten Sinne 2.185 Yuan zur Verfügung, umgerechnet 218,5 Euro, was monatlich ca. 18,2 Euro entsprach.[607]

Schauen wir uns nun die Daten aus Tabelle 31 an, in der die Lebensbedingungen und die Einrichtungsgegenstände (i. w. S.) der nicht in Armut lebenden Landbevölkerung aufgeführt werden. Hier bietet sich ein Vergleich mit den Zensus-Tabellen 19, 22 bis 29 aus dem Jahr 2006 an. Die Angaben aus der Volkszählung und die aus dem Armutsbericht sind zwar vom Erhebungszeitraum und von der den Definitionen her nicht immer identisch, dennoch lassen sich daraus zumindest teilweise konkrete Schlüsse ziehen.[608]

Während in Tabelle 25 die Wohn- und Nutzfläche (Ställe, Scheunen etc.) mit 127,7 qm pro Kopf angegeben wurde, wird in Tabelle 31 nur der reine Wohnraum mit 27,9 qm pro Kopf aufgeführt. Diese nahm im Vergleich zu 2003 um 0,7 qm zu.
In Tabelle 25 wurden in Bezug auf die Bauweise der Häuser differenzierte Angaben gemacht: „reinforced concrete“ (6%), „brick concrete“ (39,4%), „brick-

---

607 National Bureau of Statistics (Hrsg.) 2005. Communiqué on 2004 Rural Poverty Monitoring of China“, S. 1. http://www.stats.gov.cn/was40/gjtjj_en_detail.jsp?channelid=49208 &record=26, S. 1-6. Stand: 13.3.2008.

608 In dem Abschnitt über das verwendete Datenmaterial ist schon darauf hingewiesen worden, dass es in China zwei parallele Statistiksystem gibt, das nationale und das sektorale, die beide über eine große Autonomie verfügen. Daraus ergeben sich dann auch Veränderungen hinsichtlich der Definition bestimmter Untersuchungen.

wood" 44,3%, „bamboo grass-adobe" (9,6%) und „others" (0,7%) (vgl .ebd.). Diese detaillierte Unterscheidung wird in der vorliegenden Tabelle nicht vorgenommen. Insofern ist hier ein Vergleich nicht möglich, denn es werden nur zwei Haustypen zusammengefasst: "reinforced concrete structure or brick and wood structure". Hier hat sich die Bauweise der Häuser innerhalb eines Jahres um 1,4% verbessert (s. u.).

Was die infrastrukturelle Anbindung der ländlichen Haushalte anbelangt, so verfügen 59,6% über einen harten Straßenbelag, der nicht näher definiert wird,[609] im Gegensatz zur Tabelle 19, wo die Transport- und Verkehrswege in Autobahnen und Schnellstraßen klassifiziert werden (vgl. ebd.). Für 2003 wurden keine Angaben gemacht, so dass nicht nachvollzogen werden kann, ob sich die Verkehrsverhältnisse verbessert haben.

89,9% der ländlichen Haushalte verfügten 2004 über eine Toilette (plus 0,4% gegenüber dem Vorjahr). Im Umkehrschluss bedeutet dies, dass 10,1% über keine Art von Toilette verfügen. Auch hier ist ein Vergleich mit Tabelle 30 nur bedingt möglich. Zwar werden die Toilettenarten unterschieden in WC (12,8%), „Trockentoiletten" (44,3%), Aborts oder keine Toiletten (42,9%), da aber im letzten Falle „keine Toiletten" zusammengefasst werden, lässt sich nicht aufschlüsseln, wie viele Haushalte darüber verfügen bzw. keine haben.

41,5% der ländlichen Haushalte besitzen ein Heizungssystem oder -anlage, welcher Art auch immer wird nicht konkretisiert. Gegenüber 2003 ist es eine Zunahme um 1,4%. In der Volkszählung von 2006 wird eine Heizung nicht erwähnt, lediglich Tabelle 29 gibt Aufschluss über die Energieträger, die zum Kochen verwendet werden (vgl. ebd.).

Ob Flüssiggas bzw. Elektrizität (10,6%) zum Heizen oder Kochen dient, geht

---

[609] Im *Report* von 2009 spricht Wen Jiabao von „basically paved the roads", was mit pflastern, asphaltieren, betonieren und zementieren übersetzt werden kann (vgl. Wen Jiabao 2009. Report on the Work of the Government (2009). Delivered at the Second Session of the Eleventh National People's Congress on March 5, 2009, S. 7. http://english.gov.cn/official/2009-03/14/content_1259415.htm, S. 1-14. Stand: 14.3.2009.

weder aus der Tabelle hervor, noch gibt es eine Erläuterung zu diesen Angaben im Text. Wie dem auch sei, gegenüber dem Vorjahr ist ein Plus von 1,7% zu verzeichnen.

In Tabelle 28 werden die verschiedenen Bezugsquellen des Wassers genau aufgeführt, in der unten stehenden Tabelle wird lediglich angegeben, dass 34,6% der ländlichen Haushalte über einen Wasserhahn verfügen, ob im Haus selbst oder außerhalb ist nicht ermittelbar.

2004 besassen 75,1% einen Farbfernsehgerät (plus 7,3% gegenüber 2003, 2006 waren es 87,3% (12,2% mehr als 2004) (vgl. Tabelle 29). Ein Telefon hatten 89,2%, 2003 waren es 72,8%, eine Steigerung um 16,4%. Ein Vergleich mit 2006 lässt sich nicht anstellen, da im Zensus zwischen Mobil- und Festnetzanschluss unterschieden wird (69,8% zu 51,9%; vgl. ebd.).

In der Volkszählung von 2006 werden weder Waschmaschinen noch Kühlschränke aufgeführt. 2004 soll es laut der unten stehenden Tabelle pro 100 Haushalte jeweils 37,3 (plus 3) bzw. 17,8 (plus 1,9) Stück davon gegeben haben. Motorräder besassen 36,2 von 100 Haushalten, ein Zuwachs um 12,2 Stück, 2006 waren es 38,2, ein Plus von 2.[610]

---

[610] Eine Gegenüberstellung der einzelnen Bevölkerungsteile erfolgt in dem Abschnitt *Die ländliche Bevölkerung im Vergleich mit der in absoluter bzw. relativer Armut lebenden Bevölkerungsschicht.*

Tabelle 31: Assets and living facilities of rural households in China, 2004 and 2003

Indicator	2004	2003
Per capita floor space of living houses (square meter)	27.9	27.2
Proportion of rural households living in houses of reinforced concrete structure or brick and wood structure (%)	26.6	25.2
Proportion of rural households whose houses were linked with hard surfacing road (%)	49.6	k. A.
Proportion of rural households with toilet (%)	89.9	89.5
Proportion of rural households with heating system (%)	41.5	40.1
Proportion of rural households using liquefied petroleum gas or electricity fuel (%)	10.6	8.9
Proportion of rural households using tap water (%)	34.6	32.6
Number of color TV per 100 households	75.1	67.8
Number of telephone owned per 100 households	89.2	72.8
Number of washing machine owned per 100 households	37.3	34.3
Number of refrigerate owned per 100 households	17.8	15.9
Number of motor cycle owned per 100 households	36.2	31.8.

Quelle: Vgl. National Bureau of Statistics (Hrsg.) 2005. Communiqué on 2004 Rural Poverty Monitoring of China",S.1f. http://www.stats.gov.cn/was40/gjtjj_en_detail.jsp?channelid=49208&record=26, S. 1-6. Stand: 13.3.2008.

Da über die meisten Indikatoren in dem Abschnitt über die erste und zweite Volkszählung schon eingegangen worden ist, sollen hier nur zwei herausgegriffen werden, nämlich der Besitz von Waschmaschinen und der von Kühlschränken.

Legt man die ländlichen Haushalte aus der Volkszählung von 2006 zugrunde, die mit 221.080 Tausend angegeben werden,[611] so käme man auf 82.462.840 Familien, die eine Waschmaschine besitzen und 39.352.240 konnten einen Kühlschrank ihr eigen nennen.
Da im Kommuniqué keine Angaben über die Anzahl der 2004 untersuchten Haushalte gemacht wurden, können die obigen Zahlen nur als Richtwerte und zur Illustration dienen, um eine Vorstellung davon zu bekommen, wie viele Familien im ländlichen Raum keine Waschmaschine bzw. keinen Kühlschrank besitzen, nämlich 139.617.160 bzw. 181.727.760.

In der fordistischen Ära der 50er und 60er Jahre wäre dies ein Potential gewesen, um der Binnennachfrage einen ungeheuren Schub zu verleihen. China hat, wie schon erwähnt, diese Produktionsmethode nicht zur Gänze durchlaufen können. Zudem verfügten zur damaligen Zeit die Bauern nicht über die Einkommen, um solche Produkte erwerben zu können, so sie denn überhaupt hergestellt wurden.

Im Zeitalter der dritten industriellen Revolution der Mikroelektronik treten auch diese Güter arbeitsarm auf den Markt. Überdies sind sie auch heute noch für die Masse der bäuerlichen Bevölkerung unerschwinglich, wie obige Prozentzahlen aus dem Jahr 2004 belegen. Die Zentralregierung will die Landbewohner mittels Subventionen in die Lage versetzen, langlebige Konsumgüter zu kaufen. Subventionen sind aber nichts anderes als Vernichtung von Kapital, auch wenn damit Geräte wie Waschmaschinen etc. gekauft werden können. Zwar könnte damit eine Massenproduktion dieser Güter angeregt werden, es wäre aber ein unproduktiver Konsum, da erstens die Masse der chinesischen Bauern, wie oben gezeigt, ihre landwirtschaftlichen Erzeugnisse nur zu ca. 30% vermarkten und der Rest als Eigenbedarf verbraucht wird, mithin ist der generierte Mehrwert

611 National Bureau of Statistics of China (Hrsg.) 2008. Communiqué on Major Data of the Second National Agricultural Census of China (No. 1), S. 1. http://www.stats.gov.cn/english/newsandcommingenvents/t20080226_402464541.htm, S. 1-4. Stand: 11.3.2008.

minimal. Zweitens dürfte bei einer Massenproduktion obiger Güter trotz eines niedrigen Lohnniveaus der Fabrikarbeiter die Mehrwertmasse längst nicht das Ausmaß annehmen, um einen sich selbsttragenden Produktionsprozess initiieren zu können. Ganz davon abgesehen, dass die Mehrwertproduktion nur noch vom so genannten Finanzüberbau simuliert wird. In diesem Zusammenhang stellt sich auch noch die Frage, ob das von der Zentralregierung beschlossene Konjunkturpaket von über 400 Mrd. Euro nicht selbst schon fiktives Kapital ist bzw. ein Teil davon. Das Einspeisen von solch fiktivem Kapital in den mehr oder weniger noch realen Produktionsprozess generiert aber keine reale Produktion und somit auch keine reale Mehrwertmasse.[612]

Kommen wir zurück zu den allgemeinen Lebensbedingungen der bäuerlichen Bevölkerung. Der Gini-Koeffizient lag bei 0,3692, d. h. die Reichtumsverteilung auf dem Land ist ausgeglichener als im landesweiten Durchschnitt, wo der besagte Koeffizient die sozial bedrohliche Marke von 0,45 überschritten hat. Allgemein kann man davon ausgehen, dass ein Wert über 0,4 den kritischen Punkt bildet, wo die Reichtumsverteilung als ungleich anzusehen ist. Das Verhältnis zwischen den städtischen und ländlichen Einkommen liegt laut den offiziellen Angaben bei 3,2 zu 1,[613] tatsächlich fällt die Kluft weit höher aus, wie schon gezeigt wurde und worauf später noch einmal eingegangen werden wird.

In 333 Kreisen bzw. Städten wurde mit einem neuen Gesundheitssystem experimentiert, das ungefähr 106,91 Mio. Menschen aus der Landbevölkerung erfasste,

---

612 Dieses Problem werde ich in einer eigenständigen Abhandlung über das chinesische Bankenwesen, die Devisenreserven etc. ausführlich abhandeln.

613 National Bureau of Statistics (Hrsg.) 2005. Communiqué on 2004 Rural Poverty Monitoring of China", S. 2. http://www.stats.gov.cn/was40/gjtjj_en_detail.jsp?channelid=49208&record=26, S. 1-6. Stand: 13.3.2008.

darunter 80,4 Mio. Bauern.[614]

Schauen wir uns nun die Ärmsten der Armen im ländlichen China etwas näher an. Die Regierung hob die Armutsgrenze von 637 Yuan (2003) auf 668 Yuan (2004) an, also von ungefähr 63,7 auf 66,8 Euro jährlich, demnach von ca. 5,3 Euro auf etwa 5,6 Euro monatlich.
Die Niedriglohnhöhe wurde von 882 auf 924 Yuan angehoben, von umgerechnet 88,2 auf 92,4 Euro jährlich. Das Niedriglohneinkommen pro Monat betrug demnach ca. 7,35 Euro im Jahr 2003 und erhöhte sich auf 7,7 Euro im Jahr 2004. 26,1 Mio. Menschen lebten in absoluter Armut, das waren 2,8% der ländlichen Bevölkerung gemessen an der gesamten Landbevölkerung. Immerhin ein Rückgang um 2,9 Mio. gegenüber dem Vorjahr.
Die Menschen mit Niedrigeinkommen, bei denen einstweilen die Nahrungs- und Kleidungsprobleme gelöst waren, betrug 49,77 Mio. Personen, ein Rückgang um 6,4 Mio. 5,3% der ländlichen Bevölkerung mussten mit diesem Niedriglohneinkommen ihr Dasein fristen.[615]

Tabelle 32: Absolute Armut 2000-2004

Year	Poverty Line (yuan)	Size (million)	Proportion (%)
2000	625	32.09	3.5
2001	630	29.27	3.2
2002	627	28.20	3.0
2003	637	29.00	3.1
2004	668	26.10	2.8

614 Vgl. ebd. Dazu mehr in dem Abschnitt *Wachsende gesellschaftliche Instabilität auf dem Lande.*

615 Vgl. ebd.

Quelle: Vgl. National Bureau of Statistics (Hrsg.) 2005. Communiqué on 2004 Rural Poverty Monitoring of China",S.3. http://www.stats.gov.cn/was40/gjtjj_en_detail.jsp?channelid=49208&record=26, S. 1-6. Stand: 13.3.2008.

Im Zuge der Weltwirtschaftskrise, die im Herbst 2008 zuerst als Oberflächenphänomen im Finanzbereich sichtbar wurde, hat die Zentralregierung Chinas Ende des letzten Jahres die Armutsgrenze nach oben korrigiert. Danach gelten Menschen als bedürftig, die jährlich weniger als 1.100 Yuan (115 Euro) zum Leben haben. Die vorherige Grenze lag bei 785 Yuan, wurde also um 315 Yuan erhöht.[616] Gegenüber 2004, dem Jahr der Untersuchung über die ländliche Armut, ist dies eine Steigerung um 432 Yuan (vgl. Tabelle 32). Bisher galten offiziell 14,8 Mio. Menschen als arm, das waren ca. 1,14% (genau 1,138%) der Gesamtbevölkerung Chinas. Bezogen auf das Jahr 2004 wäre dies ein prozentualer Rückgang um fast 50% gewesen (eigene Berechnungen). Durch die Anhebung der Armutsgrenze sind nunmehr 43,2 Mio. Menschen als arm anzusehen,[617] das wären dann etwa 3,3%, gegenüber 2004 eine Zunahme um ca. 0,5%. Allerdings stimmt die chinesische Armutsgrenze nicht mit der von der UNO überein, denn diese hat die weltweite Grenze, wonach Menschen als arm gelten, auf 1,25 USD täglich festgelegt,[618] das wären dann 455,25 USD jährlich, umgerechnet 3.116,75 Yuan.[619] Dies ist eine Differenz von 2.016,75 Yuan gegenüber der UNO-Armutsgrenze.

---

616 Vgl. German.China.Org.Cn 2008. Mehr Hilfe für Bedürftige: China hebt die Armutsgrenze an, S. 1. http://german.china.org.cn/fokus/2008-12/24/content_17000424.htm, S. 1-2. Stand: 24.12.2008.

617 Vgl. ebd.

618 Vgl. ebd.

619 1 USD sind 6,84624 Chinese Yuan Renminbi; Stand: 9.4.2009.

Tabelle 33: Niedriglohneinkommen 2000-2004

Year	Low income line (yuan)	Size (million)	Proportion (%)
2000	865	62.13	6.7
2001	872	61.02	6.6
2002	869	58.25	6.2
2003	882	56.17	6.0
2004	924	49.77	5.3

Quelle: Vgl. National Bureau of Statistics (Hrsg.) 2005. Communiqué on 2004 Rural Poverty Monitoring of China",S.3. http://www.stats.gov.cn/was40/gjtjj_en_detail.jsp?channelid=49208&record=26, S. 1-6. Stand: 13.3.2008.

Laut dem Kommuniqué lebten im Jahr 1978 mehr als 250 Mio. Chinesen an der absoluten Armutsgrenze, 2004 waren es 26,1 Mio. Wie bereits gezeigt, hat sich diese Zahl erhöht.
Nach Landesteilen aufgeschlüsselt litten in der östlichen Region 3,74 Mio. Menschen Not, in Zentralchina waren es 9,31 Mio. und im Westen 13,05 Mio. Das Verhältnis zur gesamten ländlichen Bevölkerung in diesen Regionen betrug 1,0% zu 2,8% zu 5,7%.

Mit einem Niedriglohn auskommen mussten im Osten 8,37 Mio. Personen, in der Zentralregion waren es 17,44 Mio. und im Westen 23,96 Mio. Das Verhältnis zwischen Niedriglohnbeziehern und der Gesamtbevölkerung in den drei ländlichen Regionen war 2,2% zu 5,3% zu 10,5%.[620]

Inwieweit das Niedriglohneinkommen ebenfalls erhöht wurde, ließ sich nicht eruieren. Denkbar wäre, dass diese Niedriglohnbezieher die Differenz zwischen

---

[620] Vgl. ebd., Grafik auf S. 3.

1.100 Yuan und den 2004 geltenden 924 Yuan erhalten, also plus 176 Yuan. Allerdings hat die Zentralregierung verfügt, dass der gesetzliche Mindestlohn während der Krise eingefroren werden kann, was bei einigen lokalen Behörden dazu führte, dass sie ihn sogar gesenkt haben.

Wenn man bedenkt, dass das durchschnittliche Nettoeinkommen der bäuerlichen Bevölkerung sich 2008 auf jährlich 4.761 Yuan belief, machen die 1.100 Yuan, die die absolut Armen erhalten, noch nicht einmal ein Viertel aus. Nimmt man die UNO-Armutsgrenze als Maßstab, so liegen die bäuerlichen Normalverdiener mit 1.644,25 Yuan über dieser Grenze. Hält man sich vor Augen, wie schwer die körperliche Arbeit auf den Äckern und Feldern ist, die Männer und auch die Frauen zu verrichten haben, und denkt man an das kärgliche Einkommen, das - es muss wiederholt werden - gerade einmal 1.644,25 Yuan über der von der UNO festgelegten weltweiten Armutsgrenze liegt, verwundert es, dass noch keine neue landesweite bäuerliche Revolte oder gar Revolution ausgebrochen ist.

Den Apologeten des Weltwirtschaftsmacht-Status Chinas ficht dies nicht an, so sie die prekären Verhältnisse im ländlichen Raum überhaupt zur Kenntnis nehmen - oder davon wissen.

Das nationale Programm zur Reduzierung von Armut in 592 Schlüsselbezirken bzw. -kreisen, das hier kurz dargestellt werden soll, wird in einem gesonderten Abschnitt mit der Mehrheit der ländlichen Bevölkerung weiter unten verglichen.

Im Untersuchungszeitraum wurde auch in diesen Bezirken die Armut reduziert. Die Menschen, die in absoluter Armut lebten, beliefen sich auf 16,13 Mio., ein Rückgang um 1,49 Mio. gegenüber dem Vorjahr. 8,1% von der Gesamtbevölkerung lebte laut dem Kommuniqué in diesen Bezirken in absoluter

Armut, ein Minus um 0,8%.[619]

Tabelle 34: Absolute Armut in den 592 Schlüsselbezirken 2000-2004

Year	Size (million)	Proportion (%)
2001	18.12	9.1
2002	17.52	8.8
2003	17.63	8.9
2004	16.13	8.1

Quelle: Vgl. National Bureau of Statistics (Hrsg.) 2005. Communiqué on 2004 Rural Poverty Monitoring of China", S. 4. http://www.stats.gov.cn/was40/gjtjj_en_detail.jsp?channelid=49208&record=26, S. 1-6. Stand: 13.3.2008.

Die Menschen, die ein Niedriglohneinkommen bezogen, beziffern sich auf 25,8 Mio., 3,66 Mio. weniger als im Jahr zuvor. Davon waren 12,9 % in diesen Bezirken betroffen, ein Rückgang um 1,9% (s. die nachfolgenden Tabellen).[620]

619 National Bureau of Statistics (Hrsg.) 2005. Communiqué on 2004 Rural Poverty Monitoring of China",S.3f. http://www.stats.gov.cn/was40/gjtjj_en_detail.jsp?channelid=49208 &record=26, S. 1-6. Stand: 13.3.2008.

620 Ebd., S. 4.

Tabelle 35: Niedriglohneinkommen in den 592 Schlüsselbezirken 2000-2004

Year	Size (million)	Proportion (%)
2001	38.65	19.5
2002	30.76	15.5
2003	29.46	14.8
2004	25.80	12.9

Quelle: Vgl. National Bureau of Statistics (Hrsg.) 2005. Communiqué on 2004 Rural Poverty Monitoring of China, S. http://www.stats.gov.cn/was40/gjtjj_en_detail.jsp?channelid=49208&record=26, S. 1-6. Stand: 13.3.2008.

Auch der Lebensstandard hat sich nach dem Armutsbericht in diesen Bezirken verbessert. So erhöhte sich das jährliche Pro-Kopf-Einkommen um 176 Yuan auf 1.582 Yuan (158,2 Euro, monatlich ca. 13,2 Euro), ein Anstieg um 12,5%. Preisbereinigt waren dies 7,3% und damit lagen diese Kreise um 0,5% über dem nationalen Durchschnitt. Das für die Lebenshaltungskosten zur Verfügung stehende Einkommen betrug 1.392 Yuan (139,2 Euro, monatlich 11,6 Euro) und stieg damit um 172 Yuan oder real um 8,7%. Die Zuwachsrate lag damit um 1,4% höher als auf nationaler Ebene. Bei diesen Angaben dürfte es sich um den Bevölkerungsteil handeln, der weder in absoluter Armut leben noch mit einem Niedriglohn auskommen musste.

Der Engel-Koeffizient sank leicht um 0,5% auf 53,2%. Dadurch hatten die besagten ländlichen Haushalte laut dem Kommuniqué u. a. mehr langlebige Konsumgüter zur Verfügung als im Jahr zuvor.

Die Wohnfläche pro Kopf nahm geringfügig um 0,5 qm zu und auch die Qualität der Häuser verbesserte sich lediglich um 1,5%. D. h. dass 47,5% der Bevölkerung in diesen 592 Schlüsselbezirken unter äußerst bescheidene Verhältnisse wohnen müssen (zu den einzelnen Haustypen vgl. die Tabelle 25).

Die Zuwachsraten bei den langlebigen Konsumgütern, wie Farbfernsehgeräte (plus 5,6%), und Telefon (plus 7,8%) fiel etwas höher aus. Kühlschränke besit-

zen allerdings nur 6,2 von 100 Haushalten (plus 0,8%).
Die sanitären und hygienischen Verhältnisse entsprechen bei weitem noch nicht dem Niveau des durchschnittlichen Bauernhaushalts - vorsichtig formuliert. 15% der ländlichen Haushalte in diesen Bezirken besitzen gar keine Toilette. Und über die Qualität der 85% (plus 1,1%), die über eine verfügen, wird nichts weiter verlautbart, ebenso wenig wie über die Art des Heizungssystems, über das 71,4% (plus 0,7%) der Haushalte verfügen sollen. 36,6 von 100 haben Schwierigkeiten, Brennmaterial zu bekommen, immerhin 7,9 % weniger als 2003. Nur etwas mehr als ein Drittel (33,4%, plus 1,2%) beziehen Wasser aus einer Leitung, dafür haben 13,2 von 100 Haushalten Probleme überhaupt an Trinkwasser zu kommen, immerhin 4,5 weniger als 2003. Und immerhin noch 11,1% können nur verschmutztes Wasser als Trinkwasser verwenden, ein Rückgang um 3%.

Alles in allem sind diese elementaren Grundbedürfnisse in ihren Zuwachsraten sehr bescheiden ausgefallen (außer beim Brennmaterial). Es kann davon ausgegangen werden, dass gerade in die ethnischen Minderheiten von diesen armseligen Lebensbedingungen betroffen sind. Indirekt gibt dies Wen Jiabao in einem der *Reports* zu, wenn er davon spricht, dass ihren existentiellen Bedürfnissen mehr Aufmerksamkeit geschenkt werden muss.[621] Allerdings sind nicht allein die Minderheiten von der Armut betroffen. Im Jahr 2006 soll es in 2.400 der 2.862 Gemeinden Hilfe zum Lebensunterhalte gegeben haben, diese hätten 42% der armen Bauern erhalten. D. h., auch die Han-Chinesen dürften von diesen staatli-

---

[621] Vgl. u. a. Wen Jiabao 2009. Report on the Work of the Government (2009). Delivered at the Second Session of the Eleventh National People's Congress on March 5, 2009, S. 9. http://english.gov.cn/official/2009-03/14/content_1259415.htm, S. 1-14. Stand: 14.3.2009. In allen seinen Tätigkeitsberichten finden sich Hinweise darauf, dass die Lebensbedingungen der ethnischen Minderheiten verbessert werden müssen. Das drückt die Sorge um die soziale Stabilität aus, deshalb auch der Slogan vom „Aufbau einer harmonischen Gesellschaft“. Gerade in der Weltwirtschaftskrise kann das Riesenreich und seine Führung keine Instabilität gebrauchen (dazu mehr im vorletzten Abschnitt dieses Kapitels).

chen Unterhaltsbeihilfen profitiert haben. Mit anderen Worten, in China sind mittlerweile nahezu alle Bevölkerungsschichten von der absoluten und/oder relativen Armut bedroht, Städter ebenso wie Landbewohner.[622]

---

[622] Zu dieser Problematik vgl. Schucher, Günter 2007. Besorgnis um Einkommenskluft, S. 116f.. In: C. a. 1/2007, S. 116-117.

Tabelle 36: Assets and living facilities of rural households in 592 key counties, 2004 and 2003

Indicator	2004	2003
Per capita floor space of living houses (square meter)	21.0	20.5
Proportion of rural households living in houses or reinforced concrete structure or brick and wood structure (%)	52.5	51.0
Number of color TV owned per 100 households	52.8	47.2
Number of telephone owned per 100 households	35.9	28.1
Number of refrigerate owned per 100 households	6.2	5.4
Proportion of rural households with toilets (%)	85.0	83.9
Proportion of rural households with heating system (%)	71.4	70.7
Proportion of rural households having difficulties to get fuel (%)	36.6	44.5
Proportion of rural households using tap water (%)	33.4	32.2
Proportion of rural households having difficulties to get water (%)	13.2	17.7
Proportion of rural households accessible to polluted drinking water (%)	11.1	14.1

Quelle: Vgl. National Bureau of Statistics (Hrsg.) 2005. Communiqué on 2004 Rural Poverty Monitoring of China",S.4. http://www.stats.gov.cn/was40/gjtjj_en_detail.jsp?channelid=49208&record=26, S. 1-6. Stand: 13.3.2008.

In Tabelle 37 geht der Armutsbericht auf die infrastrukturellen Bedingungen in den 592 Schlüsselbezirken ein. Hier wird zwischen den administrativen und den natürlichen Dörfern unterschieden. Bei letzteren wird in Bezug auf die Anbindung an Landstraßen davon gesprochen, dass sie für die Dörfer zu 77,6% zugänglich oder erreichbar seien. Wie weit diese Straßen von den Dörfern entfernt sind, wird nicht gesagt. Anscheinend sind 22,4% vollkommen von Landstraßen abgeschnitten.

95,1% der natürlichen Dörfer haben Zugang zur Elektrizität, das heißt aber nicht, dass sie innerhalb der Häuser auch mit Strom Licht erzeugen können. Ebenso verhält es sich mit Telefonen (64,4%) bzw. der Möglichkeit Fernsehprogramme empfangen zu können. Dadurch lässt sich auch die geringe Rate an Telefonen und Fernsehapparaten erklären (vgl. vorherige Tabelle), abgesehen von dem geringen Einkommen, über dass diese Menschen verfügen.
72,5% der Verwaltungsdörfer haben „qualified clinics". Was unter diesem Begriff „qualified" zu verstehen ist, wird nicht näher erläutert. Es könnte sein, dass zumindest ein Assistenzarzt praktiziert und die entsprechenden medizinischen Gerätschaften zur Verfügung stehen. Auf der anderen Seite müssen mehr als ein Viertel (27,5%) der administrativen Einheiten ohne eine solche Klinik bzw. einem Krankenhaus auskommen. Es wird von Kliniken in der Mehrzahl gesprochen, wie viele es genau sind, wird nicht angegeben. Das gleiche gilt für die nachfolgenden Einrichtungen bzw. Personen (Hebammen). 74,3% der Verwaltungsdörfer verfügen über qualifiziertes Krankenhaus bzw. Pflegepersonal, wahrscheinlich Kranken-, OP-Schwestern etc. Im Umkehrschluss haben 25,7% dieser Dörfer anscheinend kein qualifiziertes Personal.
Hebammen, die wohl eine Ausbildung mit (staatlich?) anerkanntem Abschluss durchlaufen haben, sind in 71,5% vorhanden. 28,5% müssen ohne Hebamme(n) (?) auskommen.
Kindergärten mit ausgebildeten Erzieherinnen sind zu 55% in den administrativen Dörfern vorhanden, immerhin verfügen 45% der Dörfer über keine solche Einrichtung.
Schaut man sich die einzelnen Zuwachsraten an, so sind diese als bescheiden einzustufen.

Tabelle 37: The access rate to rural infrastructure in 592 key counties (%), 2004 and 2003

Indicator	2004	2003
Proportion of natural villages accessible to highway	77.6	75.0
Proportion of natural villages accessible to electricity	95.1	93.9
Proportion of natural villages accessible to telephone	64.4	59.1
Proportion of natural villages accessible to TV program	87.8	86.5
Proportion of administrative villages with qualified clinics	72.5	70.2
Proportion of administrative villages with qualified health attendants	74.3	72.3
Proportion of administrative villages with qualified midwives	71.5	69.6
Proportion of administrative villages with qualified kindergartens	55.0	54.1

Quelle: Vgl. National Bureau of Statistics (Hrsg.) 2005. Communiqué on 2004 Rural Poverty Monitoring of China",S.4f. http://www.stats.gov.cn/was40/gjtjj_en_detail.jsp?channelid=49208&record=26, S. 1-6. Stand: 13.3.2008.

Inwieweit sich die oben beschriebenen Verhältnisse durch das im Herbst 2008 aufgelegte Konjunkturprogramm verbessern werden, wird sich in Zukunft zeigen. Immerhin sollen etliche Milliarden Yuan in den Aufbau der ländlichen Infrastruktur investiert werden.

Einerseits könnten dadurch die Lebensbedingungen der ländlichen Bevölkerung verbessert werden, woran allerdings etliche Autoren Zweifel hegen. Andererseits, und dies ist nur ein Aspekt, wenn auch kein unbeträchtlicher, dürften hohe Summen des Konjunkturpaketgeldes in den Taschen korrupter Beamter und Funktionäre verschwinden.[623]

[623] Zum Kampf der Zentralregierung gegen die Korruption, deren Hintergründe und warum sie nicht lösbar erscheint, hierzu nur einige Hinweise: Vgl. Willmann, Katrin 2007. Verstärkte Überwachung der lokalen Behörden im Antikorruptionskampf, S. 108. In: C. a. 1/2007,

Zu erwähnen bleibt, dass in diesen Bezirken im Jahr 2004 die Steuerlast pro Kopf der ländlichen Haushalte reduziert wurde.[624] Mittlerweile ist die Agrarsteuer zu Beginn des Jahres 2006 nach mehr als 2000 Jahren vollständig abgeschafft worden. Die Bauern haben dennoch bis heute unter der Last willkürlicher Abgaben zu leiden, die von den lokalen Funktionären erhoben werden, wie Chen und Wu in ihrer Reportage zu berichten wissen.[625]

Die hauptsächlichen Gründe für Armut

Kommen wir nun zur letzten Tabelle, die sich mit der Situation in Bezug auf Kultur und Erziehung befasst. Laut dem Dokument sind auch hier Fortschritte zu verzeichnen.

Mit 100 zu 294,1 ist die Analphabetenrate unter den ländlichen Arbeiterinnen fast dreimal so hoch wie unter ihren männlichen Geschlechtsgenossen und sie nahm von 2003 auf 2004 lediglich um 0,3% ab. Für die 592 Schlüsselbezirke mag dies als Erfolg erscheinen. Insgesamt gesehen ist diese hohe Rate bei den Frauen auf deren gesellschaftliche und familiäre Geringschätzung zurückzuführen, gerade im ländlichen Raum. Dort steht der älteste Sohn als derjenige, der den Ahnendienstes ausübt, immer noch hoch im Kurs.

S. 108-108; Hetmanczyk, Philipp 2007. Ergebnisse und Analysen im Antikorruptionskampf, S. 128ff. In: C. a. 2/2007, S. 128-130; Holbig, Heike 2007. Staatliches Amt für Korruptionsprävention gegründet, S. 158f. In: C. a. 5/2007, S. 158-159, vgl. u. a.: German.China.org.cn 2010. „Nackte Beamte“ stehen im Visier, S. 1. http://german.china.org.cn/fokus/2010-01/12/conent_19222084.htm, S. 1-1. Stand: 27.1.2010.

624 Vgl. National Bureau of Statistics (Hrsg.) 2005. Communiqué on 2004 Rural Poverty Monitoring of China“, S. 5. http://www.stats.gov.cn/was40/gjtjj_en_detail.jsp?channelid=49208&record=26, S. 1-6. Stand: 13.3.2008.

625 Vgl. Chen/Wu 2007, u. a. S. 179f. und 210ff. (dazu später mehr).

Nicht viel besser sieht es bei den Arbeiterinnen im Alter von 16 bis 25 Jahren aus. Hier beträgt die Analphabetenrate 100 zu 162,8. Immerhin ist hier im Laufe eines Jahres ein Rückgang um 11,7% zu verzeichnen. Es war bis in die letzten Jahre hinein - und so ist zu vermuten, auch heute noch - gängige Praxis der lokalen Behörden, illegale Schulgebühren etc. zu erheben. Diese konnten sich die meisten der armen Familien nicht leisten. Deshalb dürften die jungen schulpflichtigen Mädchen als erste davon betroffen gewesen sein, den Schulbesuch abbrechen zu müssen. Zwar widerspricht dies der von Gao geäußerten Ansicht, dass 2005 das Analphabetentum durch Vernachlässigung der Schulpflicht und nicht durch Vorenthaltung des Schulbesuchs gekennzeichnet war, aber bei den Mädchen dürfte obige Praxis aus besagten gesellschaftlichen Gründen nicht auszuschließen sein (siehe dazu den Abschnitt über das ländliche Bildungssystem).
Auf der anderen Seite sind die Frauen in der landwirtschaftlichen Produktion häufiger tätig als die Männer, wenn auch nur um das 0,86fache. Die Quote nahm lediglich um 0,9% gegenüber dem Vorjahr ab. Nun kann argumentiert werden, dass Männer sich als Arbeitsmigranten verdingen und so zu einem erheblichen Maße zur finanziellen Unterstützung ihrer Familien beitragen. Das soll und kann nicht verleugnet werden. Aber auch die jungen Frauen gehen in der Fremde auf Arbeitssuche und schicken einen nicht unerheblichen Teil ihres Lohnes nach Hause.
Das Verhältnis von männlichen und weiblichen Arbeitsmigranten beträgt 100 zu 47,8%, es ist um 2,3% gegenüber 2003 gestiegen (die prekären Arbeits- und Lebensbedingungen sowie die schlechtere Bezahlung wurden schon ausführlich dargestellt).
Auch der vorletzte Indikator zeigt, dass Frauen benachteiligt wurden und werden. Denn das Verhältnis zwischen männliche und weiblichen Kindern im Alter von 7 bis 15 Jahren beträgt 100 zu 98,6 (plus 1,1%). Mit anderen Worten legen die Bauernfamilien mehr Wert auf männliche Nachkommen. Die Folge davon ist, dass die Männer immer weniger in der Lage sind, eine „passende" Ehefrau zu finden.

Die Zahl der Verschleppung von Frauen, die dann für immense Summen an einen heiratswilligen Mann verschachert werden, hat rapide zugenommen. Diese zwangsverheirateten Frauen - so sie denn überhaupt einwilligen - werden dann wie Sklavinnen gehalten und schlechter behandelt als Vieh.
Nur 13,2% der Frauen haben eine sozial herausgehobene Position inne (vgl. dazu * nach der Tabelle 35, wo ihre Tätigkeiten aufgeführt werden). Hier ist die 3000 Jahre alte patriarchalische und patrilineare Tradition, die auf die Zhou-Dynastie zurückgeht, ungebrochen am Werk. Und diese Frauen sind doppelt vergesellschaftet. Zum einen sind sie in verschiedenen Positionen in der Öffentlichkeit tätig, zum anderen bleiben an ihnen die privat konnotierten Lasten weiterhin hängen, wie Erziehung der Kinder, „Liebesdienst"[626], Haushaltstätigkeiten wie kochen, putzen, waschen etc.[627]

---

626 Die Ehe ist die Legalisierung der Prostitution, hat Marx einmal sinngemäß geschrieben.

627 Vgl. dazu Roswitha Scholz 2000. Das Geschlecht des Kapitalismus. Feministische Theorien und die postmoderne Metamorphose des Patriarchats, Bad Honnef. Das Problem der Abspaltung muss hier leider unterbelichtet bleiben, hier nur so viel: Tatsache ist, dass Scholz mit der Theorie der Wertabspaltung die Werttheorie grundlegend erweitert und auf ein neues Fundament gestellt hat. Wert und Abspaltung konstituieren das moderne warenproduzierende System, sind zwei Seiten einer Medaille. Wert und Abspaltung können nur zusammen überwunden und damit aufgehoben werden.

Tabelle 38: The gender gap index of main poverty indicators (male = 100) in 592 key counties, 2004 and 2003

Indicator	2004	2003
Illiteracy rate of labors	294.1	294.4
# Illiteracy rate of labors aged 16 - 25	162.8	174.5
Proportion of working time allocated in agricultural production	115.5	114.6
Proportion of migrant labors	47.8	45.3
Enrollment rate of children aged 7 - 15	98.6	97.5
Proportion of labors of social positions*	13.2	11.8

* It refers to village leaders, villager's representatives, responsible persons of collective township-village enterprises, and responsible persons of various mass organizations.

Quelle: Vgl. National Bureau of Statistics (Hrsg.) 2005. Communiqué on 2004 Rural Poverty Monitoring of China",S.5. http://www.stats.gov.cn/was40/gjtjj_en_detail.jsp?channelid=49208&record=26, S. 1-6. Stand: 13.3.2008.

Die oben gegebenen Beschreibungen und kurzen Erläuterungen mögen hier erst einmal so stehen bleiben. Wie schon erwähnt, wird im übernächsten Abschnitt noch einmal auf die in absoluter bzw. relativer Armut lebende Bevölkerung näher eingegangen.

Die Ergebnisse der ersten und zweiten Volkszählung im Vergleich

Bei dem nachfolgenden Vergleich der Volkszählungen von 1996 und 2006 fließen auch jüngere Daten und Fakten mit ein, so wie sie sich aus der Weltwirtschaftskrise und den daraus resultierenden Maßnahmen der chinesischen Zentralregierung ergeben haben.

Die erste Volkszählung bezog 214,5574 Mio. ländliche Haushalte, 740.000 dörfliche Verwaltungseinheiten, 43.000 Städte und Amtsbezirke bzw. Distrikte sowie 1,4 Mio. ländliche Unternehmen in die Untersuchung ein.[628]

Der erste Zensus zählte insgesamt 356.400 landwirtschaftliche Holdings, die nach juristischen Eigentumsformen folgende Struktur aufwiesen: 36.800 staatseigene Unternehmen (SEU, engl. SOE), 217.000 Kollektivbetriebe, 74.700 Privatunternehmen bzw. von Einzelpersonen geführte, ausländisch-investierte Firmen aus Hongkong und Macau betrugen 1.300, an JV wurden 30.900 gezählt, andere ausländisch-investierte Unternehmen machten lediglich 396 aus. Allerdings stimmen die im Text angegebenen Zahlen nicht mit denen in Tabelle 3 überein. Laut dieser ergibt sich folgendes Bild: SEU plus 40, Kollektivbetriebe minus 30, private bzw. von Einzelpersonen geführte Unternehmen minus 12, ausländisch-investierte aus Hongkong und Macau minus 420, JV plus 75, die anderen ausländisch-investierten Unternehmen sind im Text nicht aufgeführt.
In den Unternehmen waren insgesamt 9.750.902 Personen beschäftigt, im Mittel ergab dies 27,36 pro Holding. Das Haupttätigkeitsfeld dieser Landwirtschaftsbetriebe lag im Getreideanbau (144.100), der Viehzucht (35.500), der Forstwirtschaft (113.800) und der Fischzucht (63.000) (vgl. Tabelle 1). Die Anzahl der

---

[628] Laut Cho stieg die Zahl der ländlichen Betriebe von 1,5 Mio. 1978 auf 22 Mio. im Jahr 1995. Es sind augenscheinlich nicht alle Unternehmen in der ersten Volkszählung erfasst worden. „Im gleichen Jahr erreichte der Anteil der ländlichen Betriebe am gesamten Industrieoutput 55,8% mit 128,6 Mio. Beschäftigten, welche 28,6% der gesamten ländlichen Arbeitskräfte ausmachten.“ (Cho 2005, S. 38).

Beschäftigten war gering, die bearbeitete land- und forstwirtschaftliche Nutzfläche sowie das Lebendinventar waren dagegen relativ hoch.[629]

Die zweite Volkszählung umfasste 225,920 Mio. ländliche Haushalte. Davon lebten 221,080 Mio. ein Jahr oder länger im ländlichen Raum. Insgesamt existierten 200,160 Mio. landwirtschaftliche Haushalte, also Bauernfamilien. 1996 gab es 194,11007 Mio. Haushalte, die Landwirtschaft betrieben. Für 2006 wäre dies ein Plus von 3,7%.

Die Zahl der landwirtschaftlichen Holdings stieg auf 395.000, eine Zunahme um 39.680 (wenn die im Text angegebene Zahl von 356.400 zugrunde gelegt wird).

In der ersten Volkszählung wurden die landwirtschaftlichen Unternehmen noch nach Tätigkeitsfeldern, Anzahl der abhängig Beschäftigten, des Viehbestandes etc. aufgelistet (vgl. Tabelle 1), im zweiten Zensus wird eine sektorale Einteilung vorgenommen. Demnach waren 70.000 Holdings in der Landwirtschaft tätig, 99.000 in der Forstwirtschaft, 44.000 in der Viehzucht und 43.000 in der Fischzucht. 139.000 Holdings engagierten sich wohl im Dienstleistungssektor.
Die Gesamtzahl der Holdings - sektoral gesehen - ergibt laut der Tabelle 415.000, das sind 20.000 mehr als im Text ausgewiesen. Nach Regionen aufgelistet ist die Zahl mit der im Text angegebenen wiederum identisch.

Während bei den Bauernhaushalten der Getreide- und Gemüseanbau etc. mit 92% das Hauptbetätigungsfeld war, mit mehr schlechtem als rechtem Einkommen und Viehzucht (4,9%), Forstwirtschaft (2,1%), Fischzucht (0,7%) und Dienstleistungen für obige Bereiche (0,3%) nur eine marginale Rolle

629 Vgl. National Bureau of Statistics of China (Hrsg.) 2002. Agricultural Census Communique No. 2. Number and Structure of Rural Holdings, S. 2. http://www.stats.gov.cn/was40/gjtjj_en_detail.jsp?channelid=4920&record=40, S. 1-4. Stand: 28.3.2008.

spielten,[630] verhielt es sich bei den landwirtschaftlichen Holdings etwas anders (siehe Tabelle 2). Hier lag das Dienstleistungsgewerbe an erster Stelle, gefolgt von der Forstwirtschaft, die ihre Produkte wohl für die Industrie (Papierherstellung[631] etc.) liefert. Auf dem dritten Platz folgte die Landwirtschaft, dann die Viehzucht, das Schlusslicht bildet die Fischereiwirtschaft. Die letzten drei liefern ihre Erzeugnisse wohl an die Industrie, sofern sie ihre Produkte nicht selbst verarbeiten.
Bei der angegebenen Zahl von weniger als 10 Mio. Beschäftigten (für 1996, 2006 dürfte diese auf Grund der Zunahme an Holdings gestiegen sein) und einem Schnitt von 27,36 Personen pro Landwirtschaftsbetrieb gehörten diese in die Kategorie „mittelständisch". Es werden keine Angaben über den Mechanisierungsgrad gemacht. Die Flächen des zu bewirtschaftenden Landes pro Unternehmen sind verglichen mit westlichen Dimensionen (z. B. USA, Kanada etc.) relativ klein. Ebenso verhält es sich mit der Stückzahl in der Viehhaltung (siehe den letzten Abschnitt dieses Kapitels).

Da in der zweiten Volkszählung darüber keine Angaben gemacht werden, lässt sich ein nennenswerter Fortschritt hin zu einer Industrialisierung der Landwirtschaft nicht eindeutig nachweisen. Zwar ist, wie weiter unten noch gezeigt wird, die Stückzahl der Landwirtschaftsmaschinen enorm gestiegen, z. T. über Hundert und mehr Prozent, aber in Anbetracht der Größe des Landes und der Anzahl der Bauernhaushalte dürfte dies ein Tropfen auf den heißen Stein sein. Hinzu kommt, dass von der Zentralregierung und den Provinzverwaltungen die

---

630 Diese landwirtschaftliche Nischenproduktion kann dann durchaus lukrativ sein (für chinesische Verhältnisse), wenn die Bauernfamilien in der Nähe von Städten leben und dort ihre Erzeugnisse direkt vermarkten können. Allerdings dürften dies Ausnahmefälle sein, da die Holdings in diesem Bereich stärker engagiert sind, größere Anbauflächen haben und damit rationeller produzieren können.

631 Zur chinesischen Papierindustrie vgl. Xiù Cai 2007. China im (Schau) Bild (3) 2007. Nr. 60-63. In: http://xiucai.oai.de/XiuCai/XiuCaiNo88.pdf, S. 1-13.

Landwirtschaft in der Mao-Ära über Jahrzehnte zur Kapitalakkumulation herangezogen wurde. Erst mit den Reformen verbesserte sich die Situation der Bauern kurzfristig. Nachdem die Reformen in den Städten angegangen wurden, verschlechterte sich die Lage wieder kontinuierlich.

Dies belegen Chen und Wu an mehreren Stellen ihrer Reportage, von denen nur einige exemplarisch angeführt werden sollen. So stieg von 1990 bis 2000 „die von den Bauern erhobene Gesamtsteuer von 8,790 Milliarden rasant auf 46,530 Milliarden Yuan, das war ein Anstieg um das Vier- bis Fünffache."[632] Pro Kopf mussten die Bauern 146 Yuan Steuern zahlen, die Städter hingegen nur durchschnittlich 37 Yuan. Umgekehrt war das Einkommen der Stadtbewohner sechsmal höher als das der Bauern und die hatten neben der regulären Agrarsteuern auch noch Sonderabgaben zu leisten, wie z. B. Agrarsonderproduktsteuer und Planungsabgaben.[633]

Kurz und knapp: mehr als viermal höhere Steuern und ca. sechsmal weniger Einkommen. Das bestätigt auch Qiu Xiaohua, der stellvertretende Vorsitzende des staatlichen Statistikamtes, der von Chen und Wu als Kronzeuge angeführt wird. Nach seinen Aussagen ist das in den Tabellen (des staatlich Statistikamtes; RGP) angegebene Einkommensgefälle zwischen Stadt und Land von 3 zu 1 zu niedrig. Es müsste eher bei 5 bis 6 zu 1 liegen, und so fügt er hinzu, in den meisten anderen Staaten liegt es nur bei 1,5 zu 1.[634]
Eine andere Rechnung macht Zhao Renwei auf, der dem Wirtschaftsforschungsinstitut der Akademie der Sozialwissenschaften angehört. Das Verhältnis des Realeinkommens zwischen Stadt und Land lag 1979 bei 2,36 zu 1 und außer 1985 (2,14 zu 1) stieg es kontinuierlich an: 1987 lag es bei 2,38 zu 1, 1995 ging

632 Chen/Wu 2007, S. 209.

633 Vgl. ebd., S. 209f.

634 Vgl. ebd., S. 250.

es auf 2,79 zu 1 hoch und für 2000 schätzte Zhao es auf 3,2 zu 1.[635]

Aber diese Ungleichheit hat noch kein Ende, wie wir am Beispiel der Inputfaktoren für den Agrarsektor (Landmaschinen, Kunstdünger etc.) später noch sehen werden. Hier sei nur exemplarisch ein Einzelfall ausführlich zitiert:

"Diese Zahlen (gemeint sind die jährlich steigenden Belastungen der Bauern seit 1980 bis 1998, von 39,18 auf 359,1 Milliarden Yuan [vgl. ebd., S. 260]; RGP) sind ausgesprochen eintönig und von geringer Aussagekraft. Doch als wir einem Bauern aus dem Huai-Gebiet zusahen, was er uns an fünf Fingern abzählte, wurden wir für solche Zahlen sensibler. Dieser Bauer sagte uns: Allein für die Setzlinge für einen Mu Getreide braucht man 25 Yuan, für den chemischen Dünger muss man 110 Yuan aufbringen, für Pestizide 10 Yuan, für Maschinen 60 Yuan, für die Bewässerung mindestens noch einmal 40 Yuan, dazu noch die Agrarsteuer von 80 Yuan (Achtung, diese Agrarsteuer ist sehr niedrig und lässt sich nicht verallgemeinern), das macht zusammen 325 Yuan; doch der Verkauf von 450 Pfund Weizen bringt nur 330 Yuan. Das heißt, wenn die Bauern pro Mu nur 450 Pfund Weizen produzieren, dann haben sie ein Jahr umsonst gearbeitet! Die ganze Schufterei von spät bis früh, bei Wind und Wetter - für nichts und wieder nichts."[636]

Dies ist gewiss kein Einzelfall, denn zwei Abschnitte weiter verlassen Chen und Wu die individuelle Ebene und stellen für die gesamte Bauernschaft Chinas fest, dass zwischen 1989 und 1995 die Gesamteinnahmen der Bauern sich auf 1,187 Billionen Yuan beliefen, denen Ausgaben von 1,3437 Billionen Yuan gegenüber standen, ein Verlust von 155 MilliardenYuan.[637]

Zurück zum Zensus. Laut den Angaben aus der ersten Volkszählung waren

---

635 Vgl. ebd., S. 248. Zhao stellte seine Berechnung vor der Veröffentlichung der Zahlen für 2000 an, deshalb die Schätzung, die eher konservativ ist, verglichen mit der Berechnung von Qiu Xiaohuas (s. o.).

636 Ebd., S. 261.

637 Vgl. ebd.

560.855,8 Mio. Menschen im ländlichen Raum tätig, davon 424.411,9 Mio. in der Landwirtschaft, das sind 75,67%. Der nicht-landwirtschaftliche Bereich wies 136.443,9 Mio. Beschäftigte auf.
Der Zensus von 2006 teilte die im ländlichen Raum arbeitenden Menschen nach Sektoren auf. Demnach zählte der Primärsektor 338.792.160 Bauern, Viehzüchter etc. (eigene Berechnungen nach Tabelle 5) Die Zahl dieser Personengruppe muss, verglichen mit der erste Zählung, um mehr als 85 Mio. Menschen innerhalb von 10 Jahren abgenommen haben. Und dies, obwohl die Bauernhaushalte um 6 Mio. zugenommen haben sollen.
Kaum vorstellbar, es sei denn diese mehr als 85 Mio. Menschen wären z. T. zu den Arbeitsmigranten zu rechnen oder in anderen Arbeitsbereichen unter gekommen. Eine andere Möglichkeit besteht darin, dass ihr Grund und Boden durch Machenschaften der örtlichen Funktionäre „umgewidmet“ und an (ausländische) Investoren verpachtet worden ist. Es könnte auch sein, dass diese Bauern ihr Land im Zuge von Infrastrukturmaßnahmen im weitesten Sinne des Wortes verloren haben. Festzuhalten ist hier folgendes:

> “Tatsächlich verloren die Bauern durch die Umwidmung ihres Landes zur so genannten (. . .) Werkbank der Welt seit Jahren (. . .) Ackerland und damit Einkommen: Von 1996 auf 2003 fiel die Ackerfläche von 1,95 Milliarden (. . .) mu auf 1,88 Milliarden, ein Minus von 70 Millionen (. . .) mu und ein Landverlust, für den ca. 50 Millionen Bauern bluten (. . .).”[638]

Wie die Arbeitssituation im ländlichen Raum Chinas insgesamt zu bewerten ist, beschreiben Chen und Wu. Von den 900 Millionen in Bauernfamilien lebenden Menschen sind über 500 Millionen im arbeitsfähigen Alter. Allerdings benötigt die Erzeugung landwirtschaftlicher Produkte nur etwas mehr als 100 Millionen Arbeitskräfte. Nach obiger Aussage absorbieren die Gemeindeunternehmen nur einige Dutzend Millionen. Es bleiben nach ihrer Rechnung dann 300 bis 400

---

638 Xiù Cai 2004. Deutschland lernt von China (4). Golf-Geschäfte. In: Xiù Cai 2004, Nr. 30, 8.4.2004, S. 17. http://xiucai.oai.de/XiuCai/XiuCaiNo30.pdf, S. 1-22.

Millionen überschüssige Arbeitskräfte als potentielle Migranten. Sie sehen die Lösung darin, dass diese dauerhaft in die Städte ziehen.

Exkurs: Arbeitsmarkt und die dritte industrielle Revolution der Mikroelektronik

Hier stehen wir vor einem zentralen Problem Chinas, das durch die dritte industrielle Revolution der Mikroelektronik und den Globalisierungsprozess weiter verschärft wird und keiner Lösung zugeführt werden kann. Dieser Punkt soll hier nur kurz angeschnitten werden.[639]

Die erwähnte dritte industrielle Revolution führte dazu, dass die mit der mikroelektronischen Methode hergestellten Waren äußerst arbeitsarm sind, d. h. für diese moderne Produktionsweise werden im Vergleich zum Fordismus immer weniger Arbeitskräfte benötigt. Mit anderen Worten, diese 300 bis 400 Millionen überschüssige Bauern - im Sinne des modernen warenproduzierenden Systems - können in diesem Sektor nicht absorbiert werden, einmal abgesehen davon, dass ihnen die wissenschaftlich-technischen Kenntnisse fehlen. Die an-deren Industrien, die nicht auf dem Niveau der Mikroelektronik produzieren, sind schon heute längst nicht mehr konkurrenzfähig. D. h., im Grunde genommen ist ihre Produktion wertlos - zumindest global gesehen. Später wird dies noch näher beleuchtet werden. Wir sehen aber jetzt schon, dass die regierungsverantwortlichen Politiker vor einer Quadratur des Kreises stehen.

---

[639] In einer gesonderten Abhandlung über den chinesischen Arbeitsmarkt und die Exportindustrialisierung werde ich das Problem ausführlich behandeln.

Kommen wir zurück zur Volkszählung und ihren Ergebnissen. Im Sekundärbereich, also dem verarbeitenden Gewerbe, waren 77.649.120 Menschen tätig und im Dienstleistungsbereich 63.078.420 Personen, insgesamt 140.727.540. In beiden Sektoren also ca. 4.283,64 Mio. Beschäftigte mehr als 1996 (eigene Berechnungen nach Tabelle 4 und 5). Es zeigt sich hier, dass beide Sektoren innerhalb von 10 Jahren im ländlichen Raum an Bedeutung gewonnen haben. Allerdings wird die Schaffung weiterer Arbeitsplätze in beiden Bereichen, vornehmlich im primären aus oben genannten Gründen in absehbarer Zeit an Grenzen stoßen.

Die Gesamtzahl der zur Verfügung stehenden Arbeitskräfte im ländlichen Raum belief sich auf 531 Mio. Zieht man davon die Zahl der tatsächlich Beschäftigten ab, die mit 478,52 Mio. angegeben wurden,[640] kommt man auf 52.480.000 Personen, die zu den Arbeitslosen gezählt werden können. Rechnet man nun noch die Zahl der in der Landwirtschaft freigesetzten hinzu, kommt man auf ca. 137.100 Mio. Menschen, denen keine eindeutige Tätigkeit zugewiesen werden kann. Es sei denn, ein bestimmter Teil dieses Personenkreises wird den Arbeitsmigranten zugerechnet. Allerdings wird deren Zahl in der zweiten Volkszählung mit 131,810 Mio. angegeben, gegenüber 1996 ein offizielles Minus von ca. 12,642 Mio. (1996: 144.452.000). Auch dieser Rückgang ist kaum vorstellbar, da die inoffiziellen ausländischen wie chinesischen Schätzungen von 150 bis 200 Mio. Migranten und z. T. mehr ausgehen. Durch die Weltwirtschaftskrise sind viele der exportorientierten Unternehmen pleite gegangen, so dass die Zahl der BinnenmigrantInnen 2009 zurückgegangen ist, was sich mit aller größter Wahrscheinlichkeit nach auch 2010 fortsetzen wird.

Das System der Haushaltsregistrierung (*hukou*) erlaubt es den Landbewohnern nicht, ohne Genehmigung der Behörden in die Stadt zu ziehen. Insofern halten

---

640 National Bureau of Statistics of China (Hrsg.) 2008. Communiqué on Major Data of the Second National Agricultural Census of China (No. 5). Rural Labor Force Resources and EmploymentsS. 2. http:/www.stats.gov.cn/english/newsandcomingevents/t20080303_402465584.htm, S. 1.-3. Stand:11.3.2008.

sich die Arbeitsmigranten nach den Gesetzen der VR China bis heute illegal in den Metropolen auf. Zwar stellen einzelne Städte wie Beijing „befristete" Aufenthaltsgenehmigungen aus,[641] um so wenigstens halbwegs rechtliche Verhältnisse herzustellen. Damit werden aber nicht alle Arbeitsmigranten erfasst, denn viele scheuen den Gang zu den Behörden, u. a. weil die Ausstellung dieser Papiere nicht wenig Geld kostet. Ähnlich dürfte es in anderen Städten sein.
Von den 131,810 Mio. Migranten sollen 3.690,680 Mio. im Primärbereich arbeiten, 74.736,270 Mio. im verarbeitenden Gewerbe und im Dienstleistungssektor 53.383,050 Mio. Ein Vergleich mit der ersten Volkszählung ist in dieser Hinsicht nicht möglich, da Angaben über die sektorale Verteilung im Kommuniqué fehlen.

In der ersten Volkszählung werden die Wissenschaftler und Techniker, die im Agrarsektor tätig sind, mit 2.717.000 angegeben, das sind lediglich 0,64% der gesamten landwirtschaftlichen Arbeitskräfte. Der zweite Zensus verzeichnet nur noch 2.070.000 wissenschaftlich-technisches Personal. Wenn schon 1996 noch nicht einmal 1% Techniker, Agraringenieure etc. für eine Modernisierung der Landwirtschaft zur Verfügung standen, hat sich diese Personengruppe innerhalb von 10 Jahren um 647.000 verringert. Die Zahl der Bauern reduzierte sich um 85 Mio., sofern man diesen Angaben trauen kann. Prozentual gesehen hätte sich trotz einer absoluten Abnahme der Wissenschaftler und Techniker die Quote um 0,05% auf 0,69% erhöht. Gründe für die Reduzierung dieser Personengruppe werden im Kommuniqué nicht gegeben, aber wenn es im Regierungsbericht des Wen Jiabao vom 5. März 2007 heißt:

Two, we will substantially raise the overall production capacitiy of agriculture. We will accelerate development of agricultural facilities, improve agricultural technology and

---

[641] Vgl. Human Rights Watch. China 2008. Ausbeutung von Wanderarbeitern in Peking. Erbauern des „Neuen Peking" werden Löhne und Grundversorgung verweigert, S. 2. http://hrw.org/german/docs/2008/03/12/china18279.txt.htm, S. 1-4. Stand: 2.5.2008.

equipment, intensify agricultural research and efforts to expand application of advanced agricultural technology, improve the comprehensive system of agriculture-related services and strengthen our ability to prevent and mitigate disasters that affect agriculture. We will increase efforts to develop a system for preventing and controlling animal diseases. (. . .)
Five, we will promote the training of people in the practical skills needed in the countryside and the development of rural human resources. We will step up training of famers to make them better able to apply scientific techniques to growing crops, raising livestock and producing aquaculture products and to find employment outside of agriculture, and to foster the development of a new type of farmer. (. . .)
Three, we need to accelerate progress in agricultural science and technology. We will strengthen China's ability to make innovations in agricultural science and technology, support agricultural science and technology projects, accelerate application of advances in agricultural science and technology, improve local systems for increasing application of modern agricultural technology and providing technological services, and encourage the introduction of modern agricultural science and technology to individual villages and households.[642]

Dann ist diese Verringerung auf den ersten Blick hin nicht verständlich. Auf den zweiten allerdings schon.
Wie Wen Jiabao in seinem Rechenschaftsbericht betont, muss die Anstrengung unternommen werden, moderne Wissenschaft und Technologie der Landwirtschaft nutzbar zu machen. Dazu müssen die entsprechenden Fachleute bereit gestellt werden und die landwirtschaftlichen Hochschulen Chinas entlassen genügend Absolventen, die die Probleme auf dem Land in Angriff nehmen könnten. Doch dort ist das Leben für viele zu unbequem, so dass sie es vorziehen in anderen Bereichen zu arbeiten. Erst wenn die Lebensumstände auf dem Land

---

642 Wen Jiabao 2007. Report On The Work Of The Government. Delivered at the Fifth Session of the Tenth National People's Congress on March 5, 2007, Wen Jiabao, Premier of the State Council, S. 7. http://english.gov.cn/2007-03/16/content_552995.htm, S. 1-15. Stand: 20.7.2008.

sich verbessern, würden diese Fachleute dort auch arbeiten wollen.[643] Eine herkömmliche Modernisierung des chinesischen Agrarsektors, - größere Anbauflächen unter Einsatz moderner Landwirtschaftsmaschinen, Düngemittel etc. - würde noch mehr Bauern freisetzen, die, wie oben schon erwähnt, in anderen Industriezweigen nicht unter gebracht werden können. Fraglich ist überdies, ob die geografische Beschaffenheit eine Vergrößerung der Anbaufläche durch Zusammenlegung einzelner Felder überhaupt in großem Maßstab zulässt.

Der Mechanisierungsgrad innerhalb der Landwirtschaft nahm zu, wie nachfolgende Zahlen belegen. Innerhalb von 10 Jahre hat sich die Anzahl der Maschinen, die im Agrarsektor im weitesten Sinne des Wortes eingesetzt werden, von 24.696.000 auf 54.010.000 mehr als verdoppelt, wobei 1996 auf 1.000 Bauern lediglich 44,03 Maschinen kamen (eigene Berechnung, vgl. die Tabellen 10-12). Das dies so oder so nicht stimmen kann, beweist eine erweiterte Dreisatzrechnung:

Wenn auf einen Bauern 0,04403 Landwirtschaftsmaschinen kommen und 1996 24,696 Mio. davon im Einsatz waren, dann müssten tatsächlich ca. 560.892.583 Mio. Menschen im Agrarsektor tätig gewesen sein. Die Zahl der landwirtschaftlichen Arbeitskräfte wurde jedoch in der ersten Volkszählung mit 424.411,9 Mio. angegeben, also mit etwa 133,82 Mio. weniger als nach obiger Berechnung in Bezug auf Landwirtschaftsmaschinen pro 1.000 Bauern heraus gekommen ist. Diese Unstimmigkeit kann auch daher rühren, dass die 356.400 landwirtschaftlichen Holdings als je „ein Bauernhaushalt“ geführt werden. Wie dem auch sei, es bleiben in Bezug auf die Anzahl der Bauern und/oder die der Maschinen Unklarheiten bestehen.

---

643 Vgl. Staiger, Brunhild 2001. Wissenschaftlich-technische Revolution zur Modernisierung der Landwirtschaft. In: C. a. 1/2001, S. 17.

Nimmt man nun die Zahl der 2006 im Primärsektor tätigen Bauern, die mit 338.792.160 angegeben ist und setzt sie ins Verhältnis zu den 54.010.000 Landwirtschaftsmaschinen, so kommen auf 1.000 Bauern 159,4 dieser Geräte. Dies wäre mehr als eine Verdreifachung.

Das sind allerdings nur wieder Durchschnittswerte. Es dürfte einleuchtend sein, dass die landwirtschaftlichen Holdings weitaus besser motorisiert und mechanisiert sind als z. B. ein Parzellenbauer im Osten oder ein im Bergland lebender. Auf Grund der Einteilung in drei bzw. vier Regionen, der anders gearteten Zählweise sowie der unterschiedlichen Kategorisierung bei den beiden Volkszählungen lässt sich der Mechanisierungs- und Motorisierungsgrad ebenfalls nur bedingt vergleichen. Der landwirtschaftliche Fuhrpark hat sich, wie oben schon erwähnt, mit 54 Mio. Landwirtschaftsmaschinen mehr als verzweifacht. Greift man sich z. B. die Mähdrescher (combine harvester) heraus, so ist mit 550.000 Einheiten eine Verfünffachung festzustellen. Zweifelsohne ist dies u. a. auf die Entwicklung in der Automobilindustrie, und hier besonders im Nutzfahrzeugbau, zurückzuführen. Trotz dieser enormen Steigerung kann von einem strukturellen Wandel in der chinesischen Landwirtschaft nicht gesprochen werden. Vielmehr zeigt diese durchaus enorme Steigerung doch nur, wie niedrig das technische Ausgangsniveau innerhalb des primären Sektors 1996 war, ganz zu schweigen von den Verhältnissen vor der Reformpolitik 1978. Ohne hier in ausführliche Details gehen zu müssen, wird im Vergleich zu den USA und Deutschland deutlich, dass der Grad der Mechanisierung und Motorisierung innerhalb des chinesischen Agrarsektors dem der oben genannten Länder gewaltig hinterherhinkt. Dies ist auf die zweite industrielle Revolution zurückzuführen, in der die Landwirtschaft in den Verwertungsprozess nahezu komplett einbezogen wurde. Es entstanden Agrarfabriken mit Massentierhaltung aller Art und große Getreide-, Gemüse- und Obstanbaubetriebe, verbunden mit modernen wissenschaftlich-technischen Anbaumethode, die eine Massenproduktion hervorbrachten.

Das fordistische Produktionsmodell wurde in westlichen Industriestaaten in der Landwirtschaft verallgemeinert, während in China nur ein Proto-Fordismus hervor gebracht wurde, der den Agrarsektor allerdings nicht erreichte, u.a auch, weil die zweite industrielle Revolution nicht vollendet wurde, werden konnte.[644]

Zurück zur chinesischen Landwirtschaft. Hier kam es zu einer Diversifizierung der Produktion, was sich an der Auflistung von Gewächshäusern etc. ablesen lässt (vgl. Tabelle 13). Dies ist einerseits auf die wachsende Nachfrage der Stadtbevölkerung zurückzuführen, deren Einkommen und damit Lebensstandard ja erheblich gestiegen ist, verglichen mit dem der Bauernschaft. Andererseits hat sich China in den Weltmarkt integriert bzw. ist in ihn integriert worden.[645] So wurde mit dem Bau von Gewächshäusern und der Züchtung und Produktion von z. B. chinesischen Pilzen, exotischen Früchten, Schalen- und Krustentieren etc. eine Palette von Nischenprodukten abgedeckt. Aber es bleiben Nischen, und eine etwaige oder tatsächliche hochmoderne Produktion in diesem Bereich ändert nichts an der allgemeinen und strukturellen Rückständigkeit und Unterproduktivität der chinesischen Landwirtschaft verglichen mit den modernen Industriestaaten und deren Primärsektor, der vom Fordismus profitierte.

---

[644] Die Planwirtschaft hebelte das über die Konkurrenz vermittelte Wertgesetz aus. Im westlichen Kapitalismus zwang es zu permanenter Rationalisierung und damit zu einer Verwissenschaftlichung der Produktion. Dieser Prozess konnte in den nachholenden Modernisierungsdiktaturen nicht statt finden, auch in China bis 1978 nicht, danach war es zu spät (siehe die entsprechenden Kapitel).

[645] Ein feiner Unterschied, hier nur so viel: China musste sich über kurz oder lang dem Weltmarkt öffnen, sollte der wissenschaftlich-technische Entwicklungsvorsprung der industriellen Kernländern nicht noch größer werden. Diese Öffnung erfolgte durch die Gründung der Sonderwirtschaftszonen Ende der 70er, zu Anfang der 80er Jahre des letzten Jahrhunderts. Ist dieser Prozess einmal vollzogen, kann er nicht mehr rückgängig gemacht werden. Nun begann die Durchdringung der chinesischen Wirtschaft mit ausländischem Kapitel und Firmen, die das Lohnkostengefälle weitlich ausnutzten.

Grundsätzlich anders war die Situation in China. Seit Anfang der 50er Jahre bis 1978 wurde der Agrarsektor zur Kapitalakkumulation herangezogen, wie Chen und Wu an Hand staatlicher Berechnungen darlegen:

"Nach Berechnungen des Forschungszentrums des Staatsrats für die Entwicklung der ländlichen Gebiete hat die Zentralregierung in 25 Jahren Planwirtschaft von 1953 bis 1978 durch die >>Schere<< in den Preisen für Agrar- und Industrieprodukte insgesamt sechs bis acht Billionen Yuan eingenommen. Die fixen Vermögenswerte der staatlichen Industrien beliefen sich vor der Reform- und Öffnungspolitik 1978 auf nicht mehr als gut neun Billionen Yuan. Das macht klar: Die Primärakkumulation von Kapital für die staatliche Industrialisierung in China geht grundsätzlich auf die chinesischen Bauern zurück!"[646]

Aber auch nach den Reformen änderte sich an dieser staatlichen Politik nichts. Im Gegenteil, die Belastungen der Bauern nahmen beständig zu. Chen und Wu fassen die Forschungsergebnisse von drei Landwirtschaftsexperten zusammen. So haben Xu Zhiquan, Zhang Guichen und Zhang Zhaoxin die Preissteigerungen für u. a. Wasser-, Strom- und Produktionsmittelkosten der Jahre 1980 bis 1999 aufgelistet, die hier in einer Tabelle wieder gegeben werden:

---

[646] Chen/Wu 2007, S. 259.

Tabelle 39: Steigende Belastung der Bauern 1980 bis 1998

Jahr	Mrd. Yuan
1980	30,034
1985	39,18
1990	72,645
1991	96,8
1992	125,1
1993	171,8
1994	218,9
1995	267,1
1996	282,6
1997	314,4
1998	359,1

Quelle: Vgl. Chen/Wu 2007, S. 260.

Von 1980 bis 1998 hatten sich die Lasten, die den Bauern aufgebürdet wurden, um fast das Zwölffache erhöht. Und hinzu kommt, dass in die Landwirtschaft und in die Infrastruktur i. w. S. d. W., die sozialen Sicherungssysteme, das Gesundheitswesen etc. nach den Reformen kaum noch investiert wurde (siehe die Analyse und Kommentierung zu den entsprechenden Tabellen). Vom ersten bis zum fünften FJP lagen die staatlichen Investitionen bei etwa 10 Prozent. 1985 stiegen die Gesamtinvestitionen des Staates um 45 Prozent im Vergleich zum Vorjahr, die im Primärsektor gingen jedoch um 0,5 Prozent zurück.[647]
Es ist offensichtlich, dass bei einer so großen Preisschere zwischen den Agrar- und den Industrieprodukten sich die Masse der Bauern keine modernen Maschi-

647 Vgl. ebd., S. 251.

nen etc. anschaffen konnten. Abgesehen davon, dass die meisten Bauern über zu kleine Anbauflächen verfügen, die einen profitablen Einsatz teuerer Gerätschaften nicht oder nur über einen längeren Zeitraum zulassen.

"Der gewaltigen Überproduktion der städtischen Industrie standen schon vor Jahrzehnten verarmte Bauern gegenüber, die sich diese Produkte nicht leisten konnten."[648]

Wenn dann auch noch die Investitionen für den Agrarsektor herunter gefahren werden, kann die Landwirtschaft nicht modernisiert werden, zumal die Industrieprodukte, wie Chen und Wu anführen, zu einem Preis verkauft werden, der höher als ihr Wert ist und gleichzeitig werden die Agrarprodukte der Bauern weit unter Wert angekauft.[649]

Nun könnte der Einwand kommen, dass eine ernsthaft angegangene Modernisierung der chinesischen Landwirtschaft tatsächlich die von Chen und Wu konstatierten 300 bis 400 Millionen Bauern freisetzen würde, da nach den Autoren etwas mehr als 100 Millionen für die Produktion von landwirtschaftlichen Erzeugnissen ausreichen würde. Es kann davon ausgegangen werden, dass die Zentralregierung um diese Problematik weiß und ihr auch klar ist, dass sie diese Masse von arbeitslos werdenden Bauern nie und nimmer in die ländliche und städtische Industrie und im Dienstleistungssektor wird unterbringen können. Hier wäre ein Grund zu suchen, warum die Landwirtschaft, seitdem die Reformen auf die Städte übergegangen sind, so sträflich vernachlässigt wurde.

Dieses komplexe Verhältnis zeigt eines ganz deutlich, nämlich das Dilemma, in dem die chinesische Regierung steckt. Keine oder eine langsame Modernisierung des Primärsektors verbessert erstens nicht die Arbeits- und Lebensbedingungen der Bauernschaft und zweitens, verknüpft mit der obigen Preis-Scheren-Politik

---

648 Ebd.

649 Vgl. ebd., S. 257.

kann es zu keiner selbsttragenden Binnennachfrage auf dem Land und damit zu einer flächendeckenden Modernisierung kommen - bei letzterem klammere ich das m. M. nach historische nahe oder etwas fernere Ende des modernen warenproduzierenden Systems aus.

Umgekehrt besteht, wie oben schon gezeigt, keine Möglichkeit, die 300 bis 400 Millionen freigesetzten Bauern anderweitig unterzubringen. Ein Grund ist, dass in den Städten selbst immer mehr junge Menschen auf den Arbeitsmarkt drängen als neue Arbeitsplätze geschaffen werden können und dies trotz des hohen Wirtschaftswachstums.

"Die Daten zeigen einen nachlassenden Einfluss des Wirtschaftswachstums auf die Beschäftigung. Während des 9. Fünfjahresplans (1996-2000) wurden bei einem Jahreswachstum des BIP von 8,6 Prozent jährlich 8,04 Millionen neue Arbeitsstellen geschaffen. Im 10. Fünfjahresplan (2001-2005) betrug das Wachstum des BIP 9,5 Prozent, die Beschäftigtenzahl nahm jedoch nur um 7,48 Millionen zu."[650]

Hinzu kommt, dass der Elastizitätskoeffizient der Beschäftigung abgenommen hat. Lag er zwischen 1996 und 2000 bei 0,13, so fiel er im Zeitraum von 2001 und 2005 auf 0,11. D. h., pro Prozentpunkt Wachstum hat er sich im letzten Zeitraum um 0,02 Prozentpunkte verringert, obwohl das Wirtschaftswachstum um 0,9 % gestiegen war (s. o.).[651]

Auf den zentralen Punkt, dass mit einer Verwissenschaftlichung der Produktion im Rahmen der dritten industriellen Revolution auf Dauer mehr Arbeitsplätze vernichtet werden als neue geschaffen werden können, werde ich in einer gesonderten Abhandlung eingehen. Hier nur so viel: egal welchen Weg die Zentral-

---

650 Wirtschaftswachstum korreliert nicht mit Beschäftigung, S. 1. http://german.china.org.cn/archive2006/txt/2006-09/07/content_2258564.htm, S. 1-2. Stand: 17.4.2008.

651 Vgl. ebd.

regierung in Bezug auf die Landwirtschaft einschlagen wird, die gesellschaftliche Stabilität ist in jedem Fall gefährdet, wie Arbeitsmigranten- und Bauerndemonstrationen (wenn auch aus unterschiedlichen Gründen, dazu später) sowie Arbeitskonflikte zeigen:

"Offiziellen Zahlen zufolge, die die vom Zentralkomitee der Chinesischen Kommunistischen Partei herausgegebene ‚Volkszeitung' am 27.8.2007 erstmalig veröffentlichte, stieg die Zahl der ‚Arbeitskonflikte' vom 19.098 Fällen im Jahr 1994 auf 314.000 in 2005. Waren 1994 erst 77.794 Arbeiter daran beteiligt, so erhöhte sich ihre Zahl 1998 auf 359.000 und erreichte 2005 einen Umfang von 740.000. Auch wenn aktuellere Zahlen bislang nicht bekannt gegeben wurden, lässt sich angesichts einen jährlichen Steigerungsrate von 27,3% die weitere Entwicklung leicht abschätzen."[652]

Dies als vorläufige Illustration, mehr im entsprechenden Abschnitt.

Kommen wir nun zu den in den ländlichen Städten ansässigen Industriebetrieben. In der ersten Volkszählung wurden 16.124 Städte und Kleinstädte untersucht, das sind 37,4% aller chinesischen Städte. In ihnen wohnten 72.881.766 Menschen. Davon gehörten 33.401.692 zur nicht-landwirtschaftlichen Bevölkerung, weniger als die Hälfte. Im Durchschnitt lebten 4.5020 Einwohner in diesen Kleinstädten, 2.072 waren nicht in der Landwirtschaft sondern im verarbeitenden Gewerbe tätig, das sind 45,8% der Gesamteinwohner. Die Zahl der ländlichen Betriebe in diesen Städten und Bezirken beziffert sich auf 538.512 (vgl. Tabelle 14-17). Pro Kleinstadt ergibt sich ein Schnitt von 33,4 Unternehmen. Insgesamt sind darin 20.092.248 Menschen tätig, pro Stadt im Mittel 1.246 Personen. Das wären dann je Firma durchschnittlich 37,3 Beschäftigte.

---

652 Vincenzo, Rosso 2008. China auf dem Weg zu Streikrecht und Tarifverträgen? In: Telepolis, 8.7.2008, S. 1 http://www.heise.de/bin/tp/issue/r-4/dl-artikel2.cgi?aetikelnr=28258&mode=print, S. 1-2.

Der besagte Zensus listet auch die Beschäftigtenzahl nach juristischen Eigentumsformen auf. Demnach gab es 39.958 SEU mit 4.285.709 Arbeitern und Angestellten. Das sind im Schnitt 107,2 Personen pro Firma.
Die Kollektivbetriebe stehen mit 199.871 Unternehmen an zweiter Stelle und vernutzten 11.331.649 Arbeitskräfte. Im Mittel wurden je Betrieb 56,7 Personen beschäftigt.
Die größte Gruppe bilden die Privatunternehmen mit 250.734, in denen 2.170.150 Menschen tätig waren, durchschnittlich 8,6 Personen je Kleinbetrieb.
Die Volkszählung listet ferner 37.785 JV mit 909.926 Arbeitnehmern auf, pro Firma sind demnach 24,3 Personen tätig.
Die so genannten ausländisch-investierten Unternehmen waren mit 3.000 in den Kleinstädten vertreten und beschäftigten 438.380 Arbeitskräfte, im Mittel machte dies pro Betrieb 146,1 Lohnabhängige aus.
Unternehmen aus Hongkong, Macau und Taiwan gehörten 7.164 Betriebe mit einer Gesamtbelegschaft von 956.434, durchschnittlich arbeiteten dort 133,6 Personen (eigene Berechnung an Hand oben genannter Tabelle).
Nach Sektoren aufgegliedert lagen die Industriebetriebe an erster Stelle, an zweiter folgte das Bauwesen, an dritter kam der Groß- und Einzelhandel sowie das Gaststättengewerbe und dann die „andere Industrien“ (wozu keine weiteren Angaben gemacht wurden), gefolgt vom Transportwesen (vgl. Tabelle 14).
In den 242.324 verarbeitenden Unternehmen waren 14.242.024 Personen beschäftigt, im Schnitt arbeiteten dort 55,5 Arbeiter pro Betrieb.
Im Bauwesen existierten 22.661 Firmen mit einer Gesamtbelegschaft von 2.690.123, das waren im Mittel pro Unternehmen 118,1 Personen.
Im Groß- und Einzelhandel sowie im Gaststättengewerbe im weitesten Sinne des Wortes gab es 176.542 Betriebe mit 1.822.622 Angestellten, im Durchschnitt waren pro Betrieb knapp 10,4 Menschen beschäftigt.
In „anderen Industrien“ existierten 58.466 Firmen mit einer Beschäftigtenzahl von 916.902, im Mittel 15,7 Personen.
Das Transportwesen umfasste 38.519 Unternehmen in denen 420.577 Menschen tätig waren, im Durchschnitt arbeiteten pro Firma 10,9 Personen.

Da in der zweiten Volkszählung die ländlichen Betriebe überhaupt nicht auftauchen, kann hinsichtlich quantitativer Veränderungen kein Vergleich angestellt werden. Qualitativ sind in den 10 Jahren zwischen den beiden Volkszählungen Veränderungen zu verzeichnen. Die Volksrepublik China hat die Asienkrise besser überstanden als die anderen süd- und südostasiatischen Staaten, da die chinesische Währung nicht frei konvertibel war und ist. Nach der Asienkrise und dem Zusammenbruch der so genannten „new economy“ setzte sich der Prozess der Globalisierung unvermindert fort. Von der Auslagerungswelle und den ausländischen Direktinvestitionen (ADI) profitierten die südchinesischen und Küstenprovinzen. Allerdings sind seit Mitte der 90er Jahre des 20. Jahrhunderts unzählige ländliche Unternehmen von der Zentralregierung wegen Überkapazitäten innerhalb ein und derselben Branche und auf Grund der industriellen Konzentration auf die Städte geschlossen worden, wieder einmal zu Lasten der Bauern wie Chen und Wu ausführen. So wären auf Grund kollektiver Interessenkonflikte seit 1995 zahlreiche Betriebe der Gemeinden wie Agrar- und baumwollverarbeitende Unternehmen, alle regionalen Stahlfabriken (im Jahr 2000), Zuckerfabriken und Zuckerraffinerien zugemacht worden, wodurch der Zuckerpreis von 2.300 auf 3.100 Yuan pro Tonne gestiegen sei. Alles im Interesse der maroden Staatsunternehmen und der dort freigesetzten Arbeiter.[653]

Unter dem Gesichtspunkt des modernen warenproduzierenden Systems, das durch den Konkurrenzmechanismus zu permanenter Modernisierung und Rationalisierung zwingt, greift die Kritik von Chen und Wu zu kurz. Zweifelsohne waren durch die Schließung ländlicher Unternehmen Arbeitskräfte in diesem

[653] Vgl Chen/Wu 2007. S. 254f. Unter „Freisetzung“ werden die Arbeiter der SEU verstanden, die aus dem Produktionsprozess ausgeschieden sind, aber weiter dem Unternehmen angehören, finanzielle Unterstützung für den Lebensunterhalt bekommen und somit offiziell nicht als Arbeitslose gelten (vgl. Schucher, Günter 2006. Ein Gespenst geht um in China - das Gespenst sozialer Instabilität. In: C. a. 5/2006, S. 47, FN 1). Und damit tauchen sie in den offiziellen Statistiken der städtischen Arbeitsämter nicht auf.

Raum betroffen, die nun größenteils ohne Anstellung dastanden. Jedoch waren diese Betriebe intraregional, landesweit und global gesehen unterproduktiv, also auf dem Markt nicht konkurrenzfähig. Dies führt Wen Jiabao in so ziemlich allen seinen letzten *Reports* an, hier sei nur eine kurze Passage von 2009 zitiert:

"We continued to eliminate backward production facilities. Last year, we shut down small thermal power plants with a total capacity of 16.69 million kilowatts and closed 1,054 small coalmines."[654]

Von der Warte der globalen Konkurrenz aus betrachtet, war und ist es unerlässlich, nicht konkurrenzfähige Unternehmen zu schließen und Überkapazitäten abzubauen, anders formuliert, das Zwangsgesetz der Konkurrenz erzwingt die Schließung.

Zurück zu den ländlichen Betrieben. Mit qualitativ bzw. strukturell beziehe ich mich auf die Größe der Unternehmen und die sektorale Ausrichtung. Die größten Unternehmen sind mit einer durchschnittlichen Belegschaft von 146,1 Personen die ausländisch-investierten, gefolgt von den aus Hongkong, Macau und Taiwan stammenden mit 133,6 Personen. Die SEU rangieren auf Platz drei mit 107,2 Arbeitskräften im Mittel, die JV zählen im Schnitt 24,3 Mitarbeiter und die

---

[654] Wen Jiabao 2009. Report on the Work of the Government (2009). Delivered at the Second Session of the Eleventh National People's Congress on March 5, 2009, S. 2. http://english.gov.cn/official/2009-03/14/content_1259415.htm, S. 1-14. Stand: 14.3.2009. Dass z. B. diese Kohlebergwerke nicht nur unterproduktiv, sondern darüber hinaus die Arbeitsbedingungen lebensgefährlich sind und es oft zu tödlichen Unfällen kommt, dürfte neben den Überkapazitäten mit ein Grund für die Schließungen gewesen sein. Es ist davon auszugehen, dass andernorts neue Zechen geöffnet wurden, mit stillschweigender Billigung korrupten Lokalpolitiker.
Ein Wort zur englischen Sprache, die herrlich offen ist: Wenn z. B. von „eliminate" and „shut down" gesprochen wird, zeigt sich der wahre, ungeschminkte Charakter des modernen warenproduzierenden Systems!

größte Gruppe, die Privatunternehmen (250.734 Firmen) beschäftigen insgesamt 2.170.115 Personen, das sind lediglich 8,6 Arbeitskräfte pro Betrieb (eigene Berechnungen nach Tabelle 16).
Wir haben es mit kleinst-, klein- bis mittelständischen Unternehmen zu tun, wobei die Kleinstbetriebe hervorstechen. Hier dürften schlecht bezahlte Arbeiter und Familienmitglieder tätig sein, die für einen Elendslohn Zulieferaufträge etc. für größere Firmen tätigen.
Ebenso dürfte es mit den im Kommuniqué Nr. 2 aufgeführten 1,3963 Mio. nicht-landwirtschaftlichen Unternehmen aussehen. Wie oben angeführt, geht aus den einzelnen Kommuniqués nicht hervor, ob es sich um Überschneidungen handelt oder ob sie gänzlich anders strukturiert sind. Bei den Familien- und Individualbetrieben (189.334 zu 394.884) handelt es sich mit einiger Sicherheit um Unternehmen, in denen Elendslöhne gezahlt werden, Ausbeutung von Familienmitgliedern und Selbstausbeutung gang und gäbe sind. Die jüngst ans Tageslicht gekommene Versklavung von Kindern, die zur Arbeit gezwungen wurden, spricht Bände. Auch die Arbeitsbedingungen der Frauen sind vielfach katastrophal, wie wir ja am Beispiel der Arbeitsmigrant/innen schon gesehen haben.

Da, wie weiter oben schon erwähnt, in der zweiten Volkszählung die nicht-landwirtschaftlichen Unternehmen unberücksichtigt blieben, lassen sich nur generelle theoretische Überlegungen über die von 1996 aufgelisteten anstellen (vgl. dazu die Tabellen 10 bis14).

Es muss erst einmal unterschieden werden zwischen produktiven und unproduktiven Betrieben. Also einmal solchen, die mittels der Vernutzung von kapitalproduktiver abstrakter Arbeit tatsächlich Mehrwert schöpfen und solche, die an sich unproduktiv sind. D. h., die selbst keine Waren produzieren oder deren Quasi-Produkte nur formellen, aber keinen substantiellen Warencharakter annehmen.[655] Neben den absolut unproduktiven Unternehmen gibt es solche, die relativ unproduktiv sind. Das sind diejenigen, die den Maßstab der gesellschaftlichen Durchschnittsproduktivität nicht erfüllen. Hierbei kommt es auf den Bezugsrahmen dieses Maßstabes an, nämlich ob dies eine Region, die Nationalökonomie oder der Weltmarkt ist.[656] So können die relativ unproduktiven Unternehmen z.B. in der betreffenden Region die dort herrschende Durchschnittsproduktivität erreichen, sind dort also konkurrenzfähig und Mehrwert schöpfend, während sie außerhalb der Region z.B. in einer Nachbarprovinz mit ausländisch-investierten Unternehmen die dort herrschende durchschnittliche Produktivität nicht erreichen, ihre Waren nicht absetzen können.

Für das ländliche China gilt der regionale Bezugsrahmen, denn die chinesische Wirtschaft kann nicht als kohärente Nationalökonomie angesehen werden. Dies lässt sich empirisch auch an Hand des Energieverbrauchs einzelner Provinzen belegen: Gemessen in Tonnen Steinkohleeinheiten (SKE) pro 10.000 Yuan BIP (hier für das Jahr 2005) verbrauchte die Provinz Ningxia 4,14 t SKE, Guizhou 3,25 t SKE, Qinghai 3,07 t SKE, Shanghai 0,88 t SKE, Beijing 0,8 t SKE und Guangdong 0,79 t SKE. Zum Vergleich: Deutschland verbrauchte für je 1.000 Euro BIP lediglich 0,2 t SKE, also das 20fache weniger als Ningxia und immer noch fast das 4fache weniger dessen, was Guangdong einsetzen musste.[657]

---

655 Zu dieser Thematik vgl. dazu Kurz, Robert 1995. Die Himmelfahrt des Geldes, S. 30ff.. In: Krisis. Beiträge zur Kritik der Warengesellschaft, 1995, Nr. 16/17, Bad Honnef, S. 21-76, ferner das Kapitel *Zur Entwicklung des warenproduzierenden Systems*.

656 Vgl. ebd.

657 Vgl. Xiù Cai 2007. China im (Schau) Bild (2) 2007. Nr. 9, S. 4f. In: Xiù Cai 2007, Nr. 87, 20.2.2007, S.1-16, http://xiucai.oai.de/XiuCai/XiuCaiNo87.pdf.

Das verarbeitenden Gewerbe kann dann als produktiv angesehen werden, wenn der Konsum seiner Produkte wieder „in den Produktionszyklus des Mehrwerts zurückkehrt.“[658] Ist dies nicht der Fall, müssen die Unternehmen zu den unproduktiven gezählt werden. Z. B. sind Maschinen und Materialien, die zum Straßenbau verwendet werden, dann unproduktiv, „weil der Konsum der Straßen nicht seinerseits >>produktive Konsumtion<< der Mehrwertschöpfung ist, sondern in der Regel ebenfalls >>herausfällt<<.“[659] Anders verhält es sich, wenn ein privater oder staatlicher Investor die Straßen baut und für die Benutzung Mautgebühren verlangt, um die Kosten wieder hereinzubekommen.[660]

Der Groß- und Einzelhandel ist überwiegend unproduktiv, da hier in erster Linie Waren verkauft und nicht hergestellt werden. Das Gaststättengewerbe ist nur dann produktiv, soweit es produktive Arbeiter verköstigt, da es sich um Reproduktionskosten ihrer „kapitalproduktiven Energie“ (Kurz) handelt.[661] Das Bauwesen (Bürohäuser, Fabriken, Wohnkomplexe) dürfte unter die gleiche oben genannte Kategorie fallen. Sind die dort arbeitenden und lebenden Menschen kapitalproduktiv tätig, ist das Bauwesen als produktiv einzustufen. Die Errichtung von so genannten Konsumtempeln und Vergnügungseinrichtungen dürfte

---

[658] Kurz, Robert 1995. Die Himmelfahrt des Geldes, S. 35. In: Krisis. Beiträge zur Kritik der Warengesellschaft, 1995, Nr. 16/17, Bad Honnef, S. 21-76.

[659] Ebd.

[660] Unter normalen Umständen können staatliche Infrastrukturprojekte keinen substanziellen Warencharakter annehmen. Sie gehören zu den notwendigen Rahmenbedingungen, damit die Marktwirtschaft überhaupt funktioniert. Gerade in China sind Zentralregierung und Lokalregierungen im Rahmen der Öffnungspolitik mit der Errichtung der SWZ infrastrukturell in Vorleistung getreten, um ausländische Investoren anzulocken.

[661] Inwieweit die Tourismusbranche als kapitalproduktiv anzusehen ist, müßte gesondert untersucht werden.

als unproduktiv anzusehen sein. Für Banken-, Kredit- und Versicherungsgebäude gilt dies ebenfalls, weil die dort tätigen Menschen Ware-Geld-Beziehungen bloß vermitteln. Dies ist mithin keine substanzielle Warenproduktion. Diese lohnabhängig Beschäftigten werden qua Umverteilung aus der realen Mehrwertmasse bezahlt. Genauso verhält es sich mit dem Dienstleistungsgewerbe und dem „public service". Das Transportwesen ist dann kapitalproduktiv, wenn es Güter (Rohstoffe, Halbfertigprodukte etc.) an Unternehmen liefert, die selbst wieder zur Reproduktion des Kapitalverhältnisses beitragen. Transportieren Fuhrunternehmen lediglich Fertigprodukte bzw. Personen von einem Ort zum anderen, sind sie unproduktiv.
Unter diesem Aspekt müßten die „non-agricultural township and town enterprises" analysiert werden, was hier im Detail nicht geleistet werden kann, da genauere Angaben über ihre Produktionstätigkeit fehlt. Es kann in Bezug auf die „household unions" und die „individual households" in den Dörfern, wie oben schon angedeutet, davon ausgegangen werden, dass sie kleine „Klitschen" sind, die u. a. für größere Unternehmen Zuliefertätigkeiten ausüben, in denen sich die Individuen und/oder Familienmitglieder selbst ausbeuten bzw. ausgebeutet werden. Von einer realen Mehrwertproduktion dürfte hier nicht die Rede sein.

Bei dieser Betrachtung bleibt erst einmal unberücksichtigt, dass im Grunde genommen die Mehrwertproduktion - global gesehen - eigentlich schon zum Stillstand gekommen ist und nur noch durch den so genannten „Finanzüberbau" simuliert wird.[662]

---

[662] Vgl. u. a. Kurz, Robert 1995. Die Himmelfahrt des Geldes. Strukturelle Schranken der Kapitalverwertung, Kasinokapitalismus und globale Finanzkrise. In: Krisis. beiträge zur kritik der warengesellschaft, Nr. 16/17, 1995, S. 21-76.

Auf Grund der ungleichen statistischen Methoden, die die erste und zweite Volkszählung kennzeichnen, konnten nur bedingt aussagekräftige Ergebnisse herausgefiltert werden.[663] Greifen wir hier nur einige Punkte heraus, die für eine noch nicht vollständig dem Verwertungsprozess unterworfene Landwirtschaft wie der chinesischen charakteristisch sind. Unter der Voraussetzung, dass die Angaben in den jeweiligen Kommuniqués stimmen - eine andere Wahl bleibt uns trotz mancher Ungereimtheiten nicht (siehe weiter oben) - können wir folgendes festhalten:

1. Die landwirtschaftlichen Haushalte nahmen von 1996 bis 2006 um mehr als 6 Mio. zu (plus 3,7%). Ein Grund dafür dürfte die demografische Entwicklung sein, also das weitere Anwachsen der chinesischen Bevölkerung in der Stadt und auf dem Lande. Es fand also trotz einer fortschreitenden Industrialisierung kein grundlegendes „Bauernlegen“ statt, verglichen mit dem in den industriellen Kernländern. Vielmehr werden durch die Politik der Subventionen im Zeichen der Weltwirtschaftskrise aus gesellschaftlichen Gründen - Versuch der Wahrung der sozialen Stabilität - subsistenzwirtschaftliche und unterproduktive Bauernhaushalte am Leben erhalten. Für die einzelnen Familien ist dies wohl die einzige Chance, ihr kärgliches Dasein fristen zu können. Zumal die steigende Belastung der Bauern bis 1998 diese - durchschnittlich gesehen - an den Rand des Ruins und der Verarmung getrieben haben (vgl. Tabelle 39). Erst seit der Jahrtausendwende steuert die Regierung gegen und hat etliche Maßnahmen ergriffen, um die Lebens- und Arbeitsbedingungen der ländlichen Bevölkerung erträglicher zu gestalten,

---

663 Chinas nationales Statistikbüro versucht sich den internationalen Standards anzugleichen, aber aus mannigfaltigen politischen Gründen dürfte es noch ein weiter Weg sein, um dieses Niveau erreichen zu können (vgl. dazu Moser, Günter 2009. Die Strukturreform des chinesischen Statistiksystems. In: C. a. 1/2009, S. 181-201).

bisher allerdings mit kaum messbarem Erfolg.
Obwohl die Zahl der Bauern um 85 Mio. abgenommen haben soll, gibt es immer noch zu viele individuell betriebene Bauernhaushalte, um eine effiziente und konkurrenzfähige landwirtschaftliche Produktion auf die Beine stellen zu können. Nach Chen und Wu würden 100 Mio. ausreichen, um die gesamte Bevölkerung Chinas mit Nahrungsmitteln versorgen zu können. Ich habe gezeigt, dass die überschüssigen Arbeitskräfte in den anderen Sektoren der chinesischen Wirtschaft nicht untergebracht werden können. Dieses Problem ist im Zeitalter der dritten industriellen Revolution schlicht und einfach nicht zu lösen.

2. Die landwirtschaftlichen Holdings haben um fast 40.000 auf 395.00 zugenommen. Aber auch diese sind mit ca. 27 Beschäftigte pro Betrieb im Vergleich zu den Agrarfabriken in den entwickelten OECD-Staaten unterproduktiv und können die überschüssigen Arbeitskräfte nicht absorbieren.[664]
3. Zwar kam es durch den Bau von Gewächshäusern etc. zu einer Diversifizierung in der landwirtschaftlichen Produktion, diese bleibt aber eine Nischenproduktion (u. a. Fischzucht), mit der sich keine nennenswerten Weltmarktanteile erobern lassen.
4. Die Zahl des wissenschaftlich-technischen Personals nahm bis 2006 um 647.000 auf 2.070.000 ab. Obwohl die Regierung Anstrengungen unternimmt, um wissenschaftliche Methoden in den Agrarsektor zu implementieren, kann die Modernisierung und Industrialisierung der Landwirtschaft auf Grund des Mangels an Agrarwissenschaftlern nicht erfolgreich durchgeführt werden. Die angestrebten Maßnahmen der Zentralregierung werden durch die schlechten Lebensbedingungen auf dem Lande konterkariert: verglichen mit der Stadt erfolgt eine unterdurchschnittliche Bezahlung, keine oder kaum eine Absicherung durch Sozial-

---

664 Das heißt nicht, dass einzelne dieser Unternehmen auf dem Weltmarkt nicht doch Mehrwert schöpfen können, ich gehe hier vom Durchschnitt aus.

versicherungssysteme, schlechte infrastrukturelle Verhältnisse i. w. S. d. W. Die gesamten sozialen Sicherungssysteme, die entweder per Gesetz und/oder durch Arbeitskämpfe entstanden sind und die nahezu komplett ausgebildete Infrastruktur (i. w. S. d. W.) der industriellen Kernländern haben sich in einem Zeitraum von 100 bis 150 Jahren herausbilden können.[665] Dies müßte China in ein, zwei Jahrzehnten aus dem Boden stampfen. Ein Ding der Unmöglichkeit, auch, wenn die Beijinger Regierung guten Willens ist, ihre Bemühungen werden durch den Egoismus der Provinzfürsten und nicht zuletzt durch die korrupten Lokalkader torpediert.

5. Laut der zweiten Volkszählung habe sich die Landwirtschaftsmaschinen bis 2006 mehr als verdoppelt. Eine weitere Mechanisierung und Motorisierung dürfte bis zu einem gewissen Grad wohl noch möglich sein, irgendwann stößt sie aber an Grenzen. Wie schon erwähnt sind diese Maschinen für eine durchschnittlich verdienende Bauernfamilie zu teuer. Ferner ist ihr Einsatz auf Grund der geringen Anbaufläche pro Haushalt im Verhältnis zu den Anschaffungskosten weder effektiv noch kurzfristig rentabel. Der Kauf solcher Gerätschaften wäre erst dann lukrativ, wenn die Eigentumsverhältnisse am Grund und Boden im Sinne der Bauern eindeutig geklärt wäre. Welcher Bauer schafft sich schon kostspielige Maschinen an, wenn das Damoklesschwert der Umwidmung des Landes durch korrupte Lokalbeamte permanent über ihm schwebt? Des Weiteren ist in manchen Regionen Chinas der Einsatz von Großmaschinen aus geografischen Gründen nur bedingt möglich.

---

665 Das erstere geschliffen werden und letztere zumindest partiell zu zerfallen drohen, liegt an der enorm gestiegenen Staatsverschuldung und ist als Oberflächenphänomen ein Indiz für den stetigen Niedergang des modernen warenproduzierenden Systems.

Wir sehen, dass auf Grund natürlicher Gegebenheiten sowie aus historischen und gesellschaftlich gewachsenen Verhältnissen eine Mechanisierung, eine wissenschaftlich-technische Modernisierung und damit eine Industrialisierung der chinesischen Landwirtschaft Grenzen gesetzt sind. Gerade unter dem Aspekt, dass das moderne warenproduzierende System an seine innere historische Schranke gestoßen zu sein scheint und die Verwertung des Werts sich selbst ad absurdum geführt hat, kann es China nicht gelingen, seinen Agrarsektor und die ländliche Bevölkerung auf das weltweit herrschende Produktivitätsniveau zu heben.

Die ländliche Bevölkerung im Vergleich mit der in absoluter bzw. relativer Armut lebenden Bevölkerungsschicht

Zunächst muss festgehalten werden, dass ein Vergleich zwischen der ländlichen Bevölkerung und der in absoluter Armut bzw. mit Niedrigeinkommen in Bezug auf die Einkommen möglich ist. Alle anderen Bereiche, wie z. B. die Lebens- und Wohnverhältnisse, sind nur schwer zu vergleichen. Hinzu kommt, dass alle Angaben Durchschnittswerte sind. Ferner werden keine geografischen Angaben über die 592 Schlüsselbezirke gemacht. Eine genaue Differenzierung ist somit nicht möglich. Wenn man jedoch die sozioökonomischen Verhältnisse der Landbevölkerung im Allgemeinen und die der 592 Schlüsselbezirke im Besonderen gegenüber stellt, bekommt man zumindest eine ungefähre Vorstellung unter welchen elenden Bedingungen die 26,1 Mio. absolut Armen und die Niedriglohnbezieher, immerhin 49,77 Mio. Menschen, leben müssen. Insgesamt sind es immerhin 75,87 Mio., fast so viel Einwohner wie in Deutschland leben.

Während das jährliche Pro-Kopf-Einkommen der ländlichen Bevölkerung 2.936 Yuan beträgt, (umgerechnet monatlich ca. 24,5 Euro), und für die Lebenshaltungskosten 2.185 Yuan ausgegeben werden können (pro Monat ca. 18,2 Euro) verfügen die in den 592 Schlüsseldistrikten lebenden Menschen lediglich über 1.582 Yuan Nettojahreseinkommen, das sind ca. 13,2 Euro monatlich. Für den Lebensunterhalt stehen 1.392 Yuan zur Verfügung, also etwa 11,6 Euro im Monat. Zum Vergleich seien hier noch die in absoluter bzw. relativer Armut lebenden Menschen angeführt. Die Niedriglohnbezieher haben ein Jahreseinkommen von 924 Yuan, pro Monat sind dies 7,7 Euro. Und die in absoluter Armut lebenden Personen kommen lediglich auf 668 Yuan, im Monat können sie gerade einmal 5,6 Euro ausgeben.

Damit lagen beide Gruppen unter der von der UNO festgelegten Armutsgrenze von damals einem US Dollar pro Tag, sie lebten also in absoluter Armut. Nach diesem Maßstab würden in China immer noch 150 Mio. Menschen in absoluter Armut leben, also doppelt so viele als die besagten 75,87 Mio.

Mittlerweile ist, wie gezeigt, diese Armutsgrenze von den Vereinten Nationen auf 1,25 USD angehoben worden. Diese Anhebung zeigt, dass sich durch die dritte industrielle Revolution und den damit einhergehenden Globalisierungsprozess der stoffliche Reichtum weltweit immens erhöht hat. Allerdings können sich immer weniger Menschen diese Produkte kaufen, da die Armut ebenfalls weltweit zugenommen hat; eine Perversion des modernen warenproduzierenden Systems, das die Menschen vom Leben ausschließt, die ihre Arbeitskraft mangels Nachfrage nicht verkaufen können.

Tabelle 40: Vergleich der ländlichen Bevölkerung mit der Bevölkerung in den Schlüsseldistrikten

Indicator	„Normal“ rural persons	592-district persons
Per capita annual income (Yuan)	2.936	1.582
Per capita annual living expenditure (Yuan)	2.185	1.392
Per capita floor space of living houses (square meter)	27.9	21.0
Proportion of rural households living in houses of reinforced concrete structure or brick and wood structure (%)	26.6	52.5
Proportion of rural households whose houses were linked with hard surfacing road (%)	49.6	k. A.
Proportion of rural households with toilet (%)	89.9	85.0
Proportion of rural households with heating system (%)	41.5	71.4
Proportion of rural households using liquefied petroleum gas or electricity fuel (%)	10.6	k. A.*
Proportion of rural households using tap water (%)	34.6	33.4
Number of color TV per 100 households	75.1	52.8
Number of telephone owned per 100 households	89.2	35.9
Number of washing machine owned per 100 households	37.3	k. A.
Number of refrigerate owned per 100 households	17.8	6.2
Number of motor cycle owned per 100 households	36.2	k. A.

* Vgl. dazu Tabelle 26. Hier wird angegeben, dass 36,6 % der Haushalte aus den 592 Schlüsselbezirken Schwierigkeiten haben Heizmaterial zu bekommen und 13,2 % haben Probleme mit der Wasserversorgung, ferner haben 11,1 % lediglich Zugang zu verschmutztem Trinkwasser.

Quelle: Eigene Zusammenstellung an Hand der Tabellen 23, 25-29.

Bevor ich weiter auf die beiden untersten Schichten der chinesischen Bevölkerung eingehe, wird ein Blick auf die wichtigsten Indikatoren der obigen Tabelle zu werfen sein. Zu beachten ist erstens, dass es sich um Durchschnittswerte handelt, die über die konkrete Lebenssituation der einzelnen Familien wenig aussagen. So dürften die Verhältnisse im Westen des Landes, zumal auf Hochplateaus oder in unzugänglichen Bergregionen weitaus schwieriger sein als z. B. im Osten Chinas. Allerdings werden in dem Bericht die 592 Schlüsselbezirke nicht lokalisiert. Zweitens ist gegenüber den offiziellen Angaben Vorsicht geboten, so realistisch und ungeschönt sie auf den ersten Blick auch scheinen mögen.

Die ländliche Bevölkerung hat pro Kopf 6,9 qm Wohnfläche mehr zur Verfügung als die der Schlüsseldistrikte. Allerdings sollen diese fast doppelt so viel in festen Gebäuden aus Ziegeln oder Ziegel-Holz-Häusern leben als erstere. 88,9% bzw. 85% verfügen über eine Toilette. Es geht daraus aber nicht hervor, um welche Art von Toilette es sich handelt. Nach der zweiten Volkszählung, die ja den gesamten ländlichen Raum umfassen sollte, haben demnach 28.380.000 Menschen ein WC (12,3%), eine Trockentoilette 97.960.000 (44,3%) und einen Abort bzw. überhaupt keine Toilette 97.740.000 (42,9%). Insofern wiesen diese Angaben schon relative Unstimmigkeiten auf.
Über ein Heizungssystem verfügen 41,5% bzw. 71,4%, wobei die Bewohner der Schlüsselbezirke deutlich besser abschneiden. Gründe dafür werden nicht angegeben, ebenso wenig über die Art der Heizung. Bei der Versorgung mit Leitungswasser ist das Verhältnis von 34,6% zu 33,4% nahezu identisch. Es zeigt sich darin aber auch, dass fast zwei Drittel der Landbevölkerung keinen Wasserleitungsanschluss besitzen. Wenn man jetzt noch bedenkt, dass die Kleinstädte mit in diese Volkszählung bzw. den Armutsreport eingeflossen sind (für letzteren

sein dürfte, denn auch dies geht aus dem Bericht nicht eindeutig hervor), dann sieht die Versorgung mit Leitungswasser in den Dörfern etc. wohl noch schlimmer aus.
Auch die Angaben über langlebige Konsumgüter sind mit einer gewissen Vorsicht zu betrachten. So sollen 75,1% der ländlichen Bevölkerung einen Farbfernseher besitzen, nur 52,8% die Bewohner der Schlüsselbezirke. Noch schlechter ist das Verhältnis bei Telefonen (89,2% zu 35,9%), wobei auch hier nicht deutlich wird, ob es sich um Festnetzanschlüsse oder um Mobiltelefone handelt. Bei den Waschmaschinen werden für die Schlüsseldistrikte keine An-gaben gemacht. 37,3% der durchschnittsverdienenden Bauern sollen eine besitzen. Allerdings dürfen diese Maschinen nicht mit europäischen Standards gemessen werden, denn sie verfügen nicht über deren Komfort. Noch bescheidener ist die Ausstattung mit Kühlschränken, hier liegt das Verhältnis bei 17,8% zu 6,2%. 36,2% der normalen Bauernhaushalte verfügen über ein Motorrad, für die Schlüsselbezirke werden keine Angaben gemacht.

Obwohl die Ausstattung mit so genannten „fordistischen" Gütern für die durchschnittliche Bauernfamilie sehr niedrig ausfällt - gemessen an dem Niveau, dass in den chinesischen Städten herrschen dürfte und bezogen auf die Industriestaaten -, und äußerst dürftig in den Schlüsselbezirken und obwohl diese Zahlen durchaus realistisch erscheinen, muss eine Frage gestellt werden: Wie können sich diese beiden Einkommensgruppen bei einem Nettoeinkommen von 18,2 bzw. 13,2 Euro diese langlebigen Haushaltgüter überhaupt leisten? Zu beachten ist, dass der Engel-Koeffizient für die ländlichen Bewohner 2004 bei 47,2 % lag. Das bedeutet, dass fast die Hälfte des monatlichen Einkommens für Lebensmittel, Bekleidung etc. ausgegeben wird.

Werfen nun einmal einen Blick auf die Preise für langlebige Konsumgüter. Auf der Homepage von *alibaba.com*, einem Großhändler, dessen Preise in etwa identisch sind mit denen der chinesischen Kaufhäuser, wird z. B. der Preis für ein

Farbfernsehgerät mit 205 bis 210 Yuan RMB angegeben,[666] das nächst teurere Gerät kostet zwischen 290 und 310 Yuan RMB.[667] Es gibt natürlich auch Fernseher, die weitaus kostspieliger sind, da sie über LED und HDMI verfügen. Diese liegen preislich z. B. zwischen 6.900 und 15.000 Yuan RMB.[668]
Telefone kosten ca. 25 Yuan RMB aufwärts,[669] es gab sie auch unter diesem und natürlich über diesem Preis zu kaufen.
Die preisgünstigste Waschmaschine, die bei *alibaba* zu finden war, kostete 818 Yuan RMB[670] und die nächst günstigere 888 Yuan RMB,[671] alle anderen lagen bei über 1.000 Yuan RMB. Hier muss man wissen, dass sie lediglich kalt waschen, also mit den in Europa gebräuchlichen nur bedingt zu vergleichen sind. Für Kühlschränke muss man mehr als 1.000 Yuan RMB bezahlen, der günstigste lag bei 1.299 Yuan RMB,[672] alle anderen lagen preislich darüber.

---

666 http://detail.china.alibaba.com/buyer/offerdetail/44963219.html, S. 1, S. 1-1. Stand: 6.3.2010.

667 http://detail.china.alibaba.com/buyer/offerdetail/312484072.html#playerStart, S. 1. S. 1-1. Stand 6.3.2010.

668 http://search.china.alibaba.com/search/offer_search.htm?keywords=tv&button_click=top, S. 1. S. 1ff. Stand: 6.3.2010.

669 http://search.china.alibaba.com/selloffer/%E7%94%B5%E8%AF%9D%E6%9C%BA/17.html?sort_promotion=false&is_no_repost=false&is_only_alipay=false&show_style=img&only_one_price=false&offset=17, S. 17, S. 1-17. Stand: 6.3.2010.

670 http://detail.china.alibaba.com/buyer/offerdetail/398061721.html, S. 6. S. 1. -13. Stand: 6.3.2010.

671 http://detail.china.alibaba.com/buyer/offerdetail/398066485.html#playerStart, S. 1. S. 1-13. Stand: 6.3.2010.

672 http://detail.china.alibaba.com/buyer/offerdetail/505630509.html, S. 2, S. 1-10. Stand: 6.3.2010.

Und ein einfaches Motorrad war für 240 Yuan RMB zu haben,[673] hingegen kostete ein Lastentransportmotorroller ca. 4.500 Yuan RMB.[674] Das sind die Fortbewegungsmittel mit denen die Bewohner im ländlichen Raum Güter und Waren transportieren wollen. Das oben zuerst genannte taugt dafür nicht.

Wenn wir nun zugrunde legen, dass die ländliche Bevölkerung 2.936 Yuan jährlich verdient und die Bevölkerung in den 592 Schlüsselbezirken mit 1.582 etwas mehr als die Hälfte der erst genannten Gruppe, wird verständlich, warum beide Schichten relativ schlecht mit langlebigen Konsumgütern ausgestattet sind.

Ziehen wir von den Einkommen den Betrag für die Lebenshaltungskosten ab, so kommen wir bei der ländlichen Bevölkerung auf einen „Überschuss“ von 851 Yuan - jährlich! Bei den in den Schlüsselbezirken lebenden Menschen beträgt der „Überschuss“ 190 Yuan - ebenfalls jährlich. Wie wir gesehen haben, gibt es im ländliche Raum für die überwiegende Mehrheit der Bevölkerung weder eine Kranken- noch eine Rentenversicherung. Die Familien müssen also in doppelter Hinsicht für die Zukunft vorsorgen, einmal muss Geld für eventuell auftretenden Krankheitsfälle gespart werden, die ein oder mehrere Familienmitglieder treffen können.[675] Zum anderen werden die älteren Menschen ein Teil der angesparten Summe im Alter aufbrauchen.

---

673 http://search.china.alibaba.com/selloffer/%E6%91%A9%E6%89%98%E8%BD%A6%E5%93%88%E9%9B%B7/2.html?sort_promotion=false&is_no_repost=false&is_only_alipay=false&show_style=img&only_one_price=false, S. 2, S. 1-15. Stand:6.3.2010.

674 http://detail.china.alibaba.com/buyer/offerdetail/153489521.html#playerStart, S. 15. S. 1-15. Stand:6.3.2010.

675 Weiter oben wurde gezeigt, dass u. a. die hygienischen und ökologischen Verhältnisse alles andere als gut sind, sie befördern also Krankheiten mehr als es in der Stadt der Fall ist.

Nun schauen wir uns einmal die Preise für die langlebigen Konsumgüter unter diesem Blickwinkel an und machen ein kleines Gedankenspiel. Weiter oben haben wir gesehen, dass die Sparquote in China die höchste der Welt ist. Allein 2003 wurden 30% vom Einkommen gespart, nicht ohne Grund, wie demonstriert. Das bedeutet, dass die ländliche Bevölkerung im Durchschnitt jährlich 255,30 Yuan spart, es bleiben dann 595,70 Yuan für konsumtive Ausgaben, ebenfalls jährlich. Bei den in den 592 Schlüsselbezirken lebenden Menschen würde 57,00 Yuan gespart und 133 Yuan könnten jährlich für langlebige Konsumgüter ausgegeben werden.
Es stellt sich aber die Frage, ob die im ländlichen Raum lebende bäuerliche Bevölkerung dies auch tun würde, denn laut einem Gesundheitsforscher aus Beijing, Liu Jitong, müssten 70% der chinesischen Bevölkerung im Krankheitsfall alle Kosten selbst übernehmen.[676] Eine Umfrage unter Bauern in 31 Provinzen ergab, dass 67% sich den Gang zum Arzt nicht leisten könnten.[677] Denn wenn jemand einmal ernsthaft krank werden sollte, wie z. B. die Tochter einer Migrantenfamilie in Beijing, die eine Hirnhautentzündung bekam, dann kostet die Behandlung im Krankenhaus 50.000 Yuan. Allein Infusionen für Kinder belaufen sich 145 Yuan.[678]

Insofern ist es fraglich, ob das zur Verfügung stehende Geld für langfristige Konsumgüter ausgegeben wird. Langlebige Konsumgüter dürften sich lediglich die über dem Durchschnitt verdienenden ländlichen Haushalte leisten können.

---

676 Vgl. Faz.Net 2008. Chinas Gesundheitssystem. Krankheit kann den Ruin bedeuten, S. 1. http://www.faz.net/s/Rub00FF9a9C12F34E50BC46B4A9D1B2FFB4/Doc~E68753AA650FC4E08B146A31017C5B1EB~Atp/~Ecommon~Scontent.html, S. 1-3. Stand: 22.2.2010.

677 Vgl. ebd., S. 3.

678 WOZ. Die Wochenzeitung 2007. Das Ende der großen Solidarität, S. 5. http://www.woz.ch/artikel/print_15529.htmlk, S. 1-5. Stand: 6.11.2007.

Aber gehen wir einmal davon aus, dass - rein theoretisch - die Überschüsse für den Konsum ausgegeben werden, dann ließe sich berechnen, wie lange eine Familie braucht, um sich diese „weiße“ und „braune“ Ware kaufen zu können.

Tabelle 40a: Verhältnis von Preisen für langlebige Konsumgüter zum Aufwand (in Monaten)

Preis für langlebige Konsumgüter		ländliche Bevölkerung	592 Schlüsselbezirke
Farbfernseher	205	4,13	15,41
Farbfernseher	210	4,23	18,94
Telefon	25	0,35	2,26
Waschmaschine	818	16,48	73,80
Waschmaschine	888	17,89	80,12
Kühlschrank	1.299	26,17	117,20
einfacher Motorroller	240	4,83	21,65
LTMR*	4.500	90,65	406,02

* LTMR = Lastentransportmotorroller

Quelle: Eigene Zusammenstellung und Berechnung an Hand der ländlichen Sparaufkommen

Legen wir das für konsumtive Zwecke verbliebene Einkommen von 595,70 Yuan respektive 133 Yuan zugrunde, so kann sich ein ländlicher Haushalt nach 4,13 bzw. 4,23 Monaten einen Farbfernseher kaufen. Die Familien aus den Schlüsselbezirken benötigen für den Kauf das für konsumtive Zwecke zur Verfügung stehende Geld von 15,41 respektive 18,94 Monaten.

Ein Telefon kann sich die ländliche Bevölkerung nach weniger als einem Monat (0,35) anschaffen, die in den Schlüsselbezirken lebenden Menschen benötigen dafür mehr als 2 Monate (2,26), jeweils vorausgesetzt, dass sie mit Elektrizität

versorgt werden.
Weitaus problematischer ist der Erwerb einer Waschmaschine und eines Kühlschranks. Für ersteres Gerät benötigt ein ländlicher Haushalt etwas mehr als 15 bzw. fast 18 Monate, die in den Schlüsselbezirken brauchen dagegen mehr als 6 respektive fast 7 Jahre. Einen Kühlschrank können sich die ländlichen Familien nach mehr als zwei Jahren kaufen, die ärmere Bevölkerungsschicht braucht dafür fast 10 Jahre.
Für den Erwerb eines einfachen Motorrollers brauch die erste Gruppe fast 5, die zweite etwas mehr als 21 Monate.
Der Lastentransportmotorroller dürfte für die in den Schlüsselbezirken lebenden Menschen unerschwinglich sein, denn dafür benötigen sie mehr als 33 Jahre, die ländliche Bevölkerung könnte ihn nach mehr als 7,5 Jahren kaufen. Auch dies ist ein relativ langer Zeitraum.

Angemerkt werden muss hier zweierlei. Erstens sind dies Durchschnittswerte, denn die Kaufkraft in den ländlichen Gebieten des Ostens und an der Küste dürfte größer sein als in den innerchinesischen und westlichen Regionen. Zweitens kann sich die ländliche Bevölkerung diese langlebigen Konsumgüter nicht auf einmal leisten. Summieren wir einmal die errechneten Zeiträume für den Kauf einer Waschmaschine, eines Kühlschranks und eines einfachen Motorrollers, so kommen wir für die ländliche Bevölkerung auf 47,48 respektive 48,89 Monaten, also etwas mehr als 4 Jahre. Für die 592 Schlüsselgebiete beläuft sich der Zeitraum auf 212,97 bzw. 218,97 Monate, das wären knapp unter 17 bzw. etwas mehr als 18 Jahre.

Nun lassen wir einmal die Schlüsselgebiete beiseite, ebenso den Personenkreis, der in relativer Armut lebt sowie die Niedriglohnbezieher. Dann können wir von ca. 700 Mio. Menschen ausgehen. Bei einer durchschnittlichen Familiengröße von fünf Personen, wären das 140 Mio. Haushalte,[679] die im Mittel etwa die oben genannte Summe von jährlich 2.936 Yuan als Einkommen erzielen. Von diesen Haushalten hatten 62,7% keinen Waschmaschine, in absoluten Zahlen ausgedrückt, wären dies 87,78 Mio. Familien. Keinen Kühlschrank hatten 82,2%, das wären 115 Mio. Haushalte. Und als potentielle Käufer eines Motorrollers kämen 63,8% in Frage, absolut wären dies 89,32 Mio. Familien für den genannten Untersuchungszeitraum der zweiten Volkszählung.

Wenn wir die Nettoeinkommen der ländlichen Haushalte für 2008 zugrunde legen, kommen wir mit 4.761 Yuan durchschnittlichem Einkommen zu einem positiveren Ergebnis. Zwar beträgt der Engel-Koeffizient immer noch über 40%, genau 43,7%. D. h. 2.080,56 Yuan (aufgerundet) müssen für Lebenshaltungskosten ausgegeben werden.[680] Das verfügbare Einkommen beliefe sich dann auf 1.960,44 Yuan jährlich. Zieht man davon eine Sparquote von 30% ab, verbleiben 1.372,31 Yuan, die für konsumtive Zwecke verausgabt werden könnten. Könnten, denn die Binnennachfrage der ländlichen Bevölkerung beträgt nur 30% des Bruttosozialprodukts (BSP).[681] Dadurch aber, dass die Weltwirtschaftskrise China ebenso getroffen hat wie die Industriestaaten, wird die auf dem Land lebende Bevölkerung trotz Subventionsanreizen seitens der Regierung auf Grund der fehlenden sozialen Sicherungssystem nicht mehr, eher weniger konsumieren. Hinzu kommt, dass

---

679 Wahrscheinlich ist der Fünf-Personen-Haushalt zu niedrig gegriffen, die Großeltern mit einbezogen käme man mindestens auf sieben vielleicht mehr Familienmitglieder.

680 National Bureau of Statistics of China (Hrsg.) 2009. Statistical Communiqué of the People‘s Republic of China on the 2008 National Economic and Social Development, S. 16. http://www.stats.gov.cn/english/newsandcomingevents/t20080226_402540784.htm, S. 1-19. Stand: 26.2.2009.

681 ZEITONLINE AUSLAND 2009. Herr Lu, Herr Li und die Krise, S. 5. http://www.zeit.de/2009/07China?page=all&print_true, S. 1-9. Stand: 16.2.2010.

geschätzte 40 Mio. Bauernarbeiter ihre Stellung verloren haben, so viel, wie die Internationale Arbeitsorganisation (ILO) im Jahr 2009 für die ganze Welt erwartet hatte.[682] D. h., die Transferzahlungen der *dagongmei* und *dagongzai* an ihre Familien sind massiv eingebrochen, Geld, das im ländlichen Raum schmerzhaft fehlt.

Als Fazit kann festgehalten werden, dass mit einer ländlichen Bevölkerung von ca. 900 Mio., die ihr Geld eher spart, als dass sie es konsumiert, zumal ihre Einkünfte alles andere als dazu angetan sind, im großen Stil langlebige Konsumgüter zu kaufen, kann China nie Lokomotive der Weltwirtschaft werden - es bleibt schlicht und einfach ein - wenn auch aus Sicht des Kapitals notwendiger - Tender der globalen Ökonomie. Und hierbei lasse ich das - nicht ungewisse - Schicksal des modernen warenproduzierenden Systems beiseite.
Bezeichnenderweise wird erst zum Schluss des Armutsberichts kurz auf die Situation der Frauen in den 592 Schlüsselbezirken eingegangen, deren Situation verglichen mit den Männern noch verheerender ist.[683]

---

682 taz.de 2009. Die Welt wird arbeitslos. 40.000.000 Chinesen ohne Job, S. 1. http://www.taz.de/1/archiv/print-archiv/printressorts/digi-artikel/?ressort_sw&dig=2009%2F=2%2F27%2Fa=115&cHash=ff357fe56f, S. 1-4. Stand: 16.2.2010.

683 Verwundern dürfte dies eigentlich nicht, denn in der Zhou-Dynastie (1045-221 v. u. Z.) etablierte sich die Primogenitur und das patrilineare Herrschaftsverhältnis (vgl. dazu Kuhn 1991, S. 179f. und 182ff.) Es besagt folgendes: den Ahnenkult durfte nur der Herrscher bzw. der älteste Sohn der Hauptfrau ausüben, der damit gleichzeitig auch legitimer Thronfolger und Familienoberhaupt war. Diese Praxis setzte sich bei allen Sippen und Familien durch. Dadurch verfestigte sich die Herrschaft des Mannes über die Frau. Die patrilineare Struktur wurde während des gesamten Kaiserreichs nie in Frage gestellt, auch wenn Frauen z. B. am Kaiserhof hinter den Kulissen ab und an die Fäden zogen. Auf dem Lande haben sich diese Verhältnisse bis heute erhalten und in den Städten dürfte es in Bezug auf das Arbeitsleben kaum anders sein. Auch Mao Zedongs Ausspruch, Frauen seien die andere Hälfte des Himmel, hat die Lage des weiblichen Geschlechts

So ist die Analphabetenrate unter den Arbeiterinnen fast dreimal höher als unter den männlichen Kollegen, im Alter zwischen 16 und 25 liegt sie eineinhalbmal höher. Es arbeiten auch mehr Frauen in der landwirtschaftlichen Produktion als Männer (wie weiter oben schon gezeigt). Und von den schätzungsweise 150 Mio. Arbeitsmigranten sind 47,5% Frauen, die u. a. in Fabriken ausländisch-investierter Unternehmen tätig sind.
Auf der anderen Seite sind Frauen als Führungskräfte gänzlich unterrepräsentiert. Dies sowohl auf politischer als auch auf ökonomischer Ebene. Nur 13,2% bekleiden eine Führungsposition, wie der Bericht ausweist. Dabei darf nicht vergessen werden, dass diese Frauen in leitenden Funktionen gleichzeitig auch noch für den Haushalt, die Kindererziehung etc. zuständig, also doppelt vergesellschaftet sind.

Es ist schon darauf hingewiesen worden, dass diese Problematik, so wichtig sie ist, hier nicht in dem notwendigen Maße vertieft werden kann. Die sozioökonomische Rolle der chinesischen Frau muss durch einen historischen Rückgriff, der mit der Zhou-Dynastie beginnt und dass Kaiserreich umfasst, analysiert werden, um ihre gegenwärtige gesellschaftliche Stellung richtig verstehen zu können. Hier sei nur so viel angemerkt, dass im kaiserlichen China die Arbeitskraft einer Bauersfrau nahezu gleich viel galt, wie die des Mannes. Es zählten Erfahrung und Geschicklichkeit im landwirtschaftlichen Produktionsprozess. Machen wir einen Sprung in die Mao-Ära. Nach Auffassung von Wen verschlechterte sich mit der Auflösung der Volkskommunen die Stellung der Frau:

"Die Entkollektivierung hatte auch gravierende soziale Auswirkungen. Frühere Versorgungsansprüche von Frauen wurden durch die Bestimmung der männlichen

---

nicht grundlegend verändert.

Haushaltsvorstände zu Vertragsnehmern ausgehöhlt."[684]

Mit anderen Worten, die patriarchalischen Strukturen wurden wieder hergestellt, da der Mann der alleinige Ansprechpartner der Behörden wurde.

Kommen wir nun zu einer anderen „Baustelle", der wachsenden sozialen Unruhen, die sich durch die Weltwirtschaftskrise noch verschärfen könnte.

---

684 Wen Dale 2007. Wie China die Globalisierung bewältigt. Ein kritischer Blick auf die Reformpolitik seit 1978, S. 24. Mit einer Einleitung von Kerstin Kupfer. Http://www.asienhaus.de/public/archiv/focus28.pdf, S. 1-64.

Wachsende gesellschaftliche Instabilität auf dem Lande

Die Geschichte des kaiserlichen China ist u. a. geprägt durch die unterschiedlichen Herrschaftsstrukturen in der Stadt und auf dem Lande, wie schon Max Weber feststellte:

"Im schroffsten Gegensatz zum Okzident, aber in Uebereinstimmung mit den indischen Verhältnissen, hatten vielmehr die Städte, als kaiserliche Festungen, im Effekt wesentlich w e n i g e r rechtlich garantierte >>Selbstverwaltung<< als die Dörfer: die Stadt bestand formell aus >>Dorfbezirken<< unter je einem besonderen tipao (Aeltesten) und gehörte oft mehreren unteren (hsien), in manchen Fällen sogar mehreren oberen (fu) Verwaltungsbezirken mit gänzlich gesonderter staatlicher Verwaltung an (. . .). Es fehlte den Städten schon rein formell die Möglichkeit, Verträge - privatrechtlicher oder politischer Art - zu schließen, Prozesse zu führen, überhaupt korporativ aufzutreten, wie sie die Dörfer - wir werden sehen durch welches Mittel - besaßen."[685]

Zwar gab es auch in den Städten oft genug Revolten der Stadtinsassen, diese bezogen sich aber immer auf die Beseitigung eines missliebigen Beamten oder z. B. auf die Verringerung der Steuerlast, nie ging es jedoch darum, die „politische" Freiheit der Stadt erringen zu wollen.[686] Anders verhielt es sich im ländlichen Raum, der von der extensiven Verwaltung des Kaiserreiches nie wirklich erreicht wurde.

"Außerhalb der Stadtmauern hörte ihre Gewalt sehr schnell auf, wirklich effektiv zu sein.

---

685 Weber, Max 1988[1920]. Gesammelte Aufsätze zur Religionssoziologie I, Tübingen, S. 293 (Hervorhebung im Original).

686 Vgl. ebd., S. 291f. Der Begriff „politisch", den Weber verwendet, kann streng genommen erst auf die kapitalistische Gesellschaftsformation angewandt werden, da es hier zu einer Trennung in einerseits den Staat, andererseits die Gesellschaft kam (zu dieser Problematik vgl. Polanyi, Karl 1995. The Great Transformation. Politische und ökonomische Ursprünge von Gesellschaften und Wirtschaftssystemen, 3. Auflage, Frankfurt am Main).

Denn neben der an sich schon großen Gewalt der Sippen stand hier auch noch die organisierte Selbstverwaltung des D o r f e s als solchen ihr (der kaiserlichen Verwaltung; RGP) gegenüber. (. . .) >>Stadt<< gleich Mandarinensitz ohne Selbstverwaltung, - >>Dorf<< gleich Ortschaft mit Selbstverwaltung ohne Mandarinen!"[687]

Und, wie in dem ersten Zitat von Weber schon angedeutet, hatte das Dorf ein Organ der Selbstverwaltung, nämlich den Dorftempel, der über Grundeigentum verfügte, das verpachtet wurde. Den Reinerlös verteilten die Tempelverwalter. Diese Funktion übernahmen abwechselnd die Hausväter des Dorfes. Neben diesen standen die Sippenältesten und Literaten, die von der kaiserlichen Verwaltung allein als Vertreter des Dorfes anerkannt wurden. Darüber hinaus hatte der „Tempel" Gerichtsbarkeit in Bagatellsachen und dieses Gericht genoss das Vertrauen der Bevölkerung, nicht die „staatliche"[688] Gerichtsbehörde.[689] Den korporativen Charakter des Dorfes machte aber noch etwas anderes aus:

"Der Dorftempel enthielt das Waffendepot des Dorfs. Durch den Dorftempel, der in dieser Funktion der >>Stadt<< f e h l t e, war das Dorf rechtlich und faktisch als Kommunalkörper aktionsfähig. Vor allem: das D o r f, n i c h t aber die S t a d t, war ein, im Umkreis der Interessen der Dorfbewohner, w e h r h a f t e r Verband."[690]

---

687 Ebd., S. 381 (Hervorhebung im Original).

688 Von Staatlichkeit im modernen Sinne kann hier, wie Weber es tut, nicht gesprochen werden, allenfalls von einer vormodernen staatlichen Struktur, die allerdings, wie wir gesehen haben, nicht alle Bereiche der Gesellschaft umfasste. Der Staat ist ein Produkt des modernen warenproduzierenden Systems.

689 Vgl. Weber, S. 381f.

690 Ebd., S. 382f. (Hervorhebung im Original).

In prosperierenden Zeiten waren die Dörfer befriedet, in Krisenzeiten wurden sie ein Hort des Widerstands und der Aufruhr, sowohl gegen eindringende Fremdvölker wie auch gegen die Zentralgewalt leisteten sie Widerstand, was einige Male zum Sturz einer Dynastie beigetragen hat.

Die ländlichen Regionen Chinas waren also von jeher schwer zu kontrollieren und zu verwalten. Dieses Problem tauchte mit Beginn des ökonomischen Transformationsprozesses, der auch zwangsläufig politische Implikationen nach sich zog, wieder auf und führte seit Mitte der 80er Jahre bis heute zu einer wachsenden Instabilität auf dem Lande.

Der folgende Abschnitt untersucht zuerst die Ursachen für das Aufkommen dieser sozialen Instabilität im ländlichen Raum, die u. a. auf die größere administrative Autonomie der Lokalbehörden zurückzuführen ist. In dialektischer Vermittlung ging damit eine Stärkung der politischen und ökonomischen Macht der unterhalb der Zentralregierung angesiedelten Gebietskörperschaften einher, die auf der anderen Seite aber auch mehr verwaltungstechnische Verpflichtungen aufgebürdet bekamen. Diese versuchten die weiter oben angesiedelten Lokalregierungen an die untergeordneten abzuwälzen: die Provinzregierungen an die Bezirke, diese an die Kreise bzw. Städte auf Kreisebene, jene auf die Gemeinden und Kleinstädte. Diese sind formal gesehen die letzte Stufe der staatlichen Verwaltungshierarchie. Die Dörfer können sich selbstverwalten.[691] Wie schon erwähnt, existieren Verwaltungsdörfer und so genannte natürliche Dörfer, was des Öfteren zu Interessenkollisionen zwischen ihnen führte und führt.

"Dabei sind die verfassungsmäßig vorgesehenen Selbstverwaltungsorgane (. . .) grundsätzlich in den Verwaltungsdörfern angesiedelt. Ihre Arbeit wird teilweise dadurch

---

691 Vgl. Holbig, Heike 2001. Lokalverwaltung in der VR China. Zum Wandel parteistaatlicher Kontrollstrukturen seit 1979, S. 162. In: C. a. 2/2001, S. 153-168.

erschwert, dass die im Einzugsbereich eines Verwaltungsdorfes liegenden und in den Selbstverwaltungsorganen vertretenen natürlichen Dörfer divergierende oder gar konkurrierende Interessen verfolgen."[692]

Diese untersten Verwaltungseinheiten bekommen den fiskalischen Druck der formal letzten staatlichen Verwaltungen, also den Gemeinden und den Kleinstädten, zu spüren. Und die den Dörfern vorstehenden Funktionäre - wen wundert es? - geben diesen Druck an das schwächste Glied in der Kette weiter, nämlich an die Bauern. Wobei deren Erfindungsreichtum in Punkto Sonderabgaben und Spezialgebühren etc. keine Grenzen zu kennen scheint, wie Chen und Wu ja ausführlich geschildert haben (s. w. o.). Damit komme ich dann auf die Gründe für die Massenvorfälle zu sprechen, die sich allerdings nicht auf die untersten Verwaltungsebenen beschränken. Die häufigste Ursache für diese Proteste ist die Umwidmung von Ackerland und die unzureichenden Kompensationszahlungen an die betroffenen Bauern, denen dadurch ihre Existenzgrundlage entzogen wird. Weitere Gründe für den Widerstand der ländlichen Bevölkerung gegen Kader sind u. a. die sich häufenden lokalen Korruptionsfälle, Umweltzerstörung etc. Diese stelle ich in einem Überblick dar und liste anschließend die Formen der Proteste auf. Offizielles Zahlenmaterial belegt, dass bis 2005 die Massenvorfälle um das 10fache auf 87.000 gestiegen sind, 1993 waren es rund 8.700, und die Zahl die Beteiligten belief sich im Jahre 2003 auf insgesamt 3 Millionen.[693]

Diese Proteste - neben Demonstrationen versuchen die Akteure sich bewusst an die verfassungsmäßig erlaubten Formen wie Petitionen und Verwaltungsklagen zu halten - richten sich nicht gegen das politische System der VR China in seiner Gesamtheit, auch nicht gegen die Herrschaft der KP, sondern haben bis dato einen regional begrenzten Charakter. Wie die Zentralregierung und die lokalen

---

692 Ebd.

693 Schucher, Günter 2007. Chinas Streben nach Harmonie: Wunsch und Wirklichkeit, S. 41. In: C. a. 5/2007, S. 40-69.

Behörden darauf reagieren, wird nachfolgend zu zeigen sind, wobei in diesem Zusammenhang Einzelbeispiele und die Reaktionen der jeweiligen Verwaltungsorgane der Illustration dienen. Zum Abschluss ziehe ich ein Fazit.

Die Ursachen für das Aufkommen sozialer Instabilität auf dem Lande

In dem Kapitel über die chinesische Planwirtschaft wurde schon darauf verwiesen, dass das chinesische Modell sich zwar am sowjetischen Vorbild orientierte, den einzelnen Regionen aber nach dem Autarkie-Prinzip mehr Entscheidungsbefugnisse einräumte. Einerseits strebte Mao Zedong eine Diversifizierung des Industrialisierungsprozesses an (was zum größten Teil nicht gelang), andererseits befürchtete die chinesische Führung während des Koreakrieges eine bewaffnete Konfrontation auf eigenem Territorium. In erster Linie wären davon die Ostküste und die ehemalige Mandschurei als schwerindustrielles Zentrum betroffen gewesen. Ende der 60er, zu Beginn der 70er Jahre des 20. Jh. spitzte sich der Konflikt mit der UdSSR zu. Aus diesem Grunde wurde an dem Prinzip der relativen Dezentralisierung und dem Autarkiestreben festgehalten. Mit dem Beginn des Transformationsprozesses Ende der 70er Jahre wurde die lokale Autonomie der unterhalb der Zentralregierung angesiedelten Verwaltungseinheiten zum integralen Bestandteil der Reform.

"Im Übergang von der Plan- zur Marktwirtschaft sollten die Lokalregierungen als aktive Träger einer Wiederherstellung regionaler Marktstrukturen dienen. Die Kommerzialisierung des Agrarsektors, die Industrialisierung der ländlichen Wirtschaft sowie die Urbanisierung und allgemeine Modernisierung des Landes waren früh formulierte Ziele der Reformpolitik, zu deren Verwirklichung den lokalen Verwaltung erhebliche Gestaltungsfreiräume zugestanden wurden."[694]

---

[694] Holbig, Heike 2001. Lokalverwaltung in der VR China. Zum Wandel parteistaatlicher Kontrollstrukturen seit 1979, S. 154. In: C. a. 2/2001, S. 153-168. Nachfolgend beziehe ich mich auf diesen Artikel, wobei

Da auf der obersten Führungsebene der KPCh und dem Regierungsapparat Widerstand gegen die Reformen Deng Xiaopings entflammt war, mussten er und seine Gefolgsleute mit den regionalen Führungen Bündnisse eingehen, die ihren Preis eben in der Dezentralisierung von Kompetenzen hatten, die fünf Schlüsselbereiche umfasste.

Erstens, auf der legislativen Ebene konnten ab 1979 die untergeordneten Volkskongresse (von der Provinzebene abwärts bis zur Gemeinde) Gesetze und Verordnungen erlassen, die ihren je spezifischen Bedürfnisse entsprachen. Allerdings durften diese Gesetze nicht im Widerspruch zu der nationalen Gesetzgebung stehen. Einerseits führte diese rechtliche Teilautonomie zu einer lawinenartigen gesetzlichen Regelung, gegen die die Zentrale immer wieder einschritt, andererseits hatte die lokale Gesetzgebung positiven Einfluss auf die Reform des ökonomischen Systems.

Zweitens, auf der exekutiven Ebene konnten die Lokalregierung in der Wirtschaftspolitik, der Bildung und der Kultur, bei der Stadtentwicklung und der Raumplanung, in zivilen Angelegenheiten, der öffentlichen Sicherheit, dem Justizwesen, der Familienplanung sowie der Nationalitätenpolitik ihre Entscheidungsbefugnisse ausweiten. Dies hatte positive Auswirkungen auf die Wirtschaft, da Investitionen nun auf den verschiedenen Ebenen getätigt werden konnten und die Ressourcenallokation nicht mehr in dem Maße von der Zentralregierung abhängig war. Wie wir weiter oben schon gesehen haben, wurden in einigen Bereichen, wie z. B bei der Bildung, keine Erfolge erzielt, vielmehr verschlechterte sich die Situation im Schulwesen etc. Es wurden die von Beijing zugewiesenen Gelder z. T. unterschlagen oder aber für andere mehr oder weniger wichtige Aufgaben zweckentfremdet.

Drittens, auf der personalpolitischen Ebene kam es 1984 zu einer Reform des offiziellen Nomenklatur-Systems. Die etwa 13.000 Spitzenkader, die unter zentraler Kontrolle standen, wurden um 8.000 auf rund 5.000 reduziert. Darunter fielen u. a. die auf der Vizeminister- bzw. Vizeprovinzgouverneurs-Ebene angesiedelten Funktionäre. Unterhalb dieser Ebene konnten nunmehr die

ich mich auf die wesentlichsten Punkte beschränke.

personalpolitischen Entscheidungen von den jeweiligen lokalen Behörden getroffen werden, was zu einer Rekrutierung lokaler Verwaltungskader aus den jeweiligen Regionen führte.[695] Wir werden später sehen, dass diese Maßnahme eine immense Aufblähung des Verwaltungsapparates nach sich zog und mit ein Grund für Demonstrationen der ländlichen Bevölkerung wurde.

Viertens, zu Beginn der 80er Jahre bis zur Steuerreform von 1993/94 fand eine Verschiebung der fiskalischen Kompetenzen zugunsten der Provinz- und Lokalregierungen statt, die zu höheren Steuereinnahmen dieser unteren Gebietskörperschaften führte. Gleichzeitig mussten diese Verwaltungsorgane immer mehr finanzielle Verpflichtungen in den oben aufgelisteten exekutiven Bereichen übernehmen. Wie schon angedeutet, versuchten die in der Hierarchie höher stehenden Verwaltungen, den steigenden finanziellen Druck auf die unteren Ebenen abzuwälzen. Diejenigen administrativen Einheiten, die nicht mit gewinnbringenden in- und ausländischen Unternehmen gesegnet waren, mussten sich enorm verschulden, um ihre Aufgabenlast halbwegs bewältigen zu können. Letztendlich wurde dieser finanzielle Druck an das schwächste Glied der Kette in Form von Sonderabgaben etc. weitergeben, nämlich an die Bauern. Auch dies wurde zu einem Hort sozialer Proteste und Instabilität.

Fünftens, das Außenhandelsmonopol der Zentralregierung wurde schrittweise dezentralisiert. Um ausländische Investitionen und Kapital in die betreffenden Regionen akquirieren zu können, erhielten ausgewählte Küstenprovinzen und SWZ Sonderrechte im Außenhandel. Ab Mitte der 80er Jahre wurde dieses System auch auf weniger privilegierte Provinzen und Gebiete ausgedehnt. Dadurch wurde der Export gefördert und die jeweiligen Provinzen, Metropolen, Küstenstädte etc. konnten einen Teil der erwirtschafteten Devisen einbehalten und eigenständig verwenden.

---

[695] Im kaiserlichen China durften Gouverneure den Dienst nicht in ihrer Heimatprovinz versehen, zudem mussten sie nach einer bestimmten Zeitspanne in eine andere Provinz wechseln. Der Vorteil war, dass eine Vetternwirtschaft nicht aufkommen konnte, der Nachteil bestand in der Abhängigkeit von den lokalen Amtsträgern und den Honoratioren.

Über die Auswirkungen all dieser skizzierten Formen der Dezentralisierung lässt sich folgendes feststellen:

"In ihrer Gesamtheit führten die vielfältigen Dezentralisierungsmaßnahmen dazu, dass sich innerhalb der administrativen Hierarchie ein komplexes Regime der Aushandlung regionaler und lokaler Interessen herausbildete. Grundsätzlich wurde das vierstufige Gliederungsschema der staatlichen Lokalverwaltung zwar beibehalten, wie es sich seit den fünfziger Jahren herausgebildet hatte und verfassungsmäßig verankert war. Unterhalb der Zentralregierung (*zhongyang*) waren dies: Provinzen (*sheng*), Bezirke (*diqu*), Kreise (*xian*) bzw. Städte auf Kreisebene sowie Gemeinden und Kleinstädte (*xiang/zhen*) (. . .)."[696]

Auch das duale System wurde beibehalten: In den staatlichen Verwaltung existierten weiterhin Organe der KPCh. Allerdings fand seit den 80er Jahren eine Aufweichung dieser vertikalen Kontrollstrukturen statt. Die Kader der einzelnen Ebenen wollten ihre gewonnenen Entscheidungsspielräume nicht nur verteidigen, sondern neue hinzugewinnen.

Hier kann nicht die Gesamtheit aller Ebenen, wie die Städte, SWZ etc. beleuchtet werden,[697] denn es stehen in diesem Abschnitt die Auswirkungen der oben beschriebenen Maßnahmen auf den ländlichen Raum und der dort wachsenden Instabilität im Mittelpunkt.

Bevor darauf eingegangen wird und damit im Zusammenhang stehend, muss noch auf die Ökonomisierung der Verwaltung eingegangen werden.[698] In

---

696 Holbig, Heike 2001. Lokalverwaltung in der VR China. Zum Wandel parteistaatlicher Kontrollstrukturen seit 1979, S. 155. In: C. a. 2/2001, S. 153-168.

697 Vgl. dazu ebd., S. 155ff.

698 Dies kann nur kurz skizziert werden, über die vielfältigen Gründe, warum es dazu kam vgl. ebd., S. 158f.

Ermangelung einer eigenen so genannten Kapitalistenklasse wurde den lokalen Kadern erst in den staatlichen Unternehmen, dann zunehmend im privaten Bereich erlaubt, mehr wirtschaftliche Funktionen zu übernehmen. Die lokale Bürokratie trug so zu einer Industrialisierung und Kommerzialisierung im ländlichen Raum bei. Allerdings hatte auch diese Maßnahme zwei Seiten, denn neben dem positiven Effekt entwickelte sich allmählich ein negativer.

"Vielerorts entstanden so symbiotische Netzwerkbeziehungen zwischen lokalen Funktionärs- und Unternehmereliten, in denen die Ersteren Vorteile aus der kommerziellen Beteiligung und die Letzteren aus der bürokratischen Patronage bezogen."[699]

Als Folge davon wuchs die Korruption unter den Partei- und Staatsfunktionären zunehmend an. Mit der Globalisierung seit den 90er Jahren und dem Prozeß der Auslagerung ganzer Unternehmen nach China (und in andere Billiglohnländer) kam es verstärkt zu einer oft genug illegalen Umwidmung von Ackerland und einer zu geringen oder gar keinen Kompensationszahlung an die betroffenen Bauern. Hier bekam die Korruption eine neue Qualität, denn sie trug durch die vermehrte und zum überwiegenden Teil unberechtigte bzw. ungesetzmäßige Landnahme dazu bei, dass die sozialen Unruhen in den ländlichen Regionen rasant zunahmen und es so z. T zu einem Kontroll- und Machtverlust an der Basis kam.

Dieses so entstandene politisch-administrative Vakuum auf der untersten Ebene ist primär auf die Auflösung der Volkskommunen zurückzuführen, die durch Gemeinden bzw. ländliche Kleinstädte ersetzt wurden, die Produktionsbrigaden durch die so genannten Verwaltungsdörfer und die Produktionsgruppen durch die natürlichen Dörfer.

Die verwaltungstechnische Umstrukturierung bewirkte zusammen mit den oben dargestellten Dezentralisierungsmaßnahmen sowie der bewussten Verringerung staatlicher Investitionen in den Agrarbereich, dass die Lokalverwaltungen auf

---

699 Ebd., S. 159.

allen Ebenen ihre eigenen ökonomischen Ziele verfolgten.

“Während die finanziellen Aushandlungs- und Gestaltungsspielräume (. . .) auf der Kreisebene generell relativ groß sind, ist die finanzielle Eigenständigkeit der Lokalregierungen auf Gemeinde- und Kleinstadtebene deutlich eingeschränkt. Diese sind fiskalisch häufig direkt abhängig von den Vorgaben der übergeordneten Stadt- oder Kreisregierungen, die die unteren Ebenen nicht selten vom Genuss staatlicher Subventionen und anderen Vergünstigungen abschneiden. Sofern die Gemeinde- und Kleinstadtregierungen für die Finanzierung öffentlicher Aufgaben nicht selbst auf profitträchtige kommunale Unternehmen zurückgreifen können, liegt es nahe, den auf ihnen lastenden fiskalischen Druck nach unten auf die Dörfer weiterzugeben.”[700]

Das Landwirtschaftsministeriums führte 1997 eine Untersuchung in 10 Provinzen durch, deren Berechnungen ergaben, dass die durchschnittliche Verschuldung „auf Gemeindeebene bei vier Millionen, auf Dorfebene bei durchschnittlich 200.000 Yuan“ lag.[701] Das sind umgerechnet 400.000 Euro für die Gemeindeebene und auf der Dorfebene belaufen sich die Schulden auf 20.00 Euro.

Die fast 50.000 Gemeinden wären demnach mit 200 Mrd. Yuan, ca. 20 Mrd. Euro in den roten Zahlen und die ca. 700.000 Dörfer hätten einen Schuldenberg von 137,4 Mrd. Yuan, also etwa 14 Mrd. Euro.

Da die Untersuchung der Zentralregierung nur in 10 Provinzen durchgeführt wurde und aus dem Jahre 1997 stammt, lässt sich meine Berechnung nicht für heute und alle besagten ländlichen Verwaltungen verallgemeinern. Aber wir können auf einen Parteisekretär der Provinz Hubei zurückgreifen, mit Namen Li Changping, der in seinem Buch „Wie ich dem Ministerpräsidenten die Wahrheit sagte“ (gemeint war damals Zhu Rongji; RGP) folgende von Chen und Wu

---

[700] Ebd., S. 163.

[701] Chen/Wu 2007, S. 284.

wiedergegebene Berechnungen aufstellte:

"Er (also Li; RGP) machte nach verschiedenen Kategorien die Rechnungen auf: Die Verbindlichkeiten der Kreise, Gemeinden und Dörfer belaufen sich auf über 600 Milliarden Yuan, allein für die Zinsen sind hierfür mindestens 80 Milliarden jährlich aufzuwenden; für das Jahresgehalt von sieben Millionen Lehrern im Pflichtschulsystem der ländlichen Gebiete braucht man 80 Milliarden, 50 Milliarden gibt man aus für die Erhaltung der Schulgebäude, für den zusätzlichen Kauf von Ausrüstung und Instrumenten, die Bildungsschulden usf; in den Parteikomitees, Verwaltungen und den entsprechenden Behörden der Gemeinden und Kreisen gibt es 19 Millionen Kader, auf Dorf- und Gruppenebene sind es über 23 Millionen, für deren Besoldung jährlich 250 Milliarden Yuan aufzubringen sind.
Allein dafür braucht man im Jahr also mindestens 460 Milliarden Yuan.
Außerdem gibt es in den fast 3000 Kreisen unseres Landes an die 30.000 wissenschaftliche Büros; in den fast 50.000 Gemeinden gibt es 700.000 den Gemeinden unterstellte Behörden, die arbeiten müssen; dann gibt es noch vier Millionen natürliche Dörfer mit ihren 800 Millionen Bauern und ihrem Bedarf an kommunalen Geräten. Dafür braucht man jedes Jahr mindestens weitere 300 Milliarden Yuan.
Kurz, von sämtlichen Ausgaben von Kreisebene abwärts tragen die Bauern 70 bis 80 Prozent. Die öffentliche Hand in Kreis und Gemeinde speist sich aus den Taschen der Bauern. Wenn die jetzige Politik fortgeführt wird, erreicht die wirkliche Belastung der Bauern pro Jahr einen Stand von 450 Milliarden Yuan."[702]

Etwas schleierhaft ist, wie Li auf Kosten von 460 Mrd. Yuan (bei Chen/Wu 450 Mrd. Yuan) kommt. Die von ihm aufgelisteten Posten ergeben „nur" 380 Mrd. Yuan. Es ist eventuell so zu erklären, dass er die Schuldentilgung stillschweigend mit eingerechnet hat, das wären dann jährlich 80 Mrd. Yuan. Alles zusammen addiert ergibt sich eine Belastung von 680 Mrd. Yuan pro Jahr. Legt man 70 bzw. 80 % an Ausgaben an, die die Bauern zu tragen haben, ergibt sich eine Belastung von 476 bzw. 544 Mrd. Yuan. Die Kosten, die der Kreis zu tragen hat, müssten von den 680 Mrd. Yuan noch subtrahiert werden, sind aber

---

[702] Ebd., S. 478f.

nicht beziffert.

Wie dem auch sei, seit der Staat den Dörfern die Selbstfinanzierung erlaubt hat, ist, wie gezeigt, die Last der Bauern ins Unermessliche gestiegen.

Zurück zur Dorfebene als dem schwächsten Glied in der Verwaltungshierarchie (auch wenn die Dörfer sich formal selbstverwalten). Es verwundert nicht, dass die Gemeinde- und Dorffunktionäre ob der horrenden Verschuldung und dem auf sie lastenden fiskalischen Druck diesen an die Bauern als die nun absolut schwächsten Glieder weitergeben. Wie an anderer Stelle in diesem Abschnitt schon erwähnt, ist dem Erfindungsreichtum der Kader kaum Grenzen gesetzt. Genannt seien hier u. a. die Erhebung von Sonderabgaben und Spezialgebühren (z. B. für eine Erdbestattung,[703] illegale Schulgebühren und informelle Gebühren, die genauso gesetzwidrig sind.
Das allein hat dazu geführt, dass sich Dorfbewohner und Kader immer mehr entfremdeten. Dieser Prozeß bekam nach der Steuerreform Anfang der 90er Jahre insofern eine neue Qualität, „dass lokale Kader die statistischen Berichtswerte bewusst untertreiben, um so in den Genuss staatlicher Zuwendungen im Rahmen spezieller Förderprogramm der Zentralregierung zu kommen (wie etwa zuletzt in Gestalt der Ende 1999 formulierten Entwicklungsstrategie für Zentral- und Westchina). Für die Funktionäre als förderungswürdig ausgewiesener Kommune fallen so häufig ökonomische Vorteile in Form von *windfall profits* oder durch gezielte Abzweigung von Fördermitteln ab, während die ländliche Bevölkerung aus den Fördermaßnahmen

---

[703] Da in der Regel die Toten einer Familie auf dem eigenen Ackergrundstück beigesetzt werden und das bebaubare Land knapp ist, erheben die Kader nicht selten solche Gebühren. Kann die Familie sie nicht bezahlen, wird die Einäscherung befohlen, was einen Affront gegen den immer noch existenten Ahnenkult darstellt.

wenig oder keinen Nutzen zieht."[704] Ebenso vorteilhaft, wenn nicht noch karrierefördernder ist es, wenn die turnusmäßig fälligen statistischen Berichte an die übergeordneten Instanzen „schön gefärbt" werden, um eine „Übererfüllung nominaler Planvorgaben zu demonstrieren.'"[705] Durch die Manipulation der sozialökonomischen Indikatoren fällt die nächste Steuerpflicht höher aus und darunter haben dann wieder die Bauern zu leiden.

Alle hier beschriebenen Praktiken, die im Verbund mit den ökonomischen, politischen und administrativen Veränderungen entstanden sind und diese erst möglich gemacht haben, beförderten „Amtsmissbrauch, Korruption, Willkür und Tyrannei der lokalen Kader, die die Bauern teilweise zu gewalttätigen Ausschreitungen provozierten (. . .)."[706]

Ende der 80er Jahre galten rund 20 % der Dörfer als „paralysiert", d. h. die dörfliche Verwaltung existierte nur noch dem Namen nach, Rechnungsbücher seien verschwunden, die Haushaltsführung hätte sich aufgelöst, und Parteisekretäre wandten sich andernorts gewerblicher Beschäftigungen zu. Mit anderen Worten, es gab keine parteistaatliche Autorität und Kontrolle mehr.

An ihre Stelle traten dann die traditionellen Eliten, wie die Oberhäupter lokaler Clans, Führer kultisch-religiöser Sekten, Geheimgesellschaften und Triaden oder einfach kriminelle Organisationen anderer Art, die die Dörfer unter ihre Kontrolle brachten.[707]

Daran zeigt sich, dass die alten traditionellen Elemente auf dem Lande auch heute noch existieren, wenn z. T. auch im Verborgenen schlummernd. Das

---

[704] Holbig, Heike 2001. Lokalverwaltung in der VR China. Zum Wandel parteistaatlicher Kontrollstrukturen seit 1979, S. 163. In: C. a. 2/2001, S. 153-168.

[705] Ebd.

[706] Ebd.

[707] Vgl. ebd.

beweist auch, dass der ländliche Raum noch längst nicht unter dem Diktat der Verwertung des Werts steht. Der Selbstzweck, also die Verwertung des Werts um seiner selbst Willen, aus einem Yuan zwei zu machen, würde die überkommenen Werte vernichten. An ihre Stelle träte dann die Plusmacherei, die keinen anderen Gott, keine andere Tradition (es sei denn als Lippenbekenntnis) neben sich dulden würde. Eine aufgepfropfte Führung, die das Zwangsgesetz der Wertverwertung nicht durchsetzen und exekutieren kann, verliert sehr schnell ihre Macht, wie die „Paralyse“ etlicher chinesischer Dörfer zeigt. Und dies führt dann zu den so genannten Massenvorfällen, auf deren Gründe weiter unten eingegangen wird.

Allerdings wird es meiner Prognose nach nicht mehr zu einer umfassenden Industrialisierung der chinesischen Landwirtschaft kommen, dazu sind erstens die einzelnen Regionen zu heterogen und zweitens bewegt sich das Kapital auf seine innere Schrank zu bzw. hat diese schon erreicht und somit wird die Verwertung des Werts obsolet.

Kommen wir zu einem weiteren Problem, dem überdimensional aufgeblähten Verwaltungsapparat (das steht nicht im Gegensatz zu den obigen Ausführungen, wie wir gleich sehen werden). Im Jahr 1952 besagte eine Bestimmung des ZK, dass die Zahl der für die Kaderarbeit freizustellenden Personen auf drei beschränkt war. Und so konnten die Gemeinden Anfang der 50er und bis Ende der 80er Jahre Löhne und Bürokosten von den Finanzen des Kreises vollständig selbsttragen. Den Gemeinden war überdies eine organisatorische Ausweitung ihrer Tätigkeit untersagt. Erst mit der Umstrukturierung der Volkskommunen zu Gemeinden erlaubte der Staat den Dorfverwaltungen sich finanziell aus den Gewinnen und Verwaltungsgebühren ihrer Unternehmen, aus Fonds, Bußgeldern und anderen Abgaben selbst zu finanzieren.[708] Die Folgen für das ländliche China waren verheerend. Der Verwaltungsapparat verselbständigte sich zunehmend, was an der steigenden Zahl von Kadern abzulesen ist. 1979 gab es

---

[708] Vgl. Chen/Wu, S. 236f.

2.790.000, 1989 waren es schon 5.430.000 und „1997 standen bereits über acht Millionen Kader in Verwaltungs- und Parteiorganisationen bei unserem Staat in Lohn und Brot.“[709]

Liu Chengkun, 1998 assistierender Finanzminister stellte einen Vergleich zum Kaiserreich an. Demnach kamen in der Han-Dynastie (206 v. u. Z.-220 u. Z.) 8.000 Menschen auf einen Beamten, in der Tang-Ära (618-907) waren es 3.000, in der Qing-Dynastie (1644-1911) 1000 und „heute sind es 40 Menschen die einen Beamten ernähren.“[710]
Nach der dritten chinesischen Volkszählung wurde 1987 eine Analyse veröffentlicht, die ebenfalls einen Vergleich mit dem kaiserlichen und dem volksrepublikanischen China anstellte. Danach ernährten Mitte der 80er Jahre 67 Menschen einen Beamten, 11 Jahre später war das Verhältnis, wie oben schon genannt, auf 1 zu 40 gestiegen. Damit nicht genug:

> “Nach Berechnungen des Statistischen Staatsamtes werden (von diesen Kadern; RGP) auf diese Weise 80 bis 100 Millionen Yuan an öffentlichen Geldern verfressen und versoffen!”[711]

Mit „auf diese Weise“ dürften wohl Bankette und ähnliches gemeint sein, die anlässlich von Vertragsabschlüssen mit u. a. Investoren veranstaltet werden. Aber Gründe lassen sich immer finden.

Die Kader haben unzweifelhaft am Meisten von den Reformen profitiert. Dass diese Verselbständigung der Parteifunktionäre und Verwaltungsbeamten zur

---

709 Ebd., S. 238. Nachfolgend vergleichen Chen und Wu die Verwaltungsstrukturen China mit anderen Ländern und gehen auf die Besonderheiten der chinesischen Organisationen ein (vgl. ebd., S. 239f.).

710 Ebd., S. 242.

711 Ebd., S. 286.

Willkür und Korruption führt und Massenproteste auslöst, z. B. bei Landumwidmungen, bei der Nichtauszahlung von Entschädigungsgeldern im Zuge von Zwangsumsiedlungen usw. belegen die wachsenden Unruhen. Das wird auch von offizieller Seite nicht mehr verschwiegen. Das Ministerium für öffentliche Sicherheit gab Anfang 2006 bekannt, dass die Zahl der gesellschaftlichen Proteste stetig gestiegen sei. 2003 zählte man 58.000, 2004 waren es bereits 74.000 und für 2005 kam man auf 87.000.[712]

"Ministerpräsident Wen Jiabao wies die Schuld an der steigenden Zahl gesellschaftlicher Unruhen klar den Lokalregierungen zu. Deren Partei- und Regierungsfunktionäre provozierten durch illegale Landenteignungen und unzureichende Kompensationszahlungen den Unmut der Landbevölkerung."[713]

Die Schuldzuweisungen Wen Jiabaos zeigen einmal mehr, dass die KPCh alles andere als eine homogene Partei ist, wie manchmal glauben gemacht werden soll.

Als Fazit lässt sich festhalten, dass die Ursachen für die wachsende Instabilität auf dem Lande (und auch in den Städten) in den ökonomischen Reformen der Zentralregierung selbst liegt, wie die chinesische Regierung in den staatlichen Medien zugibt:

"China is harmonious and stable in general, but it is undergoing profound changes in social and economic structures with many destabilizing factors. The number and scope of mass incidents have become the most oustanding problem that seriously disturbs social stability.
The mass incidents reflect the various social conflicts and problems popping up at the crucial stage of China's reforms.

---

712 Vgl. Willmann, Katrin 2006. Erneut Niederschlagung von Bauernprotesten in Guangdong. In: C. a. 1/2006, S. 111.

713 Ebd.

(. . .)
Against this background, major mass incidents have been increasing and having wider impact. Among these incidents, some economic disputes had been politicized, and violent confrontation has increased so much that any inappropriate dealing would cause bloodshed."[714]

Schon 2004 wies die Armeezeitung *Jiefang Ribao* darauf hin, dass die chinesische Gesellschaft sich in einem grundlegenden Prozess der Umgestaltung befinde und dieser bringe unvermeidlich soziale Widersprüche und Probleme hervor.[715] Die staatliche Nachrichtenagentur veröffentlichte Erläuterungen zu den Beschlüssen des ZK der KPCh, wobei als Unsicherheitsfaktoren, die die soziale Stabilität beeinflussen würden, die besondere historische Stufe der wirtschaftlichen Umstrukturierung, die soziale Transformation und die beschleunigte Industrialisierung und Urbanisierung angeführt werden.[716]

In seinem Regierungsbericht von 2009 verweist Wen Jiabao kurz auf einige Probleme, die noch nicht zufriedenstellend gelöst worden seien:

"Fourth, some problems affecting the vital interests of the people have not been fundamentally alleviated. There are still many problems demanding urgent solution in the areas of social security, education, health care, income distribution and public

---

714 China daily 2006. China strives to handle mass incidents, S. 1. http://www.chinadaily.com.cn/china/2006-12/09/content_754796.htm, S. 1-1. Stand: 22.5.2009.

715 Vgl. Schucher, Günter 2004. Einkommensunterschiede und soziale Stabilität beunruhigen Parteikader, S. 1190. In: C. a. 11/2004, S. 1190-1190.

716 Vgl. Willmann, Katrin 2007. Soziale Stabilität im Blickpunkt der KPCh, S. 103. In: C. a. 1/2007, S. 103-104.

security."[717]

Schauen wir uns nun einmal die Gründe für die Massenvorfälle näher an. Obwohl hier der ländliche Raum im Mittelpunkt der Betrachtung steht, werde ich nachfolgend auch die Ursachen für Proteste in den Städten aufzeigen, da diese *mass incidents*, wie es offiziell so schön heißt, sich thematisch oftmals überschneiden.

Überblick über die Gründe für die Massenvorfälle

Werfen wir zuerst einen Blick auf die Anzahl der Massenvorfälle, die sich in China im Laufe der letzten Jahre ereignet haben. Seit 1993 haben diese Massenvorfälle dramatisch zugenommen. Im genannten Jahr lagen sie bei 8.700, 2005 waren sie um das 10fache auf 87.000 gestiegen. Bei 31 Provinzen bedeutet dies rein statistisch gesehen, dass pro Tag 7 bis 8 solcher Proteste erfolgen.[718] Laut dem Ministerium für öffentliche Sicherheit lagen die gesellschaftlichen Konflikte 2003 bei 58.000, sie erhöhten sich 2004 auf 74.000 und bezifferten sich 2005 auf 87.000 (s. o.).[719]

Eine (ironische?) Berechnung der besonderen Art macht Roland Soong für 2005

717 Wen Jiabao 2009. Report on the Work of the Government (2009). Delivered at the Second Session of the Eleventh National People's Congress on March 5, 2009, S. 3f. http://english.gov.cn/official/2009-03/14/content_1259415.htm, S. 1-14. Stand: 14.3.2009. Unter *General Plan for the Work in 2009* geht Wen dezidiert auf diese Probleme ein (vgl. ebd., S. 4ff.).

718 Schucher, Günter 2006. Ein Gespenst geht um in China - das Gespenst sozialer Instabilität, S. 49f. In: C. a. 5/2006, S. 47-63.

719 Willmann, Katrin 2006. Erneut Niederschlagung von Bauernprotesten in Guangdong, S. 111. In: C. a. 1/2006, S. 109-112.

auf, versehen mit einem bissigen Kommentar:

“For example, it is frequently cited that there were 87,000 ‚mass incidents‘, which then gets spun into (365 days) x (24 hours per day) x (60 minutes per hour) /(87,000 incidents) = 6 minutes per incident -- every six minutes, another mass resistance against human rights violation occurs in China! How shocking! And how could a nation stay together at this rate!”[720]

Hier ist noch einmal darauf hinzuweisen, dass sich diese Massenvorfälle nicht gegen die Zentralregierung und das politische System richten, sondern überwiegend einen lokalen Charakter haben und sie richten sich gegen konkrete Missstände. Ersteres bestätigt Wang Erping:

“The number of protests and riots in China is rising by the year, but there is little possibility that social unrest will resulting an anti-governmental uprising (. . .).”[721]

Herr Wang liefert etwas abweichende Zahlen für die Jahre 1993, 2005 und 2007:

“According to Dr. Wang‘s presentation yesterday, which he said was based on official statistics, there were at least 10,000 mass incidents recorded in 1993. The number ballooned to more than 60,000 in 2005. Two years later, it exceeded 80,000.
Asked if he had an estimate for the number of mass incidents last year, Dr. Wang said a study had been done, but he would say only that the number was ‚higher than that in 2007, but the increase was not as big as the rise between 2005 and 2007'.”[722]

---

720 Soong, Roland 2006. China: Statistics of Mass Incidents - By Absurdist Republic, S. 1. http://my.opera.com/PRC/blog/show.dm/581789, S. 1-3. Stand: 22.5.2009.

721 Asia News Network 2009. China riots ‚won‘t lead to rebellion‘, S. 1. http://www.asianewsnet.net/print.php?id_3903, S. 1-1. Stand: 22.5.2009.

722 Ebd.

Der *Mainland Affairs Council* (Taiwan; RGP) beruft sich auf offizielle Quellen der VR China und ist präziser als oben genannter Herr Wang und soll deshalb ausführlich zitiert werden:

“Statistics have shown that the number of mass incidents in China - including the obstruction of public service execution, mass disturbances leading to social disorder, mass fighting, and trouble-causing activities - has increased from 8,700 in 1993, over 32,000 in 1999, 60,000 in 2003, and 74,000 in 2004 to 87,000 in 2005, representing a tenfold increase in 13 years (Yu Jianrong, Disturbance Incidents and Management Crisis in China, October 2007; the homepage of Chinese Ministry of Public Security website, May 2006; 2005 Blue Paper on Chinese Society) and an average of one incident every six minutes. The 2006 Social Statistics announced in December 2007 by China‘ s National Bureau of Statistics show that in 2006 public security entities handled 599,392 cases - such as ‚disturbances in social order‘, ‚disturbances in public spaces‘, ‚trouble-making activities‘, and ‚obstruction of public service execution‘, among which 583,180 have been investigated and resolved. It can be seen that there is an explosive growth in the number of mass incidents.”[723]

Die Anzahl ist explosionsartig gestiegen, aber bis dato ist die Lage noch nicht explosiv. Das kann sich allerdings im Zuge der 2008 ausgebrochenen Weltwirtschaftskrise durchaus ändern, wie der Anstieg der Massenvorfälle in den Jahren 2006 bis 2008 zeigt. So soll es 2006 schon 90.000 sozial bedingte Unruhen gegeben haben, 2008 stiegen sie auf 120.000 an und in den ersten drei Monaten des Jahres 2009 gab es „58,000 incidents involving 25 or more people. Should this trend continue all year, then 2009 would break all previous records

[723] Mainland Affairs Council 2007. Background information: the frequent occurrence of mass incidents in China pushes it into becoming a „risk society“, S. 1. http://wwws.macd.gov.tw/english/macpolicy/risk961228.htm, S. 1-2. Stand 22.5.2009.

with over 230,000 ‚mass incidents‘ (. . .).“[724]

Was sind nun die Gründe für das Aufkommen und stetige Anwachsen der so genannten Massenvorfälle? Wie schon erwähnt, ist ursächlich der makroökonomische Transformationsprozess der Zentralregierung im Verbund mit den lokalen Autoritäten für diese sozialen Proteste verantwortlich, denn die Reformstrategie der Zentral- wie der Lokalregierungen räumte dem Wirtschaftswachstum absolute Priorität auf Kosten der sozialen Sicherheit und Gleichheit ein.[725] Da die Aufstände und Demonstrationen bisher keinen systemdestabilisierenden Charakter aufweisen und ein Großteil der chinesischen Bevölkerung in den letzten 20 bis 30 Jahren von den wirtschaftlichen Reformen profitiert haben,[726] sollte man eher nach mikroökonomischen und sozialpolitischen Ursachen suchen,[727] die sich sowohl in den Städten als auch im ländlichen Raum finden lassen. Die Proteste als Gefahrenpotential für die soziale Stabilität berühren immer mehr gesellschaftlichen Aspekte, wobei in einigen

---

724 China: 58,000 „mass incidents“ in first three months of 2009, S. 1. http://retrenchment_blogbreaking.sg/2009/05/china-58000-mass-incidents-in-first-three-months-of-2009/, S. 1-4. Stand: 22.5.2009.

725 Schucher, Günter 2006. Ein Gespenst geht um in China - das Gespenst sozialer Instabilität, S. 61. In: C. a. 5/2006, S. 47-63.

726 Anfänglich haben gerade die Bauern durch die Auflösung der Volkskommunen und die Einführung des PVS ein weitaus höheres Einkommen erzielen können, auch wenn die Ausgangsbasis sehr niedrig war. Als die Reformen auf die Städte ausgedehnt wurden und die Investitionen in die Landwirtschaft rückläufig wurden, begann das Einkommen der Bauern zu stagnieren, in manchen Getreideanbaugebieten ist es z. T. rückläufig. Nun begannen die Stadtbewohner von der Transformation zu profitieren, aber auch im städtische Raum nimmt Armut und soziale Unsicherheit zu (vgl. dazu Mei Zhang 2007. From Rural Poverty to Urban Poverty: A Case Study in Shanxi, S. 9ff. In: C. a. 2/2007, S. 9-38.).

727 Vgl. Schucher, Günter 2006. Ein Gespenst geht um in China - das Gespenst sozialer Instabilität, S. 54. In: C. a. 5/2006, S. 47-63.

Fällen eine Politisierung der wirtschaftlichen Probleme stattgefunden haben soll.[728] Was dabei nachdenklich stimmen sollte, ist, dass sich die Protestaktionen auf immer mehr soziale Schichten ausdehnen, wie z. B. „beschäftigte Arbeitskräfte, Unternehmer, freigesetzte Armeeangehörige und sogar Funktionäre, Lehrer und Studenten.“[729] Bereits vor der Weltwirtschaftskrise hatten nicht nur die Bauern, sondern auch die Städter Sorge um die soziale Sicherheit und diese Ängste dürften sich seit 2008 vermehrt haben.[730] Wertet man die unterschiedlichen Quellen aus, so lassen sich für den städtischen Raum hauptsächlichen folgende Gründe für Massenvorfälle festmachen:

- katastrophale Arbeitsbedingungen und Arbeitsunfälle (vor allen im Kohlebergbau);
- Verlust sozialer Sicherungsleistungen durch Firmenbankrotte oder nichterfolgte Anpassungen der Sicherungsleistungen an die wirtschaftliche Entwicklung;
- Entlassungen, Arbeitslosigkeit und Lohnrückstände;
- vorenthaltene Löhne für Migranten;[731]
- Probleme von Hochschulabsolventen bei der Arbeitsplatzsuche;
- ungeklärte Eigentumsverhältnisse im Wohnungswesen,

---

728 Vgl. Willmann, Katrin 2007. Soziale Stabilität im Blickpunkt der KPCh, S. 103. In: C. a. 1/2007, S. 103-104.

729 Holbig, Heike 2001. Schwieriger Balanceakt zwischen sozialer Stabilität und wirtschaftlichen Reformen, S. 594. In: C. a. 6/2001, S. 594-595.

730 Vgl. Schucher, Günter 2006. Soziale Sicherung eine der Hauptsorgen der Städter, S. 113f. In: C. a. 5/2006, S. 113-115.

731 Dies betrifft nicht nur die Arbeitsverhältnisse in der Stadt, sind dort aber häufiger anzutreffen.

- die quasi gescheiterte Reform im Gesundheits- und Rentenbereich[732] sowie
- ethnische und religiöse Spannungen.[733]

In den ländlichen Gebieten haben die Massenvorfälle u. a. in Form von Demonstrationen und Protesten, die häufig genug von beiden Seiten in Gewalt umschlagen, sowohl seitens der Staatsmacht als auch der Bauern, an Brisanz zugenommen. Nicht umsonst ist seit 2004 die Landwirtschaft, der ländliche Raum und seine Bevölkerung Thema des *Dokuments Nr. 1* geworden. Darüber hinaus spielt das Konzept des Aufbaus einer „harmonischen Gesellschaft“ - nicht nur auf dem Lande - eine besondere und bedeutsame Rolle. Das Führungsduo Hu Jintao und Wen Jiabao möchten dadurch „die Wahrung sozialer Stabilität als zentrale Voraussetzung für die weitere Entwicklung Chinas und den letztendlichen Erfolg der Reformen“[734] sichern. Deshalb wurde im Dokument Nr. 1 von 2006 der Aufbau eines so genannten „neuen sozialistischen ländlichen

---

732 Wie schon erwähnt, ist 2008 auf dem Lande und in der Stadt eine Reform des Gesundheitswesens durchgeführt worden. Inwieweit diese tatsächlich greift, wird erst die Zukunft zeigen. Sollte sich die medizinische Versorgung der Bevölkerung grundsätzlich verbessern, wäre ein Konfliktherd im ländlichen und städtischen Raum entschärft.

733 Die ethnischen Spannungen in der Stadt werden ausgelöst durch die einheimische Bevölkerung, die gegen Arbeitsmigranten vorgeht, sie diskriminiert, weil diese schon vom Äußeren her als Fremde zu erkennen sind, zumal dann, wenn sie auch noch zu Chinas Minderheiten gehören. In Bezug auf die quasi-religiösen Konflikte dürfte das Stichwort *Falungong* genügen. Aber auch die Existenz christlicher Untergrundkirchen beider Konfessionen führt zu einem Zusammenprall mit der Staatsmacht, da diese sich - anders als die staatlich anerkannten und erlaubten evangelischen und katholischen Kirchen - von der Regierung nicht gängeln lassen wollen. Beide Sachverhalte treffen auch auf den ländlichen Raum zu.

734 Holbig, Heike 2005. Neuerliche Gewaltkonflikte in Zhejiang und Hebei, S. 76. In: C. a. 4/2005, S. 76-77.

Raumes“ propagiert.[735] Dass dies bisher nichts gefruchtet hat, beweisen die weiterhin ausbrechenden Massenvorfälle. Zu nennen sind hier:

- illegale Landnahmen und unzureichende oder gar keine Kompensationszahlungen an die betroffenen Bauern;
- fehlerhaftes Verhalten der lokalen Kader und Korruption in ihren Reihen;
- willkürlich erhobene Gebühren;[736]
- Umweltschäden und konkrete Umweltkatastrophen;
- steigende Einkommenskluft zwischen Stadt und Land sowie zwischen den einzelnen Regionen;
- Umsiedlungen;
- die quasi gescheiterte Reform im Gesundheitsbereich;
- Zwangsmaßnahmen in der Familienplanung sowie
- ethnische[737] und religiöse Spannungen.[738]

---

735 Vgl. Schucher, Günter 2007. Landwirtschaft bleibt offiziell „No. 1", S. 114. In: C. a. 1/2007, S. 114-115.

736 Diesen und den vorhergehenden Punkt fasse ich zusammen.

737 Diese ethnischen Spannungen werden einerseits durch die Anwerbung bzw. Ansiedlung von Han-Chinesen in die von den Minderheiten bewohnten Provinzen (u. a. Tibet und Xinjiang) hervorgerufen, andererseits aber auch durch die z. T. zwangsweise umgesiedelten Menschen, die fern ihrer ursprünglichen Heimat in einer anderen Provinz auf Ablehnung bei der dort lebenden Bevölkerung stoßen

738 Zu den aufgeführten Gründen für Massenvorfälle in Stadt und Land vgl. Schucher, Günter 2006. Ein Gespenst geht um in China - das Gespenst sozialer Instabilität, S. 54. In: C. a. 5/2006, S. 47-63; Schucher, Günter 2007. Aufbau eines Gesundheitssystems, S. 121. In: C. a. 3/2007, S. 122-123; Schucher, Günter 2007. Hu Jintao fordert soziale Gerechtigkeit, S. 139. In: C. a. 6/2007, S. 138-139. Wen Jiabao 2009. Report on the Work of the Government (2009). Delivered at the Second Session of the Eleventh National People‘s Congress on March 5, 2009, S. 1. http://english.gov.cn/official/2009-

In dem obigen Zitat des taiwanesischen *Mainland Affairs Council* klang ja schon an, was von offizieller Seite alles unter Massenvorfällen zu verstehen ist. Um die Verwirrung komplett zu machen, seien die Definitionen von Massenvorfällen aus zwei Provinzen zitiert:

"If you come down to it, we need to know how mass incidents are defined. I have not been able to find a full definition but I have found some bits and pieces. Here is how the Ningxia Autonomous Region Government[739] defines an ‚incident' as being one of the following six types for the purpose of reporting upwards to the State Council:

1. Charging and laying siege to a county- or higher-level party or government department, political-legal department, military, armed police, news and other critical departments, thereby causing bad influence; attacking, vandalizing, looting and committing arson against a town- or higher-level party or government office with serious impact on social stability;

2. Armed clash between groups of people causing injuries and deaths;

3. Terrorist activities, violent incidents, illegal organization and assembly by hostile forces and separatists;

4. Causing the disruption of railroad and state highway traffic, or the blockading of major cities, traffic hubs and urban transportion;

5. A group petition at the county, city or autonomous region level with:
- a likelihood of proceeding to Beijing;
- more than 100 persons involved;
- violent tendency or the possibility of becoming violent;
- seriously affecting social stability, sensitive locations or business operations;

03/14/content_1259415.htm, S. 1-14. Stand: 14.3.2009.

739 „Ningxia . . . Government" im Original fett und unterstrichen.

6. More than 60 people involved in assembly, troublemaking, work strike, school class strike, etc with relatively high impact.

Just when you think you‘ve got it, here is another set of definitions for the Jiangsu provincial government (via www.gov.cn[740]):

Mass Incidents[741]

Extraordinarily important mass incidents include:

1. An incident involving more than 5,0000 participants with serious impact in social stability;

2. An incident involving either laying siege and charging county- or higher-level party, government or military departments or other critical departments, or the attacking, vandalizing, looting and/or committing of arson against town- or higher-level party, government or military departments;

3. An incident in which the participants were particularly antagonistic and engaged in large-scale attacking, vandalizing, looting, arson and other criminal activities;

4. An incident interrupting major railroad arteries, state highways, expressways, major traffic hubs or urban transportion for more than 8 hours, or interrupting and/or preventing work at major state construction projects for more than 24 hours;

5. An incident causing more than ten deaths and/or more than 30 injuries with serious impact on social stability;

6. An incident at a university by which students engage in large-scale marches, assembly, hunger strike, sit-in and petition outside of the school without permission, thereby leading to chain reactions in other regions with serious impact on social stability;

---

740 „www . . .“ Im Original fett.

741 „Mass Incidents“ im Original unterstrichen.

7. An incident in which more than 500 people clashed with weapons and resulting in serious injuries;

8. An incident in which more than 10 people engage in a prison riot;

9. An incident in which the impact on social stability extends beyond the province through interactive chain reactions;

10. An incident not covered by the above but must be treated as an extraordinarily important mass incident.

Important mass incidents include:

1. An incident involving more than 1,000 persons but fewer than 5,000 persons in illegal assembly, petitioning, troublemaking, strike (business/school) and so on; or an incident involving fewer people in illegal assembly and petitioning with wide impact including the possibility of going to Beijing;

2. An incident with more than 3 but not more than 10 deaths, or more than 10 but not more than 30 injuries;

3. An incident in which information first appeared on university networks to establish ties, incite and mislead in order to form a joint action across universities that seriously disrupt or even paralyze normal educational activities, or the leaking or the test questions in the university entrance tests;

4. An incident in which more than 200 but fewer than 500 people clashed with each other using weapons and causing serious injuries;

5. An incident involving national and international religious ethnic religious issues that seriously affect national unity;

6. An incident that was caused by property rights violation, pollution or destruction of land, mines, water supply, forests, water surfaces and marine space;

7. An incident in which impact on social stability extends beyond the province through chain reaction, or an incident that has already caused serious damages and losses with the prospect of expanding and escalating;

8. An incident not covered by the above but must be treated as an important mass incident.

Notice that they make a distinction between ‚extraordinarily important mass incidents' and ‚important mass incidents' in Jiangsu. At this moment, I will say that I still don't know what exactly a ‚mass incident' is or ist difference from ‚public order disturbance'."[742]

Diese Beispiele zeigen, dass die Bandbreite der so genannten *mass incidents*, Störung der öffentlichen Ordnung etc., von den einzelnen Lokalbehörden unterschiedlich definiert werden. Es macht zugleich deutlich, dass allgemeingültige Aussagen für ganz China nicht getroffen werden können. Zudem lassen sich die Grenzen z. B. zwischen Landnahme und Korruption, konkrete Umweltschäden und Korruption usw. nicht immer eindeutig bestimmen.

Es gibt handfeste existentelle und materielle Gründe, die zu sozialen Unruhen führen. Hier werden nun die wesentlichsten so genannten Massenvorfälle einmal näher betrachtet.

---

[742] EastSouthWestNorth 2006. Statistics of Mass Incidents, S. 3. http://www.zonaeuropa.com/20061115_1.htm, S. 1-5. Stand: 22.5.2009.

Illegale Landnahmen und unzureichende oder gar keine Kompensationszahlungen

Mit der Auflösung der Volkskommunen und der Einführung des so genannten PVS erhielten die Bauern das Land zur Bebauung. Die Äcker, Obstgärten Weiden etc. wurden allerdings nicht Eigentum der einzelnen Bauernfamilien, vielmehr hatten diese nur ein langfristiges Nutzungsrecht. Dieses beläuft sich heute auf bis zu 30 Jahre und sollte eigentlich vertraglich geregelt sein, was aber oft genug nicht der Fall ist. Rein rechtlich ist der Boden Eigentum der Dorfgemeinschaft, in der Wirklichkeit wird er wie Staatseigentum behandelt. Dieses „schwache Eigentum", das ein Relikt aus der Kaiserzeit ist,[743] führte gerade im Zuge der ökonomischen Reformen und der Transformation des Wirtschaftssystems auch im ländlichen Raum, durch die die lokalen Regierungsorgane bis hinunter zur untersten Ebene mehr Autonomie und Entscheidungsbefugnisse erhielten, zu gravierenden Problemen und ist eine der Hauptursachen für die wachsende soziale Instabilität auf dem Lande geworden. Illegale und irreguläre Landnahmen, häufig zwangsweise und unzureichende Kompensationszahlungen sind denn auch - neben Umweltproblemen - die hauptsächlichen Gründe für örtliche Revolten. Blutige Zusammenstöße mit der Polizei und anschließende Festnahmen sind oftmals zu registrieren.[744] Das Ministerium für Bodenverwaltung und natürliche Ressourcen berichtet über eine erhebliche Zunahme der illegalen Zwangsenteignungen des Nutzlandes. Zwischen 1999 und 2005 sind über eine Millionen Fälle illegaler Landnutzung bekannt geworden - wohl gemerkt: bekannt geworden, die Dunkelziffer dürfte höher liegen (RGP). Davon betroffen

---

743 Vgl. Heberer, Thomas 2004. Karl August Wittfogel und die *Orientalische Despotie* in China. Totaler Staat, schwaches Eigentum? Vortrag zum Symposium anlässlich des 90. Gründungstages der Johann Wolfgang Goethe-Universität Frankfurt/M. 14.07.04, S. 33. In: Xiù Cai Nr, 47, 31.10.2004, S. 23-38. http://xiucai.oai.de/XiuCai/XiuCaiNo47.pdf.

744 Vgl. Schucher, Günter 2006. Mehr Geld für die Bauern, S. 118. In. C. a. 2/2006, S. 117-119.

sei eine Gesamtfläche von rund 330.000 ha, 20% mehr als im Jahr 2004 landesweit für neue Bauvorhaben an Fläche ausgewiesen wurde.[745] Laut dem Arbeitsministerium verloren 40 Mio. Bauern in der letzten Dekade ihr Land durch Urbanisierung, weitere 15 Mio. werden es in den nächsten 5 Jahren verlieren.[746] Diese zum Großteil willkürlichen Enteignungen und oft zu niedrig angesetzten Kompensationen sind, es muss noch einmal gesagt werden, ein ganz besonders ernstes Problem. Die Bauern verlieren ihre Pacht und damit ihre Existenzgrundlage, weil Agrarland für die Umwandlung in gewinnträchtige Industrieanlagen und Wohngebiete freigegeben wird. Zudem streichen korrupte Kader die Gewinne ein.[747]

Wie lukrativ diese (illegalen) Landrequirierungen sein können, belegen Zahlen. Nach Angaben des Ministers für Land und Ressourcen Sun Wensheng, hätten im vergangenen Jahr (gemeint ist hier 2003; RGP) 10.000 Bauern ihr Farmland für z. T. äußerst geringe Entschädigungen verlassen müssen. Sun geht davon aus, dass der Staat den enteigneten Bauern umgerechnet etwa 1,2 Mrd. Euro schuldet.[748] Einer anderen Quelle nach belaufen sich die zu zahlenden Entschädigungen auf mindestens 9,8 Mrd. Yuan (etwa 1 Mrd. Euro), wovon laut Sun die

---

745 Vgl. Holbig, Heike 2006. Neuerliche Gewaltkonflikte in Guangdong, S. 121. In: C. a. 3/2006, S. 119-121.

746 Vgl. Schucher, Günter 2006. Kein Schutz gegen Landnahmen, S. 116. In: C. a. 5/2006, S. 116-117.

747 Vgl. Liu Jen-Kai 2007. Korruption und Korruptionsbekämpfung in China - ein Kampf gegen Windmühlen, S. 81. In: C. a. 5/2007, S. 70-95.

748 Vgl. Schneider, Florian 2004. Neue Maßnahmen sollen illegale Landnutzung einschränken, S. 479. In: C. a. 5/2004, S. 479-480.

Hälfte bereits bezahlt worden sei.[749] Prof. Zhou Tianyang von der Zentralen Parteischule geht davon aus, „dass die Bauern bisher nur 10% dessen erhalten haben, was das requirierte Land auf dem Markt wert war. Die anderen 4,5 Billionen Yuan wurden zu *windfall profits* der Entwickler und verschiedener Regierungsebenen.“[750] Damit wären wir bei ca. 450 Mrd. Euro und nicht wie oben angegeben bei 1 bis 1,2 Mrd. Euro, wobei aber in allen Fällen der Zeitraum unklar bleibt.

Wie dem auch sei, dass sich die Umwidmung von Agrar- in Industrie- und Entwicklungsland als äußerst profitträchtige Geldquelle erwiesen hat, belegen andere Zahlen. So erzielten die Lokalregierungen 2004 durch den Verkauf von Landrechten 240 Mrd. Yuan (etwa 24 Mrd. Euro). Pro Jahr gehen der Landwirtschaft nach Schätzungen über 133.000 ha Agrarland verloren und jährlich büßen eine Mio. Bauern ihre Existenzgrundlage ein und erhalten - auch das muss noch einmal deutlich gemacht werden - nach Expertenmeinung nur ca. 10% des Marktwertes.[751] Diesen landlosen Bauern bleibt nichts weiter, als sich in den Städten als Bauernarbeiter zu verdingen, wo sie ebenso rechtlos sind, wie in ihrem Heimatdorf und überdies noch diskriminiert werden. Oft genug erhalten sie noch nicht einmal den ihnen zustehenden Lohn bzw. bekommen ihn verspätet ausbezahlt (dazu mehr in dem Kapitel über den Arbeitsmarkt).

Es kann niemanden verwundern, dass sich diese entrechteten Bauern immer häufiger gewaltsam zu wehren beginnen. Die Hälfte der Teilnehmer an Protestaktionen jeglicher Art sind Bauern, 34% Städter und die restlichen 16% setzten sich aus Mitgliedern religiöser Gruppen und ethnischer Minderheiten zu-

---

[749] Vgl. Xiù Cai 2004. Aus einem Funken kann ein Steppenbrand entstehen, S. 13. In: Xiù Cai 2004, Nr. 34, 12.6.2004, S. 11-15. http://xiucai.oai.de/XiuCai/XiuCaiNo34.pdf, S. 1-22.

[750] Schucher, Günter 2006. Mehr Geld für die Bauern, S. 118. In. C. a. 2/2006, S. 117-119.

[751] Vgl. Schucher, Günter 2006. Ein Gespenst geht um in China - das Gespenst sozialer Instabilität, S. 56. In: C. a. 5/2006, S. 47-63.

sammen.[752]

Fehlerhaftes Verhalten und Korruption in den Reihen der lokalen Kader

Mit der Auflösung der Volkskommunen und dem Übergang zu einer einzelbetrieblichen Produktion fand eine quasi-Individualisierung zumindest im wirtschaftlichen Leben statt.[753] Die einzelnen Bauernfamilien waren nun für sich allein verantwortlich, sowohl hinsichtlich ihrer landwirtschaftlichen Tätigkeit als auch gegenüber den neu entstandenen dörflichen Verwaltungen sowie den ihnen übergeordneten Kreisen, Stadtbezirken etc.[754] Sie verfügten nicht über die Netzwerke, die die Kader aufgespannt hatten und diesen immer mehr Machtfülle in die Hand gaben, nicht nur in Bezug auf die einzelnen Bauernfamilien sondern auch gegenüber den Dorfgemeinschaften.

---

752 Vgl. ebd.

753 Gemeint ist hier nicht eine Individualisierung der Gesellschaft im westlichen Sinne, was sich daran ablesen lässt, dass die Familie bzw. der Clan immer noch eine große Bedeutung haben und sich der Einzelne mit ihnen und über sie identifiziert. Das zeigt sich auch bei den Bauernarbeitern, die sich fern von der Heimat in landsmannschaftlichen Gruppen zusammenschließen. Aber es sind durch die Bauernarbeiter bedingt, Erosionserscheinungen erkennbar.

754 Hier soll nicht das hohe Lied der Volkskommunen-Bewegung gesungen werden und über deren Vor- und Nachteile kann hier auch nicht dem Thema entsprechend gebührend diskutiert werden. Die Volkskommunen boten dem Einzelnen einen gewissen Schutz vor Willkür durch Kader, gaben eine Mindestgarantie in Bezug auf Nahrung, Kleidung, Behausung, medizinische Versorgung etc. Unter dem Aspekt des modernen warenproduzierenden Systems boten sie keine materiellen Anreize, um die Produktivität des einzelnen Landarbeiters zu steigern. Das PVS hingegen zielte gerade darauf ab, was sich in den 80er Jahren in einem Einkommenszuwachs der ländlichen Bevölkerung niederschlug. Gleichzeitig aber fielen die oben genannten Garantien und die Investitionen des Staates nach und nach weg.

Schon vor der Finanzreform, die den Lokalregierungen finanzielle Mittel entzog, gleichzeitig aber die Verantwortung für administrative Belange (Bildung, Erziehung, Infrastruktur etc.) nicht reduzierte, gab es fehlerhaftes Verhalten und Korruption in den Reihen der dörflichen Kader. Auch willkürlich erhobene Gebühren waren nicht unbekannt. Durch die Reform des Finanzwesens wuchs jedoch der finanzielle Druck auf die Provinzregierungen, die diese an die nachgeordneten Verwaltungseinheiten bis hinunter zum Dorf weitergaben. Die Dorffunktionäre setzten nun ihre Macht ein, um dem fiskalischen Druck zu entgehen. Einerseits erfanden sie eine Fülle von halblegalen bis illegalen, also gesetzwidrigen Gebühren und Abgaben, die sie den Bauern als schwächstes Glied in der Kette neben den regulären Steuern aufbürdeten. Andererseits entdeckten sie neben diesen Einnahmenquellen weitere, u. a. die, dass sich mit der Umwidmung des Agrarlandes in Industrieland sehr viel Geld verdienen ließ. Die Gewinne aus dem Verkauf von Landrechten verwendeten sie aber nicht dafür, die Haushaltslöcher in den Gemeindekassen zu stopfen oder für die Verbesserung der Infrastruktur zu sorgen, Krankenhäuser, Schulen etc. zu bauen, vielmehr privatisierten sie den Profit, steckten ihn in die eigene Tasche.
Im März 2006 starteten das ZK der KPCh und der Staatsrat eine Kampagne gegen Wirtschaftsbestechung, die folgende Bereiche umfasste: Bauprojekte, Landverpachtung, Handel mit Eigentumsrechten, Regierungsverkäufe, Verkauf von Arzneimitteln, Ausbeutung und Transaktionen von Ressourcen sowie Bankdarlehen, Effekten und Termingeschäften.[755] An Hand dieser Aufzählung wird ersichtlich, welche Möglichkeiten sich für Kader ergeben, lukrative Geschäfte zu betreiben.

Ziel dieser Kampagne war die Beseitigung der Korruption durch die Zentralregierung. Allerdings war und ist dies ein hoffnungsloses Unterfangen, wenn es

---

755 Vgl. Liu Jen-Kai 2007. Korruption und Korruptionsbekämpfung in China - ein Kampf gegen Windmühlen, S. 79f. In: C. a. 5/2007, S. 70-95. Die oben genannten Bereiche betreffen nicht nur den ländlichen sondern auch den urbanen Raum und sind hier der Vollständigkeit halber mit angeführt.

keine von der Partei und dem Staat unabhängige Instanzen gibt, an die sich die Betroffenen und Geschädigten wenden können (siehe dazu auch den übernächsten Abschnitt). Hinzu kommt, dass die Zentralregierung auf die lokalen Kader bei der Umsetzung ihrer politischen Maßnahmen angewiesen ist und so versucht der Staatsrat die Lokalfunktionäre durch Erziehungskampagnen in den Griff zu bekommen.[756] Aber auch dieser ideologische Ausrichtungsversuch scheiterte genauso wie der von Anfang 2005 mit dem Titel *Bewahrung der Fortschrittlichkeit der Parteimitglieder*, der damit begründet wurde, „(. . .) dass mangelnde ideologische Qualifizierung und Inkompetenz lokaler Parteifunktionäre das Aufflammen sozialer Proteste begünstigen würden, (. . .).“[757]

Diese Faktoren im Verbund mit Fehlverhalten und Korruption sind systemimmanente Erscheinungen, die u. a. darauf zurückzuführen sind, dass zur Beförderung und einer hoffnungsvollen (sowie lukrativen) Karriere auf der nächst höheren Ebene (und eventuell darüber hinaus) jahrzehntelang einseitig wirtschaftliche Kriterien als Maßstab für das Weiterkommen angelegt wurden, wie sich im nächsten Abschnitt über die ökologischen Schäden belegen lässt.

Umweltschäden und konkrete Umweltkatastrophen

Das Führungsduo Hu Jintao und Wen Jiabao setzt zwar weiterhin auf wirtschaftliches Wachstum, das allein die KP-und Staatsführung noch legitimiert, aber nun soll auch dem Umweltschutz mehr Rechnung getragen werden.[758]

---

756 Vgl. Schucher, Günter 2006. Mehr Geld für die Bauern, S. 117. In. C. a. 2/2006, S. 117-119.

757 Holbig, Heike 2005. Neuerliche Gewaltkonflikte in Zhejiang und Hebei, S. 77. In: C. a. 4/2005, S. 76-77.

758 Das Ziel ist, den gesellschaftlichen Hauptwiderspruch „zwischen den wachsenden materiellen und kulturellen Ansprüchen der Bevölkerung und der rückständigen sozialen Produktion (. . .) durch eine ‚sowohl schnelle als auch gute‘ wirtschaftliche und soziale Entwicklung“ zu

Abzulesen ist dies u. a. an mehreren Bestimmungen zur Bestrafung von Regierungs- und Parteifunktionären (veröffentlich am 20.2.2006), die durch Korruptionsdelikte und Amtsmissbrauch zu Umweltschäden beigetragen haben. Behördliches Fehlverhalten, das gesundheitsschädigende Auswirkungen auf die Anwohner hatte, führt jetzt auch zur Bestrafung der verantwortlichen Kader, während es zuvor allein den Unternehmen angelastet wurde, die Umweltschäden verursacht hatten. Zu den Delikten zählen dabei fehlende Berichte nach Umweltkatastrophen oder Versäumnisse bei der Schließung von Umweltverschmutzungen verursachenden Unternehmen.[759]

Einen Monat später setzte die für Personalentscheidungen zuständige Organisationsabteilung des ZK der KPCh neue Kriterien für die Evaluierung lokaler Partei- und Regierungskader fest:

"Bislang waren die Aufstiegsmöglichkeiten lokaler Kader im Rahmen eines personalbezogenen Verantwortlichkeitssystems vor allem an der Erfüllung quantitativer ökonomischer Zielvorgaben gebunden. Wichtigstes Kriterium für die persönliche Evaluierung war dabei die wirtschaftliche Wachstumsrate im betreffenden Verwaltungsbezirk mit der Folge, dass lokale Kader starke Anreize hatten, kurzfristig wirksame Investitionen zur Erhöhung des Wirtschaftswachstums ohne Rücksicht auf qualitative soziale oder ökologische Belange zu veranlassen."[760]

Wohin diese einseitige ökonomische Ausrichtung führte, haben wir ja weiter

---

lösen, so Hu auf einer Studiensitzung des ZK am 15.4.2005 (Schucher, Günter 2005. Stabilität und/oder Entwicklung, S. 56. In: C. a. 3/2005, S. 55-56.).

759 Vgl. Willmann, Katrin 2006. Neue Bestimmungen und Planungen zur Umweltverschmutzung und Energieknappheit, S. 113f. In: C. a. 2/2006, S. 113-114.

760 Holbig, Heike 2006. Neue Evaluierungskriterien für lokale Partei- und Regierungskader, S. 105f. In: C. a. 2/2006, S. 105-106.

oben schon gesehen: Fehlverhalten, Korruption, Rücksichtslosigkeit gegenüber den Belangen der bäuerlichen Bevölkerung (gerade bei der Umwidmung von Land etc.). Die neuen Richtlinien sehen mehr soziale und ökologische Verantwortung der lokalen Kader vor. Bei ihrer Beurteilung und einer Neubesetzung von Ämtern, häufig verbunden mit Beförderungen, spielen jetzt ökologische und soziale Kriterien eine größere Rolle. Gerade die Fähigkeit, soziale Probleme adäquat zu lösen, soll bei der Übernahme eines neuen Amtes stärker ins Gewicht fallen.[761]

Dass dies bis dato nichts gefruchtet hat, zeigt die zunehmende Zahl von Massenvorfällen. Im Übrigen wird im Verlauf der Weltwirtschaftskrise sowohl der Umweltproblematik immer weniger Gewicht beigemessen werden wie auch das Wirtschaftswachstum als angebliches Allheilmittel um den sozialen Frieden zu bewahren in der Vordergrund gerückt. Dies lässt sich an Hand der von der chinesischen Regierung in Angriff genommen Infrastrukturprojekte ablesen, die z. T. als ökologisch und sozial äußerst problematisch anzusehen sind.[762]

Dass die Umweltverschmutzung die chinesische Wirtschaft enorme Summen

---

761 Vgl. ebd., S. 106.

762 Hier sei nur ein jüngstes Beispiel angeführt. So wird eine neue zweigleisige 857 Kilometer lange Eisenbahnlinie von Guangdong durch Guanxi und Guizhou gebaut. Diese führt u. a. durch das Gebiet der Buyi- und Dong-Minoritäten, allesamt arme Bevölkerungsgruppen, deren ethnische Identität durch diesen Eisenbahnbau erheblich beeinflusst wird. Die Weltbank, die dieses Projekt mit einem 300 Mio. USD-Kredit unterstützt, stuft es als „a Grade A enviromental risk" ein (vgl. McLaughlin, Kathleen E. 2009. China's Rail Plans: Awesome or Awful?, S. 42. In: FEER, June 2009, S. 41-44.) Denn diese Bahnlinie durchquert in den drei Provinzen 48 ökologisch sensible Gebiete, u. a. Karstgebirge, Reisterrassen und Wälder. Betroffen sind 27 seltene Tierarten, darunter 22 verschiedene Vögel. Überdies müssen wohl mehr als 43.000 Menschen umgesiedelt werden (vgl, dazu den Artikel von McLaughlin, S. 41ff.).

kostet, lässt sich Hand von Zahlen nachweisen, die in einem Bericht der *State Environmental Protection Administration* (*SEPA*) im Jahr 2006 veröffentlich wurden. Demnach belasten die ökologischen Schäden die chinesische Ökonomie jährlich mit rund 200 Mrd. USD, das sind 10% des chinesischen BIP. 12 Mio. t Getreide (von 490 Mio. t) sind durch Metallemissionen kontaminiert. Den Bauern entsteht so ein Verlust von 20 Mrd. Yuan.

"SEPA schätzt, dass die Umweltsituation in einer Größenordnung von 60% Chinas durch Ressourcenübernutzung, Überdüngung und Pestizidgebrauch, Industrialisierung und Verschmutzung, Urbanisierung u. a. fragil ist."[763]

Dies sieht die Regierung natürlich etwas anders. Während Wen Jiabao in seinem Tätigkeitsbericht von 2007 kaum auf Fragen der Umweltpolitik einging,[764] verweist er im *Report* von 2009 auf Erfolge, so heißt es:

"We steadfastly promoted energy conservation, emissions reduction and ecological and environment protection. The central government allocated 42.3 billion yuan to support development of ten key energy conservation projects and environmental protection facilities. The daily sewage treatment capacity rose by an additional 11.49 million tons in urban areas, and desulfurization equipment was installed in coal-fired power plants with a total capacity of 97.12 million kilowatt. Energy consumption per unit of GDP fell by 4.59% from the previous year; chemical oxygen demand fell by 4.42%; and sulfur dioxide emissions fell by 5.95%. For the past three years combined, total energy consumption per unit of GDP dropped by 10.08%; chemical oxygen demand dropped by

---

763 Schucher, Günter 2006. Fragile Umweltsituation, S. 121. In: C. a. 4/2006, S. 121-123.

764 Vgl. Wen Jiabao 2007. Report On The Work Of The Government. Delivered at the Fifth Session of the Tenth National People's Congress on March 5, 2007, Wen Jiabao, Premier of the State Council, S. 2. http://english.gov.cn/2007-03/16/content_552995.htm, S. 1-15. Stand: 20.7.2008.

6.61% and sulfur dioxide emissions dropped by 8.95%."[765]

Hingegen stellt der *Ecological Modernization Report 2007* folgendes fest und soll hier ausführlich wiedergegeben werden, denn immerhin ist die *Chinese Academy of Sciences* als durchaus regierungsnah einzustufen:

"First, the comparison between China's 121 ecological indicators and the world levels. In 2001, China's 15 indicators including the per capita grassland area and the ratio of environmental inputs in GDP were roughly at the same levels of the developed countries. China's 13 indicators including the ratio of urban safe drinking water were roughly at the world's average levels. China's 40 indicators including the land productivity and urban air pollution (SO2 density) had a more than five-fold relative gap with the levels of the developed countries. China's 26 indicators including the intensity of industrial energy consumption and the ratio of the availability of health facilities in the rural areas had a more than two-fold relative gap with the levels of the developed countries. China's 40 indicators including the rate of urban waste treatment had a less than two-fold relative gap with the levels of developed countries.

Next, the comparison between China's 24 main ecological indicators with the levels of the leading countries. Currently, China's relative gap with the leading developed countries was more than 100-fold for three indicators including the ratio of natural resource consumption in GNI, more than 50-fold for five indicators including the freshwater productivity, more then 10-fold for four indicators including the density of industrial wastes, and more than two-fold for 11 indicators including the density of chemical fertilizer use in agriculture. For example, China's ratio of natural resource consumption in GNI in 2003 was roughly more than 100-fold higher than the levels of Japan, France and South Korea, more than 30-fold higher than the levels of Germany, Italy and Sweden, and more than two-fold higher than the levels of the United States and Britain. China's density of industrial wastes in 2002 was roughly 20-fold higher than the level of

765 Wen Jiabao 2009. Report on the Work of the Government (2009). Delivered at the Second Session of the Eleventh National People's Congress on March 5, 2009, S. 2. http://english.gov.cn/official/2009-03/14/content_1259415.htm, S. 1-14. Stand: 14.3.2009.

Germany, 18-fold higher than the level of Italy, 12-fold higher than the levels of South Korea and Britain, 11-fold higher than the level of Japan, and four-fold higher than the levels of France and Sweden. China's extent of urban air pollution in 2002 was roughly more than seven-fold higher than the levels of France, Canada and Sweden, more than four-fold higher than the levels of the United States, Britain and Australia, and more than two-fold higher than the levels of Japan, Germany, Italy, South Korea and Brazil. China's ecological degradation arising from agriculture and animal husbandry was also far higher the levels of the developed countries.

Third, the international comparison of China's ecological modernization index. The ecological modernization index refers to the result of a comprehensive evaluation of 30 ecological indicators measuring ecological progress, ecological economy and ecological society. It can roughly reflect the relative level of a country's ecological modernization. In 2004 when China was in the start stage of ecological modernization, the country's ecological modernization index was 42 points, ranking 84th among 98 leading countries in the world of 100th among all the 118 countries. China's ecological modernization index in 2004 had a57-point absolute gap with the average value of the high-income countries. This had a lot to do with the phase of industrialization China was in."[766]

China liegt demnach bei seinen Bemühungen um den Umweltschutz auf Rang 100 von 118 Staaten und hat sich gegenüber 2004 um keinen Platz verbessert. Die Einzelbeispiele zeigen überdies, dass die Wirtschaft des Landes äußerst ineffizient produziert und eine enorme Verschwendung von Ressourcen an den Tag legt. Die SEPA geht zudem von einer Verschlechterung der ökologischen Verhältnisse aus:

"Die Geschwindigkeit der Verschmutzung sei weitaus höher als die der Reinigungsanstrengungen. Für die Reinigung wären in den nächsten fünf Jahren (2006-2010; RGP)

---

[766] Research Group for China Modernization Strategies (Hrsg.) 2006. Ecological Modernization Report 2007, Research Group for China Modernization Strategies, China Center for Modernization Research, Chinese Academy of Sciences, October 21, 2006, S. 4f. http://cn.chinagate.cn/english/reports/50007.htm, S. 1-10.

insgesamt 1,3 Billionen Yuan notwendig, d. h. ca. 260 Mrd. Yuan pro Jahr."[767]

Rund 20% der Massenvorfälle auf dem Lande entzünden sich an Umweltfragen und „die Zahl der umweltbedingten Proteste steigt dabei nach Angaben der Staatlichen Umweltbehörde jährlich um 30%."[768] Umweltfragen bedrohen ebenso wie die illegale Requirierung von Land die soziale Stabilität. Laut der SEPA hat es 2005 510.000 Konflikte um Fragen der Umweltverschmutzung gegeben,[769] im Jahr 2006 erhielt die SEPA nach eigenen Angaben 600.000 Beschwerden aus der Öffentlichkeit. 161 Verschmutzungen wurden der Agentur gemeldet, alle zwei Tage einer.[770]

Der stellvertretende Ministerpräsident Zeng Peiyan räumt ein, dass der Zugang zu sauberem Trinkwasser problematisch sei. Nach offiziellen Statistiken ist über die Hälfte des Oberflächenwassers der sieben größten Flüsse Chinas ungenießbar: „(. . .) (Hai: 74,6%, Liao: 67,6%, Huai: 80,2%, Huanghe/Gelber Fluss: 63,6%, Sonhua: 78,1%, Yangzi: 27,9%, Zhu/Perlfluss: 21,2%). Chinesischen Medien zufolge leiden 320 Mio. Landbewohner und 110 von 600 Städten an Trinkwassermangel."[771]

Gesundheitsexperten sagen, dass 90% der Wasserwerke mit einer Technologie

767 Schucher, Günter 2006. Fragile Umweltsituation, S. 121f. In: C. a. 4/2006, S. 121-123.

768 Schucher, Günter 2007. Chinas Streben nach Harmonie: Wunsch und Wirklichkeit, S. 43. In: C. a. 5/2007, S. 40-69.

769 Vgl. Schucher, Günter 2006. Gesundheitsversorgung auf dem Lande soll verbessert werden, S. 128. In: C. a. 3/2006, S. 127-128.

770 Vgl. Schucher, Günter 2007. Klimawandel und Umweltzerstörung, S. 121. In: C. a. 1/2007, S. 119-121.

771 Schucher, Günter 2006. Fragile Umweltsituation, S. 123. In: C. a. 4/2006, S. 121-123.

arbeiten, die vom Beginn des 20. Jahrhunderts stammt.[772] Die SEPA stellte nach eigenen Angaben fest, dass im Jahr 2005 insgesamt 46 Mrd. t Abwasser in China anfielen, wobei der größte Teil unbehandelt in die Flüsse eingeleitet wird.[773] Laut Pan Yue, dem stellvertretenden Vorsitzenden der SEPA war 2006 das schlimmste Jahr für Chinas Umweltschutz. Viele Parameter würden anstatt zu sinken, steigen. So u. a. die Menge an ungeklärten industriellen Abwässern. Ferner sei die Hälfte des Grundwassers in den Städten verschmutzt und von 222 Trinkwasserressourcen in 113 Großstädten würden nur 72 % nationale Standards erfüllen.[774]

"Of the 661 cities in China, only 383 have waste-water-treatment facilities.
Source: Ministry on Construction
Quelle: The Wall Street Journal, 23.8.2006."[775]

Dass China nach den USA die zweitgrößte Menge an CO_2 ausstößt, ist hinlänglich bekannt. 1971 waren es 800 Mio. t, 2003 bereits 3.719 Mio. t, ein Anstieg um 365%.[776]

An Hand dieser wenigen, aber eindrucksvollen Zahlen dürfte klar sein, dass die

---

772 Vgl. ebd., S. 123.

773 Xiù Cai 2007. China im (Schau) Bild (1). 42. Abwasser 1, S. 22. In: Xiù Cai, Nr. 86, 19.1.2007, S. 1-26. http://xiucai.oai.de/XiuCai/XiuCaiNo86.pdf, S. 1-26.

774 Vgl. Schucher, Günter 2007. Klimawandel und Umweltzerstörung, S. 120. In: C. a. 1/2007, S. 119-121.

775 Xiù Cai 2007. China im (Schau) Bild (1). Abwasser 2, S. 23. In: Xiù Cai, Nr. 86, 19.1.2007, S. 1-26. http://xiucai.oai.de/XiuCai/XiuCaiNo86.pdf, S. 1-26.

776 Vgl. Xiù Cai 2007. China im (Schau) Bild (1). 29. Schöne Grüße aus China: CO_2Ausstoß 1917 - 2003, S. 16. In: Xiù Cai, Nr. 86, 19.1.2007, S. 1-26. http://xiucai.oai.de/XiuCai/XiuCaiNo86.pdf, S. 1-26.

soziale Stabilität in enormen Maßen durch die Umweltverschmutzung gefährdet ist und die Massenproteste auch an Vehemenz zunehmen. Aber mit der Gefährdung der Menschen durch eine auf Dauer untragbare Belastung der Umwelt und z. T. Vernichtung derselben ist die Liste der Gründe für Massenproteste noch längst nicht abgeschlossen wie unten skizziert werden soll.

Weitere Ursachen für Massenvorfälle

Die nachfolgend angeführten Ursachen, die die ländliche Bevölkerung auf die Barrikaden treibt (was in vielen Fällen tatsächlich zutrifft, s. w. u.), werden aus zwei Gründen relativ kurz abgehandelt. Zum einen ist an anderer Stelle schon ausführlich auf sie eingegangen worden, so auf die steigende Einkommenskluft und die quasi gescheiterte Reform im Gesundheitsbereich. Zum anderen lassen sich für manche Ursachen keine für ganz China zutreffenden Aussagen machen und wegen der Größe des Landes und seinen z. T. schwer zugänglichen Gebieten mangelt es an zuverlässigen Informationen. Dies betrifft die Umsiedlungspolitik (ein historisches Erbe aus der Kaiserzeit), Zwangsmaßnahmen in der Familienplanung sowie ethnische und religiöse Spannungen.

Kommen wir zuerst zur wachsenden Einkommenskluft zwischen Stadt und Land und den Regionen. Laut dem *Report* von 2009 betrug 2008 das durchschnittliche Pro-Kopf-Einkommen eines Städters 15.781 Yuan, ein realer Anstieg um 8,4%, das durchschnittliche Netto-Pro-Kopf-Einkommen auf dem Lande erreichte 4.761 Yuan, real 8% mehr als im Vorjahr. D. h., das städtische Einkommen stieg um 0,4% mehr als das ländliche.[777] Die offizielle Kluft betrug 3,1 zu 1, was allerdings nach Expertenmeinung viel zu niedrig angesetzt ist, da die sozialen

---

777 Wen Jiabao 2009. Report on the Work of the Government (2009). Delivered at the Second Session of the Eleventh National People's Congress on March 5, 2009, S. 1. http://english.gov.cn/official/2009-03/14/content_1259415.htm, S. 1-14. Stand: 14.3.2009.

Vergünstigungen - auch wenn sie immer geringer ausfallen - nicht in diese Berechnung einfließen. Das Verhältnis dürfte eher bei 6 zu 1 anzusiedeln sein (s. w. o.). Der Gini-Koeffizient ist mittlerweile von 0,45 im Jahr 2005 auf 0,496 im Jahr 2009 gestiegen.[778]

Auch wenn hier in erster Linie die Gründe für Massenproteste auf dem Lande Gegenstand der Darstellung sind, kommen wir nicht umhin einen Blick auf die sozialen Verhältnisse in den urbanen Zentren zu werfen. Denn auch dort spitzt sich die Situation immer mehr zu.
Die Angst der chinesischen Mittelschicht vor dem sozialen Abstieg könnte ebenfalls zu Massenvorfällen führen.[779] Zwar ist eine landesweite Vernetzung von Protesten bisher nicht zu erkennen, das kann sich aber ändern, denn die Weltwirtschaftskrise ist - entgegen so genannter Expertenmeinungen[780] - noch längst nicht richtig ins Rollen gekommen. Und in China ist die Krise auch noch

---

778 Auswärtiges Amt 2009. China: Wirtschaft, S. 2. http://www.auswaertiges-amt.de/diplo/de/Laenderinformationen/China/ Wirtschaft.html, S. 1-4. Stand: 25.6.2009.

779 Siehe dazu den Streik der Lehrer, Taxifahrer etc. und weiter unten, als ein Vorgeschmack, welche Perspektive sich für die VR China aufzeigen könnte.

780 Man braucht sich nur die Verlautbarungen diverser Wirtschaftsforschungsinstitute anzuschauen, die zwar von einem Schrumpfen der z. B. deutschen Wirtschaftsleistung von bis zu 6,4% ausgehen, aber eine Erholung für das Jahr 2010 in Aussicht stellen. In Rechnung gestellt wird aber nicht, dass der Rückgang im asiatisch-pazifischen Defizitkreislauf noch gar nicht richtig auf die Weltwirtschaft durchgeschlagen ist. Der zu erwartende Konsumrückgang in den USA bei steigender Arbeitslosigkeit wird sich erst noch bemerkbar machen. Denkbar wäre aber auch, dass die US-Bürger sich weiter verschulden, was dann, wenn die Wirtschaft sich nicht erholen sollte, erst recht verheerende Folgen zeitigen würde.

nicht voll zum Tragen gekommen.[781] Das Exportvolumen ist 2009 mit 1201,7 Mrd. USD um 16%, das Importvolumen mit 1005,6 Mrd. USD um 11,2% gesunken.[782] Auch wenn die volksrepublikanische Wirtschaft 2009 ein Wachstum von 8,7% zu verzeichnen hatte,[783] ist fraglich, ob das Krisenkonjunkturprogramm der chinesischen Zentralregierung anschlägt und die Binnennachfrage nachhaltig anschieben kann und dies aus mehreren Gründen.

"Die Gesamtinvestitionen in Anlagevermögen im ganzen Jahr betrugen 22,5 Billionen Yuan und sind im Vergleich zum Vorjahr um 30,1 Prozent gestiegen. Die Wachstumsgeschwindigkeit hat um 4,6 Prozentpunkte zugenommen. Die Investitionen in Anlagevermögen in den Städten lagen bei 19,4 Billionen Yuan und in den ländlichen Gebieten bei 3,1 Billionen Yuan, und sie sind jeweils um 30,5 Prozent und 27,5 Prozent gestiegen. Die Infrastrukturinvestitionen (neben der Stromversorgung) beliefen sich auf 4,2 Billionen Yuan und haben sich um 44,3 Prozent vermehrt. Darunter sind der Eisenbahntransport um 67,5 Prozent, der Straßentransport um 40,1 Prozent, der öffentliche Verkehr in den Städten um 59,7 Prozent, die Dienstleistung um 61,8 Prozent, das Bildungswesen um 37,2 Prozent, sowie die Hygiene und die soziale Absicherung und Wohlfahrt um 58,5 Prozent gestiegen. Die Immobilieninvestitionen erreichten 3,6 Billionen Yuan und sind um 16,1 Prozent gewachsen."[784]

Die Investitionen in Anlagevermögen sind in der Hoffnung auf eine Erholung der weltweiten Konjunktur getätigt worden. Sie generieren nur dann Mehrwert,

---

781 Vgl. Kurz, Robert 2009. Die Stunde der Wahrheit. Konturen eines sozialen Notstandsprogramms nach der Bundestagswahl, S. 1. In: Freitag, 12.6.2009. Http://exit-online.org/druck/php?tabelle=aktuelles&posnr=366, S. 1-2. Stand: 13.6.2009.

782 German.China.org.cn 2010. Chinas Bruttoinlandsprodukt stieg 2009 um 8,7 Prozent, S. 1. http://german.china.org/cn/fokus/2010-01/21/content_19284428.htm, S. 1. S. 1-1. Stand: 27.1.2010.

783 Vgl. ebd.

784 Ebd.

wenn die Weltwirtschaft sich wieder erholt, was zum jetzigen Zeitpunkt äußerst fraglich ist.[785] Tritt dies Erholung nicht ein, sitzt China auf Überkapazitäten, die dann wieder abgebaut werden müßten oder sie verkommen zu Ruinen. Die Investitionen in die diversen Infrastrukturprojekte tragen ebenfalls zu diesen Überkapazitäten bei, z. B. im Transportwesen und sind überdies kapitalunproduktiv. Die Investitionen in Immobilien könnten ebenfall zu einem Überangebot führen und damit würde die Baubranche in die Krise geraten, in der ca. 40 Mio. Bauernarbeiter tätig sind, die dann zumindest z. T. in ihre Heimatdörfer zurückkehren müssten.

Wie gesagt, nur wenn die Weltwirtschaft konjunkturell wieder anspringt, hätten diese Investitionen Aussicht auf Erfolg. Allerdings ist auch hier wieder eine Einschränkung zu machen. Der chinesische Staat hat sich immens verschuldet. Diese Schulden müßten bei einem Wirtschaftsaufschwung zurückgezahlt werden. Fraglich ist, ob der generierte Mehrwert groß genug ist, um die Staatskredite bedienen zu können. Das darf bezweifelt werden. Es könnte dazu führen, dass die geschnürten Konjunkturpakete, also die Staatsschulden platzen. So oder so, keine rosigen Aussichten.

Zurück zur Lage der städtischen Bevölkerung. Eine Untersuchung der *CASS* zwischen März und Juli 2006 unter 7.140 Familien hat folgende - vielleicht nicht unbedingt repräsentative - Ergebnisse zutage gefördert: 39,6% erklären, sie würden sich zur Mittelschicht zählen, 2002 waren es noch 46,9%, zur oberen Mittelschicht bzw. zur Oberschicht fühlten sich 5,9% zugehörig, 2002 waren es

---

785 Neben der Beinahe-Pleite Griechenlands, droht dies ebenso Spanien, Portugal und Italien. Und Österreich könnte der nächste Kandidat auf dieser Liste sein. All dies sind keine Indizien dafür, dass die Weltwirtschaft wieder in Schwung kommt, vielmehr könnte es über die Euro-Krise zu einer Weltwährungskrise kommen (vgl. dazu Kurz, Robert 2010. Von der Euro-Krise zur Weltwährungskrise?, erschienen im Neuen Deutschland am 5.3.2010, S. 1f. http/exit.online.org/druck.php?tabelle=aktuelles&posnr=466, S. 1-2. Stand 6.3.2010).

noch 12%. Umgekehrt stieg die Zahl derjenigen, die sich zur Unterschicht und unteren Mittelschicht zählten von 41,1% auf 53,6%.[786] Die besser gestellten Schichten stürzen also ab und stocken das Reservoir der unteren Schichten auf. Marktwirtschaft macht eben arm, denn der Kapitalismus macht nur wenige reich,[787] die Masse aber bettelarm, wie sich auch am Beispiel Chinas eindrucksvoll demonstrieren lässt:

"So verdienen die obersten 20% 18 mal mehr als die untersten und sie besitzen sogar 72,4% der Eigentumswerte. Die reichsten 10% der chinesischen Familien besitzen damit über 40% aller privaten Werte, die ärmsten 10% weniger als 20%. (. . .) Zugleich sind die durchschnittlichen Einkommen der untersten 10% der Einkommensbezieher in China von 2001 bis 2003 nach Weltbankangaben real um 2,4% gesunken. (. . .)."[788]

Hinzukommt, dass die Ausgaben im Wohnungs-, Gesundheits- und Bildungsbereich gestiegen sind. Laut dem Statistikbüro schnellten die Preise für Wohnraum 2004 um 14% in die Höhe, für medizinische Behandlung stiegen die Kosten von 1998 bis 2003 um 85% in den Städten, und um 103% auf dem Land.[789]

---

786 Vgl. Schucher, Günter 2007. Besorgnis um Einkommenskluft, S. 116. In: C. a. 1/2007, S. 116-117.

787 Vgl. zu dieser Problematik Kurz, Robert 1999. Schwarzbuch Kapitalismus. Ein Abgesang auf die Marktwirtschaft, Frankfurt am Main, S. 15-21. Kurz weist an Hand der geschichtlichen Entwicklung nach, dass die Menschen seit dem Aufkommen der kapitalistischen Produktionsweise nicht nur ärmer wurden, sich der Arbeitstag allmählich verlängerte, sondern auch, dass die Fremdbestimmung des Individuums stetig zugenommen hat. Näher kann hier nicht darauf eingegangen werden.

788 Schucher, Günter 2007. Besorgnis um Einkommenskluft, S. 117. In: C. a. 1/2007, S. 116-117.

789 Vgl. ebd.

Die Kluft zwischen den Lebensverhältnissen (also nicht nur in Bezug auf das Einkommensniveau) existiert auch zwischen den Regionen und einzelnen Provinzen. Die Provinz Guizhou gehört zu den ärmsten Chinas[790] und nicht viel besser sehen die Bedingungen in den westlichen, zentralen und nordöstlichen Provinzen aus, weshalb seit Ende des 20. Jahrhunderts ein Programm zur Entwicklung dieser Regionen aufgelegt wurde.

Greifen wir hier einmal zur Illustration auf den *Bericht zur Lebensqualität chinesischer Städte* zurück, der vom *Beijinger International Institute for Urban Development* herausgegeben wurde. 287 Städte sind dort nach unterschiedlichen Kriterien aufgelistet. Mittelt man diese Kriterien, so liegt Shenzhen auf Platz 1 und die Stadt Huainan, Provinz Anhui, befindet sich auf Rang 254. Die folgende Tabelle zeigt die Differenzen auf:

Tabelle 40b: Lebenstandard Shenzhen und Huainan (Provinz Anhui) im Vergleich

	Shenzhen	Huainan
BIP (umgerechnet in Mrd. Euro)	34	21
Pro-Kopf BIP (Yuan	59.271,00	9.225,00
Freiverfügbares Einkommen (Pro Kopf, Yuan)	27.896,00	7.418,00
Konsumausgaben (Pro Kopf, Yuan)	19.570	5.547
Ausgaben für Bildung (Pro Kopf, Yuan)	2.543,91	123,72
Arbeitslosenrate, registrierte	0,6%	3,21%
Buchbestand pro 100 Bewohner in öff. Bibliotheken	233	10
Haushalts-Stromverbrauch pro Einwohner (kWh)	2.792	145
Öff. Busse pro 10.000 Bewohner	115	5

790 Vgl. Zhang, David Dian 2006. Guizhou, S. 207f. In: Staiger, Brunhild/Friedrich, Stefan/Schütte, Hans Wilm (Hrsg.) 2006. China. Lexikon zu Geographie und Wirtschaft, Darmstadt.

Ärzte pro 10.000 Bewohner	60	17
Dichte der öffentlichen Verkehrslinien (km/qm)	1,61	0,56
Grünfläche pro Kopf (qm)	16,01	3,14
Haushaltsmüll-Behandlung (in Proz.)	100	54
Durchschnittliche Lebenserwartung (Jahre)	76,50	71,90

Quelle: Xiù Cai 2007. Huainan, S. 15f. In: Xiù Cai, Nr. 97, 4.10.2007, S. 1-17. http://xiucai.oai.de/XiuCai/XiuCaiNo97.pdf.

Wie aus der Tabelle errechnet werden kann, ist das BIP pro Kopf und Jahr in Shenzhen sechsmal höher als in Huainan. Das frei verfügbare Einkommen beträgt in der SWZ fast viermal mehr und die Ausgaben für Konsumgüter sind um das Dreikommafünffache höher als in Huainan. Und die Ausgaben für Bildung betragen in Shenzhen das 20fache dessen, was in Huainan zur Verfügung steht, der Buchbestand von 23,3 zu 1 pro 100 Einwohner macht dies überdeutlich. Und auch die ärztliche Versorgung ist in Shenzhen besser als in Huainan (vgl. obige Tabelle).

Allein dieses Beispiel zeigt, wie weit China von einem einheitlichen Lebensstandard und damit von einem auf etwa dem gleichen Niveau stehenden Wirtschaftsraum entfernt ist und damit auch über keinen durchschnittlichen Produktivitätsstandard verfügt.

Mehrere regierungsnahe Institutionen, wie z. B. die *CASS*, verweisen auf diese Entwicklung und auch die chinesische Regierung ist, ob dieser sozioökonomisch ungleichen Entwicklung besorgt. Hält diese an, sind vermehrte Massenproteste, nicht nur auf dem Lande, für die Zukunft vorprogrammiert. Im weiteren Verlauf der Weltwirtschaftskrise wird dies eventuell zutage treten.

Über die Reform im Gesundheitswesen ist an anderer Stelle schon ausführlich eingegangen worden. Hier sei nur noch einmal wiederholt, dass die im Jahr 2008 auf dem Lande und in den Städten installierte neue Gesundheitsversorgung erst in Zukunft zeigen wird, ob sie eine tragfähige Reform sein wird. Als Kriterien sind hier vor allem zwei Punkte zu benennen. Einmal eine ausreichende medizinische Grundversorgung gerade in den ländlichen Regionen, was allerdings bezweifelt werden kann. Denn die geringe Lebensqualität und die mageren Verdienstmöglichkeiten auf dem Lande sind nicht dazu angetan, gut ausgebildete Ärzte in diese Gebiete zu locken und an den Idealismus in einem zunehmend materiell ausgerichteten China - zumindest in den Städten - zu appellieren, dürfte wenig fruchten. Zweitens muss die medizinische Behandlung für die Masse der ländlichen Bevölkerung bezahlbar sein, sie darf nicht in den finanziellen Ruin treiben. Sollten diese beiden Punkte nicht verwirklicht werden können, wird es auch in Zukunft zu Massenprotesten auf dem Lande kommen.

Die Umsiedlungspolitik ist, wie bereits erwähnt, ein kaiserliches Relikt, die auch heute noch aus vielfältigen Gründen zum Einsatz kommt und aus Sicht der betroffenen Menschen verständlicherweise Widerstand hervorruft.

Die wohl häufigste Ursache für Umsiedlungen sind großangelegte Infrastrukturprojekte, wie z. B. der Bau des mittlerweile auch in China umstrittenen Drei-Schluchten-Staudamms. Bis 2007 sind 1,2 Mio. Menschen umgesiedelt worden und in den nächsten 10 bis 15 Jahren sollen noch mindestens vier Mio. Menschen aus ihren angestammten Gebieten in andere verpflanzt werden.[791]

Die Proteste richten sich zum einen gegen den Verlust der Heimat, in der die Menschen z. T. über Generationen hinweg gelebt haben. Zum anderen sind auch hier u. a. auf Grund von Korruption die Kompensationszahlungen zu gering und der zur Verfügung gestellte Wohnraum für Städter zu teuer. Die aus ländlichen Gegenden umgesiedelten Menschen klagen über schlechteres Ackerland und ebenfalls über unzureichende Entschädigungszahlungen.
Ein anderer Grund für Umsiedlungen ist der Versuch, Bevölkerungsgruppen,

---

[791] Vgl. Schucher, Günter 2007. Drei-Schluchten-Staudamm in der Kritik, S. 142. In: C. a. 6/2007, S. 141-143.

nicht selten Minderheiten, aus ihren kärglichen in vermeintlich fruchtbarere Gebiete oftmals zwangsweise umzusiedeln. Einerseits verlieren diese Menschen ihre angestammte Heimat, ihre gewachsenen Traditionen und Verhaltensweisen werden verletzt und/oder zerstört. Andererseits kommen sie in ihrer neuen Umgebung mit den dort herrschenden Lebensbedingungen und -verhältnissen häufig genug nicht zurecht. Überdies stoßen sie auf offenen Widerstand, bis hin zur offenen Feindseligkeit durch die dort lebende einheimische Bevölkerung. Gründe für Massenproteste sind hier also von mehreren Seiten gegeben.[792]

Die Umsiedlungspolitik führt auch gerade dann zu ethnischen Spannungen, wenn Han-Chinesen in großer Zahl in von Minderheiten bewohnten Gebieten angesiedelt werden, z. B. in Tibet oder Xinjiang, und dort nach einigen Jahren die Mehrheit der Bevölkerung stellen. Diese Politik ist bewusst von der chinesischen Regierung durchgeführt worden. Hier kommt es, wie 2008 in Tibet vor den Olympischen Spielen geschehen, zu gewaltsamen Auseinandersetzungen mit der han-chinesischen Population und den Sicherheitskräften (Polizei, Militär), die aus naheliegenden Gründen ebenfalls Han sind.
In Xinjiang gibt es separatistische Bewegungen, die ihre Unabhängigkeit von der Volksrepublik China verfolgen. Das jüngste Beispiel sind die im Sommer 2009 ausgebrochenen Unruhen in der Hauptstadt Urumqi. Anlass für die erst friedlich verlaufenen Demonstrationen war der Tod zweier uigurischer Arbeitsmigranten in Südchina, die angeblich eine Frau vergewaltigt haben sollen und daraufhin von Han-Chinesen zu Tode geprügelt wurden. Die Demonstrationen in Xinjiang bzw. der Hauptstadt richteten sich gegen die dort lebenden Han-Chinesen. Diese wurden angegriffen und verletzt. Die Zahl der Toten wird von exil-uigurischen Organisationen und der Zentralregierung unterschiedlich hoch angegeben, eine exakte Nachprüfung über die Anzahl der Toten und Verletzten ist kaum möglich. Die gewalttätigen Demonstrationen, die wohl auch wegen der latenten Benachteiligung und Unterdrückung der Uiguren durch die Han ausbrachen,

---

[792] Vgl. dazu Schucher, Günter 2003. Proteste gegen Umsiedlungen nehmen zu. In: C. a. 10/2003, S. 1201-1202.

fielen so heftig aus, dass das Militär in der Hauptstadt massiv verstärkt wurde und auf den Straßen eine dauerhafte Präsenz zeigte. Wie wichtig und wohl auch bedrohlich diese Proteste für die soziale Sicherheit seitens der Zentralregierung angesehen und eingestuft wurden, lässt sich daran ablesen, dass Staatspräsident Hu Jintao seinen Italien-Besuch vorzeitig beendete und auch nicht am erweiterten G8-Gipfel teilnahm.

Dieses Ereignis zeigt, dass die ethnischen Minderheiten, gerade die großen Volksgruppen, auf Grund einer Politik der Benachteiligung seitens der verantwortlichen Partei- und Regierungsorgane, die soziale Sicherheit massiv beinträchtigen, sogar gefährden können. Wenn die KPCh und die Zentralregierung hier nicht umdenken, wird es auch in Zukunft zu schweren Unruhen kommen.[793]

Kommen wir zum vorletzten hier zu behandelnden Punkt, den religiösen Spannungen. Es gibt in China vier christliche Kirchen, zwei von jeder Konfession, einmal die staatlich anerkannten und dann die so genannten Untergrundkirchen. Ferner gibt es zahllose Sekten, wobei die *Falungong* die bekannteste sein dürfte. Auch diese Bewegung ist der Verfolgung seitens der Sicherheitsorgane ausgesetzt. Die *Falungong* schaffte es mehrfach, Protestkundgebungen auf dem Tian'anmen zu veranstalten und demonstrierte sogar - kurzzeitig - unbehelligt, vor dem chinesischen Regierungssitz Zhongnanhai. Diese Sekte dürfte flächendeckend über ganz China vernetzt sein und hat überdies auch unzufriedene Anhänger, die in leitenden staatlichen Positionen sitzen. Ob sie eine ernsthafte Gefahr für die Partei ist, lässt sich hier und jetzt schwer beurteilen, allem Anschein wohl nicht. Dennoch wird sie aus Staatsräson mit allen Mitteln brutal verfolgt, wohl auch, um anderen

---

793 Inwieweit die Weltwirtschaftskrise dieses Problem noch verschärfen wird, lässt sich jetzt noch nicht eindeutig voraussagen. Die Erfahrung aus der Vergangenheit zeigt jedoch, das in sozioökonomischen Krisensituation Minderheiten - egal welcher Coleur, ethnisch, religiös oder sexuell - immer Opfer der Mehrheit geworden sind.

Oppositionsbewegungen abzuschrecken.

Zum Schluss sei noch etwas über die Zwangsmaßnahmen in der Familienplanung erwähnt, über die sich mangels konkreter Informationen relativ wenig aussagen lässt. In der westlichen Presse tauchen ab und an Berichte über Zwangssterilisationen und Zwangsabtreibungen auf. Ob die dadurch ausgelösten Proteste eine ernsthafte Gefahr für die soziale Ordnung haben, darf bezweifelt werden, da es sich in erster Linie um einen gewaltsamen Eingriff innerhalb einer Familie bzw. Clans handelt. Zweifelsohne ist es für die betroffenen Menschen, vornehmlich wohl Frauen, eine unentschuldbare Verletzung ihrer Person und über die bleibenden physischen und psychischen Schäden können hier nur Vermutungen angestellt werden.

Wie dargestellt gibt es in China eine Vielzahl von sozioökonomischen Gründen, die Massenproteste innerhalb der unterschiedlichsten Bevölkerungsschichten auslösen und von denen keine gesellschaftliche Gruppe mehr auszunehmen ist. Nunmehr soll auf die Art und Weise, in denen sich diese Proteste artikulieren eingegangen werden.

Protestformen

Nach 1989 hat die Bevölkerung Missstände angeprangert, die lokalen Charakters waren und überdies wurde mit Gesetzesvorschriften argumentiert und man berief sich auf Richtlinien der Partei. Hier hat sich einiges geändert. Auch wenn man sich weiterhin auf offizielle Dokumente beruft, so sind die Protestformen doch größer, gewalttätiger und besser organisiert,[794] wie ja die weiter oben angeführten Zahlen über Massenvorfälle belegen. Hinzu kommt, dass sich der Organisationsgrad und die Form, wie die Proteste strukturiert sind, gewandelt

---

[794] Vgl. Schucher, Günter 2006. Ein Gespenst geht um in China - das Gespenst sozialer Instabilität, S. 51f. In: C. a. 5/2006, S. 47-63.

hat. Das hängt sicherlich auch damit zusammen, dass die neuen Medien (Mobiltelefon, Internet etc.) eine schnellere und effektivere Kommunikation ermöglichen. Alle Gesellschaftsschichten nehmen mittlerweile auf unterschiedliche Art und Weise an diesen Protesten teil. Und die Aktivisten schließen sich mittlerweile in Gruppen zusammen, u. a. in „Antikorruptionsbrigaden“ oder einer „Vereinigung von Rentnern für Beschwerden“. Gerade die Alten stellen sich zum Schutz vor die jüngeren Teilnehmer, in dem Glauben, dass das Alter immer noch hoch geachtet wird. Ferner werden alle legal registrierten Organisationen in die Demonstrationen eingebunden, wie z. B. Gewerkschaften, Clan-Vereinigungen und Sportgruppen.[795]

“Proteste von mehreren tausend oder sogar über zehntausend Personen sind keine Seltenheit mehr. Auch habe die Konfrontationsbereitschaft der Protestierenden zugenommen; typische Protestformen seien die Sperrung von Brücken und Straßen, die Besetzung von Partei- und Regierungsbehörden, die persönliche Bedrohung von Angehörigen lokaler Parteikomittes (sic!; RGP) und Verwaltungsorganen bis hin zur Anwendung von körperlicher Gewalt gegen Funktionäre und Sicherheitskräfte.”[796]

Allerdings werden die Proteste häufig nur als letztes Mittel angesehen, wenn alle anderen Versuche, bestehende Probleme zu lösen, gescheitert sind. Meist wird die traditionelle Vermittlung durch informelle soziale Netzwerke angestrebt. Scheitert dies, versucht man die Administration zum Eingreifen zu bewegen. Ist auch dies erfolglos, zieht man vor das Gericht.[797] Ferner greift die betroffene

795 Vgl. ebd., S. 52

796 Holbig, Heike 2001. Schwieriger Balanceakt zwischen sozialer Stabilität und wirtschaftlichen Reformen, S. 594. In: C. a. 6/2001, S. 594-595.

797 1989 wurde das Verwaltungsprozessgesetz verabschiedet und 1991 ergänzt. Seit dieser Zeit sind 730.000 Verwaltungsprozesse gegen Regierungsstellen beim Obersten Volksgerichtshof angestrengt

Bevölkerung entweder zu kollektiven oder individuellen Petitionen.[798] Zuerst werden die lokalen Petitionsstellen angesprochen, danach die übergeordneten innerhalb der Provinz. Da die Kader aber über gut ausgebaute Netzwerke verfügen, werden auf den unteren Ebenen die Petitionsantragsteller meist abgeblockt, so dass ihnen nichts anderes übrig bleibt als der Weg in die Hauptstadt, um bei der zentralen Petitionsstelle um Hilfe nachzusuchen. Häufig verhindern die Lokalbehörden, dass die Antragsteller, die abgewiesen wurden, nach Beijing reisen, da dies für sie eventuell nachteilig sein könnte.

Die offenen Proteste sind also das letzte Mittel, um Missstände anzuprangern und übergeordnete Regierungsstellen auf diese aufmerksam zu machen. Seit geraumer Zeit versucht die Bevölkerung nicht nur die Korruption und das Fehlverhalten publik zu machen, vielmehr will man gezielt die Beamten absetzen, die sich gegen die Gesetze und die Interessen der Bevölkerung gestellt haben.[799]

Bevor ich auf konkrete Beispiel von Massenvorfällen eingehe, soll zuerst die Reaktion der Zentralregierung und die der lokalen Behörden dargestellt werden.

---

worden, allein im Jahr 2001 waren es über 100.000 Fälle. Auf den Gebieten öffentliche Sicherheit, Streitigkeiten über Finanz- oder Sachgüter, behördliche Reklamationen von Grund und Boden sowie bei Umsiedlungsmaßnahmen sind die meisten Fälle anhängig. Zudem nehmen Klagen im Wirtschaftsrecht zu (vgl. Holbig, Heike 2002. Wachsende Zahl von Verwaltungsklagen, S. 19. In: C. a. 4/2002, S. 19-19.).

798 Schucher, Günter 2007. Chinas Streben nach Harmonie: Wunsch und Wirklichkeit, S. 44. In: C. a. 5/2007, S. 40-69.

799 Vgl. Xiù Cai 2004. Aus einem Funken kann ein Steppenbrand entstehen, S. 13. In: Xiù Cai 2004, Nr. 34, 12.6.2004, S. 11-15. http://xiucai.oai.de/XiuCai/XiuCaiNo34.pdf, S. 1-22.

Reaktion der Zentralregierung und der Lokalregierungen

Es ist an anderer Stelle schon angeklungen, dass die Zentralregierung in den Augen der Bevölkerung augenscheinlich ein nahezu unerschütterliches Vertrauen genießt, während die Provinzregierungen und die darunter angesiedelten Lokalbehörden zunehmend an Vertrauen verlieren. Hier richtet sich die Unzufriedenheit der Proteste gegen spezifische Behörden und lokale Beamte oder Polizeieinheiten.[800] Die Zentralregierung versucht sich als „die Guten" darzustellen und die Lokalbehörden als „die Schlechten“. Hier scheint die mehr als 2000jährige legistische Methode des Han Feizi wieder durch, mittels der die chinesischen Kaiser „inoffiziell“ regiert haben[801] und auch die heutigen Herrscher bedienen sich ebenfalls dieser Prinzipien.

Exkurs: Der Legismus des Han Feizi

Han Feizi - „Meister“ Han Fei, er lebte von ca. 280 bis 233 v. u. Z. - systematisierte die legistischen Elemente seiner Vordenker, nämlich Shen Buhai's Idee von der Staatskunst (*shu*), Shen Dao's Lehre der Macht (*shi*) und Shang Yang's Politik des Gesetzes (*fa*).[802]

---

800 Vgl. Schucher, Günter 2007. Chinas Streben nach Harmonie: Wunsch und Wirklichkeit, S. 44. In: C. a. 5/2007, S. 40-69.

801 Offizielle Herrschaftsideologie war der Konfuzianismus, er diente zur Vergeistigung bzw. Fetischisierung der Herrschaftsverhältnisse. Aber mit einer idealistischen Ideologie läßt sich kein Reich der Welt regieren. Hier sprang der Legismus ein, der die realen Machtinstrumente lieferte (s. den nachfolgenden Exkurs).

802 Vgl. Han Feizi 1994. Die Kunst der Staatsführung. Die Schriften des Meister Han Fei, Gesamtausgabe, aus dem Chinesischen übersetzt von Wilmar Mögling, Leipzig, S.12.

Kurz formuliert besagen die diese drei Faktoren folgendes. Das Gesetz muss schriftlich fixiert und der Öffentlichkeit bekannt gemacht werden. Es soll die Interessen des Herrschers schützen und das Volk in Schach halten. Die Macht ist sowohl Voraussetzung als auch das Ergebnis der im Gesetz verankerten Ordnung.

"Einerseits kann nur der, der die Macht besitzt, Gesetze erlassen und deren Einhaltung erzwingen. Andererseits schafft die Anwendung der Gesetze Macht und Autorität, und deshalb darf der Herrscher die zwei Handhaben der Machtausübung - Strafen und Belohnen - nicht aus seinen Händen geben."[803]

Macht und Gesetz bleiben allerdings ohne die Staatskunst wirkungslos. Im legistischen Sinne muss der Herrscher „Nicht-Handeln" (*wu wei*); ein daoistischer Begriff: Handeln durch Nicht-Handeln. D.h., der Herrscher erlässt zwar die Gesetze, er wendet sie aber nicht an, das überlässt er seinem Beamtenapparat. Damit wird der Herrscher unangreifbar, andererseits kann er die Beamten bei Vergehen zur Rechenschaft ziehen. Da der Herrscher aber nicht alle Beamte kontrollieren kann, empfiehlt Han Feizi zum einen die strikte Begrenzung des Aufgabenbereichs der Beamten, die heutigen Ressorts, zum anderen soll ein System aufgebaut werden, in dem sich die Beamten gegenseitig kontrollieren (in der KPCh die Zentrale Kontrollkommission).[804]

Es ist unschwer zu erkennen, dass die legistischen Prinzipien in China auch heute noch ihre Gültigkeit besitzen, was sich auch an der Behandlung der Konflikte aufzeigen lässt.

In der Zeit von Jiang Zemin und Zhou Rongji wurden Massenvorfälle einerseits als vom Ausland gesteuert angesehen, um China zu destabilisieren, andererseits ging die Regierung brutal gegen Demonstranten vor und man versuchte die

[803] Ebd., S. 16.

[804] Zu den Ausführungen vgl. Han Feizi, S. 12ff.

Massenproteste gewaltsam zu unterdrücken. Unter Hu Jintao und Wen Jiabao fand zwar keine grundlegende Kehrtwende statt, doch es kann davon gesprochen werden, dass sich die Strategie bei der Konfliktlösung partiell gewandelt hat. Auf der einen Seite treten Hu und Wen als Vertreter der Interessen der benachteiligten Gruppen auf, versuchen sich als Verteidiger ihrer sozialen Bedürfnisse darzustellen. Auf der anderen Seite setzen sie nach wie vor repressive Maßnahmen ein, verstärken den Sicherheitsapparat gerade auch auf der dörflichen Ebene und sie verschärfen, wenn erforderlich, die Pressezensur bzw. schränken bei bestimmten heiklen Thema die Berichterstattung ein.

Wie bereits erwähnt, werden die sozialen Widersprüche mittlerweile als Begleiterscheinung der Modernisierung anerkannt, deshalb wird oft der Versuch unternommen, die lokalen Behörden, die ja in erster Linie Adressat der Massenproteste sind, zu einer friedlichen Konfliktlösung anzuhalten.[805]

Es lassen sich drei hauptsächliche Methoden zur Behandlung der Konflikte ausmachen: erstens die Lokalisierung, zweitens die Stärkung des Petitionswesens und drittens die Kontrolle und Unterdrückung.
Die Lokalisierung der Konflikte bedeutet, dass die lokale Verantwortung für die Konfliktlösung gestärkt werden soll. Da die Massenproteste bisher örtlich begrenzt waren, könnte das frühzeitige Erkennen eine Lösung vereinfachen. Allerdings haben Untersuchungen ergeben, dass viele lokale Kader gar nicht in der Lage sind, ein sich allmählich entwickelndes Problem rechtzeitig zu erkennen, um dann präventiv dagegen vorgehen zu können. Trotz der Anweisungen aus der Zentrale, Protest zu melden, werden diese unterdrückt und/oder verschleiert.[806] Die nachfolgende Tabelle gibt Aufschluss über die zentralen Direktiven bei auftretenden Protesten.

---

805 Schucher, Günter 2007. Chinas Streben nach Harmonie: Wunsch und Wirklichkeit, S. 45. In: C. a. 5/2007, S. 40-69.

806 Vgl. ebd., S. 46.

Tabelle 40c: Tab. 1. Richtlinien zur Meldung von Protesten

Teilnehmer	Meldung an Provinzbehörden innerhalb von . . .	Meldung an Zentrale innerhalb von . . .	Weitere Aktionen
30 und mehr	12 Stunden	48 Stunden	Erste Ursachenanalyse
100 und mehr		24 Stunden	
500 und mehr		12 Stunden	Untersuchung durch leitende Beamte der Provinzstadt vor Ort; Regelung und Verhinderung einer Eskalation
5.000 und mehr		2 Stunden und dann alle 2 Stunden	Untersuchung durch Leiter der Provinzstadt persönlich; Regelung und Verhinderung einer Eskalation
50% der Bürger in regierungsunmittelbaren Städten, Provinzstädten oder Sonderwirtschaftszonen		der ersten Stunde	Untersuchung durch Partei- und Regierungsleiter der Provinzstadt persönlich; Regelung und Verhinderung einer Eskalation. Regierung, Sicherheitsamt und bewaffnete Polizei sichern die soziale Ordnung, inklusive Elektrizität, Wasser, Fernsehstationen, Hafen, Flughafen, Banken etc.

Quelle: Schucher, Günter 2007. Chinas Streben nach Harmonie: Wunsch und Wirklichkeit, S. 47. In: C. a. 5/2007, S. 40-69 (Schucher gibt als Quelle Chen 2004 an).

Die zeitliche Staffelung, wann eine Meldung zu erfolgen hat sowie die genauen Kompetenzzuweisungen für weitere Aktionen zeigen, wie ernst die Zentralregierung die Massenvorfälle mittlerweile nimmt. So sollen rechtzeitig Gegenmaßnahmen ergriffen werden können, um einen Flächenbrand, der außer Kontrolle geraten könnte, zu verhindern. Dazu passt, dass die Polizeieinheiten auf dem Lande und auf der Dorfebene verstärkt worden sind. Mittlerweile dürfte in so ziemlich jedem Dorf eine Polizeistation eingerichtet worden sein. Offensichtlich waltet auch hier das legistische Prinzip, wonach der Staat sich vor seinen Bürgern schützen muss und nicht umgekehrt.

Kommen wir nun zum Petitionswesen. Mir den neuen Regularien zum Petitionswesen vom 1.5.2005 sollen gerade die lokalen Petitionsbehörden verstärkt in die Verantwortung einbezogen werden. So will man erreichen, das die Fälle vor Ort schneller und transparenter bearbeitet werden, andererseits soll die zentrale Petitionsstelle in Beijing entlastet werden. Das Petitionswesen, ebenfalls ein Erbe aus der späten Kaiserzeit, soll als Ventil funktionieren.[807] Ob dies auf den unteren Ebenen tatsächlich der Fall sein wird bzw. ist, darf ob der personellen Verflechtung der Kader untereinander bezweifelt werden.

Die dritte Säule, um Massenvorfälle rechtzeitig in den Griff zu bekommen, ist die Verstärkung der Polizeieinheiten im ländlichen Raum, da dort rund die Hälfte aller Konflikte ihren Ursprung haben.

"Insgesamt stehen 1,8 Mio. Sicherheitskräfte zur Verfügung. (. . .) Die Zahl der Polizisten pro 10.000 Einwohner ist von 6,5 im Jahr 1978 über 7,3 (1990) und 10,9 (2004) auf 11,2 im Jahr 2005 gestiegen, d. h. insgesamt um 172%."[808]

---

807 Vgl. ebd., S. 48f.

808 Ebd., S. 51.

Betrachtet man es von der anderen Seite, so kommt nur ein Polizeibeamter auf fast 893 Personen - also nicht gerade rosige Aussichten für ins Visier geratene Lokalfunktionäre und Polizisten, die sich den Zorn der Bevölkerung zugezogen haben. Aber lassen wir diese bissige Betrachtungsweise einmal beiseite. Die Polizisten, gerade die armierten, sind natürlich besser bewaffnet und ausgebildet, treten zudem meist in Hundertschaften auf, so dass sie Konfliktherde notfalls (aus Sicht der Herrschenden) gewaltsam niederschlagen können.

Luo Gan, Vorsitzender der ZK-Kommission für die gesellschaftlichen Sicherheit, betonte auf einer Konferenz in Xi'an[809] im April 2007, dass „exzessive(r) Gebrauch staatlicher Gewalt vor allem auf lokaler Ebene eingeschränkt werden soll. (. . .) Die lokalen Regierungen sollen den Gebrauch von Gewalt einschränken und ‚zwischen kollektiven Hilferufen an die höheren Autoritäten und Gesetzesverletzungen' unterscheiden."[810]

Wie das gehen soll, ist fraglich. Denn eine Untersuchung konstatierte, dass die Funktionäre einerseits kaum noch ideologisch geschult sind und andererseits Gefahrensituationen gar nicht richtig einschätzen können und wenn Lokalkader in dubiose Geschäfte verwickelt sind, dürften sie überhaupt kein Interesse daran haben, Gewalt zu vermeiden. Und das dem so ist, zeigen die nachfolgenden Beispiel für Massenproteste, deren Darstellung allerdings nur einen exemplarischen Charakter annehmen kann.

Gründe für Massenvorfälle und Proteste an Hand von Einzelbeispielen

Bevor hier auf einzelne Beispiele für Massenvorfälle eingegangen wird, sei noch einmal darauf hingewiesen, dass sich die Führung dieses Problems nur zu

---

809 Die erste Hauptstadt des chinesischen Kaiserreichs unter Qin Shihuangdi, Anhänger des Legismus - ein Zufall?

810 Ebd., S. 52.

bewusst ist. So warnte Hu Jintao auf einer Inspektionsreise durch die Provinz Fujian (Februar 2006) die Funktionäre auf Lokalebene davor, „(. . .) dass Vorfälle wie in Panyu und Shanwei nur die Spitze des Eisbergs seien, und solch gravierende Probleme mit den Partei- und Regierungsfunktionären auf der Lokalebene nicht nur auf Guangdong beschränkt seien, sondern vielmehr landesweit alle Regierungsebenen beträfen.“[811]

In dem Dorf Ditian in der Präfektur Foshan, Provinz Guangdong, kam es im April 2006 zu gewaltsamen Zusammenstößen zwischen bis zu 2.000 Bauern und mehreren hundert Polizisten. Die Bauern protestierten gegen die Enteignung von rund 200 ha Land, weil die Dorfregierung ihnen zu niedrige Kompensationszahlungen angeboten hätte. Das Land sollte Ende der 90er Jahre für den Bau einer Industrieanlage verwendet werden. Die Bauern forderten Entschädigungszahlungen oder dass ihnen das enteignete Land zurückerstattet werden solle.[812]

Am 18.10.2004 kam es im Distrikt Wanzhou auf dem Verwaltungsgebiet der regierungsunmittelbaren Stadt Chongqing zu schweren Unruhen, die durch einen privaten Streit ausgelöst wurden. Ein Lastenträger hatte mit einer Tragstange eine Frau am Kopf verletzt, woraufhin deren Mann Entschädigung verlangte, sich als Funktionär ausgab „und mit dieser angeblichen ‚offiziellen‘ Autorität androhte, jemanden zu ‚bezahlen', um Vergeltung an dem Lastenträger zu üben.“[813] Umstehende Passanten interpretierten dieses Verhalten als Anmaßung, die als typisches Muster für korrupte Kader angesehen werden. Aus dem privaten

---

811 Willmann, Katrin 2006. Fortsetzung von gesellschaftlichen Unruhen und Reaktionen auf die Proteste der letzten Monate, S. 110. In: C. a. 2/2006, S. 110-112.

812 Vgl. Holbig, Heike 2005. Neuerliche Gewaltkonflikte in Zhejiang und Hebei, S. 119. In: C. a. 4/2005, S. 76-77.

813 Holbig, Heike 2004. Gesellschaftliche Unruhen in verschiedenen Landesteilen, S. 1084. In: C. a. 10/2004, S. 1083-1086.

Streit wurde so ein kollektiver Antikorruptionsprotest, der innerhalb von wenigen Stunden gewaltsame Formen annahm. Polizeifahrzeuge wurden angezündet und die Masse zog vor das Gebäude der Distriktregierung, in das einige gewaltsam eindrangen, bis sie von Sicherheitskräften entfernt wurden.

"Eskalierend scheint dabei der Einsatz von über 1.000 Polizisten, verstärkt durch Einheiten der dem Militär unterstellten Bewaffneten Volkspolizei gewirkt zu haben, die unter anderem Tränengas und Plastikgeschosse einsetzten, um die Proteste zu unterbinden."[814]

Über 10.000 Menschen (nach anderen Angaben bis zu 40.000) sollen in dem Massenvorfall involviert gewesen sein, wobei zahlreiche Personen, auch mehrere Dutzend Sicherheitskräfte verletzt wurden.[815]

In der wohlhabenden Provinz Zhejiang kam es zu Protesten gegen umweltverschmutzende Unternehmen. Der Grund war ein mehrjähriger Konflikt um den Bau lokaler Chemiefabriken, die die Umwelt verschmutzten. Geschätzte 30.000 Bauern nahmen an den gewaltsamen Ausschreitungen teil. Auf der anderen Seite standen mehrere tausend staatliche Sicherheitskräfte. Sechs Polizisten sollen getötet worden sein, 128 Personen wurden verletzt.[816]

Im Dorf Guangan in der südwestchinesischen Provinz Sichuan sollen sich Proteste der Bewohner gegen Missstände in der medizinischen Versorgung gerichtet haben. Die Familie eines vierjährigen Jungen konnte die Gebühren für eine lebensnotwendige medizinische Behandlung nicht bezahlen, diese sei deshalb versagt worden und der Junge sei daraufhin gestorben. Es soll dann zu

---

814 Ebd.

815 Vgl. ebd.

816 Vgl. Holbig, Heike 2005. Neuerliche Gewaltkonflikte in Zhejiang und Hebei, S. 76. In: C. a. 4/2005, S. 76-77.

Zusammenstößen zwischen mehreren tausend Dorfbewohnern und Sicherheitskräften gekommen sein. Nach offiziellen Untersuchungen sei die Behandlung erfolgt, der Junge soll aber an der Schwere der Vergiftung gestorben sein.

"Bislang ist nicht nachvollziehbar, ob sich die Proteste an antizipierter Benachteiligung armer Dorfbewohner entzündet haben oder an tatsächlicher Benachteiligung. Das Ereignis gibt in jedem Fall ein Beispiel dafür, welches Konfliktpotential in der unzureichenden und ungleichen medizinischen Versorgung der ländlichen Bevölkerung steckt (. . .)."[817]

Ebenfalls in Sichuan ereigneten sich im Kreis Hanyuan schwere Unruhen. Sie entzündeten sich an der staatlichen Enteignung der landwirtschaftlichen Flächen der dortigen Bauern, die eine unzureichende Entschädigungszahlung erhielten und wegen eines geplanten Staudammprojekts am Dadu-Fluss zwangsumgesiedelt werden sollen. Insgesamt sollen bis zu 100.000 Bauern in insgesamt 40 Gemeinden von dem Pubugou-Staudammprojekt betroffen sein. Zwischen 10.000 und 100.000 Menschen sollen an den Protesten beteiligt gewesen sein, denen bis zu 10.000 Angehörige der Bewaffneten Volkspolizei gegenüber gestanden haben sollen. Es war von mehreren Toten und Verletzten auf beiden Seiten die Rede.[818]

Im autonomen Verwaltungsbezirk Liannan im Norden Guangdongs soll es laut der Hongkonger Zeitung *Apple Daily* zu einem „(. . .) Konflikt zwischen mehreren hundert Angehörigen der Yao-Minderheit und Regierungskräften (. . .)“ gekommen sein. „Protestierende hatten von den lokalen Partei- und Regierungsfunktionären die Freilassung mehrerer Mitglieder ihrer

---

817 Willmann, Katrin 2006. Proteste in Guangdong und Sichuan, S. 121. In: C. a. 6/2006, S. 120-121.

818 Vgl. Holbig, Heike 2004. Gesellschaftliche Unruhen in verschiedenen Landesteilen, S. 1084. In: C. a. 10/2004, S. 1083-1086.

Dorfgemeinschaft gefordert. Bei den Zusammenstößen wurde ein Polizist getötet.“[819]

Dies sind nur einige Beispiele von unzähligen, die illustrieren sollen, aus welchen unterschiedlichen Gründen die ländliche Bevölkerung sich gegen Missstände zur Wehr setzt und wie die Behörden bzw. Sicherheitskräfte darauf reagieren.

Fazit

In dem Schlusswort zu diesen Abschnitt fasse ich die wesentlichsten oben ausführlich dargestellten Punkte noch einmal kurz zusammen. Mein Hauptaugenmerk gilt den Ursachen, die im besonderen Maße zur sozialen Instabilität beigetragen haben. Hier stelle ich systemimmanente Lösungsansätze vor, die von der Regierung und Experten vorgeschlagen wurden. Vom Standpunkt der Wertabspaltungstheorie werden diese dann analysiert und kritisiert.

Als hauptsächlichen Grund für die wachsende gesellschaftliche Instabilität auf dem Lande ist der ökonomische Transformationsprozess zu nennen. In seinem Verlauf kam es zu einer Dezentralisierung von Kompetenzen auf legislativer, exekutiver und personalpolitischer Ebene. Zwar erhielten die lokalen Gebietskörperschaften von der Provinzebene abwärts zu Beginn der 80er Jahre einen größeren Spielraum hinsichtlich der finanziellen Einnahmen und deren Verwendung, gleichzeitig mussten sie aber auch immer mehr Verwaltungsaufgaben übernehmen und diese aus ihren Etats finanzieren. Die Steuerreform von 1993/94 stärkte dagegen wieder die fiskalische Macht der

---

819 Willmann, Katrin 2006. Fortsetzung von gesellschaftlichen Unruhen und Reaktionen auf die Proteste der letzten Monate, S. 111f. In: C. a. 2/2006, S. 110-112. Woran sich der Konflikt entzündete und warum Angehörige der Yao inhaftiert wurden, geht aus dem Artikel nicht hervor.

Zentralregierung zu Lasten der lokalen Verwaltungseinheiten, ohne deren Verpflichtungen zu verringern. Die Folge war, dass die in der Hierarchie oben angesiedelten Lokalregierungen, den Druck an die unteren Behörden weitergaben, was letztlich zu einer Verschuldung auf nahezu allen Ebenen führte. Die Basiseinheiten konnten sich nicht anders helfen, als durch Sonderabgaben die Bauern als schwächstes Glied in der Kette immer stärker zu belasten. Diese wiederum sahen als einzigen Ausweg den Protest, der sich auf mannigfaltige Weise artikulierte und zu einem Hort sozialer Instabilität wurde. In einem weiteren Schritt gab die Zentralregierung ihr Außenhandelsmonopol nach und nach auf. Von dieser Dezentralisierung profitierten zuerst die Ost und Küstenprovinzen, erst später die innerchinesischen, allerdings nicht in dem Maße wie erstere. Die Hoffnung der KP- und Staatsführung, dass durch eine Art Schnellballsystem die weniger entwickelten und unterentwickelten Regionen von dem rasanten ökonomischen Fortschritt der privilegierten Provinzen profitieren würden, erfüllte sich nicht. Vielmehr kam es zu einem provinziellen und regionalen Egoismus, der dazu führte, dass zwischen den einzelnen Verwaltungseinheiten Handelshemmnisse und Zollbarrieren aufgerichtet wurden. Um einem ungebremsten Kontroll- und Machtverlust auf den unteren Verwaltungsebenen entgegen zu wirken, hatte die Zentrale das duale System der staatlichen Verwaltung und der in diesen ansässigen KP-Organe beibehalten. Trotzdem konnte ein Aufweichen der vertikalen Kontrollstrukturen nicht gänzlich verhindert werden. Die Lokalkader verteidigten nicht nur ihre gewonnenen Entscheidungsspielräume, sie versuchten sie darüber hinaus auszudehnen. Das führte letztlich zur Instabilität im ländlichen Raum, denn in Ermangelung einer eigenen Kapitalistenklasse übernahmen die Funktionäre wirtschaftliche Aufgaben. Diese anfangs positive Entwicklung trug zur Industrialisierung auf dem Lande in erheblichem Maße bei, schlug aber ins Negative um. Häufig unter dem Vorwand, dem öffentlichen Interesse zu dienen, missbrauchten die lokalen Kader ihre Macht, indem sie illegal und zwangsweise Land enteigneten ohne ausreichende und z. T. gar keine Kompensationszahlungen zu leisten und damit raubten sie den Bauern ihre Existenzgrundlage. Solch fehlerhaftes und korrupte Verhalten führte zu bis dato nicht gekannten sozialen Unruhen und in deren Folge zu einem Kontroll- und Machtverlust auf der dörflichen Ebene. Dieser Prozess ist auch durch die verwaltungstechnische Umstrukturierung forciert worden. Denn mit der Auflösung der Volkskommunen traten an ihrer statt Gemeinden bzw. ländliche Kleinstädte, die Produktionsbrigaden wurden durch administrative, die Produktionsgruppen durch natürliche Dörfer ersetzt. Auf allen Ebenen konnten nunmehr die Lokalverwaltungen fast ungehindert ihre eigenen, nicht mehr koordinierten ökonomischen Ziele verfolgen, was zu einer immensen Verschuldung der Gemeinden und Dörfer führte. Durch die Erfindung immer neuer Abgaben wurden die Bauern auf das Schwerste belastet, was deren Widerstand hervorrief und die sozial instabile Lage auf dem Lande weiter beförderte.

Diese miteinander verwobenen einzelnen Elemente führte dazu, dass Ende der 80er Jahre ca. 20% der Dörfer „paralysiert" waren. D. h., die KP hatte ihre Macht verloren und an ihre Stelle traten traditionelle Eliten und auch kriminelle Organisationen.

Alle oben genannten Prozesse brachten die Gründe hervor, die zu einem wachsenden Anstieg der so genannten Massenvorfälle führte. Die Hauptursachen für Demonstrationen, Proteste etc. habe ich benannt, ebenso sind die Formen, die diese in der Vergangenheit angenommen haben, allgemein dargestellt und an Einzelbeispielen illustriert worden.

Die neue Führung Hu/Wen setzt bei der Behandlung der gesellschaftlichen Widersprüche auf eine Doppelstrategie. Einerseits werden die Proteste als unvermeidliches Resultat der Modernisierung des Landes und des gesellschaftlichen Wandels gesehen und nicht mehr kriminalisiert, andererseits behält sich die Regierung vor, Demonstrationen, die in ihren Augen die öffentliche Sicherheit und/oder die Macht der Staatsorgane gefährden, gewaltsam niederzuschlagen. Allerdings sollte zuvor auf allen Ebenen der Versuch unternommen werden, die sozialen Konflikte friedlich beizulegen.

Lösungsvorschläge und eine Kritik, die an den bestehenden Verhältnissen des modernen warenproduzierenden Systems nichts ändern will, könnten - hier beschränke ich mich auf die wesentlichsten Ursachen für die Massenvorfälle -

wie folgt aussehen.
In Bezug auf die illegalen Landnahmen im Verbund mit unzureichenden oder gar keinen Kompensationszahlungen sollte den Bauern der Handel mit Landnutzungsrechten erlaubt werden, wie es das Gesetz über die Landvergabe in ländlichen Regionen vorsieht (verabschiedet im August 2002).[820] D. h., die Bauern könnten ihre Bebauungsrechte an Dritte abtreten, die dann z. B. eine größere Anbaufläche zur Verfügung hätten, die profitabler durch Landarbeiter und mit Maschinen zu bewirtschaften wäre. Als Resultat wäre eventuell eine auf dem Weltmarkt konkurrenzfähigere chinesische Landwirtschaft zu erwarten. Hinzu kommt noch, das - so eine vergleichende Studie über den Handel mit Land in anderen asiatischen Ländern - der „Wert von Chinas 130 Mio. Hektar landwirtschaftlich nutzbarer Fläche auf 500 bis 600 Mrd. US $" geschätzt wird.[821] Könnte dieses brachliegende Kapital genutzt werden, ließe sich der Lebensstandard der chinesischen Landbevölkerung erhöhen und würde sie so zu Konsumenten von Chinas städtischer Industrie machen.[822] Eine andere Möglichkeit wäre, das Land endlich den Bauern per Gesetz als Eigentum zu übereignen. Damit wäre es vor dem illegalen Zugriff der lokalen Kader geschützt und die Farmer als Landeigentümer wären formal juristisch gleichberechtigte Vertragspartner gegenüber staatlichen Behörden und privaten Interessenten. Der Einwand, es käme mehr oder weniger zwangsläufig zu einer Landkonzentration und damit zu einer Masse verarmter ehemaliger Bauern, hat eine gewisse Berechtigung.[823] Besagte Autoren sehen aber in der Privatisierung des Agrarlandes riesige Probleme anderer Art:

---

820 Vgl. Böschen, Mark 2003. Neues Landvergabe-Recht bietet Einkommenschancen für Bauern, S. 306. In: C. a. 3/2003, S. 305-306.

821 Ebd.

822 Vgl. ebd.

823 Vgl. Orlik, Tom/Rozelle, Scott 2008. China's Land Reform: Speeding the Plough, S. 21. In: FEER November 2008, S. 18-21.

“First, in the absence of a land registry, a thorough survey is required. Establishing a public record of the extent and ownership of land will be no easy task.”[824]

D.h,, bei 200 Mio. Bauernhaushalten müsste das Land vermessen werden, was unweigerlich zu Streitigkeiten zwischen der offiziellen Seite und unter den Bauern selbst führen könnte.

“Second, on the basis of the completed survey, the government will have to issue binding contracts (or land titles) to the households.”[825]

Das würde bedeuten, dass die Dorfvorsteher das zur Verfügung stehende Land qualitativ und quantitativ gleichmäßig an alle Familien zu verteilen hätten. Dies wäre ein enormer Druck, der auf den Dorfvorsteher zukommen würde.

“Third, and the most important priority at this stage, is a change in the law. Under the current System, farmers collective land rights are inferior to state land rights and subservient to them. In effect, this allows any level of authorized government to acquire land by taking the collective land and converting it by executive fiat into state land.”[826]

Eine Privatisierung mit verbrieften Landtiteln aber würde bedeuten, so die Autoren, dass alle ökonomischen Aktivitäten (Bau von Straßen, Industrieparks etc.) solange unterbrochen wären, bis alle Urkunden beigebracht und an den neuen Eigentümer übergeben worden wären.

“Finally, rules of ownership must be agreed and announced. (. . .) In addition, to work effectively the new system will have to introduce clarity regarding the procedures for sales of land, leasing of land, the use of land as collateral, and the bequeathing of land to

---

[824] Ebd., S. 20.

[825] Ebd.

[826] Ebd.

children, the village, or anyone else."[827]

Als Möglichkeit sehen die Autoren ein 50- oder 100jähriges oder gar unbegrenztes Landnutzungsrecht vor. Allerdings wäre es dann wieder nicht vor dem Zugriff der lokalen Kader geschützt. Wie dem auch sei, eine Landreform lässt sich nicht von heute auf morgen durchführen, aber sie ist in den Augen der chinesischen Reformer aus Gründen der ökonomischen Entwicklung und der landwirtschaftlichen Produktivitätssteigerung notwendig.[828] Orlik und Rozelle schließen:

"Land reform will speed the plough of concolidation and modernization in the agricultural sector, and at the same time do more than any other policy to improve the Standard of living for China's 700 million rural population."[829]

Lassen wir einmal beiseite, ob unter dem warenproduzierenden System, so wie es in China jetzt z. T. auch auf dem Lande herrscht - abgesehen von den immer noch auf subsistenzwirtschaftlichem Niveau lebenden Bauern und Nomaden - tatsächlich der Lebensstandard der bäuerlichen Bevölkerung durch eine Landreform merklich angehoben werden kann, so geht es im Moment doch darum, die legale und illegale Enteignung von Land durch Lokalbehörden zu verhindern. Heberer findet bei Wittfogel einen historischen Bezug:

"Im China der späten Kaiserzeit war es staatlichen Funktionsträgern untersagt, in demjenigen Verwaltungsgebiet, in dem sie tätig waren, Boden zu erwerben."[830]

---

827 Ebd.

828 Vgl. ebd., S. 21

829 Ebd.

830 Heberer, Thomas 2004. Karl August Wittfogel und die *Orientalische Despotie* in China. Totaler Staat, schwaches Eigentum? Vortrag zum Symposium anlässlich des 90. Gründungstages der Johann Wolfgang

Das dürfte damals ebenso wie heute zu umgehen gewesen sein, wie es heute bei der überregionalen Verflechtung der KP-Kader der Fall sein würde, käme denn seitens der Regierung eine solche Maßnahme in Betracht.[831]

Man kann es drehen und wenden wie man will, innerhalb des bestehenden kapitalistischen Systems, in dem dessen bestimmenden Grundkategorien - abstrakte Arbeit, Wert, Ware Geld und hier auch Boden als Objekt der Begierde - unangetastet bleiben, lässt sich das Problem der illegalen Landnahme nicht lösen, bestenfalls eindämmen. Erst dann, wenn Grund und Boden wirklich kollektiv sind,[832] und alle gemeinsam über deren Verwendung emanzipatorisch mitreden und mitbestimmen können, und zwar jenseits der obigen Grundkategorien, wären die Probleme im ländlichen Raum Chinas lösbar.

Marx schrieb an Vera Iwanowna Sassulitsch folgendes:

"Das *Privateigentum*, das auf persönlicher Arbeit gegründet ist. . . ,wird verdrängt durch *das kapitalistische Privateigentum,* das auf Ausbeutung der Arbeit andrer, auf Lohnarbeit gegründet ist' (. . .).
Bei dieser Bewegung im Westen handelt es sich um die *Verwandlung einer Form des Privateigentums in eine andere Form des Privateigentums.* Bei den russischen Bauern

Goethe-Universität Frankfurt/M. 14.07.04, S. 34. In: Xiù Cai Nr, 47, 31.10.2004, S. 23-38. http://xiucai.oai.de/XiuCai/XiuCaiNo47.pdf.

831 Zwar kam es hier und da vor, dass Funktionäre in illegale Immobiliengeschäfte verwickelt waren, aber hauptsächlich wurde das Land der Bauern „im öffentlichen Interesse" requiriert, um Fabriken etc. anzusiedeln. Dass dann ein Stück vom Kuchen für die Kader abfiel, ist systemimmanent bedingt.

832 Das Wort *Kollektiveigentum* hat nach meinem Dafürhalten einen negativen, auf die alten Verhältnisse verweisenden Beigeschmack, zudem ist damit in den „real existierenden sozialistischen" Staaten zu viel Schindluder getrieben worden.

würde man im Gegenteil *ihr Gemeineigentum in Privateigentum umwandeln.*
Die im ‚Kapital' gegebene Analyse enthält also keinerlei Beweise - weder für noch gegen die Lebensfähigkeit der Dorfgemeinde, aber das Spezialstudium, das ich darüber getrieben und wofür ich mir Material aus Originalquellen beschafft habe, hat mich davon überzeugt, dass diese Dorfgemeinde der Stützpunkt der sozialen Wiedergeburt Rußlands ist; damit sie aber in diesem Sinne wirken kann, müßte man zuerst die zerstörenden Einflüsse, die von allen Seiten auf sie einstürmen, beseitigen und ihr sodann die normalen Bedingungen einer natürlich Entwicklung sichern."[833]

In Bezug auf China ist folgendes zu konstatieren: erstens ist der Grund und Boden nur formal rechtlich Eigentum der Dorfgemeinde, denn faktisch ist er Staatseigentum, so dass sich die Umwidmung des Landes mittlerweile von einer Form des Privateigentums (Staat) in eine andere Form des Privateigentums (Verkauf von Landnutzungsrechten an private und/oder staatliche Investoren, wie ausländisch-investierte Unternehmen oder staatliche Infrastrukturprojekte) vollzieht. Zweitens lassen sich „die zerstörenden Einflüsse, die von allen Seiten auf sie (die Dorfgemeinde; RGP) einstürmen"[834] heute nicht mehr beseitigen, da das moderne warenproduzierende System mittlerweile die ganze Welt umspannt. D. h., nur eine weltweite emanzipatorische Bewegung könnte den Grund und Boden kollektiv neu beleben. Mit anderen Worten, in China ist es dafür schon längst zu spät.

So wie sich die illegale Landnahme im Rahmen der im heutigen China bestehenden und herrschenden Verhältnisse nicht lösen lässt, genauso wenig lassen sich alle anderen Ursachen für Massenproteste keiner endgültigen und eindeutigen Lösung zuführen, höchstens abmildern. Deshalb soll hier nur noch kurz auf die brennendsten Probleme eingegangen werden.

---

833 MEW 35: Marx, Karl 1973. Marx an Vera Iwanowna Sassulitsch, S. 166f. In: MEW Bd. 35, Berlin, S. 166-167 (Hervorhebung im Original).

834 Ebd.

Von westlicher Seite wird immer wieder eine Demokratisierung Chinas gefordert, Gewaltenteilung, freie Wahlen, Achtung der Menschenrechte etc., all das, was heute unter den so genannten westlichen Werten zu verstehen ist, die, eurozentristisch eingefärbt, zumindest im Westen mittlerweile als universelle Werte angesehen werden. Nur so ließe sich u. a. fehlerhaftes und korruptes Verhalten der Kader beseitigen bzw. minimieren. Diese Forderung verkennt erstens, dass China über keinerlei demokratische Tradition im westlichen Sinne verfügt, die zweitens in West- und Mitteleuropa erst durch Revolutionen, die von Rückschlägen begleitet waren und über zweihundert Jahre innerhalb der einzelnen Nationen wuchsen. Zudem mussten die bürgerlichen Rechte gegen den Widerstand der herrschenden Klassen durchgesetzt werden. Drittens holt China die Modernisierung nach und ist im Sinne der kapitalistischen Produktionsweise zu spät auf die ökonomische Weltbühne getreten, um eine Demokratie nach westlichem Muster oder in ähnlicher Form noch realisieren zu können. Überdies wird immer wieder „vergessen", dass demokratische Instanzen nur nachgeordnete Funktionselemente des warenproduzierenden Systems sind. Geht dieses unter, verschwinden auch diese Elemente und machen anderen Platz, wie immer sie auch aussehen mögen. Viertens wird im Westen nur am Rande wahrgenommen, dass Hu Jintao und Wen Jiabao die KPCh für die neu entstandenen Schichten (Unternehmer, Manager, Techniker etc.) geöffnet hat. Die KP transformiert sich selbst von einer Klassenpartei (die sie so schon lange nicht mehr war) zur Volkspartei. Es ist müßig, darüber zu spekulieren, was aus dieser Entwicklung einmal werden könnte.

Kommen wir zum nächsten Punkt, den Umweltschäden und den konkreten Umweltkatastrophen. Solange die Verwertung des Werts als Selbstzweck die Triebfeder allen wirtschaftlichen Handelns ist, lassen sich Umweltschäden und -katastrophen nicht vermeiden. Das Profitstreben als partikulares Interesse setzt sich immer gegen das Allgemeinwohl durch. Der Staat als „ideeller Gesamtkapitalist" (Marx) kann regulativ eingreifen, die Umwelt aber nicht retten und den Klimawandel nicht verhindern. Denn auf globaler Ebene treten die einzelnen „ideellen Gesamtkapitalisten" wieder als Konkurrenten auf. Gerade in

Zeiten der Weltwirtschaftskrise wird deutlich, dass der Umweltschutz massiv an Bedeutung verliert.

Die steigende Einkommenskluft zwischen Stadt und Land sowie zwischen den Regionen kann von der chinesischen Regierung nicht nivelliert werden, solange das warenproduzierende System das alles bzw. nahezu alles beherrschende ist. Es liegt in dessen ökonomischer „Natur", Ungleichheit zu erzeugen, zwischen den gesellschaftlichen Schichten innerhalb eines Staates ebenso wie zwischen Stadt und Land sowie zwischen den Regionen und weltweit. Eine Regierung kann nur durch Transferzahlungen das Elend der Ärmsten mildern, beseitigen lässt es sich nicht.

Chinas landwirtschaftliche Produktion im internationalen Vergleich

Nachdem wir an Hand der Kommuniqués der ersten und zweiten Volkszählung im ländlichen Raum sowie des Armutsberichts einen detaillierten Blick auf die sozioökonomischen Verhältnisse geworfen haben, wird nun die landwirtschaftliche Produktion im internationalen Vergleich betrachtet. Hier werden in erster Linie die USA, Japan, die BRD und China herangezogen. Im Mittelpunkt steht der Anbau und die Ernte ausgewählter Agrarerzeugnisse. Bei einigen dieser Produkte ist ein Vergleich im Ertrag pro Hektar/Dezitonne (ha/dt) möglich. Diese Tabellen geben Aufschluss über die jeweilige Höchstproduktmenge. Der Vergleich der Erträge bei den jeweiligen landwirtschaftlichen Erzeugnissen pro ha/dt zeigt zwar an, bei welchen Produkten ein Land eine führende Stellung einnimmt, dies sagt jedoch nichts über das Produktivitätsniveau in der Landwirtschaft des betreffenden Landes aus. Mehr noch, auch in Bezug auf den jeweiligen Ertrag dt/ha lassen sich nur bedingt Rückschlüsse auf die Produktivität ziehen. Nehmen wir als Beispiel Weizen aus der Tabelle 40 und vergleichen die USA und China, die für diese Getreidesorte annähernd die gleich große Anbaufläche aufweisen. Die USA kommen auf einen Ertrag von 29,7 dt/ha, China hat mit 39,3 dt/ha ca. 10 dt/ha mehr als die Vereinigten Staaten aufzuweisen. Nun ist allgemein bekannt, dass die einzelne Anbaufläche eines US-amerikanischen Farmers größer ist als die eines chinesischen Getreidebauers. In China beträgt die durchschnittlich bewirtschaftete Fläche ca. 0,55 ha, in den USA erreicht sie das 400fache, also etwa 220 ha.[835] Ein US-amerikanischer Farmer kann mehr Maschinen einsetzen und braucht weniger Arbeitskräfte, während ein chinesischer weitaus arbeitsintensiver zu Werke gehen muss.[836] Wie könnte nun der höhere Ertrag beim Weizen in China zustande kommen? Der Übergang zu

---

[835] Vgl. Schüller, Margot 2004. Chinas Landwirtschaft. Neue Entwicklungstrends nach dem WTO-Beitritt, S. 518. In: C. a. 5/2004, S. 515-527.

[836] Das trifft auf die einzelnen Bauernfamilien zu, nicht auf die Staatsfarmen.

Hochertragssorten seit 1949, Verbesserungen bei der Bewässerung, der verstärkte Einsatz von Maschinen sowie die Verwendung von Kunstdünger und Pestiziden trugen ebenso wie die Entkollektivierung zur Ertragssteigerung bei.[837] All dies dürfte auch für die USA zutreffen (mit Ausnahme der Entkollektivierung), ist also keine hinreichende Erklärung für den höheren Ertrag in China. Eine Möglichkeit wäre, dass die nordostchinesischen Provinzen (Liaoning, Jilin und Heilongjiang) seit den 80er Jahren eine größere Rolle bei der Getreideproduktion spielen, da in der Nordostchinesischen Ebene die qualitativ besten Ackerlandreserven des Landes liegen und eine mechanisierte Bestellung möglich ist. Hier finden sich auch mehr als 50% der von Staatsgütern bewirtschafteten Flächen.[838] Überdies werden dort in erster Linie Weizen und Hirse angebaut. Umgekehrt könnte der geringere Ertrag in den USA auf jahrzehntelange monokulturelle Bewirtschaftung zurückzuführen sein, die im Laufe der Zeit den Boden trotz des Einsatzes von Kunstdünger etc. auslaugte.

Wie dem auch sei, die Ertragsmenge der einzelnen landwirtschaftlichen Erzeugnisse geben keinen direkten Aufschluss über die Produktivität. Diese lässt sich im internationalen Vergleich durch den Preis - allerdings auch nur annähernd bestimmen.[839]

---

837 Vgl. Ash, Robert F. 2006. Getreide, S. 119. In: Staiger, Brunhild/Friedrich, Stefan/Schütte, Hans Wilm (Hrsg.) 2006. China. Lexikon zu Geographie und Wirtschaft, Darmstadt, S. 118-120.

838 Vgl. Kolb, Raimund Th. 2006. Agrarzonen, S. 110. In: Staiger, Brunhild/Friedrich, Stefan/Schütte, Hans Wilm (Hrsg.) 2006. China. Lexikon zu Geographie und Wirtschaft, Darmstadt, S. 110-113.

839 Der Preis einer Ware ist lediglich ein Oberflächenphänomen des Werts. Der Wert einer Ware wird bestimmt durch die gesellschaftlich (heute weltgesellschaftlich) durchschnittlich notwendige Arbeitszeit, die zu ihrer Herstellung benötigt wird. Der Preis kann den Wert einer Ware auch durch staatliche Eingriffe, wie z. B. Subventionen verschleiern. D. h., ein Produkt, das dem geltenden Produktivitätsniveau nicht entspricht, wird durch Subventionen konkurrenzfähig gemacht.

"Unterschiede im inländischen Preisniveau agrarischer Produkte gegenüber dem ausländischen in einem Umfang von 17-133% bei Baumwolle, Reis, Sojabohnen, Mais, Zucker und Sojaöl machten Ende der 1990er Jahre jedoch deutlich, dass Chinas Landwirtschaft international noch nicht wettbewerbsfähig war."[840]

Dies soll an Hand der folgenden Tabelle noch einmal verdeutlicht werden:

Tabelle 41: Tabelle: Vergleich der Agrarpreise in China und im Ausland

Produkt	Preis pro Einheit	Preis im Inland	Preis im Ausland	Prozentanteil, um den der Inlandspreis den Auslandspreis übersteigt
Weizen	RMB/t	1.450	1.006	44%
Reis	RMB/t	2.260	1.796	26%
Mais	RMB/t	1.300	777	67%
Sojabohnen	RMB/t	2.400	1.523	58%
Sojabohnenöl	RMB/t	8.400	3.611	133%
Zucker	RMB/t	2.900	1.651	76%
Baumwolle	RMB/t	12.340	10.521	17%

Anmerkung: Die Inlandspreise sind Großhandelspreise am 8.6.1999. Die internationalen Preise sind vom 29.4.1999. Es handelt sich bei den Preisen von Weizen, Mais und Sojabohnen um durchschnittliche FOB-Preise in den Küstenregionen der USA. Der Preis für Reis ist der FOB-Preis in Bangkok. Der Preis für Baumwolle ist der A-Index in den USA. Der Preis für Sojabohnenöl ist der FOB-Preis in niederländischen Fabriken. Der Preis für Zucker ist der FOB-Preis in London.

Quelle: www.chinaonline.com/issue/wto/NewsArchive/secure/. . ./B9111934-SS.as. (zit. nach Schüller, Margot 2001. Agrarsektor und WTO-Beitritt, S. 367. In: C. a. 4/2001, S. 367-367; das Kürzel FOB-Preis bedeutet Free On Board-Preis; RGP).

---

840 Schüller, Margot 2004. Chinas Landwirtschaft. Neue Entwicklungstrends nach dem WTO-Beitritt, S. 521. In: C. a. 5/2004, S. 515-527.

An Hand der obigen Tabelle wird deutlich, dass der chinesische Agrarsektor bei wichtigen Erzeugnissen auf dem Weltmarkt nicht konkurrenzfähig ist. China, um die Aussage von Schüller noch einmal aufzugreifen, kann bei einigen landwirtschaftlichen Nischenprodukten auf dem Weltmarkt durchaus konkurrenzfähig werden bzw. ist es schon, wie z. B. der Export von Erdbeeren in die EU zeigt.[841] Allerdings wird die Volksrepublik in der Landwirtschaft nie das Produktivitätsniveau der westlichen Industriestaaten erreichen können. Denn es hieße, dass auch die beiden anderen Sektoren dieses Niveau erreichen müßten (Stichwort: die gesellschaftlich durchschnittliche Arbeitszeit bestimmt das Produktivitätsniveau). Anders formuliert, in China müßte sich landesweit ein einheitliches Produktivitätsniveau auf der Basis der dritten industriellen Revolution der Mikroelektronik durchsetzen, was u. a. auf Grund des Niedergangs der kapitalistischen Produktionsweise nicht mehr möglich sein wird.

Bevor auf die landwirtschaftliche Produktion eingegangen wird, sei ein kurzer Blick auf die Erwerbstätigkeit in den einzelnen Sektoren geworfen. Im internationalen Vergleich hat China mit 59,1% die meisten Arbeitskräfte in der Landwirtschaft beschäftigt. Wie die Tabelle 38 zeigt liegen alle industriellen Kernländer in diesem Bereich bei 2,4% bis 2,8%, eine Ausnahme bildet Japan mit 4,6% Und Russland ist mit 10% nicht als klassisches Industrieland anzusehen.

---

841 Inwieweit diese eventuell subventioniert werden, ist eine andere Frage, aber so genannte Wettbewerbsverzerrungen im Agrarsektor sind weltweit üblich, z. B. in der EU, den USA etc.

Tabelle 42: Erwerbstätige nach Wirtschaftsbereichen und nach der Stellung im Beruf* (Prozent in Klammern)

Land	Jahr	insgesamt	Primärsektor	Sekundärsektor	Tertiärsektor
BRD	2004	35.463.000	851.112 (2,4%)	11.099.819 (31,3%)	23.547.432 (66,4%)
Russland	2003	66.496.000	6.649.600 (10%)	20.813.248 (31,3%)	39.033.152 (58,7%)
Kanada	2003	15.746.000	450.888 (2,8%)	3.527.204 (22,4%)	11.762.262 (74,7%)
USA	2003	137.736.000	4.443.400 (2,5%)	20.026.448 (21,8%)	104.128.516 (75,6%)
Japan	2003	63.160.000	2.905.360 (4,6%)	18.506.780 (29,3%)	41.748.760 (66,1%)
China	2003	744.320.000 **	435.492.000 (59,1%)	114.638.000 *** (20,7%)	154.190.000 *** (20,1%)

Quelle: Statistisches Bundesamt 2005. Statistisches Jahrbuch 2005 für das Ausland, S.242, ausland2005.pdf. (Die absoluten Zahlen der einzelnen Sektoren beruhen auf eigene Berechnungen an Hand der Gesamtzahl.)
* „Erwerbstätige im Alter von 15 und mehr Jahren. Ergebnisse der in den Quellen nachgewiesenen Arbeitsmarktstichproben.“ (ausland2005.pdf, S. 242)
** http://www.china.com.cn/german/ger-shzi2004/index.htm, S. 1. Stand: 30.3.2003.
National Bureau of Statistics of China (Hrsg.) 2006. Communiqué On Major Data Of The First National Census of China (No. 1), S. 5. http://www.stats.gov.cn./english/newsandcomingevents/t20006030l_402307658.htm. Stand: 1.2.2008.[842]

[842] Die Tabellen 42 bis 71 sind eigene Zusammenstellungen, deshalb gebe ich als Zitierweise „Vgl . . .“ an.

Da nur diese Zahlen für einen Vergleich vorlagen und sie überdies veraltet sind, werden die jüngeren Entwicklungen für China weiter unten noch einmal aufgeführt. Bevor dies geschieht, hier noch eine Anmerkung. Die mir zugängliche Literatur, z. B. deutsch- und/oder englischsprachige offizielle Verlautbarungen oder offiziöse Artikel diverser chinesischer Internet-Publikationen geben selten absolute Zahlen für alle Sektoren an. So werden z. B. im *Statistischen Kommuniqué* für 2007 (und auch für die Jahre davor) die Gesamtbeschäftigten mit 769,90 Mio. und die in den Städten arbeitenden mit 293,50 Mio. ausgewiesen.[843] Der primäre und der tertiäre Sektor bleiben ausgespart, so dass keine Rückschlüsse auf die Anzahl der dort Beschäftigten gezogen werden können. Das ist zugegebenermaßen ein Manko, da auf ältere Arbeitsmarktdaten zurückgegriffen werden muss. Es ist aber kein grundlegendes Problem, da ich, dies sei noch einmal in Erinnerung gerufen, die Meta-Ebene im Auge habe. D. h., es geht darum zu zeigen, dass im Kontext der dritten industriellen Revolution der Mikroelektronik und dialektisch vermittelt im Prozeß der Globalisierung das moderne warenproduzierende System in die Phase der Kontraktion eingetreten ist. Das mag paradox klingen, da ja der Welthandel sich immer weiter ausgedehnt hat, tatsächlich aber ist die reale Warenproduktion rückläufig,[844] auf hoch produktive Technologiezonen konzentriert bzw., wie im Falle Chinas, wird das Lohngefälle ausgenutzt. Viele Regionen der Welt sind heute von der Mehrwert schöpfenden industriellen Fertigung abgekoppelt, wie u. a. nicht wenige Staaten Afrikas, Lateinamerikas und Asiens. Ferner treten, wie des Öfteren schon erwähnt, die Massenprodukte der dritten industriellen Revolution äußerst arbeitsarm auf die Welt. Mit anderen Worten, mit immer weniger Menschen werden immer mehr

---

[843] National Bureau of Statistics of China (Hrsg.) 2008. Statistical Communiqué of the People's Republic of China on the 2007. National Economic and Social Development. http://www.stats.gov.cn/english/newsandcomingevents/t20080228_402465066.htm, S. 1-20. Stand:11.3.2008.

[844] Darauf wird in einer weiteren Abhandlung noch näher eingegangen werden müssen.

Güter produziert. Hinzu kommt noch, dass das Kapital an seine innere Schranke gestoßen zu sein scheint.
Aus diesen genannten Gründen ist es für die vorliegende Untersuchung von geringer Relevanz, ob im Primärsektor 2003 ca. 435 Mio. Arbeitskräfte beschäftigt waren (vgl. obige Tabelle) oder, wie eine chinesische Quelle für das gleiche Jahr angibt, 487,93 Mio.[845] Im Jahr 2005 sollen gar „nur noch" 339,7 Mio. (44,8%) in der Landwirtschaft gearbeitet haben.[846] All dies ändert nichts an dem von der Mikroelektronik hervor gerufenen Problem, dass durch den globalen Konkurrenzkampf und eben der dritten industriellen Revolution mehr Arbeitsplätze vernichtet werden, als neue geschaffen werden können.

Noch ein Wort zum Begriff der Produktivität, der nachfolgend bei den einzelnen Tabellen benutzt wird. Produktivität bezieht sich hier auf die betriebswirtschaftliche Rationalität im bornierten Sinne, und nicht auf das gesamtgesellschaftliche Produktivitätsniveau, das sich qua Verwertung des Werts mittels des Zwangsgesetztes der Konkurrenz blind hinter dem Rücken der Gesellschaft durchsetzt.

Zurück zur chinesischen Landwirtschaft. Durch Chen und Wu ist schon darauf hingewiesen worden, dass ihrer Meinung nach zwischen 300 und 400 Mio. Bauern überflüssig sind, gut 100 Mio. würden für die Erzeugung landwirtschaftlicher Produkte ausreichen. Damit würde China immer noch weit über der Zahl liegen, die in den industriellen Kernländern im Primärsektor tätig sind (vgl. Tabelle 42). In der Einleitung ihrer Reportage bringen die beiden Autoren es auf den Punkt:

---

845 Vgl. Weißbuch zur Beschäftigungslage und -politik veröffentlicht, S. 1. http://german.china..org.cn/news/txt/2004-04/27/content_2111476.htm, S. 1-2. Stand: 26.8.2008.

846 758,3 Mio. Beschäftigte im Jahr 2005 in China, S. 1, http://german.china.org.cn/archive2006/txt/2006-06/14/content_2243332.htm, S. 1-1. Stand:17.4.2008.

"Wie oft haben wir nicht voller Stolz verkündet: Mit sieben Prozent des Ackerbodens weltweit ernähren wie 21 Prozent der Weltbevölkerung. Unsere Bauern liefern ausreichend Nahrung für 1,3 Milliarden Menschen, dass muss doch ein epochemachender, gewaltiger Beitrag sein. Doch wir vergessen dabei ständig, dass wir mit 40 Prozent aller auf der Welt tätigen Bauern 21 Prozent der Weltbevölkerung ernähren. Das kann doch nur heißen: Unsere Landwirtschaft ist ziemlich rückständig und der Lebenstandard der überwältigenden Mehrheit der Bauernschaft ziemlich niedrig."[847]

Damit wäre im Grunde genommen alles gesagt!

Die nachfolgenden absoluten Zahlen für die einzelnen Sektoren beruhen auf eigene Berechnungen. Im Primärsektor dürften auch die in der ländlichen Industrie Beschäftigten einbezogen sein, was sich an Hand der Zahlen für 2005 ersehen lässt. Demnach betrug laut offiziellen Angaben die Beschäftigtenzahl insgesamt 758,3 Mio. Von diesen waren 339,7 Mio. (44,8%) im Primärsektor tätig, über 180 Mio (23,8%). im Sekundärsektor und im tertiären Bereich arbeiteten 237,7 Mio. (31,4%). Geht man davon aus, dass ca. 30% der im primären Sektor tätigen Arbeitskräfte in der ländlichen Industrie beschäftigt sind, kommt man auf ca. 304.845 Mio., das sind knapp 41% rein in der Landwirtschaft tätige Arbeitskräfte.[848] Der Wiederanstieg der Beschäftigtenzahl in der Landwirtschaft ist laut Cho auf die Krise der städtischen Industrie zurückzuführen.[849]

Gehen wir nun noch kurz auf die Hauptarten der Bodennutzung ein. Hier lassen sich von der Größe der Länder her nur die USA und China sinnvoll vergleichen.

---

847 Chen/Wu 2007, S. 28.

848 Die Zahlen für das Jahr 2005 sind der folgenden Quelle entnommen: 758,3 Mio. Beschäftigte im Jahr 2005 in China, http://german.china.org.cn/archive2006/txt/2006-06/14/content_2243332.htm, S. 1. Stand:17.4.2008.

849 Vgl. Cho 2005, S. 50.

Tabelle 43: Hauptarten der Bodennutzung 2002 (in 1.000 ha und Prozent)

	Landfläche*	Ackerland**	Dauerkulturen***	Waldfläche****
USA	915.896	176.018 (19,2)	2.050 (0,2)	225.993 (24,7)
Japan	36.450	4.418 (12,1)	344 (0,9)	24.081 (66,1)
BRD	34.895	11.798 (33,8)	206 (0,6)	10.531 (30,2)
China*****	932.742	142.621 (15,3)	110.335 (0,2)	168.480 (17,5)

* Ohne Binnengewässer

** Einschließlich Gartenland und zeitweiligen Brachflächen

*** Obst- und Rebenanlagen, Kaffe- und Teeplantagen

**** 2000

***** Einschließlich Taiwan aber ohne Hongkong

Quelle: Vgl. Statistisches Bundesamt (Hrsg.) 2005. Statistisches Jahrbuch 2005, Für das Ausland. ausland2005.pdf, S. 286f.

Die USA haben eine größere landwirtschaftliche Nutzfläche als China, was u. a. durch die geografischen Gegebenheiten bedingt ist. Die weiten Ebenen ermöglichen eine intensivere, großflächigere Bewirtschaftung unter Einsatz von Landwirtschaftsmaschinen aller Art, was in China in diesem Umfang nicht möglich ist. Negativ für die USA schlagen die ausgedehnten Monokulturen, wie riesige Weizenfelder etc., zu Buche. Dies bewirkt eine enorme Bodenerosion. Aber genau damit hat auch China zu kämpfen, wie schon gezeigt wurde.

China liegt bei den Dauerkulturen (Maulbeerbäume etc.) weit vor den USA, umgekehrt haben diese eine größere Waldfläche als die Volksrepublik. Diese reduziert sich beständig, sodass China mittlerweile immer mehr Holz aus dem Ausland importieren muss, z. T. sogar illegal (dazu ausführlicher Tabelle 67).

Kommen wir nun noch zum Inlandsverbrauch von Düngemitteln in der Landwirtschaft (Stickstoff, Phosphat und Kali). Der Gesamtaufwand je Hektar bezogen auf Ackerland und Dauerkulturen einschließlich Brache betrug im Jahr 2002 für die USA 108,4 kg, für Japan 269,6 kg, für Deutschland 216,2 kg und für

China 257,1 kg, der Weltverbrauch liegt bei 92,3 kg. Nur Japan hatte damit einen höheren Kilogrammverbrauch pro Hektar als China. Dieses Bild sieht jedoch anders aus, wenn man den Gesamtdüngerverbrauch betrachtet. Die USA kommen für 2002/2003 auf 192.985.000 t Nährstoffe, Japan auf 12.840.000 t, Deutschland auf 25.949.000 t und China auf sage und schreibe 396.047.000 t, während der Weltverbrauch bei 1.381.210.00 t liegt.[850]

Im Jahr 2003 haben sich die Verhältnisse schon wieder verändert. Der Verlust von Bodennährstoffen (u. a. Stickstoff, Phosphat, Kalium) durch Erosion beläuft sich auf 40 Mio. t, während die Düngemittelproduktion bei 39,9 Mio. t liegt. Der Verlust von Boden-Nährstoffen durch Gesamterosion beträgt ca. 200 Mio. t.[851] Laut der gleichen Quelle verbrauchte die chinesische Landwirtschaft im selben Jahr durchschnittlich 434 kg Düngemittel pro ha, während der internationale Wert bei 225 kg liegt. Hinzu kommt, dass die Pflanzen nur 40% dieses Düngers aufnehmen, der Rest verseucht das Grundwasser oder bleibt im Boden.[852]

Den chinesischen Bauern kann daraus kein Vorwurf gemacht werden, sie fristen zum überwiegenden Teil ein klägliches Dasein, wie schon gesehen. Sie wollen ihre Erträge stabil halten, um überhaupt von der Landwirtschaft leben zu können. Dass der Einsatz von zu viel Düngemitteln kontraproduktiv ist, wissen sie wahrscheinlich nicht. Auch dies ist ein weiteres Indiz für die Rückständigkeit der chinesischen Landwirtschaft.

Schauen wir uns nun die Ernteergebnisse ausgewählter Produkte im

---

850 Vgl. Statistisches Bundesamt (Hrsg.) 2005. Statistisches Jahrbuch 2005, Für das Ausland. ausland2005.pdf, S. 289f. (Für China gilt das Kalenderjahr.)

851 Vgl. Xiù Cai 2007. Der Preis des Booms. Die Vernichtung der chinesischen Umwelt auf einen Blick, S. 5. In: Xiù Cai 2007, Nr. 91, 16.4.2007, S. 1-17.

852 Vgl. ebd., S. 7.

internationalen Vergleich an. Hierbei steht die Produktivität bei den einzelnen Sorten im Mittelpunkt. Damit ist noch nichts über das gesamte landwirtschaftliche Produktivitätsniveau der einzelnen Länder ausgesagt. Dieses wird zum Schluss am Hand der Wertschöpfung pro Arbeitskraft untersucht, wobei, das sei hier vorab angemerkt, nur eine Annäherung möglich sein wird.

Tabelle 44: Anbau und Ernte von Weizen* 2003

	Fläche 1.000 ha	Ertrag dt/ha	Ernte in 1.000 t
USA	21.474	29,7	63.814
Japan	212	40,3	855
BRD	2.964	65	19.260
China	21.997	39,3	86.488
Welt	208.530	26,7	557.503

* Soweit vorhanden einschließlich Spelz

Bei der Erzeugung von Weizen liegt China mit 86,488 Mio. t vor den USA mit 63,814 Mio. t, was an sich schon erstaunlich ist. Auch der Ertrag von 39,3 dz/ha ist erheblich größer als der der USA mit 29,7 dz/ha. Lediglich Deutschland hat einen höheren Produktivitätsgrad aufzuweisen, der fast doppelt so hoch wie der chinesische ist. Von den 557,503 Mio. t weltweit produzierten Weizens fallen ca. 15,5% auf China.

Tabelle 45: Anbau und Ernte von Roggen 2003

	Fläche 1.000 ha	Ertrag dt/ha	Ernte in 1.000 t
USA	129	17	219
Japan	-	-	-
BRD	531	42,9	2.277
China	328	22,4	746
Welt	6.783	21,7	14.705

Deutschland ist mit 42,9 dz/ha am produktivsten, gefolgt von China und den USA (jeweils 22,4 und 17 dz/ha) und nimmt unter den dreien auch bei der absoluten Erntemenge mit 2,277 Mio. t Platz eins ein.

Tabelle 46: Anbau und Ernte von Gerste 2003

	Fläche 1.000 ha	Ertrag dt/ha	Ernte in 1.000 t
USA	1.913	31,7	6.059
Japan	64	31,2	199
BRD	2.075	51,1	10.596
China	775	35,1	2.717
Welt	56.814	24,8	148.978

Ebenso verhält es sich beim Anbau und der Ernte von Gerste und Hafer, wobei das Produktivitätsniveau der BRD weit vor dem der anderen Länder liegt, lediglich die Erntemenge beim Hafer fällt um fast die Hälfte niedriger aus als bei den USA (vgl. die entsprechenden Tabellen).

Tabelle 47: Anbau und Ernte Hafer 2003

	Fläche 1.000 ha	Ertrag dt/ha	Ernte in 1.000 t
USA	898	23,3	2.096
Japan	1	20	2
BRD	262	45,9	1.202
China	260	25,2	654
Welt	12.153	21,6	26.298

Mehr als 40% der weltweiten Ernte von Körnermais geht auf das Konto der USA mit 256,905 Mio. t. China fährt mit 115,998 weniger als die Hälfte dessen ein, was die USA produzieren, gefolgt von Deutschland mit einer allerdings verschwindend geringen Menge.

Tabelle 48: Anbau und Ernte von Körnermais

	Fläche 1.000 ha	Ertrag dt/ha	Ernte in 1.000 t
USA	28.789	89,2	256.905
Japan	0	24,6	0
BRD***	463	73,8	3.422
China	24.093	48,1	115.998
Welt	143.393	44,6	640.064

*** Einschließlich Corn-Cop-Mix

Beim Ertrag liegen die USA an erster Stelle (89,2 dz/ha), auf den Plätzen zwei und drei folgen die BRD (73,8 dz/ha) und China (48,1 dz/ha). In Japan sind die Erträge mit 24,6 dz/ha um fast die Hälfte geringer als in der Volksrepublik und liegen zudem auch untern dem Weltdurchschnitt.

Tabelle 49: Anbau und Ernte von Reis 2003

	Fläche 1.000 ha	Ertrag dt/ha	Ernte in 1.000 t
USA	1.213	74,5	9.034
Japan	1.665	58,5	9.740
BRD	-	-	-
China	26.780	60,6	162.304
Welt	152.241	38,5	586.248

Nicht verwundern dürfte, das China bei der Reisernte mit 162,304 Mio. t unter den vier verglichenen Ländern absolut führend ist. Bei der Produktivität sieht es etwas anders aus. Die USA liegen mit 74,5 dz/ha vor der Volksrepublik mit 60,6 dz/ha, dahinter folgt mit geringem Abstand Japan (58,5 dz/ha). Der Reisanbau ist in China äußerst arbeitsintensiv, gerade was die Terrassenpflanzungen und die Nassreisfelder anbelangt. Zudem sind die Anbaufläche relativ klein. Nur dadurch, dass im Süden bis zu drei Ernten im Jahr möglich sind und schädlingsresistente Sorten importiert (Vietnam) und/oder gezüchtet wurden, ist die hohe Erntemenge und der relativ gute Ertrag zu erklären. Immerhin hatte China 2003 28% an der Weltproduktion von 586,248 Mio. t.

Tabelle 50: Anbau und Ernte von Kartoffeln 2003**

	Fläche 1.000 ha	Ertrag dt/ha	Ernte in 1.000 t
USA	505	411	20.766
Japan	85	292,9	2.320
BRD	287	345,2	9.916
China	4.529	159,1	72.066
Welt	18.942	168	318.287

** Ohne Süßkartoffel und Jamswurzel

Quelle für die Tabellen 40-45: Vgl. Statistisches Bundesamt (Hrsg.) 2005. Statistisches Jahrbuch 2005, Für das Ausland. ausland2005.pdf, S. 292f.

Auf 4,529 Mio. ha (23,9% der Weltanbaufläche) fuhr die Volksrepublik im selben Jahr 72,066 Mio. t Kartoffeln ein, das waren fast 23% der weltweiten Erzeugung von 318,287 Mio. t. Allerdings liegt China mit 159,1 dz/ha noch unter dem Weltdurchschnitt von 168,0 dz/ha. Den größten Ertrag je ha weisen die USA mit 411,0 dz/ha auf, gefolgt von Deutschland und Japan mit 345,2 dz/ha zu 292,9 dz/ha.

Tabelle 51: Anbau und Ernte von Sojabohnen, 2003

	Fläche 1.000 ha	Ertrag dt/ha	Ernte in 1.000 t
USA	29.330	22,7	66.778
Brasilien	18.448	28	51.482
China	9.313	16,8	15.658
Japan	152	15,2	232
Welt	83.461	22,6	189.213

Quelle: Vgl. Statistisches Bundesamt (Hrsg.) 2005. Statistisches Jahrbuch 2005, Für das Ausland. ausland2005.pdf, S. 294.

Da die VR China neben Reis, Weizen, Mais und Roggen auch Sojabohnen zum Getreide zählt, sind die Angaben gesondert aufgeführt. Mit 66,778 Mio. t waren die USA 2003 die weltgrößten Produzenten von Sojabohnen, gut 35% von 189,213 Mio. t. Brasilien kam auf etwas mehr als 27%, China lag mit ca. 8% auf Rang drei (15,658 Mio. t). Zwar verfügt Basilien mit 28,0 dz/ha über die höchste Produktivität, allerdings sind die Sojabohnenfelder durch Rodung des Regenwaldes entstanden. Diese Felder dürften binnen kürzester Zeit ausgelaugt sein und fallen dann der Bodenerosion zum Opfer. Will das Land weiter Sojabohnen anbauen und u. a. als Viehfutter exportieren, dann müsste es weitere

Regenwälder roden, was auf Dauer zu einer weltweiten Veränderung des Klimas beitragen wird.[853] Die USA liegen mit 22,7 dz/ha knapp über dem Weltniveau von 22,6, dz/ha China (16,8 dz/ha) und Japan (15,2 dz/ha) erreichen dieses durchschnittliche Produktivitätsrate nicht, wobei die 232.000 t Japans eine zu vernachlässigende Größe sind.

Tabelle 52: Kohl-Ernte 1.000 t, 2003

USA	2.433
Japan	2.343
BRD	757
China	30.585
Welt	66.838

Laut dem Statistischen Bundesamt werden die gängigen Speisekohlsorten Rot-, Weiß-, Grünkohl, Wirsing, Chinakohl, Rosenkohl und Brokkoli berücksichtigt.

Quelle: Vgl. Statistisches Bundesamt (Hrsg.) 2005. Statistisches Jahrbuch 2005, Für das Ausland. ausland2005.pdf, S. 291.

Bei der Kohlernte sind keine Flächen angegeben, so dass die Errechnung eines dz/ha-Ertrages nicht möglich ist. China produzierte mit 30,585 Mio. t fast die Hälfte der Weltproduktion an. Kohlsorten lassen sich auch ohne moderne Kühlanlagen gut einlagern, sind lange haltbar und dürften ein Hauptnahrungsmittel gerade für Bauern sein, die in ärmlichen Verhältnissen leben (siehe dazu den Abschnitt über den ländlichen Armutsbericht).

853 Auf diese Problematik kann hier nicht näher eingegangen werden vgl. dazu Planet Wissen - Amazonien o. J. http://ftp01.wdr.de/natur_technik/wald/amazonien/index.jsp, S. 1-3. Stand: 23.8.2011.

Bei der Tomatenernte lassen sich nur die USA und China vergleichen, Japan und Deutschland tauchen in der Statistik nicht auf. China erntete 28,843 Mio. t (2003), das sind 25,058% der weltweiten Ernte von 115,001 Mio. t. Die USA kamen 2003 auf 10,382 Mio. t, das sind ca. 9,02% der Welternte (vgl. Statistisches Bundesamt (Hrsg.) 2005. Statistisches Jahrbuch 2005, Für das Ausland. ausland2005.pdf, S. 291.).

Tabelle 53: Zwiebelernte 1000 t, 2003

USA	3.163
Japan	1.162
Deutschland	k. A.
China	17.536
Welt	52.733

Quelle: Statistisches Bundesamt (Hrsg.) 2005. Statistisches Jahrbuch 2005, Für das Ausland. ausland2005.pdf, S. 291.

Für Deutschland wurden keine Angaben gemacht, China produzierte 17,536 Mio. t (33,25% der weltweiten Ernte). Die USA liegen mit 3,163 Mio. t vor Japan, das 1,162 Mio. t erntete.

Die nachfolgenden Tabellen geben Auskunft über die Obsternte (entnommen dem Statistisches Bundesamt (Hrsg.) 2005. Statistisches Jahrbuch 2005. Für das Ausland. ausland2005.pdf, S. 291.).

Tabelle 54: Apfelernte 1.000 t 2003

USA	3.907
Japan	842
Deutschland	818
China	21.105
Welt	58.782

China produzierte 21,105 Mio. t Äpfel (35,90% der Welternte), die USA kamen mit 3,907 Mio. t auf Rang 2 (ca. 6,65%), Japans und Deutschlands Ernten sind im Vergleich zu den anderen Ländern vernachlässigenswert.

Tabelle 55: Birnenernte 1.000 t, 2003

USA	842
Japan	366
Deutschland	53
China	9.920
Welt	17.676

China erntete mehr als die Hälfte der Birnen weltweit, nämlich 9.920 Mio. t (56,12%), die anderen Ländern liegen weit abgeschlagen auf den Plätzen.

Tabelle 56: Pflaumenernte 1.000 t, 2003

USA	736
Japan	88
Deutschland	48
China	4.235
Welt	10.123

Mit 4.235 Mio. t geernteter Pflaumen produzierte China ca. 41,84% der Welternte an Birnen. Auch hier sind, verglichen mit der Volksrepublik, die Ernten der USA, Japans und Deutschlands relativ unbedeutend.

Beim Anbau und der Ernte von Bananen ist in unserem Zusammenhang nur China und die weltweite Produktion von Bedeutung. China erntete 6,126 Mio. t, dass sind etwa 8,69% der weltweiten Ernte von 70,527 Mio. t.
Ähnlich verhält es sich in Bezug auf die Ernte von Ananas. Hier hat China mit 1,348 Mio. t einen Anteil von 8,9% an der Welternte von 15,146 Mio. t.

Bei den letztgenannten Obstsorten war ein Vergleich mit den übrigen Ländern nicht möglich, da diese, wohl aus klimatischen Gründen, weder Bananen noch Ananas anbauten, zumindest tauchten sie in der Statistik nicht auf.

Beim Anbau und der Ernte von Orangen können hingegen die USA und China miteinander verglichen werden. Die USA produzierten 2003 10,473 Mio. t Orangen (Weltanteil ca. 17,24%), China kam auf 1,832 Mio. t (etwa 3,02%).

Tabelle 57: Tabakernte 2003

	Fläche 1.000 ha	Ertrag dz/ha	Ernte in 1.000 t
China	1.266	17,8	2.262
Brasilien	392	16,7	656
Indien	435	13,6	595
USA	166	21,9	364
Welt	3.836	15,9	6.128

Quelle: Vgl. Statistisches Bundesamt (Hrsg.) 2005. Statistisches Jahrbuch 2005. Für das Ausland. ausland2005.pdf, S. 294.

China ist der weltgrößte Tabakproduzent und produziert ein Drittel der Welternte, liegt bei der Produktivität aber mit 17,8 dz/ha hinter den USA (21,9 dz/ha), aber vor Brasilien (16,7 dz/ha) und Indien (13,6 dz/ha), das als einziges hier angeführte Land das durchschnittliche Weltniveau von 15,9 dz/ha nicht erreicht.

Tabelle 58: Erdnüsse, 2003

	Fläche 1.000 ha	Ertrag dz/ha	Ernte in 1.000 t
China	5.082	26,5	13.493
Indien	8.000	9,6	7.700
Nigeria	2.800	9,6	2.700
USA	531	35,4	1.880
Indonesien	683	20,1	1.377
Sudan	1.900	6,3	1.200
Welt	26.182	13,5	35.328

Quelle: Vgl. Statistisches Bundesamt (Hrsg.) 2005. Statistisches Jahrbuch 2005. Für das Ausland. ausland2005.pdf, S. 294.

Auch was den Anbau von Erdnüssen anbelangt ist die Volksrepublik weltweit führend. China erntete 13,493 Mio. t, mehr als ein Drittel der Weltproduktion, dahinter folgen Indien mit 7,7 Mio. t und weit abgeschlagen die anderen Länder. Allerdings ist das Produktivitätsniveau der USA mit 35,4 dz/ha höher als dasjenige Chinas mit 26,5 dz/ha, Indonesien liegt bei 20,1 dz/ha. Alle anderen Länder waren unterproduktiv und lagen unter dem durchschnittlichen Weltniveau.

Tabelle 59: Zuckerrüben, 2003

	Fläche 1.000 ha	Ertrag dz/ha	Ernte in 1.000 t
Frankreich	400	734	29.358
USA	545	509	27.744
BRD	446	531	23.716
China	248	249	6.182
Japan	68	611	4.161
Welt	6.036	385	232.845

Quelle: Statistisches Bundesamt (Hrsg.) 2005. Statistisches Jahrbuch 2005. Für das Ausland. ausland2005.pdf, S. 294.

Die Welt-Zuckerrübenernte betrug 232,845 Mio. t. Führend von den hier verglichenen Staaten waren Frankreich (29,350 Mio. t,), die USA (27,744 Mio. t) vor der BRD (23,716 Mio. t), dann folgen China (6,182 Mio. t) und Japan (4,161 Mio. t). Frankreich ist hier am produktivsten, China liegt mit 249 dz/ha weit unter dem Weltdurchschnitt.

Tabelle 60: Zuckerrohr, 2003

	Fläche 1.000 ha	Ertrag dz/ha	Ernte in 1.000 t
Brasilien	5.337	730,4	389.849
Indien	4.608	611,1	281.600
China	1.433	642,3	92.039
Thailand	1.121	697,3	78.170
Welt	20.699	653,1	1.351.902

Quelle: Vgl. Statistisches Bundesamt (Hrsg.) 2005. Statistisches Jahrbuch 2005. Für das Ausland. ausland2005.pdf, S. 294.

Brasilien war sowohl von der Produktivität (730, 4 dz/ha) als auch bei der absoluten Erntemenge (389,849 Mio. t führend. Bei letzterem folgen Indien, China und Thailand. Beim Produktivitätsniveau lag Thailand an zweiter und China an dritter Stelle, Schlusslicht war Indien.

Tabelle 61: Baumwolle, 2003

	Fläche 1.000 ha	Ertrag dz/ha	Ernte in 1.000 t
China	5.111	28,5	14.580
USA	4.858	20,6	10.021
Indien	7.800	9	7.040
Pakistan	2.989	17,4	5.197
Welt	32.096	17,3	55.515

Quelle: Vgl. Statistisches Bundesamt (Hrsg.) 2005. Statistisches Jahrbuch 2005. Für das Ausland. ausland2005.pdf, S. 294.

Bei der Baumwollernte ist China sowohl absolut mit 14,58 Mio. t als auch bei der Produktivität (28,5 dz/ha) führend, die USA, Indien und Pakistan belegen die Plätze. Indien liegt zwar bei der absoluten Produktion vor Pakistan ist aber mit 9 dz/ha äußerst unproduktiv, auch noch gegenüber Pakistan (17,4 dz/ha.)

Tabelle 62: Tee, 2003

	Erntemenge 1.000 t
Indien	885
China	789
Sri Lanka	303
Kenia	290
Japan	92
Welt	3.197

Quelle: Vgl. Statistisches Bundesamt (Hrsg.) 2005. Statistisches Jahrbuch 2005. Für das Ausland. ausland2005.pdf, S. 295.

In der Statistik ist die Anbaufläche nicht angegeben worden, mithin ist ein dz/ha-Vergleich nicht möglich (vgl. die Tabelle). Die größte Menge der besten Teesorten geht in den Export, zumindest gilt dies für Indien.

Tabelle 63: Naturkautschuk 1.000 t, 2003

Thailand	2.506
Indonesien	792
Malaysia	986
Indien	694
China	565
Welt	7.809

Quelle: Vgl. Statistisches Bundesamt (Hrsg.) 2005. Statistisches Jahrbuch 2005. Für das Ausland. ausland2005.pdf, S. 295.

In der Statistik ist die Anbaufläche nicht angegeben worden und damit wie oben ein Vergleich der Produktivität nicht möglich. Das gleich gilt ebenso für die unter stehende Tabelle 56, die hier der Illustration halber aufgeführt werden. Immerhin produzierte Thailand fast ein Drittel (genau 32,9%) des weltweit gewonnenen Naturkautschuks.

Tabelle 64: Rohwolle 1.000 t 2003

Australien	543
China	338
Neuseeland	230
Iran	75
Argentinien	72
GB	60
USA	17
BRD	15
Welt	2.201

Quelle: Vgl. Statistisches Bundesamt (Hrsg.) 2005. Statistisches Jahrbuch 2005. Für das Ausland. ausland2005.pdf, S. 295.

Mit 543.000 t (24,6%) war Australien 2003 der absolut weltgrößte Produzent von Roh- vor allem Schafwolle, dahinter folgt China mit 338.000 t (15,3%). Seinen zweiten Rang dürfte China seinen Steppen- und Nomadenvölker verdanken, die im Nordwesten bis hin zum Westen (Innere Mongolei, Tibet, Xinjiang) ihre Yak-, Schaf-, Kamelherden etc. halten.

Tabelle 65: Milchproduktion 1.000t, 2003

Indien	91.100
USA	77.252
Japan	8.400
BRD	28.380
China	21.802
Welt	613.645

Quelle: Vgl. Statistisches Bundesamt (Hrsg.) 2005. Statistisches Jahrbuch 2005. Für das Ausland. ausland2005.pdf, S. 295.

Indien war 2003 der weltgrößte Milchproduzent gefolgt von den USA, Deutschland und China. Japan als eines der drei hier angeführten industriellen Kernländer landete auf dem letzten Platz. Zieht man jedoch die Anzahl der Milchkühe, die diese Milchmengen produzieren, in Betracht, sieht die Sachlage schon wieder ganz anders aus. Indien mit seinen 38,8 Mio. Kühen erwirtschaftete pro Tier nur 2,34 t jährlich, lag damit noch unter dem weltweiten Durchschnitt von 2,61 t. Diese Unterproduktivität könnte religiöse Gründe haben. Da in Indien Kühe als heilig gelten, dürfte es an einer gut durchorganisierten und rational gehandhabten Milchwirtschaft fehlen. Die USA sind mit 8,5 t Milch pro Kuh am produktivsten, gefolgt von Japan (6,94 t), der BRD (6,54) und China (3,11 t). Während die erst genannten Länder über eine extrem effiziente Milchproduktion

(Melkmaschinen etc.) und -verarbeitung (moderne Molkereien) verfügen, dürfte diese in China noch nicht diesem Standard entsprechen.

Tabelle 66: Traubenernte und Weinerzeugung 2003

	Rebfläche 1.000 ha	Erntemenge 1.000 t	Ertrag dz/ha	Weinerzeugung 2002*
USA	385	5.963	154,8	2.030
Japan	19	221	116,3	111
BRD	98	1.170	119,3	989
China	403	5.268	130,7	1.120
Welt	7.517	62.348	82,9	26.090

* Für 2003 lagen in Bezug auf die angegebenen Länder nur vorläufige bzw. keine Daten vor.

Quelle: Vgl. Statistisches Bundesamt (Hrsg.) 2005. Statistisches Jahrbuch 2005. Für das Ausland. ausland2005.pdf, S. 296.

Italien erntete 2003 vor Spanien und Frankreich die größten Mengen an Weintrauben: 7.484.000 t zu 6.894.000 t zu 6.307.000 t. In der Weinerzeugung lag Frankreich 2002 (5 Mio. t) vor Italien (4,46 Mio. t) und Spanien (3,664 Mio. t).

Für uns von Interesse ist hier der Vergleich zwischen den führenden Industrienationen und China. Bei der Erntemenge lagen die USA und China (5,963 zu 5,269 Mio. t) ebenso an der Spitze wie beim Ertrag (154,8 zu 130,7 dz/ha. Dies dürfte an den guten klimatischen Bedingungen in den USA und der industriellen Bearbeitung der Weinflächen etc. liegen (vornehmlich in Kalifornien). Deutschland und Japan folgen auf den Plätzen. Bei der Weinerzeugung war die Reihenfolge identisch, nur dass die USA mit 2,030 fast das Doppelte an Wein erzeugten als China (1,120 Mio. t, hier dicht gefolgt von Deutschland (0,989 Mio. t). Alle in der Tabelle verglichen Länder kommen aber sowohl was die Erntemenge als auch die Weinerzeugung anbelangt nicht an die

„klassischen“ Weinländer Frankreich, Italien und Spanien heran.

Tabelle 67: Holzeinschlag 1.000 qm, 2002 (Laub- und Nadelholz)

	Laubholz	Nadelholz	insgesamt	zusammen	Säge- und Furnier-holz	Faserholz	sonstige Industrie-hölzer	Brennholz
USA	164.450	283.550	448.000	404.958	234.578	161.391	8.989	48.042
Japan	2.796	12.420	15.216	15.092	11.421	3.671	-	124
BRD	9.203	33.177	42.380	37.754	24.445	10.398	2.911	4.626
China	147.115	137.053	284.168	93.121	51.583	6.478	35.060	191.047
Welt	2116.623	1186.795	3303.417	1560.169	933.772	480.781	145.615	1743.249

Quelle: Vgl. Statistisches Bundesamt (Hrsg.) 2005. Statistisches Jahrbuch 2005, Für das Ausland. ausland2005.pdf, S. 298.

Zwar lag China mit einem Gesamtholzeinschlag von 284,168 Mio. qm weit hinter den USA mit 404,958 Mio. qm zurück, aber die Volksrepublik verfügte schon lange nicht mehr über die ausgedehnten Waldflächen früherer Jahrzehnte. Da die meisten einheimischen Wälder, vornehmlich im Osten, bereits gefällt wurden, musste das Land im Ausland Holz einkaufen, um seinen weiter steigenden Bedarf decken zu können:

“Im Jahre 2003 kamen 25,5 Millionen Kubikmeter Holz ins Land, 2006 waren es in den ersten zehn Monaten bereits 27 Millionen, was hochgerechnet auf das Gesamtjahr auf ca. 33 Millionen Kubikmeter hinausläuft. Hauptlieferant war Russland (18,42 Millionen Kubikmeter), gefolgt von Papua Neu Guinea (1,65 Millionen Kubikmeter) und Malaysia (1,1 Millionen Kubikmeter). So jedenfalls die Staatsagentur am 1.12.2006. Diese Quelle erwähnt freilich nicht die zunehmenden Enthüllungen über Holzimporte chinesischer Firmen aus illegalen Einschlägen in ausländischen Dschungelwäldern - Burma (Myanmar), Indonesien und Papua Neu Guinea vorzugsweise, aber auch bereits in Südamerika und Zentralafrika.”[854]

---

[854] Xiù Cai 2007. China im (Schau) Bild (3) 2007. Nr. 63a, S. 8. In: http://xiucai.oai.de/XiuCai/XiuCaiNo88.pdf, S. 1-13.

Dass der CO_2-Ausstoß auch durch den Verbrauch von Brennholz (191,047 Mio. qm) in die Höhe getrieben wird, dürfte außer Zweifel stehen (allerdings steht dies in keinem Verhältnis zur Kohlennutzung als Heizmaterial). Aber wer will es der ländlichen Bevölkerung, gerade in den abgelegenen Gebieten verdenken, da sie andere Energie zum Kochen und Heizen nur schwer, wenn überhaupt erhalten können.
Der Bau-Boom in China dürfte auch für die Herstellung von 35,06 Mio. qm Industriehölzer verantwortlich sein, die nur noch von Säge-, Furnier- und Faserhölzern (51,583 zu 36,478 Mio. qm) übertroffen werden. Alles in allem ist dies Raubbau an der Natur, der sich schon heute rächt. Dagegen halten muss man allerdings, dass die industriellen Kernländer die Vernichtung der Umwelt nunmehr schon seit 150 Jahren betreiben. Auch wenn mittlerweile ein Umdenken stattgefunden hat und der Natur- und Umweltschutz ein gewisser Rang zugestanden wird. Hinzu kommt, dass in den OECD-Staaten in den letzten Dekaden eine partielle Deindustrialisierung stattgefunden hat, einerseits bedingt durch die Auslagerung von Unternehmen in Billiglohnländer, andererseits durch die Stilllegung von z. B. Kohlbergwerken und Teilen der Verhüttungs- und Stahlindustrie, was in diesem Fall den CO_2-Ausstoß verringerte.

Tabelle 68: Fischfänge 1.000 t, 2002

USA	4.937
Japan	4.443
BRD	224
China	16.553
Welt	93.191

Quelle: Vgl. Statistisches Bundesamt (Hrsg.) 2005. Statistisches Jahrbuch 2005, Für das Ausland. ausland2005.pdf, S. 298.

China fing mit 16,553 Mio. t fast doppelt so viel wie die USA und Japan zusammen. Für 2003 weist eine chinesische Quelle 46,9 Mio. t Aquaprodukte aus, ein Plus von 2,8% gegenüber dem Vorjahr. Für die Süßwasser- und Meerwasserprodukte werden weder absolute noch Prozentzahlen angegeben.[855] Die letzte Angabe datiert aus dem Jahr 1998: 38,54 Mio. t Aquaprodukte, davon 15,42 Mio. t Süßwasser- und 23,12 Mio. t Meerwasserprodukte. Hier dürfte die Fischzucht mit einbezogen sein.[856]

Die obige Zahl von 16,553 Mio. t hat das Statistische Bundesamt dem „Yearbook Fishery Statistics" der FAO entnommen. Die Fangmengen werden ausgewiesen mit Schalen und Weichtieren usw. Meeressäugetiere, pflanzliche Meeresarten, Aquakulturen und Fischzucht sind hier nicht berücksichtigt.[857] Demgegenüber dürfte das chinesische Statistikamt die oben angeführten Produkte mit in das Datenmaterial einbezogen haben.

---

855 National Bureau of Statistics (Hrsg.) 2004. Statistical Communique of the People's Republic of China on the 2003 National Economic and Social Development, S. 2. http://english.gov.cn/official/2005-09/30/content_73946.htm, S. 1-11. Stand: 2.5.2006.

856 Staatliches Statistikamt der Volksrepublik China (Hrsg.). Statistisches Kommuniqué über die volkswirtschaftliche und gesellschaftliche Entwicklung 1998, S. 25. In: Beijing Rundschau 13/1999, S. 24-33, Beijing.

857 Vgl. „Internationale Übersicht 7. Land- und Forstwirtschaft 7.0 Vorbemerkungen und Hinweise, Tabelle 7.11, S. 285. In: Statistisches Bundesamt (Hrsg.) 2005. Statistisches Jahrbuch 2005. Für das Ausland, S.1-425, ausland2005.pdf. Stand 18.4.2008.

Tabelle 69: Viehbestand* in 1.000, 2003

	Pferde	Rinder insges.	davon Milchkühe	Schweine	Schafe	Ziegen	Hühner in Mio.
USA	5.300	96.100	9.084	59.554	6.321	1.200	1.950
Japan	25	4.523	1.210	9.725	11	34	284
BRD[1]	525[2]	3.386	4.338	26.495	2.697[2]	165	110[2]
China	8.090	103.468	7.007	469.809	143.793	172.921	3.981
Welt	55.486	1.331.549	235.094	950.949	1.024.710	765.311	16.147

* Wirtschaftsjahre, die im September enden bei Pferden und Hühnern
1) Viehzählung im November/Dezember (außer bei Pferden und Hühnern
2) Mai 2003.

Quelle: Vgl. Statistisches Bundesamt (Hrsg.) 2005. Statistisches Jahrbuch 2005, Für das Ausland. ausland2005.pdf, S. 299.

Bei der obigen Tabelle ließen sich eigentlich nur die USA und China halbwegs sinnvoll miteinander vergleichen, da sie auf Grund ihrer territorialen Ausdehnung ganz andere Möglichkeiten zur Viehhaltung haben als Japan und Deutschland. Der Leser mag die Zahlen auf sich wirken lassen und könnte dabei zur Überzeugung kommen, dass es im Prinzip genug Nutztiere gibt, um die Weltbevölkerung ernähren zu können. Deshalb ist die nachfolgende Tabelle sowie die über den Anbau von Getreide, Gemüse, Obst etc. wichtiger (vgl. dazu das Schlusswort zu diesem Abschnitt).

Tabelle 70: Fleischerzeugung 1.000 t, 2003

	Fleisch insgesamt*	Rind- und Kalbfleisch	Schweinefleisch	Geflügel**
USA	38.911	12.039	9.056	17.504
Japan	3.018	495	1.274	1.239
BRD	6.413	1.225	4.238	928
China	70.899	6.018	46.236	13.671
Welt	253.476	58.296	98.580	76.395

* Einschließlich „Sonstiger Fleischarten" (Büffel, Schaf, Ziege, Pferd, Wild u. a.)
** Die Angaben sind von Land zu Land nur bedingt vergleichbar, da von den meisten Ländern nicht angegeben wird, ob die Geflügelinnereien enthalten sind oder nicht.

Quelle: Vgl. Statistisches Bundesamt (Hrsg.) 2005. Statistisches Jahrbuch 2005, Für das Ausland. ausland2005.pdf, S. 300.

2003 erzeugte China nahezu ein Drittel der Weltproduktion von Fleisch (70,899 Mio. t zu 253,476 Mio. t). Schweinefleisch und Geflügel machten den Hauptteil aus, nur die USA schlachteten mit 17,504 Mio. t mehr Geflügel als die Volksrepublik. Wie oben angegeben sind diese Angaben nur bedingt vergleichbar (siehe obige Tabellen).

Chinas landwirtschaftliche Produktivität im internationalen Vergleich

Wie erwähnt, spiegeln die Ernteerträge der einzelnen landwirtschaftlichen Erzeugnisse nicht das Produktivitätsniveau eines je gegebenen Agrarsektors wieder. Um eine Annäherung an die Leistungsfähigkeit bekommen zu können, bedarf es eines Vergleichs der Wertschöpfung pro Landarbeiter. Die *Weltbank* vergleicht in ihrem *Weltentwicklungsbericht 2006* in einer tabellarischen Übersicht die einzelnen Länder der Erde in Bezug auf *Wichtige Kennzahlen für Entwicklung*[858] und hier auch die Wertschöpfung eines Landarbeiters in den Zeiträumen von 1989 bis 1991 und von 2001 bis 2003.[859] Wie bei den anderen Tabellen auch, stelle ich hier die USA, Japan, Deutschland und China gegenüber.

Tabelle 71: Wertschöpfung in der Landwirtschaft pro Landarbeiter 2000 USD

Land	1989-1991	2001-2003	Steigerung in %
USA	26.105	47.566	182,21
Japan	19.163	25.339	132,22
Deutschland	10.963	22.127	201,83
China	242	357	147,52

Quelle: Vgl. Weltbank (Hrsg.) 2005. Weltentwicklungsbericht 2006. Chancengerechtigkeit und Entwicklung, Sonderausgabe für die Bundeszentrale für politische Bildung, 1. Auflage 2006, Bonn, S. 354f.

---

858 Weltbank (Hrsg.) 2005. Weltentwicklungsbericht 2006. Chancengerechtigkeit und Entwicklung, Sonderausgabe für die Bundeszentrale für politische Bildung, 1. Auflage 2006, Bonn, S. 350ff.

859 Auch der Begriff der Wertschöpfung, der aus der Volkswirtschaftslee(h)re (sic; RGP) stammt, hat nichts mit dem gesamtgesellschaftlichen Produktivitätsniveau zu tun, da er Input-Output-Faktoren misst, mithin wie der Preis ein Oberflächenphänomen ist. Hingegen ist der Wert eine nicht-empirische Größe (vgl. das Kapitel über die Genesis des modernen warenproduzierenden Systems).

Wie aus der Tabelle unschwer zu erkennen ist, liegt die Wertschöpfung eines chinesischen Landarbeiters hoffnungslos hinter seinen US-amerikanischen, japanischen und bundesdeutschen Kollegen zurück. Die Wertschöpfung eines Landarbeiters aus den USA ist, in dem Zeitraum von 1989 bis 1991, um das 107fache größer als die eines chinesischen Bauern und sie stieg von 2001 bis 2002 auf das 133fache.
In Bezug auf Japan ergeben sich folgende Werte: dass 79fache im erstgenannten Zeitraum von 1989 bis 1991 und für 2001 bis 2003 sank der Abstand auf das 70fache.
In Deutschland war die Wertschöpfung eines Landarbeiters im erstgenannten Zeitraum um das 45fache größer und stieg von 2001 bis 2003 auf das 61fache.
Abgesehen von Japan ist der Abstand Chinas zu den USA und der BRD also größer geworden und er ist in Hinsicht auf diese Länder nicht einholbar.
Auch wenn dies nur Annäherungswerte sind, lassen sich doch einige Rückschlüsse ziehen. Es zeigt sich hier ganz deutlich, dass der Agrarsektor in den genannten industriellen Kernländern nahezu total dem Prozess der Verwertung des Werts unterworfen wurde. D. h., wir haben es in diesen Staaten mit einer industriellen Produktion in der Landwirtschaft zu tun, und zwar - von geringen nischenartigen Ausnahmen abgesehen - mit einer flächendeckenden Landwirtschaftsindustrie. Mit anderen Worten, der Agrarbereich „profitierte" von der zweiten industriellen Revolution, dem Fordismus. All dies war in China nie gegeben. Dieser enorme Abstand in der landwirtschaftlichen Wertschöpfung verdeutlicht, dass die anderen Sektoren der Volkswirtschaften in den USA, Japan und Deutschland eine gänzliche andere Potenz und Struktur aufweisen, als es in der Volksrepublik China der Fall ist. Diese Länder haben, das muss hier noch einmal wiederholt werden, alle drei industriellen Revolutionen zur Gänze durchlaufen. Das war in China nicht der Fall und die landesweite Umsetzung der dritten industriellen Revolution mit möglichen positiven Implikationen (im Sinne des modernen warenproduzierenden Systems) auf die Landwirtschaft, wird in China nie Realität werden können.
Als Fazit lässt sich festhalten: die unterproduktive chinesische Landwirtschaft mit ihren unzureichenden bis ungenügenden infrastrukturellen Gegebenheiten -

wobei hier alle Bereiche gemeint sind, die ich im Verlaufe dieses Kapitels behandelt habe: vom Bildungs- und Gesundheitswesen bis hin zur Verkehrsanbindung - und ihren enormen Arbeitskräfteüberschuss spiegelt den ökonomischen Zustand wider, in den sich - von zonenartigen Ausnahmen abgesehen - alle anderen Sektoren der chinesischen Wirtschaft befinden. Anders formuliert, wenn der chinesische Agrarsektor auf das in diesem Bereich global herrschende Produktivitätsniveau hochentwickelt werden soll, geht dies nur dann, wenn die anderen beiden Sektoren der chinesischen Ökonomie landesweit ebenfalls den weltweit herrschenden Produktivitätsstandard erreichen. D. h., China müßte in den nächsten Jahrzehnten einen Entwicklungsprozess durchmachen, für den die industriellen Kernländer ca. 200 Jahre gebraucht haben. Es gibt viele Gründe, warum die VR China dies nicht schaffen wird. Ein Grund ist die schnelle Entwicklung der Produktivkräfte, die gerade durch die Mikroelektronik los getreten wurde. Das entscheidende Faktum aber ist, dass das moderne warenproduzierende System an seine innere Verwertungsschranke gestoßen ist. Der Zweck des Unterfangens war die Mehrwertproduktion. Durch die Verwertung des Werts als Selbstzweck mit einer global stetig schrumpfenden Mehrwertmasse zieht sich der Kapitalismus selbst den Boden unter den Füßen weg, auf dem er einmal stand. Denn es findet mittlerweile eine Entwertung des Werts statt, da die Produkte heute im Zeitalter der dritten industriellen Revolution zunehmend arbeitsarm auf den Markt treten, d. h., es ist in ihnen kaum noch Wert - tote Arbeit - inkarniert. Hinzu kommt noch, dass das Kapital in der verarbeitenden Wirtschaft kaum noch profitträchtige Investitionsmöglichkeiten vorfindet. Da Kapital aber „arbeiten" muss, fließt es in den so genannten „Finanzüberbau", an die Börse, in diverse Fonds etc. Dort findet aber keine reale Verwertung statt, es wird kein Mehrwert generiert. Vielmehr wird mit Eigentumstiteln (z. B. Aktien) gehandelt. Die vermeintlichen Kursgewinne resultieren aber nicht aus einer realen Produktion, die Mehrwert erzeugend ist, vielmehr sind diese Gewinne fiktiv. Fließen diese fiktiven Gewinne in den realen Produktionsprozess, wird dieser selbst fiktiv. Mit anderen Worten, ein großer Teil der Mehrwert erzeugenden Produktion wird nur noch simuliert.

Bei der Untersuchung der obigen Tabellen stand der Ertrag je dt/ha bzw. Viehbestand, Holzeinschlag etc. im Mittelpunkt. Über das gesamte landwirtschaftliche Produktivitätsniveau ließ sich damit nichts aussagen. Dieses kann annähernd dargestellt werden an Hand der Wertschöpfung pro Arbeitskraft. Nur „annähernd" deshalb, weil sich das Wertgesetz als nicht-empirische Größe blind hinter dem Rücken der Gesellschaft durchsetzt. Und die Landwirtschaft ist ja nur ein Sektor einer Volkswirtschaft. Hinzu kommt, dass heute im Zeitalter der Globalisierung es weltweit nur noch ein Produktivitäts- und damit Wertniveau gibt, das von der höchst entwickelten Industrienation bzw. der jeweiligen Branche als Maß aller Dinge gesetzt wird, weshalb es auch in diesen Staaten zur Subventionierung kommt, zum Beispiel im Schiffsbau oder der Landwirtschaft.
Wenn wir also davon ausgehen, dass es weltweit nur noch einen Produktivitätsstandard gibt, und dieser über dem Niveau liegt, der in China herrscht - hier bezogen auf den Agrarsektor - dann sind die landwirtschaftlichen Produkte vom globalen Bezugsrahmen aus betrachtet wertlos, denn sie erreichen dieses Produktivitätsniveau nicht. Dies wurde in Tabelle 41 an Hand der in- und ausländischen Preise für wichtige Agrarerzeugnisse gezeigt, auch wenn es sich beim Preis, wie schon erwähnt, um ein Oberflächenphänomen handelt.

Das rationale an dieser ganzen Geschichte ist, dass jeder einzelne chinesische Bauer, der seine Ernte einfährt, stofflichen Reichtum produziert hat, sei es Getreide, Gemüse, Obst, Tee usw. Das irrationale ist, dass diese Produkte eben keinen Tauschwert darstellen, sie sind, es muss noch einmal wiederholt werden, wertlos, da sie den globalen Produktivitätsstandard nicht erreichen. Die landwirtschaftliche Tätigkeit eines Maschinen einsetzenden Bauers in den industriellen Kernländern ist potenzierte Arbeit, hingegen die eines überwiegend handarbeitenden Bauers in China stellt lediglich einfache Arbeit dar.

Wie kommt es nun, dass China trotzdem landwirtschaftliche Produkte exportieren kann, z. B. Erdbeeren, Knoblauch, Aquaprodukte etc. Es liegt daran, dass der Renminbi unterbewertet ist, d. h. der Wechselkurs der chinesischen Währung, die zudem nicht kompatibel ist, spiegelt nicht das reale Verhältnis zu anderen

Währungen wieder. Sie ist im internationalen Maßstab unterbewertet.[860] Zudem werden einzelne landwirtschaftliche Erzeugnisse nicht nur von chinesischer Seite sondern auch in der EU und den USA subventioniert, das bedeutet aber nichts anderes, als dass die Preise künstlich niedrig gehalten werden. Ferner ist das Lohnniveau in der Volksrepublik niedrig, wie wir am Beispiel der durchschnittlichen Jahres- bzw. Monatseinkommen der chinesischen Bauern gesehen haben.

Hier soll nur an einigen Beispielen demonstriert werden, wie die Industrienationen, allen voran die EU und die USA ihre landwirtschaftlichen Erzeugnisse subventionieren und dadurch soweit verbilligen, dass sie ihre überschüssigen, auf dem eigenen Markt nicht absetzbaren Produkte auf dem Weltmarkt losschlagen können.

Chen und Wu z. B. führen Fachleute an, die darauf verweisen, „dass die OECD-Staaten die Landwirtschaft jährlich in einer Größenordnung von 250 Milliarden US-Dollar subventionieren. Die USA etwa subventionieren jeden Maisanbauer mit 30.000 Dollar, das ist ungefähr das Hundertfache des durchschnittlichen Einkommens eines Maisanbauers im chinesischen Nordosten. Im Allgemeinen subventionieren alle Länder ihre Agrarprodukte und halten damit die Weltmarktpreise für Agrarprodukte künstlich niedrig. Wir sind eines der wenigen Länder, das seine Landwirtschaft nicht direkt subventioniert.“[863]

---

860 Wenn die vorherige US-amerikanische Regierung von der chinesischen des Öfteren eine Aufwertung ihrer Währung forderte, liefen selbst US-Firmen, die in China investiert haben und dort produzieren (bzw. in ihrem Namen produzieren lassen) dagegen Sturm. Denn ihre eigenen Produkte, die sie in den USA und andernorts absetzen, hätten sich verteuert.

863 Chen/Wu 2007, S. 209. Wie oben schon angedeutet, werden die Bauern nunmehr staatlicherseits direkt subventioniert, vornehmlich die Getreidebauern, deren Einkommen in den letzten Jahre real zurückgegangen ist. Allerdings kommt nur ein Bruchteil der Subventionen bei den Bauern an, der Großteil versickert in den bürokratischen Kanälen, wird zweckentfremdet oder unterschlagen.

Allenthalben ist zu lesen, dass die Auswirkungen dieser direkten staatlichen Unterstützung sich schon über einen längeren Zeitraum gezeigt haben und die so genannten Entwicklungsländer stark in Mitleidenschaft gezogen bzw. an den Rand des Ruins oder in den Ruin getrieben wurden:

“Schon seit Jahrzehnten hungert knapp eine Milliarde Menschen. Diese Zahl wird jetzt zunehmen. (. . .) Mitverantwortlich für den Hunger sind die Industrieländer und vor allem das EU-Agrarsystem. Die Abschottung von Agrarimporten aus der Dritten Welt und die Zerstörung kleinbäuerlicher Existenzen dort durch steuersubventionierte Billigimporte aus den Industrieländern haben verhindert, dass die ärmsten Entwicklungsländer eine eigene Nahrungsmittelversorgung aufbauen - die Grundlage jeder wirtschaftlichen Entwicklung.”[864]

Mit moralisierenden Schuldzuweisungen kommen wir hier nicht weiter, denn es ist eben das moderne warenproduzierende System als solches, das diesen Hunger hervorbringt. Solange die Erzeugung und Realisierung von Mehrwert das alleinige Ziel der Produktion ist, d. h. die „Rückverwandlung der Waren in die (vermehrte) Geldform“[865], solange ist die Erzeugung von Gebrauchswert, d. h. die Bedürfnisbefriedigung nur ein Nebeneffekt. Das hat Konsequenzen. Lassen sich die produzierten Güter auf dem Markt nicht verkaufen, dann wird die Produktion zurückgefahren bzw. ganz eingestellt. Oder aber Staaten greifen zum Mittel der Subventionierung, wie die EU und andere Länder es u. a. bei der Lebensmittelerzeugung tun, um ihre Produkte auf dem (Welt-) Markt losschlagen zu können.

---

864 Welternährungskrise 2008. foodwatch kritisiert: EU subventioniert Welthunger, S. 1. http://foodwatch.de/kampagnen_themen/welternaehrungskrise/index_print_ger.html, S. 1-1. Stand: 23.4.2008.

865 Kurz, Robert 2009. Kapitalismus ohne Mehrwert? Eine zu kurz greifende Debatte über die Grenzen des Wachstums, S. 1. erschienen in der Printausgabe der Wochenzeitung „Freitag“ am 24.07.2009. http://exit-online.org/druck.php?tabelle=aktuelles&posnr=371, S. 1-3. Stand: 28.7.2009.

Foodwatch sollte also nicht die Agrarsubventionen der EU für den Hunger verantwortlich machen, sondern die kapitalistische Produktionsweise als solche. Was hier betrieben wird, ist schlichtweg Pseudokritik.

Und der Economist schreibt:

"Three-quarters of the world's poor live in rural areas. The depressed world prices created by farm policies over the past few decades have had a devastating effect. There has been a long-term fall in investment in farming and things that sustain it, such as irrigation. The share of public spending going to agriculture in developing countries has fallen by half since 1980. Poor countries that used to export food now import it."[866]

Wir haben gesehen, dass auch in China die ärmsten der Armen auf dem Land leben und arbeiten. Und wie Chen und Wu zeigten, wurden im Zuge des Reformprozesses die Investitionen in den Agrarsektor durch die chinesische Regierung zurück gefahren. Das rächt sich nun, denn auch China muss nunmehr Nahrungsmittel importieren. Sein jährlicher Getreidebedarf beträgt etwa 505 Mio. t, aber wie die Erntemengen von 1996 bis 2009 zeigen, hat die Getreideproduktion nur zweimal diese magische Grenze überschritten, nämlich 1998 mit 512 Mio. und 1999 mit 508 Mio. t. Damit ist China mittlerweile gezwungen, Getreide auf dem Weltmarkt zu kaufen. Die Preise stiegen und stiegen. Das konnte auch Xie Fuzhan, der Vorsitzende der Statistikbehörde berichten: Ende 2006 stieg der Getreidepreis um 4,7%. Der Zwang zum Import von Getreide ist z. T. hausgemacht. Einerseits ist die landwirtschaftliche Nutzfläche für Getreide zwischen 1996 und 2005 von 113 auf 104 Mio. ha gesunken. Zum anderen nahm die Fleischproduktion zu, und zwar von 63,34 Mio. (2001) auf 77 Mio. t (2005).[867]

---

866 The Economist 2007. Food prices. The end of cheap food, S. 3. http://www.economist.com/opinion/displaystory.cfm?story_id=10252015, S. 1-3. Stand: 23.4.2008.

867 Vgl. Xiù Cai 2007. China im (Schau) Bild (4). In: Xiù Cai 21.2.2007, S. 2ff. http://xiucai.oai.de/XiuCai/XiuCaiNo89.pdf, S. 1-12.

Es wurde gezeigt, dass Acker- bzw. Getreideland zu Zwecken der Ansiedlung von Industrieunternehmen umgewidmet wird, z. T. ist es auch durch Erosion verloren gegangen oder durch Kontamination nur noch bedingt bepflanzbar. Aber auch das sind systemimmanente Zwänge des Kapitalverhältnisses, ebenso der Anstieg der Fleischproduktion. Die Erzeugung und der Verkauf von einem Kilo Fleisch ist eben profitträchtiger als die Produktion und der Verkauf von einem Kilo Getreide.

"(. . .) the Chinese consumer who ate 20 kg (44lb) of meat in 1985 will scoff over 50 kg of the stuff this year. That in turn pushes up demand for grain: it takes 8 kg of grain to produce one of beef."[868]

Nun, wer will es den Chinesen verdenken, dass sie ebenfalls besser leben wollen und dazu gehört eben traditionsgemäß gutes und reichhaltiges Essen. Allerdings ist China seit 2004 zum Nettoimporteur landwirtschaftlicher Produkte geworden, u. a. bedingt durch schlechte Ernten und weil viele Getreidebauern von diesen Produkten mehr schlecht als recht leben konnten und deshalb die Produktion einstellten:

Die Importe stiegen von 11,8 Milliarden US-Dollar 2001 auf 28,7 Milliarden Dollar, ein Plus von 143 Prozent in nur fünf Jahren. Demgegenüber blieb die Steigerung der Exporte zurück: von 16 Milliarden auf 27,5 Milliarden = plus 72 Prozent.[869]

Mittlerweile hat sich die Getreideproduktion in China stabilisiert, was u. a. auch auf die Direktsubventionen an die Bauern zurückzuführen ist (vgl. nachstehende Tabelle).

---

868 The Economist 2007. Food prices. The end of cheap food, S. 2. http://www.economist.com/opinion/displaystory.cfm?story_id=1025 2015, S. 1-3. Stand: 23.4.2008.

869 Xiù Cai 2007. China im (Schau) Bild (4). In: Xiù Cai 21.2.2007, S. 4. http://xiucai.oai.de/XiuCai/XiuCaiNo89.pdf, S. 1-12.

Tabelle 72: Getreideproduktion in China 1992-2009 (absolute Zahl/Mio. t/in %)

Jahr	absolute Zahl / Mio. t.	Prozent
1992	442,58	1,7
1993	456,44	3,1
1994	444,5	-2,5
1995	465,0	4,5
1996	490	5,3
1997	492,5	-2,4
1998	512	3,9
1999	508,00	-0,8
2000	463	-9
2001	452,6	-2,1
2002	457,11	0,97
2003	430,67	-5,8
2004	469,47	9
2005	484,01	3,1
2006	497,46	2,8
2007	501,50	3,5
2008	528,50	5,4
2009	530,82	0,4

Quelle: Vgl. Anhang II: Produktion wichtiger Agrarprodukte 1992 (absolute Zahl in Mio. t./Wachstumsrate in %), 1992ff., sowie National Bureau of Statistics (Hrsg.) 2001. Statistical Communique of the People's Republic of China on the 2000 National Economic and Social Development, 2001ff. (zur http . . .-Adresse vgl. das Literaturverzeichnis.).

Weiter oben wurde gesagt, dass China nur zweimal seinen Getreidebedarf von ca. 505 Mio. t decken konnte, nämlich 1998 und 1999. Nun haben die Bauern 2008 und 2009 mit 528,50 Mio. t (plus 5,4%) und 530,82 Mio. t Rekordernten eingefahren. Inwieweit sich die Getreideproduktion auf diesem Niveau halten kann, wird die Zukunft zeigen.

Zurück zur Subventionierung, z. B. von Malz und den dadurch steigenden Preise auf dem Agrarmarkt.

Der Weltmarkt, genauer die USA, haben zum Anstieg der Getreidepreise bzw. der Lebensmittel im Allgemeinen beigetragen, wie der Economist schreibt:

"But the rise in prices is also the self-inflicted result of America's reckless ethanol subsidies. This year biofuels will take a third of America's (record) malze harvest. That affects food markets directly: fill up an SUV's fuel tank with ethanol and you have used enough malze to feed a person for a year. And ist affects them indirectly, as farmers switch to malze from other crops. The 30 m tonnes of extra malze going to ethanol this year amounts to half the fall in the world's overall grain stocks."[870]

Kann man es den US-amerikanischen Farmern verdenken, dass sie in den Anbau von Pflanzen investieren, wenn der Staat ein subventioniertes Programm zur Erzeugung von durch Malz gewonnenen Bio-Sprit auflegt, um eine - tatsächliche oder vermeintliche - Abhängigkeit von Ölimporten zu verringern? Dass dann die Preise für Getreidesorten steigen, die weniger angebaut werden, ist eben zwanghaft systemimmanent bedingt: Profit um des Profits Willen.

Und nicht nur dieses Programm wird subventioniert:

"Die EU-Agrarsubventionen haben mittlerweile eine groteske Größenordnung erreicht. Jede Kuh in der Europäischen Union wird mit zwei US-Dollar pro Tag subventioniert. Das hat die Welthandelsorganisation WTO berechnet. Zwei Dollar - täglich! Das ist mehr, als die meisten Menschen in Afrika oder Asien pro Tag zum Leben haben. Alle

---

870 The Economist 2007. Food prices. The end of cheap food, S. 2. http://www.economist.com/opinion/displaystory.cfm?story_id=10252015, S. 1-3. Stand: 23.4.2008.

Industrieländer zusammen lassen sich den Schutz ihrer Landwirtschaft jährlich rund 350 Milliarden Dollar kosten, und das gegen jede marktwirtschaftliche Vernunft. In der Summe ist das mehr als die 50 ärmsten Länder der Welt zusammen als Bruttosozialprodukt erwirtschaften. Oder anders ausgedrückt: Es entspricht der vierfachen Summe die weltweit jedes Jahr als Entwicklungshilfe für die Dritte Welt bereitgestellt wird."[871]

Wir haben gesehen, in welch ärmlichen Verhältnissen allein die ca. 75 Mio. chinesischen Bauern (offizielle Zahl) bzw. mehr als 150 Mio. von ihnen leben müssen (nach Kriterien der UNO).

Stellen wir einmal eine Rechnung an. Würde China allein seine 27 Mio. Milchkühe genauso subventionieren wie die EU die ihrigen, dann müsste der chinesische Staat jährlich ca. 19,71 Mrd. USD dafür zahlen.

Subventionen sind aber nichts anderes als Vernichtung von Kapitel. Das können sich die Industriestaaten leisten, während für die Länder der Peripherie und ihrer Bevölkerung die Situation immer prekärer wird.

Kommen wir noch einmal auf das obige Zitat zurück. So stimmig und berechtigt die Kritik von *foodwatch* auch sein mag, letzten Endes bleibt sie auf dem Boden der „marktwirtschaftlichen Vernunft" stehen. Und ich habe in diesem Kapitel über die chinesische Landwirtschaft, den ländlichen Raum und seiner Bevölkerung mehrfach gezeigt, dass Marktwirtschaft (auch wenn sie sich sozial nennen sollte)[872] nichts mit Vernunft zu tun hat, allenfalls etwas mit betriebswirtschaftli

---

871 Foodwatch 2008. Hintergrund: EU-Subventionen. EU: Milliardengrab und Sicherheitsrisiko, S. 1. http://foodwatch.de/foodwatch/content/e10/e14669/e14719/e14739/EU-Subventionen_foodwatch_200804_ger.pdf, S. 1-4. Stand: 23.4.2008.

872 Das Kinderarmut in einem der reichsten Länder der Welt nicht als soziale Errungenschaft angesehen werden kann, dürfte sich wohl von selbst verstehen und hat nichts mit moralischer Wertigkeit zu tun: „In

cher Rationalität.[873] Wenn man der bäuerlichen Bevölkerung in China, den Menschen auf der Welt überhaupt ein würdiges Leben ermöglichen will, geht dies nur jenseits von Staat und Marktwirtschaft (dazu mehr im Anschluss).

Ein etwas anderes Fazit

In obigem Abschnitt wurde festgestellt, dass die chinesische Landwirtschaft im Sinne des modernen warenproduzierenden Systems hoffnungslos unterproduktiv ist. Diese Unterproduktivität wird im globalen Konkurrenzkampf durch die Subventionierung der überschüssigen Agrarprodukte seitens der OECD-Staaten noch weiter verschärft.

"Die Industriestaaten haben ihre Landwirtschaft im Jahr 2007 mit Subventionen von insgesamt rund 365 Milliarden Dollar unterstützt - das ist mehr als noch vor fünf Jahren und kaum weniger als im Rekordjahr 2004."[874]

Hinzu kommt, dass durch den subventionierten Anbau von Industriepflanzen, die für Biosprit bzw. als Heizmaterial dienen, die Preise für landwirtschaftliche

---

Haushalten ohne erwerbstätigen Elternteil leben mittlerweile bis zu 72 Prozent der Kinder unter der Armutsgrenze" (Stegemann, Thorsten 2008. Kinderarmut in Deutschland, S. 1. http//www.heise.de/bin/tp/issue/r4/dl-artikel2.cgi?artikelnr=28021&mode=print, S. 1-3. Stand: 22.07.2009.).

873 Auf den irrationalen Charakter des modernen warenproduzierenden Systems und in seinem Gefolge des Globalisierungsprozesses bin ich schon mehrfach eingegangen, erinnert sei nur an den Export chinesischer Erdbeeren in die EU.

874 Welthungerhilfe 2008. Weiterhin hohe Agrarsubventionen der Industrieländer - Umschichtungen anstelle von Kürzungen, S. 1. http://www.welthungerhilfe.de/industrielander-agrar-subventionen.html#PRINTPREV=TRUE, S. 1-2. Stand: 10.8.2009.

Produkte, insbesondere Getreide, in die Höhe schnellen.

“Zwischen 1974 und 2005 sanken die realen Lebensmittelpreise nach Angaben des Internationalen Währungsfonds (IWF) um ungefähr 75 Prozent. Seit 2005 jedoch steigen die realen Lebensmittelpreise an. Der Index für Lebensmittelpreise der Ernährungs- und Landwirtschaftsorganisation der Vereinten Nationen (FAO) steigt 2006 um neun Prozent, 2007 um 23 Prozent und zwischen Mai 2007 und Mai 2008 um mehr als 50 Prozent. Praktisch alle Lebensmittel sind von den Preissteigerungen betroffen. Die Preise für Weizen und Geflügel haben sich seit 2003 verdoppelt, die Preise für Mais und Butter verdreifacht und der Preis für Reis vervierfacht.”[875]

Auch China ist davon betroffen. Wie wir oben gesehen haben, ist das Land zum Nettoimporteur von Getreide geworden. Obwohl das der Fall ist, ist China weniger anfällig für steigende Getreidepreise als andere Nettoimportländer und dies trotz der größten Bevölkerung weltweit. Ein Grund dafür besteht darin, dass das Land laut dem *Welthunger-Index* (*WHI*) als „mäßig“ hungernd eingestuft wird.

Exkurs: der Welthunger-Index

Der *Welthunger-Index (WHI*) wird an Hand von drei gleichberechtigten Indikatoren gemessen:

“1. Dem Anteil der Unterernährten an der Bevölkerung in Prozent (Indikator für den Anteil der Menschen, die ihren Kalorienbedarf nicht decken können),
2. dem Anteil der Kinder unter fünf Jahren mit Untergewicht (Indikator für den Anteil der Kinder, die an Gewichtsverlust und/oder zu geringem Wachstum

---

875 Grebmer, Klaus von/Fritschel, Heidi/Nestorova, Bella/Olofinbiyi, Tolulope/Pandya-Lorch, Rajul/Yohannes,Yisehac 2008. Welthunger-Index. Herausforderung Hunger 2008, Bonn, Washington D. C., Dublin, Oktober 2008, S. 23. Welthunger-Index-2008_2.pdf, S. 1-42.

leiden) und

3. der Sterblichkeitsrate von Kindern unter fünf Jahren (Indikator, der teilweise das fatale Zusammenwirken von mangelnder Nährstoffversorgung und einem schlechten gesundheitlichen Umfeld widerspiegelt)."[876]

Der bestmögliche Wert wäre 0, der schlechteste 100. Je höher der Wert, desto prekärer die Ernährungslage für die betroffene Bevölkerung. Werte unter 4,9 zeigen geringen Hunger an, Werte zwischen 5 und 9,9 werden als mäßig eingestuft, zwischen 10 und 19,9 wird die Lage kritisch, über 20 Besorgnis erregend und über 30 besteht ein gravierendes Hungerproblem.[877]

Zurück zu China, dass auf der *WHI*-Skala den 15. Rang einnimmt und seinen Index von 11,6 im Jahr 1990 auf 7,1 im Jahr 2008 verbessern konnte. China senkte den Anteil der Unterernährten an der Gesamtbevölkerung von 16% (1990-1992) auf 12,0% (2000-2004). Das wären dann immer noch ca. 156 Mio. Menschen, die unterernährt wären,[878] was sich mit den Zahlen der UNO, aber nicht mit denen der Zentralregierung Chinas decken würde, die von ca. 75 Mio. Armen ausgeht.

Bei der Verbreitung von Untergewicht bei Kindern unter 5 Jahre fiel der prozentuale Anteil von 14,3% (1988-1992)[879] auf 6,8% (2001-2006) und die Sterblichkeitsrate von Kindern unter 5 Jahre reduzierte sich von 4,5% (1990) auf 2,4%

---

876 Ebd., S. 8.

877 Vgl. ebd. Die Daten für 2008 wurden laut dem Bericht zwischen 2001 und 2006 ermittelt (vgl. ebd.). Es kann also davon ausgegangen werden, dass sich mit dem Ausbruch der Weltwirtschaftskrise 2008 die Zahl der hungernden Menschen angestiegen ist und in Zukunft weiter ansteigen wird.

878 Eigene Berechnungen.

879 Laut Anmerkung im *Welthunger-Index* sind dies Schätzungen der Autoren (vgl. ebd., die Tabelle *Basisdaten zur Berechnung des Welthunger-Indexes*, S. 36).

(2006).[880]

Bei den 88 aufgelisteten Ländern liegt Mauritius mit einem Wert von 5 auf Platz 1, die Demokratische Republik Kongo bildet mit 42,7 das Schlusslicht.[881]

Erschreckend ist allein schon, dass der Hunger auf unserem Planeten tabellarisch aufgelistet wird (werden muss?), ganz so wie die Abschlusstabelle einer Fußballliga: der erste ist „Meister“, die letzten müssen absteigen. Das ist keine moralische Wertung, es zeigt nur die Auswirkungen der Verwertung des Werts.

Im obigen Vergleich der Ernteerträge ausgewählter Länder wurde auch die Weltproduktion angegeben und die Zahlen für die einzelnen landwirtschaftlichen Erzeugnisse lassen den Schluss zu, dass jeder Mensch auf der Welt seinen täglichen Kalorienbedarf ausreichend decken könnte.

“Die zwischenzeitlichen Erfolge durch verbessertes Saatgut, intensive Bewässerung, Dünger- und Pestizideinsatz sind vom Bevölkerungswachstum wieder aufgezehrt worden.”[882]

---

880 Vgl. Grember, Klaus von/Fritschel, Heidi/Nestorova, Bella/Olofinbiyi, Tolulope/Pandya-Lorch, Rajul/Yohannes,Yisehac 2008. Welthunger-Index. Herausforderung Hunger 2008, Bonn, Washington D. C., Dublin, Oktober 2008, S. 36. Welthunger-Index-2008_2.pdf, S. 1-42.

881 Vgl. ebd., die Tabelle *Welthunger-Index 1990 und 2008 nach Ländern*, S. 17. Da die Indikatoren durch die *Weltgesundheitsorganisation* (*WTO*) neu berechnet wurde, lassen sich die *WHI*-Werte aus den Jahren 1990 und 2008 nur bedingt vergleichen (vgl. ebd., S. 8).

882 Welthungerhilfe 2006. Wettlauf um Nahrung und Ackerflächen, S. 1. http://www.welthungerhilfe.de/nahrung-ackerflaechen.html#PRINTPREV=TRUE, S. 1-2. Stand: 10.8.2009. (Die Wörter „zwischenzeitlichen Erfolge“ sind im Original fett gedruckt und wurden um das Schriftbild nicht zu stören, nicht übernommen. Bei den Artikel der *Welthungerhilfe* wird nachfolgend weiter so verfahren, sofern in den Zitaten vorhanden ;RGP).

Aha, da haben wir es: der Mensch mit seinem unsäglichen Geschlechts- und zwanghaften Vermehrungstrieb ist Schuld. Malthus lässt grüßen. Aber es kommt noch besser:

"Dennoch: Rein rechnerisch wird genug Getreide produziert, um alle Menschen ausreichend zu ernähren. Doch fast die Hälfte des Korns wird an Vieh verfüttert. Aus 100 Kalorien im Getreide werden zehn Kalorien im Fleisch. Durch diese ,Veredelung' gehen 90 Prozent der geernteten Nahrungskalorien verloren. Und die Fleischproduktion steigt weiter."[883]

Es ist schon darauf hingewiesen worden, dass unter den Bedingungen der Verwertung des Wert nicht die Bedürfnisbefriedigung des Menschen, der Menschheit Vorrang hat, im Gegenteil, allein die Plusmacherei (Marx) zählt. Und da sich 1 kg Fleisch profitabler als 1 kg Getreide verkaufen lässt, wird eben die Fleischproduktion ausgeweitet. Und es liegt im System begründet, dass dann eben auch Menschen hungern, verhungern müssen.

In einem anderen Artikel ist zu lesen:

"Weltweit steigen die Lebensmittelpreise. Noch ist eigentlich genug Nahrung vorhanden. Doch vielerorts können sich die Armen die Nahrung nicht mehr kaufen. Die Preise für Getreide haben sich binnen Jahresfrist verdoppelt. Das Welternährungsprogramm rechnet mit zusätzlich 100 Millionen Unterernährten - damit ist die Zahl der weltweit Hungernden wohl auf über 950 Millionen gestiegen."[884]

Laut einem Artikel in der Online-Zeitung *Welternährung* sind es 2008 983 Mio.

---

[883] Ebd.

[884] Welthungerhilfe 2008. Jeder 7. Mensch hungert, obwohl es statistisch überall genug Nahrung gibt, S. 1. http://www.welthungerhilfe.de/jeder-siebte-mensch-hungert.html#PRINTPREV=TRUE, S. 1-2. Stand: 10.8.2009.

Menschen gewesen, die Hunger leiden mussten.[885]

In dem obigen Zitat wird darauf verwiesen, dass die Menschen eben kein Geld hätten, um sich Nahrung kaufen zu können. In Haiti, so der Artikel weiter, essen Menschen Kekse, aus Lehm und Salz gebacken. Kann der Verfasser angesichts seiner Aussage, weltweit wäre genügend Nahrung vorhanden, nicht einmal auf den Gedanken kommen, dass etwas mit diesem warenproduzierenden System nicht stimmen könnte, in dem Hunger nur gestillt werden kann, wenn man über die entsprechenden finanziellen Mittel verfügt, um sie sich kaufen zu können?

Nun könnte die Frage aufkommen, was das alles mit der chinesischen Landwirtschaft, mit China überhaupt zu tun hat.

Wie mehrfach erwähnt, sehen einige China-Beobachter das Land als *die* kommende Weltwirtschaftsmacht an. Und damit nicht genug soll die Volksrepublik die USA in baldiger oder ferner Zukunft sogar als Supermacht ablösen können. Wenn diese Prognose - mit dem Brustton der Überzeugung vorgetragen, ohne allerdings unwiderlegbare Argumente vorzulegen - eintreffen würde, dann bekäme die so genannte Welternährungskrise[886] eine heute kaum vorstellbare

885 Vgl. Schneider, Rafael 2009. Konjunkturprogramm für weltweite Ernährung. Die Bewältigung der Wirtschaftskrise sollte auch Vorbild für die Bewältigung der Hungerkatastrophe sein, S. 2. In: Welternährung. Die Zeitung der Welthungerhilfe, 2. Quartal 2009, 38. Jahrgang. www.welthungerhilfe.de, S. 1-16.

886 Mit der Formulierung *so genannte Welternährungskrise* will ich das Elend der 983 Mio. Menschen, die Hunger leiden nicht verniedlichen. Es ist schlimm genug, dass materieller Reichtum vernichtet wird, wenn sich Waren nicht verkaufen lassen. Ich möchte in Erinnerung rufen, dass in vorkapitalistischen Produktionsweisen, wie beispielsweise dem Feudalismus, Hunger in erster Linie durch Naturkatastrophen, Missernten und Kriege ausgelöst wurden. Seit der Herrschaft des Kapitalverhältnisses ist der Hunger aber ein durch das warenproduzierende System hervorgerufenes Phänomen. Der Klimawandel z. B. wurde

Dimension. Denn China hat derzeit 1,3 Mrd. Menschen zu ernähren und seine Bevölkerung wächst. Bei 6,8 Mrd. Menschen, die die Erde 2008 bevölkerten und deren Zahl in den nächsten Jahr auch zunehmen wird, ist dies ein Anteil von fast 20%. Bei einem steigenden Lebensstandard - hier soll noch nicht einmal das in den OECD-Staaten herrschende Niveau als vergleichbarer Maßstab angelegt werden - würden von China immer mehr Ressourcen nachgefragt werden, nicht nur Rohstoffe (Öl, Stahl etc.), sondern eben auch Lebensmittel aller Art.
Vor der Weltwirtschaftskrise in Zeiten der Finanzblasen-Konjunktur erhöhten sich die Preise für Rohstoffe und Lebensmittel rasant. Und Staaten, die diesen Preisanstieg für z. B. Getreide finanziell nicht verkraften konnten, waren von Hungersnöten betroffen, wie in weiten Teilen Afrikas dies seit geraumer Zeit schon der Fall ist. Die Folgen lassen sich leicht ausmalen: Unruhen, Aufstände und Plünderungen, wenn von seiten der Staaten keine Maßnahmen ergriffen werden.

“Haiti ist kein Einzelfall. Auf den Philippinen bewachen Soldaten die Reisvorräte in Lager und Kaufhäusern, im Libanon organisieren Gewerkschaften landesweite Streiks. Hungerunruhen erschüttern viele afrikanische Staaten.”[887]

China hat also sehr wohl etwas mit der so genannten Welthungerkrise zu tun. Was durch den Globalisierungsprozess zu Beginn der letzten Dekade des 20. Jahrhundert los getreten wurde und deshalb nicht weiter verwunderlich sein dürfte. Und diese würde sich weiter verschärfen, sollte das Land unter den Bedingungen des modernen warenproduzierenden System jemals den Status

---

wohl in erster Linie durch die kapitalistische Produktionsweise, die Raubbau am Planeten verübt (siehe das Engels-Zitat weiter unten) hervorgerufen - von geopolitischen Veränderungen, die es im Laufe der Erdgeschichte immer wieder gegeben hat, abgesehen.

887 Welthungerhilfe 2008. Jeder 7. Mensch hungert, obwohl es statistisch überall genug Nahrung gibt, S. 1. http://www.welthungerhilfe.de/jeder-siebte-mensch-hungert.html#PRINTPREV=TRUE, S. 1-2. Stand: 10.8.2009.

einer Weltwirtschaftsmacht erklimmen können.

Das stelle ich in Abrede, wie die eingangs von mir formulierten Thesen zeigen. Wenn China keine Weltwirtschaftsmacht werden kann, wie weiland Großbritannien im 19. und die USA im 20. Jahrhundert, dann, weil die herrschende Produktionsweise an ihre innere Schranke gestoßen ist und ein neues Akkumulationsregime ist nirgends in Sicht - dann ist so genannte Welthungerkrise eben auch eine strukturelle Krise, aber nicht in dem Sinne der nachfolgenden Aussage:

“Entspannung ist nicht in Sicht - die Krise hat strukturelle Ursachen. Die Weltbevölkerung wächst, gleichzeitig nehmen die Anbauflächen tendenziell ab. Infolge des Klimawandels und immer neuer Industrie-, Verkehrs- und Siedlungsflächen verstärkt sich dieser Trend. Zudem werden immer mehr Ackerflächen mit Energiepflanzen bebaut.

In den aufstrebenden Schwellenländern wächst der Fleischkonsum. Immer mehr Getreide wird verfüttert. Diese ‚Veredelung‘ hat verheerende Folgen: Aus durchschnittlich zehn Nahrungskalorien im Getreide wird eine Kalorie im Fleisch.”[888]

Hier wird die Geschichtsblindheit bzw. -unwissenheit nur zu deutlich und damit auch der tatsächliche Grund für die Hungerkrise total verkannt. Die strukturellen Ursachen liegen eben nicht im Wachstum der Bevölkerung, der tendenziellen Abnahme der Anbauflächen, dem Anbau von immer mehr Industriepflanzen zur Gewinnung von Energie oder gar dem wachsenden Fleischkonsum in den so genannten „aufstrebenden“ Schwellenländern“[889] (sollen deren Bevölkerung bei

---

888 Ebd.

889 Hier muss angemerkt werden, dass die Entwicklung in den so genannten aufstrebenden Schwellenländern einzig und allein dem Globalisierungsprozess im Zuge der dritten industriellen Revolution geschuldet ist. Brechen die Exporte in die entwickelten Industriestaaten weg, dann kommt es zu massenhaften Entlassungen, so geschehen in China zu Beginn des Jahres 2008 und nach dem Ausbruch der Weltwirtschaftskrise im September des selben Jahres erfolgte ein weiter Schub an Massenfreisetzungen in den ausländisch-investierten und auch den

ihrer Schale Reis oder Hirse bleiben?) begründet, dies sind alles Konsequenzen aus dem Globalisierungsprozess und der mikroelektronischen Revolution. Es ist das Kapitalverhältnis selbst, das Elend, Hunger, Krisen und Not über die Menschheit gebracht hat.

In den vorkapitalistischen Epochen lebten die Menschen mit und von der Natur, zwar mehr schlecht als recht, aber sie vergewaltigten sie nicht (zumindest nicht in dem Maße, wie wir es heute kennen). Hungerkatastrophen wurden durch Naturkatastrophen, wie Dürre, Überschwemmungen etc. hervorgerufen und waren eben nicht durch die Menschen bzw. das System bedingt.[890]

"Es war der letzte Schritt zur Selbstverschacherung, die Erde zu verschachern, die unser Eins und Alles, die erste Bedingung unsrer Existenz ist; es war und ist bis auf den heutigen Tag eine Unsittlichkeit, die nur von der Unsittlichkeit der Selbstveräußerung übertroffen wird. Und die ursprüngliche Appropriation, die Monopolisierung der Erde durch eine kleine Anzahl, die Ausschließung der übrigen von den Bedingungen ihres Lebens, gibt der späteren Verschacherung des Bodens an Unsittlichkeit nicht nach."[891]

In dem oben zitierten Artikel hat man aber doch Verursacher für die steigenden Lebensmittelpreise gefunden:

"Agrarrohstoffe sind zudem ins Visier von Finanzspekulanten geraten. Ospraie ist einer der größten Hedgefonds der Welt und setzt auf steigende Nahrungsmittelpreise. Allein 2007 erzielte Ospraie 3,7 Milliarden Dollar Reingewinn. An der Weizenbörse haben

---

einheimischen Firmen. Diese Länder haben keine sich selbst tragende wirtschaftliche Entwicklung vollzogen, so wie es in Europa und den USA im 20. Jahrhundert zur Zeit des Fordismus der Fall war.

890 Marx schrieb, dass die Menschen ihre Geschichte zwar selber machen, aber nicht mit Bewusstsein, und diese Bewusstlosigkeit tritt uns heute Tag für Tag vors Auge.

891 Engels, Friedrich 1976. Umrisse zu einer Kritik der Nationalökonomie, S. 510f. In: MEW Bd. 1, Berlin, S. 499-524.

Finanzinvestoren mittlerweile schon die komplette Weizenproduktion der kommenden zwei Jahre gekauft. Bis dieser Weizen dann tatsächlich geerntet und geliefert wird, werden die einzelnen Kontrakte rund 30 Mal weiterverkauft worden sein - Spekulanten profitieren von steigenden Getreidepreisen und heizen ihrerseits die Preisspirale weiter an.

Auch die großen Lebensmittelkonzerne verdienen prächtig. Nestlé hat seinen Gewinn 2007 um satte 15 Prozent gesteigert, Danone und Unilever machen glänzende Geschäfte. Börsenblätter raten zum Investment in Nahrungsmittelfirmen."[892]

Es sind wieder einmal die Finanzspekulanten (im Zitat fett gedruckt!; sic!; RGP), die in Hedgefonds investieren und an der Weizenbörse in Chicago spekulieren, durch steigende Getreidepreise profitieren und damit die Preise weiter in die Höhe treiben. Natürlich verdienen die Lebensmittelkonzerne kräftig mit. Selbstredend sind die Industrieländer mit ihren Landwirtschaftssubventionen mit Schuld. Mit dieser Pseudokritik, die die kapitalistische Produktionsweise augenscheinlich unangetastet lassen will, lässt sich der weltweite Hunger nicht beseitigen. Und Lösungen bietet der besagte Artikel wie die anderen zitierten ebenfalls nicht an.

Zwar kam „das Kapital von Kopf bis Zeh, aus allen Poren, blut- und schmutztriefend“[893] zur Welt, aber damit meinte der esoterische Marx (Kurz) unzweifelhaft nicht die Akteure sondern das Kapitalverhältnis als solches, wie Marx schon im Vorwort zum *Kapital* schrieb:

"Zur Vermeidung möglicher Mißverständnisse ein Wort. Die Gestalten von Kapitalist

---

892 Welthungerhilfe 2008. Jeder 7. Mensch hungert, obwohl es statistisch überall genug Nahrung gibt, S. 1f. http://www.welthungerhilfe.de/jeder-siebte-mensch-hungert.html#PRINTPREV=TRUE, S. 1-2. Stand: 10.8.2009.

893 MEW 23: Marx, Karl 1977. Die sogenannte ursprüngliche Akkumulation, S. 788. In: MEW Bd. 23, Berlin, S. 741-791.

und Grundeigentümer zeichne ich keineswegs in rosigem Licht. Aber es handelt sich hier um die Personen nur, soweit sie die Personifikation ökonomischer Kategorien sind, Träger vom bestimmten Klassenverhältnissen und Interessen. Weniger als jeder andere kann mein Standpunkt, der die Entwicklung der ökonomischen Gesellschaftsformation als einen naturgeschichtlichen Prozeß auffaßt, den einzelnen verantwortlich machen für Verhältnisse, deren Geschöpf er sozial bleibt, sosehr er sich auch subjektiv über sie erheben mag."[894]

Die Kritik des obigen Zitats, das augenscheinlich, wenn auch nicht expressis verbis die „Gier" der Spekulanten und Banker für die steigenden Preise verantwortlich macht, ist „anschlussfähig für antisemitische Deutungsmuster"[895] und muss inhaltlich zurückgewiesen werden, da es schlicht und einfach verkürzt.

"Dieses Programm (gemeint ist u. a. die Re-Regulierung der Finanzmärkte etc.) rechnet nicht mit der Verschränkung von Kreditsystem und sogenannter Realwirtschaft. Schon die säkulare Expansion des Kredits beruhte auf einem inneren Widerspruch der kapitalistischen Produktionsweise. Mit zu nehmender Produktivkraftentwicklung erhöhte sich der Anteil des Sachkapitals und damit der ‚toten' Vorauskosten, die nicht mehr aus der laufenden realen Mehrwertproduktion finanziert werden konnten. Der Vorgriff auf zukünftigen Mehrwert in Form des Kredits musste immer weiter hinausgeschoben werden. In der dritten industriellen Revolution hat sich seit den 80er Jahren der Knoten dieses Widerspruchs geschürzt. Die Aushöhlung der realen Mehrwertproduktion durch die neue Qualität der Wegrationalisierung von Arbeitskraft konnte nicht mehr kompensiert werden. Als die Kreditketten zu reißen drohten, ging das Kapital in eine substanzlose Virtualität über, die sich nur noch aus Differenzgewinnen in der Zirkulation von Finanztiteln nährte; ablesbar am historisch bespiellosen Abheben der Aktien- und

---

894 MEW 23: Marx, Karl 1977. Das Kapital. Kritik der politischen Ökonomie. Erster Band. Vorwort zur ersten Auflage, S. 16. In: MEW Bd. 23, Berlin, S. 11-17.

895 Kurz, Robert 2009. Den Kapitalismus gesundpflegen? Die Linke und der historische Finanzkrach, S. 1. http://exit-online.org/druck.php?tabelle=aktuelles&posnr=374, S. 1-3. Stand: 18.8.2009.

Immobilienmärkte. Insofern war die neoliberale Finanzblasen-Ökonomie kein ‚Irrtum', sondern die einzig mögliche Reaktion auf die innere Schranke der realen Mehrwertproduktion."[896]

Aus diesem Zitat wird offensichtlich, dass sich das Kapital nach anderen Verwertungsmöglichkeiten umsehen *muss*, wenn die Mehrwertproduktion in der Realökonomie nicht mehr ausreichend oder gar nicht mehr funktioniert. Und was bleibt den in dem obigen Artikel so bezeichneten Finanzspekulanten anderes übrig, als sich auf den Handel mit Finanztiteln zu stürzen. In diesem Fall sind es die Agrarrohstoffe. Es wird immer übersehen oder der seit zweihundert Jahren von der Verwertung dressierte Mensch will es nicht wahrhaben und verdrängt es, dass der Unternehmer, Finanzinvestor etc. ein ebenso vom Kapitalverhältnis getriebener Mensch ist wie der einfache Arbeiter oder Bauer. Die Konkurrenz zwingt sie dazu. Und in diesem Sinne ist die so genannte Welthungerkrise genauso systemimmanent bedingt wie der Verlust von Anbaufläche, der Klimawandel oder die Gewinne der Lebensmittelkonzerne.

In obigen zitierten Artikeln wurde zweimal erwähnt, dass eigentlich genug Nahrung vorhanden sei, um die Menschen rein rechnerisch ausreichend mit Lebensmittel versorgen zu können.
Gut rechnen wir einmal. An Hand der vom *Statistischen Bundesamt* übernommen Tabellen habe ich nachfolgende zusammengestellt:

---

[896] Ebd.

Tabelle 73: Weltproduktion ausgewählter Nahrungs- und Genussmittel in Mio. t 2003 und in Gramm pro Mensch und Tag

Produkt	Weltproduktion in Mio. t	in Gramm pro Mensch und Tag	kcal-Energie pro 100 g	kcal-Energie pro verfügbare Menge
Weizen	557.503	218,200	309	666,238
Roggen	14.705	5,755	269	15,4809
Gerste	149.978	58,308		
Hafer	26.298	10,292		
Körnermais	640.064	250,514		
Reis	586.248	229,451	128	293,697
Kartoffeln	318.287	124,574	68	84,710
Zuckerrüben	232.845	91,133		
Zuckerrohr	1.351.902	529,120		
Sojabohnen	189.213	74,055	293	216,981
Kohl	66.838	26,159	21,37	5,590
Tomaten	115.001	45,010	18	8,1018
Zwiebeln	52.733	20,639	29	5,985
Äpfel	58.782	23,006	54	12,423
Birnen	17.676	6,918	55	3,8049
Pflaumen	10.123	3,962	49	1,941
Bananen	70.527	27,603	91	25,1187
Ananas	15.146	5,927	55	3,2598
Orangen	60.741	23,773	42	9,9846
Erdnüsse	35.328	13,827	539	74,5275
Traubenernte*	62.348	24,400	69	16,836
Weinerzeugung*	26.090	10,211	76	7,760

Milchproduktion**	613.645	240,174	66	158,5148
Tee	3.197	1,251	1	0,01251
Tabak	6.128	2,398		
Fischfänge	93.191	36,473	245,25	89,450
Fleischerzeugung	253.476	99,207	143	141,866
Insgesamt	1.351.902	2.202,340	2.620,62	1.842,28251

* Die Traubenernte blieb unberücksichtigt, da aus der Tabelle 62 nicht hervorgeht, wie viele Trauben zu Wein gekeltert werden und wie viele zum Verzehr in den Handel gelangen.
** Bei der Milchproduktion blieben die verarbeiteten Produkte, wie Käse, Joghurt etc. unberücksichtigt, da aus Tabelle 62 nicht hervorgeht, wie viele davon verarbeitet werden. Verarbeitete Milch weist einen höheren Energiegehalt auf als reine Milch.

Quelle: Vgl. Statistisches Bundesamt (siehe obige Tabellen). Die „kcal-Energie pro 100 g" sind entnommen aus vitanet.de o. J. Kalorien- und Energiegehalt von Lebensmitteln, S. 1ff. http://www.vita.net.de/html/download/kaloriengehalt_von_lebensmitteln.pdf, S. 1-6.

Die Weltproduktion der verschiedenen Nahrungs- und Genussmittel (Spalte 1) in Mio. t (Spalte 2) habe ich umgerechnet in Gramm pro Mensch und Tag (Spalte 3), wobei ich die Weltbevölkerung mit 7 Mrd. Menschen zugrunde gelegt habe anstatt der 2008 lebenden 6,8 Mrd. Zudem basiert die Weltproduktion auf den Zahlen von 2003, da aktuellere Daten zur Zeit der Niederschrift nicht vorhanden waren. Methodisch ist das ungenau, jedoch, wenn die kcal-Energie pro verfügbare Menge (Spalte 5) von 2003 für eine Weltbevölkerung von 2008 ausreicht, wird damit untermauert, dass für jeden Menschen genügend Nahrung vorhanden ist. Die kcal-Energie pro 100 g (Spalte 4) ist der oben angegebenen Quelle entnommen worden. Dabei habe ich z. B. beim Fleisch die Durchschnittswerte von Rind-, Schweine-, Kalb- und Hammelfleisch sowie Geflügel pro 100 g Energie (kcal) berechnet. Pferdefleisch und Innereien blieben unberücksichtigt. Auch beim Räucherfisch bin ich so verfahren, wobei Schillerlocken und Fischkonserven unberücksichtigt blieben. Bei den Milchprodukten nahm ich lediglich die Vollmilch als Energieträger, verarbeitete Produkte, obwohl kalorienreicher, wurden nicht in die Berechnung einbezogen, da in den einzelnen Ländern unterschiedliche Essgewohnheiten herrschen. Beim Gemüse konnten nicht alle Sorten berücksichtigt werden, da beim *Statistischen Bundesamt* nur ausgewählte Sorten aufgelistet waren, ebenso verhält es sich mit den Hülsenfrüchten, wie z. B. Bohnen, Erbsen etc. Hier konnten nur die kcal-Werte für Sojabohnen in die Berechnung einfließen. Zweifelsohne ist dies ein Manko, da u. a. weiße Bohnen (getrocknet, 279 kcal pro 100 g) und Linsen (getrocknet, 301 kcal pro 100 g) einen relativ hohen Energiegehalt aufweisen. Wenn jedoch ohne Berücksichtigung dieser Früchte eine ausreichende kcal-Energie pro verfügbarer Menge zustande gekommen ist, spricht dies eher für als gegen die Berechnung. Pilze und Trockenobst konnten ebenfalls keine Berücksichtigung finden, da sie in den obigen Tabellen nicht aufgelistet sind. Trockenobst weist im Übrigen einen höheren Energiegehalt auf als Frischobst. Beim Obst konnten wiederum nicht alle Sorten berücksichtigt werden, da das *Statistische Bundesamt* nur die in Tabelle 73 aufgeführten Sorten erfasst hat. Bei Nüsse und Samen wurde nur der kcal-Gehalt der Erdnüsse berechnet. Auch beim Getreide flossen lediglich Sorten in die kcal-Berechnung ein, die in den obigen Tabellen aufgeführt waren. Unberücksichtigt blieben Gerste, Hafer und Körnermais, da diese Getreidearten überwiegend als Futtermittel Verwendung finden. Bei den alkoholischen Getränken wurde nur der Weißwein aufgeführt.

Das Ergebnis ist erstaunlich: 1.842,28251 kcal. Obwohl nicht alle Nahrungsmittel und verarbeiteten Produkte berücksichtigt werden konnten und z. B. Hirse, die in Afrika und Asien angebaut wird sowie Maniok, der in Südamerika zu Mehl verarbeitet wird, stehen für jeden Menschen, der auf diesem Planeten lebt, genügend Lebensmittel und damit kcal-Energie zur Verfügung.

Nun könnte u. a. eingewandt werden, dass z. B. Moslems kein Schweinfleisch essen, und dass nicht alle Agrarprodukte überall angebaut werden können. Ich verwies ja schon auf die Schwachstellen meiner Berechnung. Trotz dieser, ist immer noch genügend kcal-Energie für jeden Menschen vorhanden und das allein sollte an Hand konkreter Zahlen gezeigt werden.

Laut der *Welternährungsorganisation* (*FAO*) braucht ein in den so genannten Entwicklungsländern lebender Mensch durchschnittlich mindestens 1.850 kcal pro Tag.[897] Zwar liegt die von mir ermittelte kcal-Energie pro verfügbare Menge geringfügig unter der von der *FAO* angegebenen, zu bedenken ist aber auch, dass von mir alle Menschen berücksichtigt wurden, vom Säugling bis zum Greis.

So haben Männer zwar einen 10% höheren „Grundumsatz“[898] als Frauen, Schwangere wiederum benötigen in den neun Monaten 10% mehr als Männer und Kinder und Jugendliche im Wachstumsalter haben einen höheren Energiebedarf als alte Leute, deren Stoffwechsel sich verlangsamt und damit ihren Grundbedarf reduziert.[899]

“Vom Hunger besonders betroffen sind Südasien und Afrika. In den Ländern südlich der Sahara ist etwa ein Drittel der Menschen chronisch unterernährt. Verantwortlich am Nahrungsmangel sind nicht nur periodisch wieder kehrende Dürren oder jahrelange Kriege. Vor allem ist es die weit verbreitete Armut. Viele Menschen können sich keine Nahrung kaufen. Dazu kommt in Afrika, dass der Selbstversorgungsgrad des Kontinents sinkt. Ein immer größerer Teil der benötigten Nahrungsmittel muss eingeführt

---

897 Welthungerhilfe 2008. Jeder 7. Mensch hungert, obwohl es statistisch überall genug Nahrung gibt, S. 1. http://www.welthungerhilfe.de/jeder-siebte-mensch-hungert.html#PRINTPREV=TRUE, S. 1-2. Stand: 10.8.2009.

898 Der kcal-Verbrauch pro Person teil sich auf in den Grundumsatz - die Energiemenge, die alle Körperfunktionen am Laufen hält, ohne dass der Mensch sich irgendwie betätigt - und den „Arbeitsumsatz“. Der Grundumsatz verbraucht die größte Energiemenge (vgl. FAZ.NET 2002. Täglicher Kalorienbedarf: Wieviel ist genug?, S. 1. http://www.faz.net/s/Rub9D229D57C7F9471296653BB3D3BB9B/Doc~E259DB07229184BF6B7CB1BABA588CBA8~ATplEcommon~Scontent.html, S. 1-2. Stand: 12.8.2009.

899 Vgl. ebd.

werden."[900]

Naturkatastrophen wie Dürren hat es seit jeher gegeben, ebenso mehr oder weniger lang andauernde Kriege, die die Menschheit heimgesucht haben und zu Hungerkatastrophen führten. Man sollte sich jedoch in Erinnerung rufen, dass die Menschen, die in den vorkapitalistischen Epochen gelebt haben zwar auf einem äußerst bescheidenen Niveau ihr - überwiegend - subsistenzwirtschaftliches Dasein fristeten und in der Regel nicht vom Hunger betroffen waren.

Bevor die europäischen Mächte sich daran machten, die einzelnen Kontinente zu erobern und unter sich aufzuteilen, existierten in Afrika, Amerika und Asien Gesellschaften, die alles zum Leben notwendige herstellten und die Existenzgrundlage ihrer Bevölkerung weitestgehend sichern konnten. Von den eben erwähnten Naturkatastrophen und Kriegen abgesehen, war die Produktionsweise im gesellschaftlichen System verankert und nicht wie heute ein die Gesellschaft bestimmender Fremdkörper, der nahezu totalitär alles beherrschte. Nehmen wir China als Beispiel:

"Aber es dürfte wenig Widerspruch gegen die Einschätzung geben, der durchschnittliche chinesische Bauern unter den Kaisern Yongzhen (1723–35) und Qianlong (1736-96) habe kein schlechteres Leben geführt als sein französischer Widerpart unter Ludwig XV. und sicher ein besseres als sein russischer Klassengenosse unter der <<aufgeklärten>> Katharina II. Fraglos befand er sich in einer günstigeren Rechtsposition als beide: Bäuerliches Grundeigentum, das in Osteuropa rechtlich überhaupt nicht existierte, war in China der Normalfall; Leibeigenschaft oder gar Sklaverei fehlten; eine seigneuriale Gerichtsbarkeit, so verhaßt bei europäischen Bauern in der frühen Neuzeit, gab es nicht. Die materiellen Grundbedürfnisse der Bevölkerung waren in China um die Mitte des 18.

---

[900] Welthungerhilfe 2006. Weltweit hungern über 850 Millionen Menschen, S. 1. http://www.welthungerhilfe.de/grafik-weltweites-hungern.html#PRINTPREV=TRUE, S. 1-1. Stand: 10.8.2009.

Jahrhunderts vermutlich nicht schlechter gesichert als in Westeuropa."[901]

Und darüber hinaus war China zwischen etwa 600 u. Z. und 1620/1720 die fortgeschrittenste Zivilisation Asiens und der jeweils fortgeschrittensten Europas technologisch überlegen gewesen. Nach Schätzungen hatte China am *total world manufacturing output* 1750 einen Anteil von 32,8%, der 1800 auf 33,3% stieg und ab 1830 langsam auf 29,8% fiel, um dann stetig abzunehmen. 1880 waren es nur noch 12,5%, 1900 6,2%, 1973 3,9% und 1980 stieg er wider auf 5%.[902]

Es war die aufkommende erste industrielle Revolution, die die damaligen gesellschaftlichen Systeme nach und nach vernichtete und sie in die ökonomische und z. T. politische Abhängigkeit der sich allmählich entwickelnden industriellen Kernländer zwang. Vordem gab es in diesen Gesellschaften zwar Geld, aber keine Geldwirtschaft, es gab Märkte, aber keine Marktwirtschaft im heutigen Sinne. Der Austausch zwischen den einzelnen (ursprünglichen) Produzenten fand in erster Linie in Naturalform statt.
Wenn in dem obigen Zitat von Armut die Rede ist, und viele Menschen sich keine Nahrung kaufen könne, dann ist das systembedingt. In der heutigen Zeit müssen die Menschen ihre Arbeitskraft zu Markte tragen, können sie es mangels Arbeitsplätzen nicht, dann sind sie eben nicht in der Lage, sich Nahrung kaufen zu können, müssen schlicht und einfach hungern und verhungern.
Da Afrika, weite Teile Südasien und Lateinamerikas vom Verwertungsprozess abgekoppelt sind, besteht eben für die dortige Bevölkerung nicht die Möglichkeit, sich durch „reguläre" Arbeit zu ernähren, sie sind auf prekäre Tätigkeiten beschränkt. In den wenigsten so genannten Entwicklungsländern ist der Staat nicht finanzkräftig genug, um durch Transferleistungen das Existenzminimum seiner ärmsten Bewohner sichern zu können. Und es kommt noch schlimmer. Durch die gestiegenen Getreidepreise musste das

---

901 Osterhammel, Jürgen 1989. China und die Weltgesellschaft. Vom 18. Jahrhundert bis in unsere Zeit, München, S. 57.

902 Vgl. ebd, S. 38.

Welternährungsprogramm der UNO schon Hilfsprogramme einstellen, weil das Geld für die Beschaffung von Lebensmitteln nicht mehr reichte.[903] Für 2008 wurden rund 500 Mio. USD Mehrkosten erwartet. Entweder müssten die täglichen Rationen gekürzt oder der Kreis der Hilfeempfänger eingeschränkt werden.[904]

"Das Milleniumsziel der Vereinten Nationen (UN), den Anteil der Hungernden gegenüber 1990 bis zum Jahr 2015 zu halbieren, wird in Südasien möglicherweise erreicht, in Afrika sicher nicht. Dennoch hofft die FAO, dass ein geringeres Bevölkerungswachstum sowie höhere Produktivität und Einkommen Erfolge im Kampf gegen den Hunger bringen werden. Die offiziellen Prognosen der vergangenen Jahre haben sich immer als viel zu optimistisch erwiesen."[905]

So notwendig die Hilfe der verschiedenen internationalen Organisationen im Kampf gegen den Hunger auch ist, sie bleiben auf dem Boden des herrschenden Systems und so ist der Hunger nicht zu besiegen. Insofern ist es folgerichtig, dass die UNO bzw. die FAO auf ein geringeres Bevölkerungswachstum hoffen. Aber dies ist ebenso irreal. Denn in den ärmsten Ländern der Welt, in denen es keine sozialen Sicherungssysteme gibt, sind viele Kinder im wahrsten Sinne des Wortes eine Lebens- und Rentenversicherung für die Eltern im Alter.

---

903 Welthungerhilfe o. J. Die Getreidepreise bleiben hoch - Maßnahmen zum Schutz der Ärmsten sind nötig, S. 1. http://www.welthungerhilfe.de/getreidepreise-bleiben-hoch.html#PRINTPREV_TRUE, S. 1-2. Stand: 10.8.2009.

904 Welthungerhilfe o. J. Hunger durch Biokraftstoff: Biokraftstoffproduktion lässt Lebensmittelpreise steigen, S. 1. http://www.welthungerhilfe.de/biokraftstoff-lebensmittelpreise.html.#PRINTPREV_TRUE, S. 1-1, Stand: 10.8.2009.

905 Welthungerhilfe 2006. Weltweit hungern über 850 Millionen Menschen, S. 1. http://www.welthungerhilfe.de/grafik-weltweites-hungern.html#PRINTPREV=TRUE, S. 1-1. Stand: 10.8.2009.

Am Beispiel Chinas haben wir gesehen, dass es ein äußerst schwieriges Unterfangen ist, auf dem Lande ein Gesundheits- und Rentensystem zu installieren, und dies obwohl die Volksrepublik in einer vergleichweise weit aus günstigeren finanziellen Situation ist als andere Staaten. Ob es tatsächlich gelingt, wird die Zukunft zeigen müssen.

Es kann davon ausgegangen werden, dass mit dem Fortschreiten der wissenschaftlich-technischen Entwicklung im Zuge der dritten industriellen Revolution die Produktivität weiter steigt, gleichzeitig werden dadurch aber immer mehr Arbeitsplätze vernichtet als neue geschaffen werden können. Es mag sein, dass die Einkommen steigen, aber durch den Abbau regulärer Vollzeitarbeitsplätze kommen immer weniger Menschen in den „Genuss" eines normalen Gehalts. Zudem nehmen die prekären Arbeitsverhältnisse immer mehr zu (siehe dazu die Lage der männlichen und weiblichen Arbeitsmigranten in China, Analyse und Tabellen 5 und 6). Das aber bedeutet, dass sich immer weniger Menschen den durch eine höhere Produktivität ausgestoßenen materiellen Reichtum leisten können. Anders formuliert, der Hunger und das Elend in der Welt werden in Zukunft wohl eher zu- als abnehmen,

Auf dem Boden des modernen warenproduzierenden Systems sind die durch diese Produktionsweise hervorgerufenen Probleme nicht zu lösen.

Die Volksrepublik China als kommende Supermacht? Mythos und Realität

"3. Wer in 100 Schlachten 100 Siege erringt, zeigt nicht die wahre Größe der Kriegskunst. Ohne jeden Kampf einen Feind zu unterwerfen, ist in der Tat wahrer Genius."

Sun Tzu 2008. Die Kunst des Krieges. 3. Die Offensive Strategie, S. 45.

Einleitung

Im vorangegangenen Kapitel haben wir gesehen, dass der ländliche Raum Chinas mit seinen ca. 900 Mio. Menschen eine einzige riesige „Großbaustelle" ist, mit mehr oder weniger großen sozioökonomischen Problemen behaftet, die flächendeckend zu beseitigen unter dem Diktat der Verwertung des Werts als Ding der Unmöglichkeit erscheint. Hier seien einige zur Erinnerung noch einmal kurz genannt: erstens, die im Weltmaßstab gesehen unterproduktive Landwirtschaft, zweitens, der immense Arbeitskräfteüberschuss, drittens, die elende Situation der ArbeitsmigrantInnen, viertens, das marode Bildungssystem, fünftens, das fehlende bzw. unzureichende soziale Sicherungssystem, sechstens die immer weiter zunehmende Umweltzerstörung usw. usf.

Und dies ist nur ein Bereich der chinesischen Wirtschaft. Im Sekundärsektor gibt es neben wissenschaftlich-technischem Fortschritt, der durchaus Weltniveau erreicht, immer noch rückständige Produktionsmethoden, prekäre Arbeitsverhältnisse, eine enorme Dunkelziffer an Arbeitslosen bzw. solche, die in den offiziellen Statistiken nicht erfasst werden sowie zunehmend Hochschulabsolventen, die keinen Arbeitsplatz finden und dergleichen mehr.
Im Tertiärbereich ist z. B. das Bankenwesen immer noch nicht ausreichend stabilisiert und die Gefahr von Pleiten - gerade im Verlauf der Weltwirtschaftskrise - ist nicht auszuschließen, zumal sich eine Immobilienblase

aufbläht und zu platzen droht.[1] Vergessen werden darf auch nicht die enorme Verschuldung des Staates, trotz der immer weiter ansteigenden Devisenreserven. Das Haushaltsdefizit beträgt 2010 1,05 Billionen Yuan, umgerechnet rund 113 Mrd. Euro.[2]

Zu guter letzt sei noch auf das anscheinend seinem nahen Ende zugehende moderne warenproduzierende System verwiesen, das gerade die größte Weltwirtschaftskrise seiner Geschichte erlebt.[3] Zwar existiert dieses System noch, wenn auch nur simulativ, und deshalb gibt es auch noch nachgeordnete institutionelle Elemente wie Staaten, Außenpolitik, Militärwesen etc., die das System (künstlich?) am Leben zu halten suchen, obwohl auch hier in einigen Gegenden der Welt diese Institutionen im Niedergang begriffen oder gar schon

---

1 Vgl. z. B. German.China.Org.Cn 2010. Chinesische Regierung zieht staatliche Unternehmen vom Immobilienmarkt ab, S. 1. http://german.china.org.cn/fokus/2010-03/21/content_19652254.htm, S. 1-1. Stand: 22.3.2010, und vgl. German.China.Org.Cn 2010. Chinesische Regierung zieht staatliche Unternehmen vom Immobilienmarkt ab, S. 1. http://german.china.org.cn/fokus/2010-03/21/content_19652254_2.htm, S. 1-1. Stand: 22.3.2010.

2 Vgl. Focusonline 2010. Chinesen häufen gigantische Schulden an, S. 1, http://www.focus.de/finanzen/news/krise-chinesen-haeufen-gigantische-schulden-an_aid_486763.html, S. 1-2. Stand: 22.3.2010.

3 Politik und Wirtschaftswaise (sic!;RGP) sind sich in zweierlei Hinsicht einig, die Krise ist zwar noch nicht vorbei, aber es zeichnet sich eine allmähliche Erholung der Konjunktur ab. Sie übersehen dabei geflissentlich, dass eine weitere Pleitewelle droht, denn ab 2012 werden laut der *New York Times* Schrottanleihen im Wert von 700 Mrd. USD fällig, die zu einer Welle von Pleiten führen könnte (vgl. börsenradar 2010. US-Firmen fürchten die Schuldenlawine, S. 1f. boersenradar.t-online.de/Aktuell/Anleihen/Schrottanleihen-US-Firmen-fuerchten-die-Schuldenlawine-22028804.html, S. 1-3. Stand: 16.3.2010. Hinzu kommt, dass sich eine neue Blase entwickelt, nämlich die Staatsschuldenblase, die die Weltwirtschaft in den Abgrund zu reißen droht (dazu mehr in einer gesonderten Abhandlung über China und die Weltwirtschaftskrise).

zerfallen sind.

Vor diesem Hintergrund die Behauptung aufzustellen, dass China „zur zweiten Weltmacht neben den USA werden“[4] wird, ist schlicht und einfach eine ahistorische Betrachtungsweise.

Sie klammert einerseits aus, dass die Vereinigten Staaten alle drei industriellen Revolutionen durchlaufen und über Jahrzehnte die größte Volkswirtschaft der Welt war und weiterhin ist. Andererseits, darauf basierend, hat sie seit Beginn des Kalten Krieges Hochrüstungspolitik betrieben, die sie zur stärksten Militärmacht auf dem Globus werden ließ. China ist ökonomisch wie auch militärisch zu spät auf die kapitalistische Weltbühne getreten als dass es diesen Vorsprung noch aufholen könnte, was nachfolgend belegt werden soll.

Es soll hier nicht geleugnet werden, dass China durch seine Reform- und Öffnungspolitik Ende der 790er Jahre und durch den zu Anfang der 90er Jahre des letzten Jahrhunderts einsetzenden Prozess der Globalisierung sowie der dritten industriellen Revolution, die ersteren in dialektischer Vermittlung beförderte, eine gewissen ökonomischen Stärke errungen hat. Diese Wirtschaftsmacht ist allerdings zu relativieren. Denn, wie schon gezeigt, ist die Binnennachfrage der Bevölkerung gering und die Exportabhängigkeit hingegen äußerst hoch. Was allerdings in diesem Zusammenhang noch bedeutender ist, ist, dass es in der Volksrepublik keinen sich selbsttragenden Akkumulationsprozess gibt. Und auch weltweit ist kein neues Akkumulationsregime in Sicht. Und auch wenn ein neues käme, es würde erstens auf dem Boden bzw. aus dem Boden der dritten industriellen Revolution der Mikroelektronik erwachsen und damit würden zweitens die zu fertigenden Produkte noch arbeitsärmer auf die Welt treten als es bei der Mikroelektronik selbst heute schon der Fall ist.

---

4 Hirn, Wolfgang 2006. Herausforderung China. Wie der chinesische Aufstieg unser Leben verändert, Bonn, S. 12.

Chinas weltweit gestiegener politischer Einfluss ist u. a. in diesem Kontext zu sehen. Ferner ist das Land Ständiges Mitglied im UN-Sicherheitsrat und eine der fünf Vetomächte neben den USA, Russland, Großbritannien und Frankreich. Überdies besitzt die Volksrepublik seit den 60er Jahren des letzten Jahrhunderts Atomwaffen, was seinen Status als regionale Großmacht begründet.

Trotz all dieser Faktoren stellt sich die berechtigte Frage, ob das Land tatsächlich zur zweiten Weltmacht neben den USA aufsteigen kann. Lassen wir einen Autor zu Wort kommen, der nicht nur Behauptungen aufstellt, sondern auch Belege liefert:

"So beeindruckend Chinas Milliardenbevölkerung sein mag, wenn es um Marktpotential, Produktionsstandorte und die Rekrutierung neuer, gut ausgebildeter und preiswerter Arbeitskräfte geht, so problematisch ist die Milliardenbevölkerung in anderer Hinsicht. (. . .). Hier handelt es sich um die sozialen und geopolitischen Konsequenzen des Gesetzes der großen Zahl. Alle sozialen Probleme, die China aus der rasanten Modernisierung mit ihren weitreichenden Folgen für den Zusammenhalt und die Gestaltung der chinesischen Gesellschaft erwachsen, sind wegen des Gesetzes der grossen Zahl von riesigen, übermenschlichen Dimensionen. Dies trifft auf die Bereitstellung von Arbeitsplätzen ebenso zu wie auf die Ansprüche, die an die soziale Absicherung wie die Gesundheits- oder Altersversorgung gestellt werden.
Berücksichtigt man die externen wie internen Rahmenbedingungen, unter denen sich die Volksrepublik auf absehbare Zukunft hinaus zu entwickeln haben wird, so kann es keinen anderen Schluss geben, als dass das Reich der Mitte alles Interesse daran haben muss, sich mit innerer Ruhe und Ordnung und innerhalb sicherer Grenzen nach aussen zu entwickeln. Für internationale Abenteuer oder gar Kriegsführung fern der eigenen Grenzen reichen die Kapazitäten, über die China verfügt und auch auf lange Zeit hinaus verfügen wird, schlicht nicht aus. Peking wird sich damit abfinden müssen, dass die USA einen globalen Sonderstatus einnehmen, der für China unerreichbar bleiben wird."[5]

---

5 Schoettli, Urs 2008. China. Die neue Weltmacht, zweite Auflage, Zürich, S. 182f.

Hier klingen die von mir schon erwähnten Probleme, wie ich sie ausführlich für den ländlichen Raum herausgearbeitet habe, nochmals an. An anderer Stelle verweist besagter Autor auf die wissenschaftlich-technische Rückständigkeit der chinesischen Waffensysteme, und dass die Volksrepublik überdies immer noch auf russische Modelle angewiesen sei. Ferner reicht China als Seemacht bei weitem nicht an die absolute Dominanz der USA heran, die tatsächlich weltweit präsent sind.[6] Und seine Schlussfolgerung deckt sich mit meiner These:

China wird die USA nicht als globale Supermacht ablösen können.

Lassen wir einmal die oben angeführten Probleme für einen Augenblick beiseite,[7] schauen wir uns nur die militärische Seite an und vergleichen China mit den USA aus historischer Sicht.

Als erstes werfen wir einen Blick auf die kriegerischen Auseinandersetzungen, in die die USA und China seit 1949 jeweils verwickelt waren. Allein hier zeigt sich schon, dass die Vereinigten Staaten global operierten und in eine Unzahl von bewaffneten Auseinandersetzungen - reine Kriege, Putsche etc. - verwickelt waren. China indes war lediglich in fünf kriegerische Konflikte involviert, in den Koreakrieg (1950-1953), die Quemoy-Krisen (1954-1955, 1958 und 1995), den indisch-chinesischen Grenzkrieg (1962), der bewaffneten Auseinandersetzung am Ussuri mit der damaligen Sowjetunion (1969) und ihrer indirekten Drohung eines Nuklearschlags sowie den so genannten „Erziehungsfeldzug“ gegen

---

6 Vgl. ebd., S. 168ff.

7 Streng genommen geht es nicht, da z. B. die ökonomische Stärke, der soziale Zustand eines Landes usw. über die militärische Potenz eines Staates und seiner Streitkräfte mit entscheidend sind, wie oben schon gezeigt, aber als Gedankenspiel sei es hier einmal erlaubt.

Vietnam (1979).[8]

Im ersten Abschnitt werden die Auswirkungen des Kalten Krieges auf die militärische Potenz der USA näher beleuchtet, im zweiten wird gezeigt, dass China als regionale Militärmacht agierte bzw. reagierte. Der dritte Abschnitt geht vergleichend auf die permanent steigenden Militäretats ein, ferner auf die atomare Bewaffnung beider Staaten, soweit dies auf Grund der Geheimhaltungspraxis überhaupt im Detail möglich ist.[9]

An Hand dieser zusammengetragen Fakten kann im Fazit nur meine oben formulierte These wiederholt werden.

Die USA als global agierende Militärmacht

Mit dem Ende des Zweiten Weltkrieges hatten Frankreich und Großbritannien an militärischer Bedeutung verloren. Deutschland (Ost und West) kam bis zum Ende des Kalten Krieges in erster Linie die Rolle des potentiellen Schlachtfeldes zu.

---

8 Ich lasse hier die (Rück-) Eroberung Tibets Anfang der 50er Jahre sowie alle anderen innerchinesischen Unruhen beiseite. Nach chinesischer Lesart waren dies alles interne Angelegenheiten. Die volksrepublikanische Führung reagiert auf Grund seines halbkolonialen Status im 19. Jahrhundert äußerst empfindlich auf tatsächlich oder vermeintliche Einmischungen in seine inneren Angelegenheiten.

9 Von Interesse wäre hier eigentlich noch die Einbeziehung von Japan als Hochtechnologieland und Taiwan, das mit modernsten US-amerikanischen Waffen beliefert wird. Es würde sich wahrscheinlich herausstellen, dass beide Länder im konventionellen Bereich der VR China zumindest qualitativ überlegen wären. Das kann im Rahmen dieses Kapitels nicht behandelt werden, zumal es ja in erster Linie darum geht, ob die Volksrepublik China die USA als Supermacht ablösen könnte.

Mit dem Ausbruch des Kalten Krieges und dem Aufstieg der Sowjetunion zur Atommacht (1949) begann zwischen den Vereinigten Staaten und der UdSSR ein Wettrüsten, dass fast uneingeschränkt bis zur Auflösung des Warschauer Paktes (1991) und dem Zusammenbruch der Sowjetunion andauerte.
Da eine direkte atomare Konfrontation zwischen den beiden Mächten eine zivilisatorische Katastrophe bedeutet hätte, kam es statt dessen zu so genannten Stellvertreterkriegen - u. a. Korea, Vietnam, Afghanistan etc. Beide Supermächte waren fortan militärisch global präsent, wobei die Vereinigten Staaten auf Grund ihres Status als größter Volkswirtschaft der Erde der Sowjetunion ökonomisch überlegen waren.
Diese Überlegenheit schlug sich in einer fortgeschritteneren Militärtechnologie nieder. Das lag einmal an der im Zweiten Weltkrieg zur Perfektion gelangten fordistischen Massenproduktion, z. B. militärisch im Frachtschiffbau, der nach dem Baukastenprinzip funktionierte, nach dem Krieg zivil u. a. in der Automobilindustrie. Zum anderen war die Zusammenarbeit im militärisch-industriellen Komplex äußerst eng. Die an sich unproduktive Rüstungsindustrie brachte durch die Entwicklung neuer High-tech-Waffen und anderer militärischer Ausrüstungsgegenstände „Abfallprodukte“ hervor, die sich im zivilen Konsumbereich profitabel verwerten ließen.[10] Der kapitalunproduktive militärische Komplex generierte auf diese Art und Weise noch Mehrwert, wenn dieser auch die kapitalvernichtenden Militärausgaben nicht kompensieren konnte. Da die UdSSR über eine protofordistische Entwicklung nicht hinaus kam, war die sowjetische Rüstungsproduktion zur Gänze unproduktiv.

Aber entscheidend für den wissenschaftlich-technischen Vorsprung der Vereinigten Staaten war etwas anderes: das Zwangsgesetz der Konkurrenz. Es führte dazu, dass das gesamte verarbeitende Gewerbe unter einem permanenten Innovations- und Rationalisierungsdruck stand, mithin auch die

---

10 Genannt sei hier nur das Teflon, ein hitzebeständiger Kunststoff, der in der Raumfahrt benutzt wurde, das Hitzeschild, das die Raumkapsel vor dem Eintritt in die Erdatmosphäre vor dem Verglühen bewahren sollte. Zivil wurde es als Teflonpfanne vermarktet.

Rüstungsindustrie. Die Rüstungsunternehmen mussten, um an Aufträge aus dem Pentagon zu kommen, ihre Waffensysteme beständig weiterentwickeln und perfektionieren.
Die Planwirtschaft in der Sowjetunion hingegen hebelte das Konkurrenzprinzip aus, der Wert als nicht empirische Größe wurde geplant. Der Zwang zur Rationalisierung entfiel und die Kosten für die Rüstungsgüter wurden enorm in die Höhe getrieben.[11]

Über kurz oder lang musste die UdSSR durch den Rüstungswettlauf im finanziellen Kollaps landen. Zwar hatten auch die USA unter Reagan eine enorm angestiegene Staatsverschuldung angehäuft, da aber der US-Dollar nach dem Zweiten Weltkrieg als weltweite Leitwährung installiert wurde, konnten sich die Vereinigten Staaten im Ausland verschulden. Zudem floss immenses Auslandskapital ins Land.

Mit dem Zusammenbruch des Sowjetimperiums blieben einzig und allein die USA als global agierende Supermacht übrig,[12] dessen Truppen in relativ kurzer Zeit jeden Winkel der Erde erreichen konnten.

Die Volksrepublik China als regionale Großmacht

Die Volksbefreiungsarmee (VBA), die der KPCh untersteht, genauer, dem

---

11 Vgl. dazu das Kapitel *Das systemimmanente zwanghaft-logische Scheitern einer auf Warenproduktion basierenden Planwirtschaft* weiter oben. Die hier für die UdSSR gemachte Bestandsaufnahme traf mindestens bis zur Reform- und Öffnungspolitik auch für die VR China zu.

12 Zu den einzelnen Kriegen, die die Vereinigten Staaten während des und nach dem Kalten Krieg führten und die Putsche etc., in die sie verwickelt waren vgl. Schley, Nicole/Busse, Sabine 2003. Die Kriege der USA. Chronik einer aggressiven Nation, Kreuzlingen/München.

jeweiligen Vorsitzenden der Zentralen Militärkommission der Partei, ist aus dem Bürgerkrieg gegen Jiang Jieshis Nationalpartei/Guomindang (GMD) als Guerillaarmee hervor gegangen. Erst im Laufe der Jahrzehnte wurden die einzelnen Waffengattungen systematisch aufgebaut und in den 60er Jahren des 20. Jahrhunderts stieg China zur Atommacht neben den USA, der damaligen UdSSR, Frankreichs und Großbritanniens auf.

Wie erwähnt, war die Volksrepublik China lediglich in fünf militärische Konflikte verwickelt. Der längste und an Menschenleben opferreichste war der Koreakrieg (1950-1953). Die versuchte Eroberung bzw. Beschießung der dem Festland vorgelagerten und zu Taiwan gehörenden Inseln Quemoy und Matsu (1954-1955, 1958 und 1995) blieb erfolglos.
Der indisch-chinesische Grenzkrieg (1962), der durch Indien provozierte wurde, endete für die Volksrepublik siegreich. Obwohl China diesen Krieg nicht vom Zaun gebrochen hatte, wurde es in der UNO als Aggressor gebrandmarkt.
Gefährlich wurde es für die VR China im Grenzkrieg mit der Sowjetunion (1969), denn die UdSSR drohte indirekt mit einem Nuklearschlag. Die so genannte erste Westöffnung Chinas zu Beginn der 70er Jahre und der Besuch Nixons bei Mao Zedong scheint die Gefahr gebannt zu haben.
Eine empfindliche Schlappe zog sich die VBA beim so genannten „Erziehungsfeldzug" gegen Vietnam (1979) zu, wiewohl die Auseinandersetzung für beide Seiten verlustreich gewesen sein dürfte.

Alles in allem hat China nur von seinem Territorium aus agiert bzw. reagiert und sich nicht dauerhaft auf fremden Gebiet festgesetzt bzw. Teile davon annektiert.[13]

---

13 Die Geister streiten darüber, ob die (Wieder-?) Eroberung Tibets rechtmäßig oder Unrecht war. In der Geschichte des dynastischen China waren es die Qing-Herrscher (1644-1911), die Tibet in das chinesische Reich integrierten, das sich nach dem Niedergang der Mandschus unabhängig erklärte und 1951 von der VBA wieder der Volksrepublik einverleibt wurde.

Die Militärapparate der USA und China im Vergleich

Bevor wir einen Blick auf die jeweiligen Militärausgaben der beiden Länder werfen, muss hier folgendes angemerkt werden: es ist mitunter nicht einfach, an verlässliches und eindeutiges statistisches Datenmaterial zu kommen, z. B. in Bezug auf die sozioökonomische Entwicklung eines Landes, wie wir im vorherigen Kapitel sehen konnten. Für die Militärausgaben eines Staates, die Bewaffnung, die Forschung und Entwicklung neuer Waffensysteme trifft dies auf Grund der Geheimhaltungspraxis im besonderen Maße zu. Insofern sind alle nachfolgenden Daten mit Vorsicht zu genießen. Schauen wir zunächst einmal die Länder mit den höchsten Militäretats an.

Tabelle 1: Die 10 Länder mit den höchsten Militärausgaben, 2008

Rang	Land	Ausgaben (Mrd. $)	Weltanteil (%)
1	USA	607	41,5
2	China	[84,9]	[5,8]
3	Frankreich	65,7	4,5
4	Großbritannien	65,3	4,5
5	Russland	[58,6]	[4,0]
6	Deutschland	46,8	3,2
7	Japan	46,3	3,2
8	Italien	40,6	2,8
9	Saudi Arabien	38,2	2,6
10	Indien	30,0	2,1
Welt gesamt		1.464	

[] = SIPRI Schätzungen. Die Zahlen zu den Angaben sind in aktuellen USD angegeben.

Quelle: Vgl. SIPRI Yearbook 2009. Armaments, Disarmanents and International Security. Kurzfassung auf

Deutsch, S. 11. http://www.sipri.org/yearbook/2009/files/SIPRIB09summaryDE.pdf, S. 1-24.

Wie aus der obigen Tabelle ersichtlich wird, haben die USA mit 41,5% den weltgrößten Anteil an den Militärausgaben. Gemessen an den Vereinigten Staaten gibt China lediglich ca. 13,98% für die Landesverteidigung aus. Allerdings geht das US-Verteidigungsministerium in dem Pentagon-Bericht *Chinas Militärmacht* davon aus, dass die Volksrepublik im Jahr 2007 zwischen 97 und 139 Mrd. USD für sein Militär ausgegeben habe.[14] Das wären dann fast das Doppelte bzw. nahezu dreifache wie offiziell mit 57,2 Mrd. USD angegeben.[15] Positionen, die verschleiert würden, wären „Ausgaben für die strategischen Kräfte, für militärische Auslandseinkäufe, Forschung und Entwicklung sowie die paramilitärischen Streitkräfte."[16] Träfe dies zu und rechnet man es für 2008 hoch, so würde China zwischen etwa 120 bis 180 Mrd. USD für seinen Verteidigungsetat ausgeben. Das wären dann ca. 19,77% respektive 29,65% des US-Militärhaushalts. Bedenkt man allerdings, dass die USA seit 2001 ihren Militäretat beständig erhöht haben und seit dem Koreakrieg weltweit Kriege führen, ist der Abstand zwischen beiden Ländern in Bezug auf ihre Ausgaben immer noch gewaltig.

Dies lässt sich auch aus obiger Tabelle in anderer Hinsicht entnehmen. Die neun

---

14 Vgl. WeltOnline 2008. China hat Militäretat in fünf Jahren fast verdoppelt, S. 2. http://www.welt.de/politik/article1756905/China_hat_Militaeretat_in_fuenf_Jahren_fast_verdoppelt.html?print=yesreqdrucken, S. 1-2. Stand: 12.3.2010.

15 Vgl. chinanetz.info 2008. Chinas Militärausgaben steigen auf 84,9 Milliarden US-Dollar, S. 1. http://chinanetz.info/blog/china-politik/chinas-militarausgaben-steigen-auf-849-milliarden-us-dollar, S. 1-1. Stand: 12.3.2010.

16 WeltOnline 2008. China hat Militäretat in fünf Jahren fast verdoppelt, S. 2. http://www.welt.de/politik/article1756905/China_hat_Militaeretat_in_fuenf_Jahren_fast_verdoppelt.html?print=yesreqdrucken, S. 1-2. Stand: 12.3.2010.

Staaten, die nach den USA die höchsten Militärausgaben haben, kommen auf einen Weltanteil von 32,7%, insgesamt immer noch weniger als die Vereinigten Staaten mit 41,5% haben. Und darunter befinden sich Länder, wie die Atommächte Frankreich, Großbritannien und Russland.

Festzuhalten bleibt, dass die USA als einzige global agierende Militärmacht ihren Etat immer höher schrauben muss, um ihrer Rolle als Weltpolizist in einer veränderten, vom Terrorismus gezeichneten Welt gerecht werden zu können.[17] China wird diesen monetären Vorsprung nicht aufholen können, genauso wenig wie die im Laufe der letzten 60 Jahre akkumulierte militärische und strategische Erfahrung (auf den wissenschaftlich-technischen Vorsprung komme ich später zurück).

Schauen wir uns nun einmal den Militäretat beider Länder im Vergleich an, wobei ich mich auf die Jahre 2000 bis 2008 beschränke und den konstanten USD von 2005 heranziehe.

---

17 Auf diese Problematik kann hier nicht eingegangen werden, vgl. dazu Kurz, Robert 2003. Weltordnungskrieg. Das Ende der Souveränität und die Wandlungen des Imperialismus im Zeitalter der Globalisierung, Bad Honnef.

Tabelle 2: Military expenditure of USA

Year	In local currency (m. dollars)	In constant (2005) US$ m.)	As percentage of gross domestic product
2000	301,697	342,416	3.1
2001	312,743	344,927	3.1
2002	356,720	387,297	3.4
2003	415,223	440,806	3.8
2004	464,676	480,444	4
2005	503,353	503,353	4.1
2006	527,660	511,171	4
2007	556,961	524,591	4
2008	607,263	548,531	4

Quelle: Vgl. SIPRI Publications 2009. Military expenditure of USA, S. 1. http://milexdata.sipri.org/result.php4, S. 1-2. Stand: 20.3.2010.

Hier muss angemerkt werden, dass die US-Militärausgaben Ende der 80er und in den 90er Jahren schwankten, häufig lagen sie unter 300 Mrd. USD, mal lagen sie darüber (siehe obige Quelle, die den Etat von 1988 bis 2008 auflistet). Erst ab 2000 ist eine kontinuierliche Steigerung festzustellen (vgl. die zweite Spalte).

Tabelle 3: Military expenditure of China

Year	In local currency (b. Yuan)	In constant (2005) US$ m.)	As percentage of gross domestic product
2000	182	23,767	1.8
2001	220	28,515	2
2002	256	33,436	2.1
2003	282	36,405	2
2004	327	40,631	2
2005	368	44,911	2
2006	434	52,199	2
2007	504	57,861	2
2008	590	63,643	2

Anmerkung: Die Zahlen für den chinesischen Militärhaushalt sind vom SIPRI geschätzt, da China erst seit 2007 seinen Etat veröffentlicht.

Quelle: Vgl. SIPRI Publications 2009. Military expenditure of China. http://milexdata.sipri.org/result.php4, S. 1-2. Stand: 20.3.2010.

Gemessen am US-Militärhaushalt gab China im Jahr 2000 mit 23,767 Mrd. USD gerade einmal ca. 6,95% aus. In den darauf folgenden Jahren stieg der chinesische Anteil kontinuierlich - mit der Ausnahme von 2003, dem Irak-Krieg, in dem die USA ihre Ausgaben auf 440,806 Mrd. USD erhöhten und der Prozentsatz Chinas von 8,63% (2002) auf 8,26% (aufgerundet) fiel. Bis 2005 blieb der Verteidigungsetat der Volksrepublik bei unter 9%. Erst in den darauf folgenden Jahren stieg er auf über 10% (2006) respektive auf über 11% (2007 und 2008).

Auch wenn man in Rechnung stellt, dass China verdeckte Militärausgaben in gleicher bzw. doppelter Höhe tätigt, käme man auf einen Prozentsatz von 20% bis 30%. Sollte das Land seine Militärausgaben bis 2020 auf 360 Mrd. USD

erhöhen,[18] ist es immer noch weit von den Ausgaben der USA entfernt. Denn es kann davon ausgegangen werden, dass die Vereinigten Staaten ihren Etat nicht einfrieren, sondern beständig steigern werden.
Überdies ist es fraglich, ob die Volksrepublik dieses Vorhaben in Zeiten der Weltwirtschaftskrise und des Niedergangs des modernen warenproduzierenden Systems tatsächlich realisieren kann. Legt man den Etat von 2008 zugrunde, müsste China die Militärausgaben bis 2020 um 565,66% (aufgerundet) erhöhen, das wären jährliche Steigerungsraten von ca. 47,14%. Angesichts der jetzigen ökonomischen Lage, ist dies nur illusorisch zu nennen. Gehen wir davon aus, dass Chinas Etat tatsächlich ca. 120 Mrd. USD bzw. 180 Mrd. USD beträgt, wie das Pentagon vermutet, dann müsste die Zentralregierung ihre Ausgaben im gleichen Zeitraum um 300% respektive 200% erhöhen, jährlich wären dies 25% bzw. 16,7% (aufgerundet). Nun hat China 2007 seine Verteidigungsausgaben um 17,6% erhöht,[19] 2008 sollen es 17,5% und 2009 14,9% gewesen sein. Für 2010 ist eine Steigerung um 7,5% vorgesehen.[20] Im Mittel wären dies für die Jahre von 2007 bis 2010 13,87%. Die Volksrepublik liegt damit unter den oben errechneten 16,67% bzw. weit unter den 25%.

---

18 Vgl. chinanetz.info 2010. Chinas Militäretat soll bis 2020 auf 360 Milliarden Dollar steigen, S. 1. http://chinanetz.info/blog/china-politik/chinas-militaretat-soll-bis2020-auf-360-Milliarden-dollar-steigen, S. 1-1. Stand: 21.3.2010.

19 Vgl. china.asiatelegraph o. J. China veröffentlich Militärbudget - Ausgaben um 17% gestiegen, S. 1. http://china.asiatelegraph.net/Politik/Militar/china-veroeffentlicht-militärbudget-ausgaben-um17-gestiegen.html, S. 1-3. Stand. 12.3.2010.

20 Vgl. ftd 2010. China erhöht Militäretat um 7,5 Prozent, S. 1. http://www.ftd.de/politik/international/:verteidigungsausgaben-china-erhoeht-militaeretat-um-7-5-prozent/50083715.html?, S. 1-1. Stand: 12.3.2010, vgl. auch ftd 2010. China erhöht Militäretat um 7,5 Prozent, S. 1. http://www.ftd.de/politik/international/:verteidigungsausgaben-china-erhoeht-militaeretat-um-7-5-prozent/50083715.html?, S. 1-1. Stand: 12.3.2010.

Aber der Militäretat ist allein nicht entscheidend, wie wir noch sehen werden.

Werfen wir nun einmal einen Blick auf die atomare Bewaffnung, so wie sie das *SIPRI Yearbook 2009* aufgelistet hat.

Tabelle 4: Atomstreitkräfte der Welt, 2009. Stationierte Sprengköpfe, Januar 2009

Staat	Strategische Sprengköpfe	Nichtstrategische Sprengköpfe	Gesamtzahl aller einsetzbaren Sprengköpfe
USA	2202	500	2702
Russland	2787	2047	4834
GB	160	-	160
Frankreich	300	-	300
China	186	-	186
Indien	-	-	60-70
Pakistan	-	-	60
Israel	-	-	80
Gesamt			8392

Alle Angaben sind Schätzwerte.

Quelle: Vgl. SIPRI Yearbook 2009. Armaments, Disarmanents and International Security. Kurzfassung auf Deutsch, S. 16. http://www.sipri.org/yearbook/2009/files/SIPRIB09summaryDE.pdf, S. 1-24.

Laut SIPRI hat Nordkorea im Oktober 2006 und im Mai 2009 nukleare Testexplosionen durchgeführt, es ist offiziell nicht bekannt, ob das Land Nuklearwaffen hergestellt hat (vgl. ebd.).

Nach obigen Angaben ist Russland den USA sowohl bei den strategischen als auch bei den nichtstrategischen Sprengköpfen zahlenmäßig überlegen. Allerdings ist die gesamte russische Armee in einem äußerst desolaten Zustand und verglichen mit den Vereinigten Staaten nicht zu globalen Einsätzen in der

Lage. Hinzu kommt, dass sich die Pazifikflotte in Wohlgefallen aufgelöst hat. China hat mit seinen geschätzten 186 strategischen Sprengköpfen, die auch Ziele in den USA erreichen können, ein gewisses Abschreckungspotential aufgebaut, es ist aber den USA weit unterlegen.
Laut einer anderen Quelle soll die Volksrepublik über ca. 1.000 Kurzstreckenraketen verfügen, die entlang der Küste auf Taiwan ausgerichtet und punktgenau Militärflughäfen und Flugzeugträgerverbände zu zerstören in der Lage sind.[21] Ferner soll es über ca. 360 Mittel- und etwa 50 Langstreckenraketen verfügen.[22]

Werfen wir nun einen vergleichenden Blick auf das militärische Potential beider Staaten, das für einen Supermachtstatus ausschlaggebend ist.

Laut der Selbstdarstellung der US Air Force hat sie „about 352,000 personnel and 9,000 aircraft and is considered the larges (sic; RGP) and most technologically advanced modern air force in the world today.“[23]

Das dürfte nicht zu leugnen sein, denn die US-Luftwaffe besteht aus den so genannten zwölf *Air Force Core Functions*:

–	Nuclear Deterence Operations	-	Special Operations
–	Air Superiority	-	Global Integrated ISR
–	Space Superiority	-	Command and Control
–	Cyberspace Superiority	-	Personnel Recovery

---

21 Der Spiegel 12/2008. China. Großer Knüppel, S. 108. http://wissen.spiegel.de/wissen/image/show.html?did=562406018&aref=image036/2008/03/15ROSP200801201040108.PDF&thumb=false, S. 104-108.

22 Vgl. ebd., S. 106.

23 USAF o. J. U. S. Air Force, S. 1. http://www.1sa1.com/usairforce.php, S. 1-2. Stand: 19.3.2010.

- Global Precision Attack
- Rapid Global Mobility
- Building Partnerships
- Agile Combat Support[24]

Deren Aufgaben werden in dem genannten Statement beschrieben, auf die ich hier nur kurz eingehen will. Allein drei dieser Kernfunktionen tragen das Wort „Überlegenheit“ (Superiority) in ihrem Titel. Um diese zu untermauern, wird u. a. eine vierte B-52 Schwadron (a fourth B-52 squadron) gebildet, „to enhance nucelar surety through greater mission focus.“[25] Darüber hinaus soll in den nächsten Dekaden der F-35-Jagdbomber4 angeschafft werden , als so genanntes „workhorse of the fighter force.“[26] Ferner werden etliche Flugzeugtypen modernisiert, u. a. der F-22,[27] und das alte *Defense Satellite Communications System (DSCS)* soll durch das neue *Widebrand Global Satellite (WGS)*-Programm ersetzt werden.[28] Mit anderen Worten, die US-Luftwaffe verbessert die Aufnahmetechnik, um noch präzisere Fotos von jedem Punkt der Welt machen zu können. Ähnliches dürfte den Chinesen wohl auch mögliches sein, ob aber in dieser ausgefeilten Form, ist fraglich.

Wie sehr allein die US-Luftwaffe ihre Rolle als Weltpolizist verinnerlicht hat, lässt sich an Hand der *Global Precision Attack*-Funktion entnehmen:

“Global Precision Attack is the ability to hold any target at risk, across the air, land, and sea domains. Many of our global precision attack forces are meeting the current requirements of ongoing contingency operations by performing precision strike and

24 Vgl. United States Air Force 2010. Posture Statement, S. 4. http://www.posturestatement.af.mil/index.asp, S. 1-14.

25 Ebd.

26 Ebd., S. 3.

27 Vgl. ebd., S. 5

28 Vgl. ebd., S. 6.

intelligence, surveillance, and reconnaissance (ISR) support roles. In the longer term, however, the proliferation of area denial and anti-access capabilities will challenge the ability of current fourth-generation fighters and legacy bombers to penetrate contested airspace."[29]

Das spricht für sich.

Was haben die Chinesen dem entgegen zu setzen? Lassen wir sie auch zu Wort kommen:

"The People's Liberation Army Air Force (PLAAF) is in the midst of a transition between the limited, largely air defence force it used to be, and a more advanced force with modern equipment, doctrine, and capabilities. While the size of the force has shrunk considerably over the past 15 years, the same could not be said about ist quality and capabilities. With the introduction of new generation aircraft, precision-guided munitions, support aircraft that serve as force multipliers, and modernised C4ISR capabilities, the PLAAF is now not only capable of carrying out traditional missions such as air defence and support for ground forces, but could also undertake offensive strikes against ground and naval targets beyond China's borders."[30]

Während es der US-Luftwaffe um eine Perfektionierung ihrer gesamten Kernfunktionen geht, ist die Volksrepublik in einem Transformationsprozess, von einer reinen (?) Verteidigungs-Luftwaffe hin zu einer, die auch offensive Schläge gegen feindliche Armee- und Marineeinheiten fliegen kann. Inwieweit dies tatsächlich zutrifft, wird der eventuelle Ernstfall zeigen. Gerichtet ist obige zitierte Aussage an Taiwan, sollte es sich als unabhängiger Staat konstituieren und gleichfalls an die USA und Japan, wenn diese bei einer Unabhängigkeitserklärung dem Land zu Hilfe eilen sollten.

---

29 Ebd., S. 7.

30 sinodefense 2010. Air Forces, S. 1. http://www.sinodefence.com/airforce/default.asp, S. 1-1. Stand: 23.03.2010.

Weiter unten heißt es, dass es neben älteren Flugzeugen aus den 80er Jahren auch solche neueren Typs gibt:

"The current inventory is composed primarily of third- and fourth-generation fighters and fighter-bombers, including 800~1,000 J-7 (MiG-21 Fishbed) and J-8II fighters, 76 Russian-built Su-27 fighters, 95~116 Chinese-assembled J-11 fighters, 76 Russian Su-30MKK multirole fighters, and some 60~80 Chinese indigenous J-10 multirole fighters."[31]

Nach eigenen Angaben, die wahrscheinlich untertrieben sein dürften, verfügt China über 1107 bis zu 1348 moderner Jagdbomber. Entscheidend ist aber folgende Aussage:

An important trend of PLAAF's modernisation efforts in recent years is the development and deployment of support aircraft serving as force multipliers to enhance the effectiveness of ist combat aircraft. These support aircraft include tankers, AEW and AWACS aircraft, electronic warfare and intelligence collection aircraft, search & rescue aircraft etc.[32]

Genau über diese kombinierten Luftstreitkräfte verfügen die USA schon seit Jahrzehnten.

Schauen wir uns nun einmal die Marine an, und hier insbesondere die U-Bootwaffe und die Flugzeugträgerverbände. Von diesen hat die Volksrepublik bis dato keinen einzigen aufzuweisen, während die US-Marine allein über 12 Flugzeugträger verfügt. Der älteste ist 1961 in Dienst gestellt worden, der

---

[31] Ebd.

[32] Ebd.

jüngste 2008.[33] Alle sind atomgetrieben und haben eine vorgesehene Laufzeit von 50 Jahren. In der nachfolgenden Tabelle sind die Kosten für die Lebensdauer von 50 Jahren aufgelistet:

Tabelle 5: Kosten eines atomgetriebenen Flugzeugträgers über seine Lebensdauer von 50 Jahren (im August 1998 vom General Accouting Office veröffentlicht)

Bau	4,059 Mrd. $
Modernisierung	2,382 Mrd. $
Direkte Betriebskosten	11,677 Mrd. $
Indirekte Betriebskosten	3,205 Mrd. $
Außerdienststellung	0,887 Mrd. $
Lagerung des Atommülls	0,013 Mrd. $
Gesamt	22,222 Mrd. $

Quelle: Vgl. Waffenhq. O. J. Die Flugzeugträger der US Navy, S. 7. http://www.waffenhq.de/specials/usntraegerliste.htm, S. 1-8. Stand: 23.3.2010.

Jährlich muss die US-Marine 444,44 Mio. USD für den Betrieb nur eines einzigen Trägers aufwenden, bei 12 sind das allein 5,33328 Mrd. USD.

Auch hier ist etwas anders von Bedeutung. Während die US-Marine ihren ersten Flugzeugträger 1922 in Dienst stellte,[34] also über eine 88jährige Erfahrung mit dem Einsatz dieser Waffe hat, planen die die Chinesen erst den Bau und sie verfügen bis jetzt noch nicht einmal über den Flugzeugtyp, der auf so einem

33 Vgl. Waffenhq. O. J. Die Flugzeugträger der US Navy, S. 6. http://www.waffenhq.de/specials/usntraegerliste.htm, S. 1-8. Stand: 23.3.2010.

34 Vgl. ebd., S. 1.

Schiff starten und landen könnte.[35] D. h. China muss erst einmal eine genügend große Zahl an Piloten für diese Flugzeuge ausbilden, was Jahre dauern wird.

Eine andere Frage ist, ob die Volksrepublik die oben errechneten Betriebskosten für einen oder mehrere Flugzeugträger überhaupt wird finanzieren können, ohne dass andere Waffensystem in ihrem - aus militärischer Sicht - notwendigen Entwicklungs- und Modernisierungsprozess behindern würden. Im so genannten Ernstfall dürften monetäre Erwägungen ohnehin keine Rolle mehr spielen. Allerdings kann davon ausgegangen werden, dass China den Bau eines oder mehrerer Flugzeugträger als Prestigeobjekt ansieht.

Neben den Flugzeugträgerverbänden, zu denen Begleitschiffe gehören, wie Zerstörer, Fregatten etc. verfügen die USA laut eigenen Angaben über 59 atomgetriebene U-Boote, wobei einige noch im Bau befindlich sind.[36] Laut einer anderen Quelle sollen es 2008 insgesamt 75 gewesen sein.[37] Wie dem auch sei, sie sind die modernsten der Welt, mit atomaren Sprengköpfen bestückt, können diese Raketen jeden Punkt der Erde erreichen. Zudem sind sie in der Lage monatelang unter Wasser zu bleiben.

Und was hat die Kriegsmarine Chinas zu bieten? Laut eigenen Angaben 8 bis 10 Atom-U-Boote und 50 bis 60 diesel- und elektrischbetriebene. Die Volksrepublik

---

35 Vgl. SpiegelOnline 2008. Chinas Marine drängt auf die Weltmeere, S. 1. http://www.spiegel.de/politik/ausland/0,1518,druck-551271,00.html, S. 1-2. Stand: 23.3.2010.

36 Vgl. United States Navy 2010. Fact File, S. 1f. http://www.navy.mil/navydata/fact_display.asp?ccid=4100&tid=100&ct=4, S. 1-2. Stand: 23.3.2010.

37 Vgl. gft 2009. United States of America Military Strength, S. 1. http://www.globalfirepower.com/country-military-strength-detail.asp?country_id=United-States-of-America, S. 1-2. Stand: 19.3.2010.

stellte ihr erstes konventionelles U-Boot erst 1971 in Dienst und drei Jahre später besass die Marine ihr erstes Atom-U-Boot. Diese sind heute auch mit ballistischen Raketen bestückt. Allerdings gelang der erste Abschuss einer ballistischen Rakete direkt von einem U-Boot aus erst 1982.[38]

Zum Schluss sei noch ein Blick auf die Marinesoldaten geworfen, Truppen, die heute zuerst in eine Schlacht gehen. Die US-Streitkräfte haben in ihren Marinekorps 180.000 Mann. Gemeinhin sind diese Soldaten sehr gut ausgebildet und sehr gut bewaffnet.[39] In den chinesischen Marinekorps dienen nach eigenen Angaben 10.000 Mann.[40] Auch hier beginnt das Land erst mit dem Aufbau einer Elitetruppe, ist den US-Streitkräften also auch in dieser Hinsicht noch unterlegen.

Allein an Hand dieser Beispiele dürfte deutlich geworden sein, dass die USA der Volksrepublik China militärisch eindeutig überlegen sind. Das betrifft gerade die Teilstreitkräfte, die nötig sind, um eine globale militärische Rolle zu spielen und dauerhaft präsent zu sein: Luftwaffe und Marine.

Aus drei Gründen gehe ich auf die jeweiligen Landstreitkräfte hier nicht ein. Ersten besteht auch hier ein technologisches Übergewicht seitens der USA, eben bedingt durch die fast permanente Kriegführung. Zweitens, sollte es in einigen Bereichen einen nummerische Unterlegenheit geben, z. B. bei Panzern, so können die USA in einem bewaffneten Konflikt größeren Ausmaßes ihre zivile

---

38 Vgl. 4mare.com 2009. Chinas Atom-U-Boote . . ., S. 2. http://www.4mare.com/blog.de/?p=890&cpage=1, S. 1-3. Stand: 23.3.2010.

39 Vgl. U. S. Marines Corps o. J. U. S. Marine, S. 2. http://www.1sa1.com/usmarines.php, S. 1-2. Stand: 19.3.2010.

40 Vgl. sinodefense 2009. Naval Forces, S. 1. http://www.sinodefense.com/navy/default.asp, S. 1-1. Stand: 23.3.2010.

Wirtschaft schnell in eine Kriegswirtschaft - die sie ja eigentlich heute schon ist - umwandeln. Drittens wird es im Zeitalter des weltweiten Terrorismus wohl kaum noch zu regulären Schlachten kommen, wie wir sie aus dem Zweiten Weltkrieg kennen.

Anders als die USA war China in den letzten Jahrzehnten nicht in militärische Konflikte verstrickt, hat also unter realen Bedingungen seine Waffensystem nicht erproben können.

Und genau das ist der Punkt. Die einzelnen Waffengattungen der US-Streitkräfte konnten in den vergangenen Jahrzehnten in den jeweiligen Kriegen im Ernstfall getestet werden. Sollten dabei Schwachstellen aufgetreten sein, konnten diese gegebenenfalls beseitigt und somit die einzelnen Waffen perfektioniert werden. Hinzu kommt, dass die SoldatInnen aller Teilstreitkräfte kampferprobt sind.

Chinas VBA war letztmalig vor mehr als 30 Jahren in eine kriegerische Auseinandersetzung verwickelt, den Soldaten fehlt es an Kamperfahrung und die Waffensystem können nur durch Tests und Militärübungen auf ihre Tauglichkeit hin überprüft werden. All dies ist kein wirklicher Ersatz für den Ernstfall, wenn auch aus Sicht der Militärstrategen notwendig, um das Zusammenspiel der Teilstreitkräfte zu koordinieren, Strategie und Taktik zu üben.

Fazit

An Hand der oben zusammengetragen Fakten können folgende Schlüsse gezogen werden: Die Vereinigten Staaten von Amerika haben in den letzten 60 Jahren eine Militärmaschine und eine Kriegswirtschaft aufgebaut, die nach dem Zusammenbruch der Sowjetunion unangefochten ist. Das Reich der Mitte kann auf eine ca. 3000jährige Zivilisation zurückblicken und es ist die einzige Hochkultur in der Geschichte der Menschheit, die nie untergegangen ist. Auf Grund dieses Selbstverständnisses wird die Volksrepublik China alles in ihrer Macht stehende tun, um ihre militärische und ökonomische Position in der Welt zu festigen. Es könnte sein, dass China im asiatisch-pazifischen Raum zur militärischen Großmacht wird. In diesem Fall würde es den USA im Ernstfall entgegentreten, sofern es seine sicherheitspolitischen Interessen gefährdet sieht. Eventuell könnte die VR China auch den Status einer Weltmacht erreichen. Aber genauso wenig wie Chinas Wirtschaft flächendeckend die dritte industrielle Revolution der Mikroelektronik im Zeitalter des Niedergangs des modernen warenproduzierenden Systems wird umsetzen können, genauso wenig wird es in der Lage sein, die USA militärisch und wissenschaftlich-technologisch einzuholen oder gar als Supermacht abzulösen. Dazu ist der Vorsprung schlicht und einfach zu groß. Und der fortschreitende Verfall der kapitalistischen Produktionsweise wird dies zu dem noch verhindern.

Jenseits der heutigen, durch das Wert- und Wertabspaltungsverhältnis geprägten Gesellschaftsformation, in einer wirklich emanzipatorisch ausgerichteten Welt, wird das Denken in Statussymbolen, ob militärisch oder ökonomisch, allmählich aussterben - oder das kapitalistische System zerfällt, ohne dass eine wirkliche Alternative in greifbarer Nähe wäre, dann landet die Menschheit in der Barbarei.

Epilog

Im letzten Kapitel wurde gezeigt, dass China die USA als militärische Supermacht nicht ablösen kann. In dieser zweiten These, die ich in der Einleitung formulierte, sagte ich, dass noch nicht einmal die europäischen Industriestaaten dazu in der Lage wären, das militärische Niveau der Vereinigten Staaten von Amerika einzuholen, geschweige denn zu überholen. Auch dann nicht, wenn sich diese Länder - u. a. Deutschland, Frankreich, Großbritannien, Italien - dazu entschließen könnten, eine einzige Armee mit den dazugehörigen Teilstreitkräften aufzustellen und eine koordinierte Rüstungspolitik zu betreiben. Obwohl das wissenschaftlich-technische Niveau dieser Staaten höher ist als in China, wäre es dennoch nicht möglich.

In den Kapiteln *Zur Entwicklung des warenproduzierenden Systems* und *Max Webers "Konfuzianismus-These" versus die "Neo-Konfuzianismus-These"* wurde die autochthone Entwicklung des Kapitalismus in den führenden Industriestaaten Europas, den USA und Japan nachgezeichnet und mit der sozioökonomischen in China verglichen. Es wurde deutlich, dass die Entwicklung in der Volksrepublik China seit 1949 bis heute die einer partiellen nachholenden Modernisierung war und ist.

China hat keine der drei industriellen Revolutionen flächendeckend durchlaufen. Und heute, im Zeitalter der Globalisierung muss das Land auf dem Produktivitätsniveau der dritten industriellen Revolution agieren, will es auch nur einen Teil von der globalen Mehrwertmasse abschöpfen. An eine ganz China erfassenden Umsetzung der *Maschinenwissenschaft* ist nicht zu denken, es ist schlicht und einfach ein Ding der Unmöglichkeit. Daran können auch die knapp 2,4 Mrd. USD Devisenreserven, über die die Volksrepublik verfügt, nichts ändern (siehe Anlage I, Tabelle 14). Das, was China in der jüngsten Vergangenheit schon praktiziert hat und weiter umsetzen wird, ist eine partielle Anwendung der mikroelektronischen Produktionsmethode in Hochtechnologiezonen. Auch wenn insgesamt ein etwas höheres sozioökonomisches Entwicklungsniveau erreicht werden könnte, wird der überwiegende Teil des Landes von der dritten industriellen Revolution weitestgehend unberührt bleiben.

China steckt dabei in einem Dilemma, das auf die Irrationalität und Widersprüchlichkeit des Kapitalverhältnisses zurückzuführen ist. Einerseits muss die chinesische Industrie aus Profitgründen und um zumindest partiell konkurrenzfähig zu bleiben und/oder zu werden, die neuesten wissenschaftlich-technischen Produktionsmethoden anwenden. Andererseits aber führt diese kapitalintensive Produktion dazu, dass immer mehr Arbeitsplätze in den überkommenen Industrien abgebaut werden und zwar, wie schon erwähnt, mehr als in den neuen und moderneren Produktionsstätten geschaffen werden können.

Die Zentralregierung und die nachgeordneten staatlichen Organe auf Provinz- und Lokalebene müssen aber jährlich um die 8 Mio. neue Arbeitsplätze schaffen, da in etwa so viele junge Menschen, freigesetzte Arbeitskräfte aus den SEU, Hochschulabsolventen etc. auf den Arbeitsmarkt drängen. Das Land braucht also auf Dauer ein stabil bleibendes und hohes Wirtschaftswachstum von ungefähr 8% bis 9%. Allerdings garantiert dieses Wachstum nicht automatisch eine steigende Zahl von Beschäftigten, wie im Kapitel über die Landwirtschaft gezeigt. Vielmehr hat der Elastizitätskoeffizient abgenommen. Lag er zwischen 1996 und 2000 pro Prozent Wachstum noch bei 0,13, so fiel er im Zeitraum von 2001 bis 2005 auf 0,11 und das, obwohl das durchschnittliche Wirtschaftswachstum im letztgenannten Zeitraum 9,5% betrug, also um 0,9% höher war als zwischen 1996 und 2000. In absoluten Zahlen ausgedrückt fanden jährlich 8,04 Mio. Menschen einen Arbeitsplatz, während es zwischen 2001 und 2005 jährlich nur noch 7,48 Mio. waren (siehe unten).[1] Zwar absorbierte der schnell wachsende Tertiärsektor (im Mittel 8,4% zwischen 1996 und 2009) einen

---

1 Vgl. Wirtschaftswachstum korreliert nicht mit Beschäftigung, S. 1. http://german.china.org.cn/archive2006/txt/2006-09/07/content_2258564.htm, S. 1-2. Stand: 17.4.2008.

Großteil der Arbeitskräfte, aber diese sind - wie gezeigt - überwiegend kapitalunproduktiv, generieren keinen Mehrwert. Sie müssen vielmehr vom kapitalproduktiven Gewerbe alimentiert werden.

Wenn nun noch durch die Weltwirtschaftskrise Arbeitsplätze im zweistelligen Millionenbereich verloren gegangen sind (allein ca. 30 Mio. Bauernarbeiter sollen arbeitslos geworden sein), dann kann das auf Dauer zur sozialen Instabilität führen, die für die KP-Führung bedrohliche Ausmaße annehmen könnte.

Auch wenn die geburtenstarken Jahrgänge, die zur Zeit noch auf den Arbeitsmarkt drängen, allmählich abzuflauen beginnen: je kapitalintensiver die chinesische Wirtschaft wird (werden muss), je stärker wird der Elastizitätskoeffizient sinken. Aber von ausschlaggebender Bedeutung ist, dass sich das Problem der Beschäftigung von Menschen in China (und allen anderen Ländern) im Rahmen des modernen warenproduzierenden Systems nicht lösen lässt. Die Folgen sind absehbar: staatliche Repression, gerade gegen die Unterschichten, soziale Unruhen als Folge, die sich gegen die Staatsmacht, aber auch gegen Minderheiten und Unterprivilegierte richten und durch ideologische, rassistische und sexistische Auswüchse geprägt sein werden.

Sollte es in China zu solchen Verhältnissen kommen, wird in den westlichen Medien nicht mehr von der kommenden Weltwirtschafts- und Supermacht die Rede sein, sondern - wieder einmal - von der so genannten *Gelben Gefahr*.

In dem Kapitel über den ländlichen Raum und den Agrarsektor habe ich ausführlich dargelegt, wie es um die sozialen und wirtschaftlichen Verhältnisse bestellt ist und es bedarf an dieser Stelle keines erneuten Eingehens auf die verschiedenen „Baustellen“, vielmehr sollen hier einige Ergänzungen vorgenommen werden.

Im untersuchten Zeitraum (1996, erste Volkszählung im ländlichen Raum bis

2009) wuchs das BIP im Durchschnitt um 8,93% (aufgerundet), die durchschnittliche Zuwachsrate im Primärsektor hingegen lediglich um 3,96% (aufgerundet), während der Sekundärsektor mit 10,6% um mehr als das Zweieinhalbfache stieg und der Tertiärsektor mit 8,4% eine mehr als doppelt so hohe Wachstumsrate als die Landwirtschaft zu verzeichnen hatte. Dies erhellt dreierlei: erstens, die Verringerung der ländlichen Arbeitskräfte im Zeitraum von 1996 bis 2006 führte nicht zu einer effektiveren landwirtschaftlichen Produktion, da immer noch zu viele in diesem Sektor tätig und die Anbauflächen zu klein sind. Im Weltmaßstab ist der reine Agrarbereich insgesamt betrachtet hoffnungslos unterproduktiv. 2006 waren von den 478,52 Mio. Arbeitskräften im gesamten ländlichen Raum 338,79216 Mio. im Primärsektor tätig, 74,64912 Mio. im Sekundär- und 65,07872 Mio. im Tertiärsektor. Das ist ein Verhältnis von 70,8% zu 15,6% zu 13,6%. Was die Absorption von Arbeitskräften anbelangt, ist die reine Landwirtschaft immer noch dominant und die beiden anderen Bereiche sind in dieser Hinsicht unterentwickelt. Auch Ende 2009 hat sich daran nichts Wesentliches geändert. Von den 779,95 Mio. Arbeitskräften waren 311,20 Mio. im städtischen Bereich tätig, demnach 468,75 Mio. im ländlichen Raum, immerhin 60,10% aller Arbeitskräfte. Eine sektorale Aufschlüsselung wurde im Statistischen Kommuniqué nicht vorgenommen,[2] aber durch die Weltwirtschaftskrise sind viele Bauernarbeiter/innen wieder aufs Land zurückgekehrt, zwangsweise. Zweitens wird entgegen den Beteuerungen der Zentralregierung kaum in die Landwirtschaft investiert (siehe das entsprechende Kapitel), zumindest weniger als in den städtischen Zentren und drittens spiegeln die niedrigen Zuwachsraten von minimal 2,4% (2000) und maximal 6,3% (2004) die Unterproduktivität in diesem Sektor wider, was sich auch an den z. T.

---

2 National Bureau of Statistics of China (Hrsg.) 2010. Statistical Communiqué of the People's Republic of China on the 2009 National Economic and Social Development, S. 2. http://www.stats.gov.cn/was40/gjtjj_en_detail.jsp?searchword=Statistical+Communiqu%A8%A6+of+the+People%A1%AEs+Republic+of+China+on+the+2009+National+Economic+and+Social+Development&channelid=9528&record=1, S. 1-22. Stand: 7.3.2010.

enormen Schwankungen bei der Produktion wichtiger Agrarprodukte zeigt, wie z. B. der Getreideernte (siehe Anhang II).

Ein weiteres Indiz für die Unterproduktivität der Landwirtschaft sind die Einkommenszuwächse der Landbevölkerung verglichen mit denen der Städter. Letztere konnten in den vergangenen 14 Jahren im Mittel eine Einkommenserhöhung um 8,37% verzeichnen, während die Pro-Kopf-Einkommen der bäuerlichen Bevölkerung mit 5,73% lediglich 68,49% (aufgerundet) dessen der Stadtbevölkerung ausmachten. 2009 lag das durchschnittliche jährliche Einkommen der Stadtbewohner bei 17.175 Yuan, monatlich ca. 1.431,26 Yuan (aufgerundet), das der Landbewohner betrug im Mittel 5.153 Yuan, monatlich 429,42 Yuan (siehe Anhang III). Hinzu kommt, dass die Bewohner der urbanen Zentren durchgängig einen niedrigeren Engel-Koeffizienten aufzuweisen haben, als dies im ländlichen Raum der Fall ist. Die Städter mussten 2009 36,5% ihres Einkommens für die Lebenshaltungskosten aufwenden, die ländliche Bevölkerung hingegen 41,0%.

Die niedrigen Einkommen auf dem Lande, wo ca. 900 Mio. Menschen leben, gepaart mit den relativ hohen Lebenshaltungskosten, verhindern aus Sicht der kapitalistischen Produktionsweise einen Massenkonsum der ländlichen Bevölkerung. Umgekehrt haben die relativ hohen Einkommen der städtischen Haushalte dazu geführt, dass diese ihren Bedarf an den so genannten weißen und braunen Waren nahezu gedeckt haben. Die Folge ist oder wird in absehbarer Zukunft sein, dass lediglich Ersatzkäufe getätigt werden und dadurch das überschüssige Geld gespart wird, so dass in der Stadt auch ein Rückgang des Konsums zu verzeichnen sein wird.

All dies zusammen genommen macht China noch abhängiger von seiner Strategie der Exportindustrialisierung als dies ohnehin schon der Fall ist, auch wenn die Zentralregierung nunmehr dazu übergeht, auf den Binnenkonsum zu setzen.

Offensichtlich wurde diese Exportabhängigkeit bei der 2008 ausgebrochenen Weltwirtschaftskrise. Hatte das Land Ende des Jahres noch ein Außenhandelsvolumen von 2.561,6 Mrd. USD und eine Zuwachsrate von 17,8% zu verzeichnen, so brach der gesamte Außenhandel 2009 um 354,4 Mio. USD ein (minus 13,9%). Die Exporte gingen um 16,0% auf 1.201,7 Mrd. USD zurück (2008: 1.428,5 Mrd. USD), die Importe sanken auf 1.005,6 Mrd. USD (minus 11,2%; 2008:1.133,1 Mrd USD).

Wie schon erwähnt, hat dabei m. E. die Weltwirtschaftskrise ihren tiefsten Punkt noch gar nicht erreicht und es braut sich neues Unheil für die glorreiche Marktwirtschaft zusammen. Weltweit wird an den Börsen wieder munter spekuliert - was bleibt den sozialen Trägern des Kapitalverhältnisses auch anderes übrig, denn in der realen Produktion sind kaum Profite zu erzielen und das Kapitel muss nun einmal „arbeiten".

In China bauen sich neben der Immobilienblase Überkapazitäten im produktiven wie im infrastrukturellen Bereich auf. Im Immobiliensektor hat die Zentralregierung staatlichen Unternehmen (Baufirmen und andere SEU) das Engagement in diesem Bereich bereits untersagt. Ob es Erfolge zeitigen wird, bleibt abzuwarten. Die Überkapazitäten, die im Zuge des Krisenkonjunkturprogramms im produzierenden Gewerbe und bei den Infrastrukturmaßnahmen aufgebaut wurden, werden zu Ruinen, wenn die Weltwirtschafts sich nicht bald erholen sollte.

Robert Kurz hat darauf hingewiesen, dass es mit der Globalisierung zu einer weltweiten Gleichzeitigkeit von Wirtschaftsaufschwung bzw. Wirtschaftskrisen gekommen ist. Vordem existierte eine Ungleichzeitigkeit, d. h., gab es in den USA einen Konjunktureinbruch, konnte in Europa die Wirtschaft auf Hochtouren laufen. So ließen sich bis zu einem gewissen Grad Krisen umschiffen. Dem ist seit der Globalisierung nicht mehr so. Bricht z. B. in den USA die Wirtschaft ein bzw. platzt irgendeine Blase, so werden alle anderen Weltregionen ebenfalls in Mitleidenschaft gezogen, wie 2008 gesehen.

Ein weiteres Indiz für diese Gleichzeitigkeit von Konjunktur bzw. Krise zeigt sich in China beim Rückgang der ADI. 2008 realisierte das Land noch 92,4 Mrd. USD an ausländischen Direktinvestitionen, 2009 gingen sie um 2,4 Mrd. USD (minus 2,6%) auf 90 Mrd. USD zurück. Die Möglichkeit, dass die ADI weiter zurückgehen, ist durchaus gegeben, nämlich dann, wenn die Löhne der städtischen Arbeiter und Angestellten sowie der Bauernarbeiter/innen steigen. Einige Firmen haben ihre Produktion schon aus China in andere südostasiatische Länder ausgelagert, z. B. Textilfabriken, die in Bangladesh, Vietnam etc. für den europäischen Markt fertigen lassen.

Wie in obigen Exkursen im Kapitel über die Landwirtschaft und am Beispiel der Einkommen der ländlichen Bevölkerung gezeigt, ist die Binnennachfrage in China äußerst gering (z. B. verglichen mit den USA). D. h., es existiert in der Volksrepublik kein sich selbsttragendes Akkumulationsregime. Mit anderen Worten, China kann weder unter „normalen" ökonomischen Verhältnissen noch in Zeiten der Weltwirtschaftskrise die überschüssigen Waren, die auf den Weltmarkt geworfen werden, selbst konsumieren. Damit fällt das Land, das angeblich die neue Lokomotive der Weltwirtschaft sein soll, als solche aus und China wird auch in Zukunft nicht zur Lokomotive der globalen Ökonomie werden, sie bleibt ein Tender.

Hier habe ich einmal davon abgesehen, dass das moderne warenproduzierende System offensichtlich an seine innere Schranke gestoßen ist, wie spätestens die heute herrschende Weltwirtschaftskrise beweist. Nur durch eine Staatsintervention konnte der Kollaps der Weltwirtschaft verhindert werden, sowohl des so genannten Finanzüberbaus als auch des produzierenden Gewerbes (Stichwort „Abwrackprämie" und Kurzarbeit). Der Preis dafür war eine explodierende Verschuldung der industriellen Kernländer, Chinas und anderer Staaten (siehe dazu das Kapitel über die Entwicklung des warenproduzierenden Systems). Diese Staatskredite sind erstens nicht gedeckt, also rein fiktives Kapital. Zweitens werden sie weitestgehend unproduktiv konsumiert. Und drittens können sie nie in vollem Umfang abgetragen werden. Denn einerseits werden durch die mikroelektronische Revolution mehr Arbeitskräfte freigesetzt als neue Arbeitsplätze geschaffen werden können. Andererseits ist der in den Waren inkarnierte Wert zu gering, als dass noch eine nennenswert Mehrwertmasse generiert werden kann, um die Kredite bedienen zu können.

Aber nehmen wir einmal an, dass die Krisenkonjunkturprogramme greifen und die Weltwirtschaft sich einigermaßen erholt und so ein Teil des immensen staatlichen Schuldenbergs zurückgezahlt werden kann. Was ist damit gewonnen? Die nächste Krise wird kommen und sie wird auf ungleich höherem Niveau zuschlagen. Dann müßten die Staaten wieder als Retter in der Not einspringen und erneut Kredite aufnehmen, die ebenfalls durch nichts gedeckt sind. Denn es ist kein neues Akkumulationsregime in Sicht, das in der Lage wäre, ausreichend Mehrwert zu generieren.

Egal, wo die Krise ausbricht, ob in China, Japan, Europa oder den USA, alle Weltregionen werden in eine Rezession stürzen oder gar im Kollaps münden. Unter diesen Umständen ist es müßig davon zu reden, dass die Volksrepublik China eines Tages die USA als Weltwirtschaftsmacht ablösen könnte.

Die sozioökonomischen Probleme, die sich seit dem Ende des Fordismus und zu Beginn der dritten industriellen Revolution und mit dem Prozess der Globalisierung aufgetürmt haben, sind im Rahme des modernen warenproduzierenden Systems nicht mehr zu lösen.

Anhang I: Wirtschaftsentwicklung der VR China, 1996-2009

Tabelle 1: Wirtschaftsentwicklung der VR China 1996 (in Mrd. RMB/Prozent)

	Mrd. RMB	Prozent
BIP	6.788,46	9,7
Primärsektor	1.384,42	5,1
Sekundärsektor	3.361,29	12,3
Tertiärsektor	2.042,75	8,0
Außenhandelsvolumen Mrd. US $	289,9	3,2
Exporte Mrd. US $	151,1	1,5
Importe Mrd. US $	138,8	5,1
Saldo Mrd. US $	12,3	k. A.
Ausländische Direktinvestitionen (ADI) Mrd. US $	72,213*	k. A.
realisierte ADI Mrd. US $	42,35*	k. A.
Devisenreserven Mrd. US $	105	k. A.
Auslandsschulden Mrd. US $	79,62*	k. A.

k. A. = keine Angaben

* China. Fakten und Zahlen 2000. Außenhandel und Außenwirtschaft. http://german.china.org.cn/de-internet/jj/htm/17-1.htm, S. 1-1. Stand: 24.4.2006.

Quellen Tabelle 1: Beijing Rundschau 1997. Bericht über die Durchführung des Plans für die volkswirtschaftliche und gesellschaftliche Entwicklung 1996 sowie den Planentwurf für 1997 (Auszüge), von Chen Jinhua, Vorsitzender der Staatlichen Plankommission. In: Beijing Rundschau 14/1997, S. 26-28, Beijing.

China. Fakten und Zahlen 2000. http://german.china.org.cn/de-internet/gq/htm/information.htm, S. 1-1. Stand: 24.4.2006.

Schüller, Margot 4/1997. China Wirtschaftsentwicklung im Jahre 1996.In: China aktuell 4/1997, S. 339-343, Hamburg.

Tabelle 2: Wirtschaftsentwicklung der VR China 1997 (in Mrd. RMB/Prozent)

	Mrd. RMB	Prozent
BIP	7.477,2	8,8
Primärsektor	1.367,4	3,5
Sekundärsektor	3.677,0	10,8
Tertiärsektor	2.432,8	8,2
Außenhandelsvolumen Mrd. US $	325,1	12,1
Exporte Mrd. US $	182,7	20,9
Importe Mrd. US $	142,4	2,5
Saldo Mrd. US $	40,5	k. A.
Ausländische Direktinvestitionen (ADI) Mrd. US $	45,3*	8,5
realisierte ADI Mrd. US $	51,0*	k. A.
Devisenreserven Mrd. US $	139,9	k. A.
Auslandsschulden Mrd. US $	130,9*	k. A.

BRu 19/1998, S. 19ff.

* China. Fakten und Zahlen 2000. Außenhandel und Außenwirtschaft. http://german.china.org.cn/de-internet/jj/htm/17-1.htm, S. 1. Stand: 24.4.2006.

Quellen Tabelle 2: Beijing Rundschau 1998. Staatliches Statistikamt der Volksrepublik China (Hrsg.). Statistisches Kommuniqué über die volkswirtschaftliche und gesellschaftliche Entwicklung 1997. In: Beijing Rundschau 19/1998 S. 19-27, Beijing.

China. Fakten und Zahlen 2000. Außenhandel und Außenwirtschaft. http://german.china.org.cn/de-internet/jj/htm/17-1.htm, S. 1-1. Stand: 24.4.2006.

Tabelle 3: Wirtschaftsentwicklung der VR China 1998 (in Mrd. RMB/Prozent)

	Mrd. RMB	Prozent
BIP	7.955,3	7,8
Primärsektor	1.429,9	3,5
Sekundärsektor	3.915,0	9,2
Tertiärsektor	2.610,4	7,6
Außenhandelsvolumen Mrd. US $	324,0	-0,4
Exporte Mrd. US $	183,8	0,5
Importe Mrd. US $	140,2	-1,5
Saldo Mrd. US $	43,6	k. A.
Ausländische Direktinvestitionen (ADI) Mrd. US $	45,6*	k. A.
realisierte ADI Mrd. US $	58,9*	k. A.
Devisenreserven Mrd. US $	145,0	k. A.
Auslandsschulden Mrd. US $	110*	k. A.

* China. Fakten und Zahlen 2000. Außenhandel und Außenwirtschaft. http://german.china.org.cn/de-internet/jj/htm/17-1.htm, S. 1. Stand: 24.4.2006.

Quelle Tabelle 3: China. Fakten und Zahlen 2000. Außenhandel und Außenwirtschaft. http://german.china.org.cn/de-internet/jj/htm/17-1.htm, S. 1-1. Stand: 24.4.2006.
National Bureau of Statistics (Hrsg.) 2002. Statistical Communique of the People's Republic of China on the 1998 National Economic and Social Development, S. 1-7. http://www.stats.gov.cn/was40/gjtjj_en_detail.jsp?channelid=4920&record=44, S. 1-7. 13.4.2010.

Tabelle 4: Wirtschaftsentwicklung der VR China 1999 (in Mrd. RMB/Prozent)

	Mrd. RMB	Prozent
BIP	8.205,4	7,1
Primärsektor	1.421,2	2,8
Sekundärsektor	4.080,6	8,1
Tertiärsektor	2.703,6	7,5
Außenhandelsvolumen Mrd. US $	360,7	11,3
Exporte Mrd. US $	194,9	6,1
Importe Mrd. US $	165,8	18,2
Saldo Mrd. US $	29,1	k. A.
Ausländische Direktinvestitionen (ADI) Mrd. US $	70,3*	k. A.
realisierte ADI Mrd. US $	40,4*	-11,4
Devisenreserven Mrd. US $	154,7	k. A.
Auslandsschulden Mrd. US $	102*	k. A.

* China. Fakten und Zahlen 2000. Außenhandel und Außenwirtschaft. http://german.china.org.cn/de-internet/jj/htm/17-1.htm, S. 1. Stand: 24.4.2006.

Quelle Tabelle 4: China. Fakten und Zahlen 2000. Außenhandel und Außenwirtschaft. http://german.china.org.cn/de-internet/jj/htm/17-1.htm, S. 1-1. Stand: 24.4.2006.
National Bureau of Statistics of China (Hrsg.) 2002. Statistical Communique of the People's Republic of China on the 1999 National Economic and Social Development. http://www.stats.gov.cn/was40/gjtjj_en_detail.jsp?channelid=4920&record=51, S. 1-7. Stand: 13.4.2010.

Tabelle 5: Wirtschaftsentwicklung der VR China 2000 (in Mrd. RMB/Prozent)

	Mrd. RMB	Prozent
BIP	8,940,4	8,0
Primärsektor	1.453,3*	2,4
Sekundärsektor	4.472,3*	9,6
Tertiärsektor	2.914,4*	7,8
Außenhandelsvolumen Mrd. US $	474,3	31,5
Exporte Mrd. US $	249,2	27,8
Importe Mrd. US $	225,1	35,8
Saldo Mrd. US $	24,1	k. A.
Ausländische Direktinvestitionen (ADI) Mrd. US $	62,4	51,3
realisierte ADI Mrd. US $	40,7	1,0
Devisenreserven Mrd. US $	165,6	6,5**
Auslandsschulden Mrd. US $	k. A.	k. A.

* Eigene Berechnungen an Hand der absoluten Zahlen vom Vorjahr, ergeben allerdings lediglich etwa 8,840 Mrd. Yuan.

** Eigene Berechnungen an Hand der im Kommuniqué angegebenen absoluten Zahlen bzw. der absoluten Zahlen vom Vorjahr.

Quelle Tabelle 5: National Bureau of Statistics (Hrsg.) 2001. Statistical Communique of the People's Republic of China on the 2000 National Economic and Social Development. http://english.gov.cn/official/2005-07/26/content_17314.htm S. 1-8. Stand: 2.5.2006.

Tabelle 6: Wirtschaftsentwicklung der VR China 2001 (in Mrd. RMB/Prozent)

	Mrd. RMB	Prozent
BIP	9.593,3	7,3
Primärsektor	1.461,0	2,8
Sekundärsektor	4.906,9	8,7
Tertiärsektor	3.225,4	7,4
Außenhandelsvolumen Mrd. US $	509,8	7,5
Exporte Mrd. US $	266,2	6,8
Importe Mrd. US $	243,6	8,2
Saldo Mrd. US $	22,5	8,2
Ausländische Direktinvestitionen (ADI) Mrd. US $	69,2	10,4
realisierte ADI Mrd. US $	46,8	14,9
Devisenreserven Mrd. US $	212,2	21,96*
Auslandsschulden Mrd. US $	k. A.	k. A.

* Eigene Berechnungen an Hand der im Kommuniqué angegebenen absoluten Zahlen bzw. der absoluten Zahlen vom Vorjahr.

Quelle Tabelle 6: National Bureau of Statistics (Hrsg.) 2002. Statistical Communique of the People's Republic of China in the 2001 National Economic and Social Development. http://english.gov.cn/offivial/2005-07/26/content_17337.htm S. 1-8. Stand: 2.5.2006.

Tabelle 7: Wirtschaftsentwicklung der VR China 2002 (in Mrd. RMB/Prozenten)

	Mrd. RMB	Prozent
BIP	10.239,8	8
Primärsektor	1.488,3	2,9
Sekundärsektor	5.298,2	9,9
Tertiärsektor	3.453,3	7,3
Außenhandelsvolumen Mrd. US $	620,8	21,8
Exporte Mrd. US $	325,6	22,3
Importe Mrd. US $	295,2	21,2
Saldo Mrd. US $	30,4	k. A.
Ausländische Direktinvestitionen (ADI) Mrd. US $	82,8	19,6
realisierte ADI Mrd. US $	52,7	12,5
Devisenreserven Mrd. US $	286,4	21,25*
Auslandsschulden Mrd. US $	k. A.	k. A.

* Eigene Berechnungen an Hand der im Kommuniqué angegebenen absoluten Zahlen bzw. der absoluten Zahlen vom Vorjahr.

Quelle Tabelle 7: National Bureau of Statistics (Hrsg.) 2003. Statistical Communique of the People's Republic of China on the 2002 National Economic and Social Development. http://english.gov.cn./official/2005-09/29/content_73144.htm S. 1-12. Stand: 2.5.2006.

Tabelle 8: Wirtschaftsentwicklung der VR China 2003 (in Mrd. RMB/Prozent)

	Mrd. RMB	Prozent
BIP	11.669,4	9,1
Primärsektor	1.724,7	2,5
Sekundärsektor	6.177,8	12,5
Tertiärsektor	3.766,9	6,7
Außenhandelsvolumen Mrd. US $	851,2	37,1
Exporte Mrd. US $	438,4	34,6
Importe Mrd. US $	412,8	39,9
Saldo Mrd. US $	25,6	k. A.
Ausländische Direktinvestitionen (ADI) Mrd. US $	115,1	39,0
realisierte ADI Mrd. US $	53,5	1,4
Devisenreserven Mrd. US $	403,3	28,96*
Auslandsschulden Mrd. US $	k. A.	k. A.

* Eigene Berechnungen an Hand der im Kommuniqué angegebenen absoluten Zahlen bzw. der absoluten Zahlen vom Vorjahr.

Quelle Tabelle 8: National Bureau of Statistics (Hrsg.) 2004. Statistical Communique of the People's Republic of China on the 2003 National Economic and Social Development. http://english.gov.cn/official/2005-09/30/content_73946.htm, S. 1-11. Stand: 2.5.2006.

Tabelle 9: Wirtschaftsentwicklung der VR China 2004 (in Mrd. RMB/Prozent)

	Mrd. RMB	Prozent
BIP	13.651,5	9,5
Primärsektor	2.074,4	6,3
Sekundärsektor	7.238,7	11,1
Tertiärsektor	4.338,4	8,3
Außenhandelsvolumen Mrd. US $	1.154,8	35,7
Exporte Mrd. US $	593,4	35,4
Importe Mrd. US $	561,4	36,0
Saldo Mrd. US $	32,0	k. A.
Ausländische Direktinvestitionen (ADI) Mrd. US $	153,5	33,4
realisierte ADI Mrd. US $	60,6	13,3
Devisenreserven Mrd. US $	609,9	33,89*
Auslandsschulden Mrd. US $	k. A.	k. A.

* Eigene Berechnungen an Hand der im Kommuniqué angegebenen absoluten Zahlen bzw. der absoluten Zahlen vom Vorjahr.

Quelle Tabelle 9: National Bureau of Statistics (Hrsg.) 2005. Statistical Communique of the People's Republic of China on the 2004 National Economic and Social Development. http://english.gov.cn./official/2005-10/07/content_73725.htm S.1-11. Stand: 2.5.2006.

Tabelle 10: Wirtschaftsentwicklung der VR China 2005 (in Mrd. RMB/Prozent)

	Mrd. RMB	Prozent
BIP	18.232,1	9,9
Primärsektor	2.271,8	5,2
Sekundärsektor	8.620,8	10,4
Tertiärsektor	7.339,5	9,6
Außenhandelsvolumen Mrd. US $	1.422,1	23,2
Exporte Mrd. US $	762,0	28,4
Importe Mrd. US $	660,1	17,6
Saldo Mrd. US $	101,9	k. A.
Ausländische Direktinvestitionen (ADI) Mrd. US $	k. A.	k. A.
realisierte ADI Mrd. US $	60,3	-0,5
Devisenreserven Mrd. US $	818,9	25,5*
Auslandsschulden Mrd. US $	k. A.	k. A.

* Eigene Berechnungen an Hand der im Kommuniqué angegebenen absoluten Zahlen bzw. der absoluten Zahlen vom Vorjahr.

Quelle Tabelle 10: National Bureau of Statistics (Hrsg.) 2006. Statistical Communique of the People's Republic of China on the 2005 National Economic and Social Development. http://www.stats.gov.cn/english/newsandcomingevents/t20060302_402308116.htm S. 1-21. Stand: 2.5.2006.

Tabelle 11: Wirtschaftsentwicklung der VR China 2006 (in Mrd. RMB/Prozent)

	Mrd. RMB	Prozent
BIP	20.940,7	10,7
Primärsektor	2.470,0	5,0
Sekundärsektor	10.200,4	12,5
Tertiärsektor	8.270,3	10,3
Außenhandelsvolumen Mrd. US $	1.760,7	23,8
Exporte Mrd. US $	969,1	27,2
Importe Mrd. US $	791,6	20,0
Saldo Mrd. US $	177,5	k. A.
Ausländische Direktinvestitionen (ADI) Mrd. US $	k. A.	k. A.
realisierte ADI Mrd. US $	69,47	-4,1
Devisenreserven Mrd. US $	1.066,3	23,2*
Auslandsschulden Mrd. US $	k. A.	k. A.

* Eigene Berechnungen an Hand der im Kommuniqué angegebenen absoluten Zahlen bzw. der absoluten Zahlen vom Vorjahr.

Quelle Tabelle 11: National Bureau of Statistics (Hrsg.) 2007. Statistical Communiqué of The People's Republic of China on the 2006 National Economic And Social Development. http://www.stats.gov.cn/english/newsandcomingevents/t20070301_402388091.htm, S. 1-22. Stand: 15.6.2007.

Tabelle 12: Wirtschaftsentwicklung der VR China 2007 (in Mrd. RMB/Prozent)

	Mrd. RMB	Prozent
BIP	24.661,9	11,4
Primärsektor	2.891,0	3,7
Sekundärsektor	12.138,1	13,4
Tertiärsektor	9.632,8	11,4
Außenhandelsvolumen Mrd. US $	2.173,8	23,5
Exporte Mrd. US $	1.218,0	25,7
Importe Mrd. US $	955,8	20,8
Saldo Mrd. US $	262,2	k. A.
Ausländische Direktinvestitionen (ADI) Mrd. US $	k. A.	k. A.
realisierte ADI Mrd. US $	74,8	13,6
Devisenreserven Mrd. US $	1.528,2	30,2*
Auslandsschulden Mrd. US $	k. A.	k. A.

* Eigene Berechnungen an Hand der im Kommuniqué angegebenen absoluten Zahlen bzw. der absoluten Zahlen vom Vorjahr.

Quelle Tabelle 12: National Bureau of Statistics of China (Hrsg.) 2008. Statistical Communiqué of the People‘s Republic of China on the 2007. National Economic and Social Development. http://www.stats.gov.cn/english/newsandcomingevents/t20080228_402465066.htm, S. 1-20. Stand:11.3.2008.

Tabelle 13: Wirtschaftsentwicklung der VR China 2008 (in Mrd. RMB/Prozent)

	Mrd. RMB	Prozent
BIP	30.067,0	9,0
Primärsektor	3.400,0	5,5
Sekundärsektor	14.618,3	9,3
Tertiärsektor	12.048,7	9,5
Außenhandelsvolumen Mrd. US $	2.561,6	17,8
Exporte Mrd. US $	1.428,5	17,2
Importe Mrd. US $	1.133,1	18,5
Saldo Mrd. US $	295,5	k. A.
Ausländische Direktinvestitionen (ADI) Mrd. US $	k. A.	k. A.
realisierte ADI Mrd. US $	92,4	23,6
Devisenreserven Mrd. US $	1.946,0	21,46*
Auslandsschulden Mrd. US $	k. A.	k. A.

* Eigene Berechnungen an Hand der im Kommuniqué angegebenen absoluten Zahlen bzw. der absoluten Zahlen vom Vorjahr.

Quelle Tabelle 13: National Bureau of Statistics of China (Hrsg.) 2009. Statistical Communiqué of the People's Republic of China on the 2008 National Economic and Social Development. http://www.stats.gov.cn/english/newsandcomingevents/t20080226_402540784.htm, S. 1-19. Stand: 26.2.2009.

Tabelle 14: Wirtschaftsentwicklung der VR China 2009 (in Mrd. RMB/Prozent)

	Mrd. RMB	Prozent
BIP	33.535,3	8,7
Primärsektor	3.547,7	4,2
Sekundärsektor	15.695,8	9,5
Tertiärsektor	14.291,8	8,9
Außenhandelsvolumen Mrd. US $	2.207,2	-13,9
Exporte Mrd. US $	1.201,7	-16,0
Importe Mrd. US $	1.005,6	-11,2
Saldo Mrd. US $	196,1	k. A.
Ausländische Direktinvestitionen (ADI) Mrd. US $	k. A.	k. A.
realisierte ADI Mrd. US $	90,0	- 2,6
Devisenreserven Mrd. US $	2.399,2	18,88*
Auslandsschulden Mrd. US $	k. A.	k. A.

* Eigene Berechnungen an Hand der im Kommuniqué angegebenen absoluten Zahlen bzw. der absoluten Zahlen vom Vorjahr.

Quelle Tabelle 14: National Bureau of Statistics o China (Hrsg.) 2010. Statistical Communiqué of the People's Republic of China on the 2009 National Economic and Social Development. http://www.stats.gov.cn/enGliSH/newsandcomingevents/t2010022 . . ., S. 1-22. Stand: 7.3.2010.

Anhang II: Produktion wichtiger Agrarprodukte, 1996-2009

Tabelle 1: Produktion wichtiger Agrarprodukte 1996 (absolute Zahl in Mio. t./in %).

	absolute Zahl/Mio. t.	Prozent
Getreide	490	k. A.
Ölpflanzen	22,0	k. A.
davon: Erdnüsse	k. A.	k. A.
Raps	k. A.	k. A.
Baumwolle	4,2	k. A.
Jute und Ambarihanf	k. A.	k. A.
Zuckerrohr	67	k. A.
Zuckerrüben	15,5	k. A.
Tabak	k. A.	k. A.
Tee	k. A.	k. A.
Obst	k. A.	k. A.
gesamte Fleischproduktion	k. A.	k. A.
Schweine-, Rind- und Hammelfleisch	k. A.	k. A.
davon Rind- und Hammelfleisch	k. A.	k. A.
Milch	k. A.	k. A.
Schafwolle	k. A.	k. A.
Schlachtschweine Mio. Stück	k. A.	k. A.
Bestand (Mio Stück/Jahresende):	k. A.	k. A.
Schweine	k. A.	k. A.
Schafe/Ziegen	k. A.	k. A.
Großvieh	k. A.	k. A.
Seidenkokons	k. A.	k. A.

Aquaprodukte	k. A.	k. A.
davon: Süßwasserprodukte	k. A.	k. A.
Meerwasserprodukte	k. A.	k. A.

k. A. = keine Angaben

Quelle Tabelle 1: Schüller, Margot 1997. China Wirtschaftsentwicklung im Jahre 1996, S. 340. In: China aktuell 4/1997, S. 339-343.

Tabelle 2: Produktion wichtiger Agrarprodukte 1997 (absolute Zahl in Mio. t./in %).

	absolute Zahl/Mio. t.	Prozent
Getreide	492,5	-2,4
Ölpflanzen	21,5	-2,8
davon: Erdnüsse	9,62	-5,1
Raps	9,54	3,7
Baumwolle	4,3	2,4
Jute und Ambarihanf	0,42	14,7
Zuckerrohr	78,79	15,5
Zuckerrüben	14,85	-3,7
Tabak	3,92	33,1
Tee	0,61	3,4
Obst	50,45	8,4
gesamte Fleischproduktion	53,54	8,0
davon: Schweine-, Rind- und Hammelfleisch	41,21	8,0
Milch	6,63	5,4
Schafwolle	0,29	-1,4
Schlachtschweine Mio. Stück	k. A.	k. A.
Bestand (Mio Stück/Jahresende):	k. A.	k. A.
Schweine	k. A.	k. A.
Schafe/Ziegen	k. A.	k. A.
Großvieh	k. A.	k. A.
Kokons	0,50	-2,7
Aquaprodukte	35,61	8,3
davon: Süßwasserprodukte	14,26	11,8
Meerwasserprodukte	21,35	6,1

Quelle Tabelle 2: Beijing Rundschau 1998. Staatliches Statistikamt der Volksrepublik China (Hrsg.). Statistisches Kommuniqué über die volkswirtschaftliche und gesellschaftliche Entwicklung 1997, S. 28. In: Beijing Rundschau 19/998 S. 19-28, Beijing.

Tabelle 3: Produktion wichtiger Agrarprodukte 1998 (absolute Zahl in Mio. t./in %).

	absolute Zahl/Mio. t.	Prozent
Getreide	490	k. A.
Ölpflanzen	22,92	6,3
davon: Erdnüsse	k. A.	k. A.
Raps	k. A.	k. A.
Baumwolle	4,4	k. A.
Jute und Ambarihanf	k. A.	k. A.
Zuckerrohr	97,65	4,0
Zuckerrüben	k. A.	k. A.
Tabak	2,1	-46,0
Tee	0,665	8,5
Obst	54,9	7,9
gesamte Fleischproduktion	43,55	6,5
Schweine-, Rind- und Hammelfleisch	k. A.	k. A.
davon Rind- und Hammelfleisch	k. A.	k. A.
Milch	k. A.	k. A.
Schafwolle	k. A.	k. A.
Schlachtschweine Mio. Stück	k. A.	k. A.
Bestand (Mio Stück/Jahresende):	k. A.	k. A.
Schweine	k. A.	k. A.
Schafe/Ziegen	k. A.	k. A.
Großvieh	k. A.	k. A.
Seidenkokons	k. A.	k. A.
Aquaprodukte	38,54	7,0
davon: Süßwasserprodukte	k. A.	k. A.

Meerwasserprodukte	k. A.	k. A.

Quelle Tabelle 3: National Bureau of Statistics of China (Hrsg.) 2002. Statistical Communique of the People's Republic of China on the 1998 National Economic and Social Development. http://english.gov.cn./official/2005-07/26/content_17314.htm, S. 1-7. Stand: 13.4.2010.

Tabelle 4: Produktion wichtiger Agrarprodukte 1999 (absolute Zahl in Mio. t./in %).

	absolute Zahl/Mio. t.	Prozent
Getreide	508	- 0,8
Ölpflanzen	26	12,4
davon: Erdnüsse	k. A.	k. A.
Raps	k. A.	k. A.
Baumwolle	3,83	-14,9
Jute und Ambarihanf	k. A.	k. A.
Zuckerrohr	84	-14,2
Zuckerrüben	k. A.	k. A.
Tabak	k. A.	k. A.
Tee	0,68	2,3
Obst	61	11,9
gesamte Fleischproduktion	59,53	4
Schweine-, Rind- und Hammelfleisch	k. A.	k. A.
davon Rind- und Hammelfleisch	k. A.	k. A.
Milch	k. A.	k. A.
Schafwolle	k. A.	k. A.
Schlachtschweine Mio. Stück	k. A.	k. A.
Bestand (Mio Stück/Jahresende):	k. A.	k. A.
Schweine	k. A.	k. A.
Schafe/Ziegen	k. A.	k. A.
Großvieh	k. A.	k. A.
Seidenkokons	k. A.	k. A.
Aquaprodukte	41	5
davon: Süßwasserprodukte	k. A.	k. A.
Meerwasserprodukte	k. A.	k. A.

Quelle Tabelle 4: National Bureau of Statistics of China (Hrsg.) 2002. Statistical Communique of the People‘s Republic of China on the 1999 National Economic and Social Development. http://www.stats.gov.cn/was40/gjtjj_en_detail.jsp?channelid=4920&record=51, S. 1-7. Stand: 13.4.2010.

Tabelle 5: Produktion wichtiger Agrarprodukte 2000 (absolute Zahl in Mio. t./in %).

	absolute Zahl/Mio. t.	Prozent
Getreide	462,51	-9,0
Ölpflanzen	29,50	13,4
davon: Erdnüsse	14,50	14,7
Raps	11,40	12,5
Baumwolle	4,35	13,6
Jute und Ambarihanf	0,13	-20,7
Zuckerrohr	74,50	-11,1
Zuckerrüben	66,40	-6,2
Rote Rübe	8,10	k. A.
Tabak	2,22	1,4
Tee	0,68	0,0
Obst	61,20	-1,9
gesamte Fleischproduktion	62,70	5,4
Schweine-, Rind- und Hammelfleisch	k. A.	k. A.
davon Rind- und Hammelfleisch	k. A.	k. A.
Milch	k. A.	k. A.
Schafwolle	k. A.	k. A.
Schlachtschweine Mio. Stück	k. A.	k. A.
Bestand (Mio Stück/Jahresende):	k. A.	k. A.
Schweine	k. A.	k. A.
Schafe/Ziegen	k. A.	k. A.
Großvieh	k. A.	k. A.
Seidenkokons	k. A.	k. A.
Aquaprodukte	42,90	4,1

davon:	Süßwasserprodukte	k. A.	k. A.
	Meerwasserprodukte	k. A.	k. A.

Quelle Tabelle 5: National Bureau of Statistics (Hrsg.) 2001. Statistical Communique of the People's Republic of China on the 2000 National Economic and Social Development. http://english.gov.cn/official/2005-07/26/content_17314.htm S. 1-8. Stand: 2.5.2006.

Tabelle 6: Produktion wichtiger Agrarprodukte 2001 (absolute Zahl in Mio. t./in %).

	absolute Zahl/Mio. t.	Prozent
Getreide	452,62	-2,1
Ölpflanzen	28,72	-2,8
davon: Erdnüsse	k. A.	k. A.
Raps	k. A.	k. A.
Baumwolle	5,32	20,4
Jute und Ambarihanf	k. A.	k. A.
Zuckerrohr*	87,90	15,1
Zuckerrüben*		
Rote Rübe	k. A.	k. A.
Tabak	k. A.	k. A.
Tee	k. A.	k. A.
Obst	k. A.	k. A.
gesamte Fleischproduktion	63,40	3,5
Schweine-, Rind- und Hammelfleisch	k. A.	k. A.
davon Rind- und Hammelfleisch	k. A.	k. A.
Milch	k. A.	k. A.
Schafwolle	k. A.	k. A.
Schlachtschweine Mio. Stück	k. A.	k. A.
Bestand (Mio Stück/Jahresende):	k. A.	k. A.
Schweine	k. A.	k. A.
Schafe/Ziegen	k. A.	k. A.
Großvieh	k. A.	k. A.
Seidenkokons	k. A.	k. A.
Aquaprodukte	43,75	2,3
davon: Süßwasserprodukte	k. A.	k. A.

Meerwasserprodukte	k. A.	k. A.

* Zuckerrohr und Zuckerrüben sind hier zusammengefasst worden.

Quelle Tabelle 6: National Bureau of Statistics (Hrsg.) 2002. Statistical Communique of the People's Republic of China in the 2001 National Economic and Social Development. http://english.gov.cn/offivial/2005-07/26/content_17337.htm S. 1-8. Stand: 2.5.2006.

Tabelle 7: Produktion wichtiger Agrarprodukte 2002 (absolute Zahl in Mio. t./in %).

	absolute Zahl/Mio. t.	Prozent
Getreide	457,11	1,0
Ölpflanzen	29,00	1,2
davon: Erdnüsse	14,95	3,7
Raps	10,53	-7,1
Baumwolle	4,92	-7,5
Jute und Ambarihanf	k. A.	k. A.
Zuckerrohr	101,51	17,3
Zuckerrüben	88,83	17,4
Rote Rübe	12,68	16,4
Tabak	2,13	3,9
Tee	0,74	5,7
Obst	68,09	2,3
gesamte Fleischproduktion	65,90	4,0
Schweine-, Rind- und Hammelfleisch	k. A.	k. A.
davon Rind- und Hammelfleisch	k. A.	k. A.
Milch	k. A.	k. A.
Schafwolle	k. A.	k. A.
Schlachtschweine Mio. Stück	k. A.	k. A.
Bestand (Mio Stück/Jahresende):	k. A.	k. A.
Schweine	k. A.	k. A.
Schafe/Ziegen	k. A.	k. A.
Großvieh	k. A.	k. A.
Seidenkokons	k. A.	k. A.
Aquaprodukte	45,13	3,0
davon: Süßwasserprodukte	k. A.	k. A.

Meerwasserprodukte	k. A.	k. A.

Quelle Tabelle 7: National Bureau of Statistics (Hrsg.) 2003. Statistical Communique of the People's Republic of China on the 2002 National Economic and Social Development. http://english.gov.cn./official/2005-09/29/content_73144.htm S. 1-12. Stand: 2.5.2006.

Tabelle 8: Produktion wichtiger Agrarprodukte 2003 (absolute Zahl in Mio. t./in %).

	absolute Zahl/Mio. t.	Prozent
Getreide	430,67	-5,8
Ölpflanzen	28,05	-3,2
davon: Erdnüsse	13,37	-9,8
Raps	11,41	8,1
Baumwolle	4,87	-0,9
Jute und Ambarihanf	k. A.	k. A.
Zuckerrohr	96,70	-6,1
Zuckerrüben	90,51	0,4
Rote Rübe	6,19	-5,7
Tabak	2,01	4,5
Tee	0,78	0,3
Obst	144,70	5,1
Gemüse	53,96	2,1
gesamte Fleischproduktion	69,20	5,1
Schweine-, Rind- und Hammelfleisch	k. A.	k. A.
davon Rind- und Hammelfleisch	k. A.	k. A.
Milch	k. A.	k. A.
Schafwolle	k. A.	k. A.
Schlachtschweine Mio. Stück	k. A.	k. A.
Bestand (Mio Stück/Jahresende):	k. A.	k. A.
Schweine	k. A.	k. A.
Schafe/Ziegen	k. A.	k. A.
Großvieh	k. A.	k. A.
Seidenkokons	k. A.	k. A.
Aquaprodukte	46,90	2,8

davon:	Süßwasserprodukte	k. A.	k. A.
	Meerwasserprodukte	k. A.	k. A.

Quelle Tabelle 8: National Bureau of Statistics (Hrsg.) 2004. Statistical Communique of the People's Republic of China on the 2003 National Economic and Social Development. http://english.gov.cn/official/2005-09/30/content_73946.htm, S. 1-11. Stand: 2.5.2006.

Tabelle 9: Produktion wichtiger Agrarprodukte 2004 (absolute Zahl in Mio. t./in %).

	absolute Zahl/Mio. t.	Prozent
Getreide	469,47	9,0
Ölpflanzen	30,57	8,8
davon: Erdnüsse	14,31	6,6
Raps	13,04	14,2
Baumwolle	6,32	30,1
Jute und Ambarihanf	k. A.	k. A.
Zuckerrohr	95,28	-1,2
Zuckerrüben	89,48	-0,8
Rote Rübe	5,80	6,1
Tabak	2,14	6,2
Tee	0,84	8,7
Obst	152,43	5,0
Gemüse	549,27	1,7
gesamte Fleischproduktion	72,60	4,7
Schweine-, Rind- und Hammelfleisch	k. A.	k. A.
davon Rind- und Hammelfleisch	k. A	k. A.
Milch	k. A.	k. A.
Schafwolle	k. A.	k. A.
Schlachtschweine Mio. Stück	k. A.	k. A.
Bestand (Mio Stück/Jahresende):	k. A.	k. A.
Schweine	k. A.	k. A.
Schafe/Ziegen	k. A.	k. A.
Großvieh	k. A.	k. A.
Seidenkokons	k. A.	k. A.
Aquaprodukte	48,55	3,2

davon:	Süßwasserprodukte	k. A.	k. A.
	Meerwasserprodukte	k. A.	k. A.

Quelle Tabelle 9: National Bureau of Statistics (Hrsg.) 2005. Statistical Communique of the People's Republic of China on the 2004 National Economic and Social Development. http://english.gov.cn./official/2005-10/07/content_73725.htm S.1-11. Stand: 2.5.2006.

Tabelle 10: Produktion wichtiger Agrarprodukte 2005 (absolute Zahl in Mio. t./in %).

	absolute Zahl/Mio. t.	Prozent
Getreide	484,01	3,1
Ölpflanzen	30,78	0,4
davon: Erdnüsse	14,34	0,0
Raps	13,05	-1,0
Baumwolle	5,70	-9,8
Jute und Ambarihanf	k. A.	k. A.
Zuckerrohr	95,51	-0,2
Zuckerrüben	87,60	-2,5
Rote Rübe	7,91	35,2
Tabak	2,41	11,2
Tee	0,92	9,8
Obst	160,76	4,8
Gemüse	562,84	2,2
gesamte Fleischproduktion	77,0	6,3
Schweine-, Rind- und Hammelfleisch	k. A.	k. A.
davon Rind- und Hammelfleisch	k. A	k. A.
Milch	k. A.	k. A.
Schafwolle	k. A.	k. A.
Schlachtschweine Mio. Stück	k. A.	k. A.
Bestand (Mio Stück/Jahresende):	k. A.	k. A.
Schweine	k. A.	k. A.
Schafe/Ziegen	k. A.	k. A.
Großvieh	k. A.	k. A.
Seidenkokons	k. A.	k. A.
Aquaprodukte	51,0	4,0

davon:	Süßwasserprodukte	k. A.	k. A.
	Meerwasserprodukte	k. A.	k. A.

Quelle Tabelle 10: National Bureau of Statistics (Hrsg.) 2006. Statistical Communique of the People's Republic of China on the 2005 National Economic and Social Development. http://www.stats.gov.cn/english/newsandcomingevents/t20060302_402308116.htm S. 1-21. Stand: 2.5.2006.

Tabelle 11: Produktion wichtiger Agrarprodukte 2006 (absolute Zahl in Mio. t./in %).

	absolute Zahl/Mio. t.	Prozent
Getreide	497,46	2,8
Ölpflanzen	30,62	-0,5
davon: Erdnüsse	14,61	1,8
Raps	12,70	-2,7
Baumwolle	6,73	17,8
Jute und Ambarihanf	k. A.	k. A.
Zuckerrohr	109,87	16,2
Zuckerrüben	99,25	14,6
Rote Rübe	10,62	34,8
Tabak	2,47	1,3
Tee	1,02	9,0
Obst	170,50	5,8
Gemüse	582,33	3,2
gesamte Fleischproduktion	81,00	4,6
Schweine-, Rind- und Hammelfleisch	k. A.	k. A.
davon Rind- und Hammelfleisch	k. A.	k. A.
Milch	k. A.	k. A.
Schafwolle	k. A.	k. A.
Schlachtschweine Mio. Stück	k. A.	k. A.
Bestand (Mio Stück/Jahresende):	k. A.	k. A.
Schweine	k. A.	k. A.
Schafe/Ziegen	k. A.	k. A.
Großvieh	k. A.	k. A.
Seidenkokons	k. A.	k. A.
Aquaprodukte	52,50	2,8

davon:	Süßwasserprodukte	k. A.	k. A.
	Meerwasserprodukte	k. A.	k. A.

Quelle Tabelle 11: National Bureau of Statistics (Hrsg.) 2007. Statistical Communiqué of The People's Republic of China on the 2006 National Economic And Social Development. http://www.stats.gov.cn/english/newsandcomingevents/t20070301_402388091.htm, S. 1-22. Stand: 15.6.2007.

Tabelle 12 Produktion wichtiger Agrarprodukte 2007 (absolute Zahl in Mio. t./in %).

	absolute Zahl/Mio. t.	Prozent
Getreide	501,50	0,7
Ölpflanzen	24,61	-4,2
davon: Erdnüsse	k. A.	k. A.
Raps	k. A.	k. A.
Baumwolle	7,6	1,3
Jute und Ambarihanf	k. A.	k. A.
Zuckerrohr	110,10	11,4
Zuckerrüben	k. A.	k. A.
Rote Rübe	k. A.	k. A.
Tabak	2,39	-3,9
Tee	1,14	10,9
Obst	k. A.	k. A.
Gemüse	k. A.	k. A.
gesamte Fleischproduktion	68,00	-3,5
Schweine-, Rind- und Hammelfleisch	k. A.	k. A.
davon Rind- und Hammelfleisch	k. A.	k. A.
Milch	k. A.	k. A.
Schafwolle	k. A.	k. A.
Schlachtschweine Mio. Stück	k. A.	k. A.
Bestand (Mio Stück/Jahresende):	k. A.	k. A.
Schweine	k. A.	k. A.
Schafe/Ziegen	k. A.	k. A.
Großvieh	k. A.	k. A.
Seidenkokons	k. A.	k. A.
Aquaprodukte	47,37	3,3

davon:	Süßwasserprodukte	k. A.	k. A.
	Meerwasserprodukte	k. A.	k. A.

Quelle Tabelle 12: National Bureau of Statistics of China (Hrsg.) 2008. Statistical Communiqué of the People's Republic of China on the 2007. National Economic and Social Development. http://www.stats.gov.cn/english/newsandcomingevents/t20080228_402465066.htm, S. 1-20. Stand:11.3.2008.

Tabelle 13: Produktion wichtiger Agrarprodukte 2008 (absolute Zahl in Mio. t./in %).

	absolute Zahl/Mio. t.	Prozent
Getreide	528,50	5,4
Ölpflanzen	29,50	14,8
davon: Erdnüsse	k. A.	k. A.
Raps	k. A.	k. A.
Baumwolle	7,50	7,5
Jute und Ambarihanf	k. A.	k. A.
Zuckerrohr	130,00	6,7
Zuckerrüben	k. A.	k. A.
Rote Rübe	k. A.	k. A.
Tabak	2,60	19,6
Tee	1,24	6,4
Obst	k. A.	k. A.
gesamte Fleischproduktion	k. A.	k. A.
Schweine-, Rind- und Hammelfleisch	72,69	5,9
davon Rind- und Hammelfleisch	46,15	7,6
Milch	9,86	k. A.
Schafwolle	36,51	3,6
Schlachtschweine Mio. Stück	k. A.	k. A.
Bestand (Mio Stück/Jahresende):	609,60	7,9
Schweine	k. A.	k. A.
Schafe/Ziegen	462,64	5,2
Großvieh	k. A.	k. A.
Seidenkokons	k. A.	k. A.
Aquaprodukte	k. A.	k. A.
davon: Süßwasserprodukte	48,95	3,1

Meerwasserprodukte	34,26	4,5

Quelle Tabelle 13: National Bureau of Statistics of China (Hrsg.) 2009. Statistical Communiqué of the People's Republic of China on the 2008 National Economic and Social Development. http://www.stats.gov.cn/english/newsandcomingevents/t20080226_402540784.htm, S. 1-19. Stand: 26.2.2009.

Tabelle 14: Produktion wichtiger Agrarprodukte 2009 (absolute Zahl in Mio. t./in %).

	absolute Zahl/Mio. t.	Prozent
Getreide	530,82	2,11
Ölpflanzen	31,00	5,0
davon: Erdnüsse	k. A.	k. A.
Raps	k. A.	k. A.
Baumwolle	6,4	-14,6
Jute und Ambarihanf	k. A.	k. A.
Zuckerrohr	122,00	-9,1
Zuckerrüben	k. A.	k. A.
Rote Rübe	k. A.	k. A.
Tabak	2,80	6,7
Tee	1,35	7,1
Obst	k. A.	k. A.
Gemüse	k. A.	k. A.
gesamte Fleischproduktion	76,42	5,0
Schweinefleisch	48,89	5,8
Rind- und Hammelfleisch	10,25	k. A.
Milch	35,18	-1,1
Schafwolle	k. A.	k. A.
Schlachtschweine Mio. Stück	645,07	5,7
Bestand (Mio Stück/Jahresende):	k. A.	k. A.
Schweine	469,85	1,5
Schafe/Ziegen	k. A.	k. A.
Großvieh	k. A.	k. A.
Seidenkokons	k. A.	k. A.
Aquaprodukte	51,20	4,6

davon:	Süßwasserprodukte	36,35	6,5
	Meerwasserprodukte	14,85	0,1

Quelle Tabelle 14: National Bureau of Statistics o China (Hrsg.) 2010. Statistical Communiqué of the People's Republic of China on the 2009 National Economic and Social Development. http://www.stats.gov.cn/enGliSH/newsandcomingevents/t2010022 . . ., S. 1-22. Stand: 7.3.2010.

Anhang III: Entwicklung der Einkommensverhältnisse der Stadt- und Landbewohner

Tabelle 1: Entwicklung der Einkommensverhältnisse der Stadt- und Landbewohner 1996-2009 (RMB/Jahr)

Jahr	Pro-Kopf-Einkommen: Stadt	Zuwachs in Prozent	Pro-Kopf-Netto-Einkommen: Land	Zuwachs in Prozent
1996	4.377*	3,3	k. A.	k. A
1997	4.516**	3,4	k. A	4,6
1998	5.425	5,8	2.160	4,3
1999	5.854	9,3	2.210***	3,8
2000	6.280	6,4	2.253***	2,1
2001	6.860	8,5	2.366***	4,2
2002	7.703	13,4	2.476	4,8
2003	8.472	9,0	2.622	4,3
2004	9.422	7,7	2.936	6,8
2005	10.493	9,6	3.255	6,2
2006	11.759	10,4	3.587	7,4
2007	13.786	12,2	4.140	9,5
2008	15.781	8,4	4.761	8,0
2009	17.178	9,8	5.153	8,5

* BRu 14/1997, S. 27.

** Bru 15/1998, S. 24.

*** Für die Jahre 1999 bis 2001 wurde auch das Bargeld der ländlichen Bevölkerung aufgeführt, es betrug 1.538 Yuan (1999), 1.640 Yuan (2000) und 1.748 Yuan (2001) (siehe die entsprechenden Statistischen Kommuniqués, S. 6 (1999 und 2000) sowie S. 5 (2001).

Quelle Tabelle 1: Beijing Rundschau 1997. Bericht über die Durchführung des Plans für die volkswirtschaftliche und gesellschaftliche Entwicklung 1996 sowie den Planentwurf für 1997 (Auszüge), von Chen Jinhua, Vorsitzender der Staatlichen Plankommission. In: Beijing Rundschau 14/1997, S. 26-28, Beijing.

Beijing Rundschau 1998.Bericht über die Durchführung des Plans für die volkswirtschaftliche und gesellschaftliche Entwicklung 1997 sowie den Planentwurf für 1998 (Auszüge). Vorsitzender der Staatlichen Planungskommission Chen Jinhau. In: Beijing Rundschau 15/1998, S. 23-26.
Ab 1998 bis 2009 siehe die Statistischen Kommuniqués des National Bureau of Statistics (identisch mit denen in Anhang I).

Literatur

Monographien

Albert, Michel 1992. Kapitalismus contra Kapitalismus, Frankfurt am Main.

Bauer, Wolfgang 1989. China und die Hoffnung auf Glück. Paradiese, Utopien, Idealvorstellungen in der Geistesgeschichte Chinas, 2. Auflage Oktober 1989, München.

Bauer, Wolfgang 2001. Geschichte der chinesischen Philosophie. Konfuzianismus, Daoismus, Buddhismus, herausgegeben von Hans von Ess, München.

Bergmann, Theodor 2004. Rotes China im 21. Jahrhundert, Hamburg.

Chang, Gordon G. 2001. The Coming Collaps of China, New York.

Chen Guidi/Wu Chuntao 2007. Zur Lage der chinesischen Bauern. Eine Reportage, 2. Auflage Oktober 2007, Frankfurt am Main.

Chien Sche-Ye 1995. Staat und Erziehung im legistischen Denken, Frankfurt am Main.

Cho Hyekyung 2005. Chinas langer Marsch in den Kapitalismus, 1. Auflage, Münster.

Conert, Hansgeorg 2002. Vom Handelskapital zur Globalisierung. Entwicklung und Kritik der kapitalistischen Ökonomie, 2. völlig überarbeitete Auflage, Münster.

De Groot, J. J. M. 1918. Universismus - Die Grundlage der Religion und Ethik, des Staatswesens und der Wissenschaften Chinas, Berlin.

Floyd, David 1964. Die feindlichen Genossen - Der russisch-chinesische Konflikt, München/Zürich.

Freundinnen und Freunde von gongchao 2008. Kleine Erzählungen des Widerstands. Vorwort. In: Pun Ngai/Li Wanwei 2008. Dagongmei. Arbeiterinnen aus Chinas Weltmarktfabriken erzählen, Berlin/Köln, S. 7-17.

Fülberth, Georg 2005. G Strich - Kleine Geschichte des Kapitalismus, Köln.

Gruhl Herbert1981. Ein Planet wird geplündert. Die Schreckensbilanz unserer Politik. Mit einem aktuellen Vorwort, Frankfurt am Main.

Hamm, Harry/Kun, Joseph 1963. Das rote Schisma, Köln.

Han Feizi 1994. Die Kunst der Staatsführung. Die Schriften des Meister Han Fei, Gesamtausgabe, aus dem Chinesischen übersetzt von Wilmar Mögling, Leipzig.

Harrison, James P. 1978. Der lange Marsch zur Macht. Die Geschichte der Kommunistischen Partei Chinas von ihrer Gründung bis zum Tode von Mao Tse-tung, Stuttgart.

Haasch, Günther 1973. Japan. Eine politische Landeskunde, Berlin.

Heilmann, Sebastian 2002. Das politische System der Volksrepublik China, Wiesbaden.

Hirn, Wolfgang 2006. Herausforderung China. Wie der chinesische Aufstieg unser Leben verändert, Bonn.

Hoffmann, Rainer 1978. Kampf zweier Linien. Zur politischen Geschichte der chinesischen Volksrepublik 1949-1977, Stuttgart.

Hoffmann, Rainer, 1980. Der Untergang des konfuzianischen China. Vom Mandschureich bis zur Volksrepublik, Wiesbaden.

Kindermann, Gottfried-Karl 1970. Der Ferne Osten in der Weltpolitik des industriellen Zeitalters, München.

Kofler, Leo 1983. Zur Kritik der >>Alternativen<<, Hamburg.

Kofler, Leo 1984. Der Konservatismus. Zwischen Dekadenz und Reaktion, Hamburg.

Kofler, Leo 1986. Die Vergeistigung der Herrschaft. Band 1. Der Staat als Ensemble des Verhältnisses von Intelligenz, Bürokratie und Elite, Frankfurt am Main.

Kofler, Leo 1991. Vergeistigung der Herrschaft. Band 2. Gesellschaft und Elite zwischen Humanismus und Nihilismus, 3. Auflage, Frankfurt am Main.

Kosta, Jiri/Meyer, Jan 1976. Volksrepublik China. Ökonomisches System und wirtschaftliche Entwicklung, Frankfurt am Main.

Kreuzer, Peter 1998. Staat und Wirtschaft in China. Die kulturelle Grundlage politischer Steuerung. Verwaltungskultur und Verwaltungsstil der Qing Administration, Frankfurt am Main.

Kuhn, Dieter 1991. Status und Ritus. Das China der Aristokraten von den Anfängen bis zum 10. Jahrhundert nach Christus, Heidelberg.

Kurz, Robert 1999. Schwarzbuch Kapitalismus. Ein Abgesang auf die Marktwirtschaft, Frankfurt am Main.

Kurz, Robert (herausgegeben und kommentiert) 2000. Marx lesen. Die wichtigsten Texte von Karl Marx für das 21. Jahrhundert, Frankfurt am Main.

Kurz, Robert 2003. Weltordnungskrieg. Das Ende der Souveränität und die Wandlungen des Imperialismus im Zeitalter der Globalisierung, Bad Honnef.

Kurz, Robert 2004. Blutige Vernunft. Essays zur emanzipatorischen Kritik der kapitalistischen Moderne und ihrer westlichen Werte, Bad Honnef.

Kurz, Robert, 2005. Das Weltkapital. Globalisierung und innere Schranken des modernen warenproduzierenden Systems, erste Auflage, Berlin.

Lee Eun-Jeung 1997. Konfuzianismus und Kapitalismus. Markt und Herrschaft in Ostasien, 1. Auflage, Münster.

Li Minqi 2008. The Rise of China and the Demise of the Capitalist World Economy, New York.

Li Wanwei 2008. Meine Begegnung mit den dagongmei. Nachbetrachtung von Li Wanwei. In: Pun Ngai/Li Wanwei 2008. Dagongmei. Arbeiterinnen aus Chinas Weltmarktfabriken erzählen, Berlin/Köln.

Maier, Harry, 1987. Innovation oder Stagnation. Bedingungen der Wirtschaftsreform in den sozialistischen Ländern, Köln.

Mauser, Wolfram 2007. Wie lange reicht die Ressource Wasser? Vom Umgang mit dem blauen Gold, Frankfurt am Main.

Menzel, Ulrich1978. Theorie und Praxis des chinesischen Entwicklungsmodells. Ein Beitrag zum Konzept autozentrierter Entwicklung, Opladen.

Moritz, Ralf (übersetzt und herausgegeben) 1991. *Konfuzius*. Gespräche (Lun-Yu), Leipzig.

Myers, Gustavus 1979. Money. Die großen amerikanischen Vermögen, 2. Auflage, Frankfurt am Main.

Naquin, Susan/Rawski, Evelyn S. 1987. Chinese Society in the Eighteenth Century, New Haven and London.

Needham, Joseph 1979. Wissenschaftlicher Universalismus. Über Bedeutung und Besonderheit der chinesischen Wissenschaft, erste Auflage, Frankfurt am Main.

Osterhammel, Jürgen 1989. China und die Weltgesellschaft. Vom 18. Jahrhundert bis in unsere Zeit, München.

Peters, Helmut 2005. China zwischen gestern und morgen. Wohin geht China? München.

Polanyi, Karl 1995. The Great Transformation. Politische und ökonomische Ursprünge von Gesellschaften und Wirtschaftssystemen, 3. Auflage, Frankfurt am Main.

Pun Ngai/Li Wanwei 2008. Dagongmei. Arbeiterinnen aus Chinas Weltmarktfabriken erzählen, Berlin/Köln.

Pun Ngai 2008. Sozialer Körper, Kunst der Disziplin und Widerstand. In: Pun Ngai/Li Wanwei 2008. Dagongmei. Arbeiterinnen aus Chinas Weltmarktfabriken erzählen, S. 201-239 (im Original erschienen als 3. Kapitel von Pun Ngai 2005. Made in China. Women Factory Workers in a Global Workplace mit den Titel: The Social Body, the Art of Disciplin and Resistance, London/Hongkong), Berlin/Köln.

Raeithel, Gert 1995. Geschichte der mordamerikanischen Kultur. Band 1. Vom Puritanismus bis zum Bürgerkrieg, 1600-1860, durchgesehene und erweiterte Auflage, Frankfurt am Main.

Raeithel, Gert 1995. Geschichte der mordamerikanischen Kultur. Band 2. Vom Bürgerkrieg bis zum New Deal 1860-1930, durchgesehene und erweiterte Auflage, Frankfurt am Main.

Schädler, Monika 1989. Neue Wege für Chinas Bauern. Produktion, Beschäftigung und Einkommen im nichtlandwirtschaftlichen Sektor, Hamburg.

Schley, Nicole/Busse, Sabine 2003. Die Kriege der USA. Chronik einer aggressiven Nation, Kreuzlingen/München.

Schoettli, Urs 2008. China. Die neue Weltmacht, zweite Auflage, Zürich.

Scholz, Roswitha 2000. Das Geschlecht des Kapitalismus. Feministische Theorien und die postmoderne Metamorphose des Patriarchats, Bad Honnef.

Seitz, Konrad 2000. China. Eine Weltmacht kehrt zurück, Berlin.

Sohn-Rethel, Alfred 1985. Soziologische Theorie der Erkenntnis, mit einem Vorwort von Jochen Hörisch, erste Auflage, Frankfurt am Main.

Spence, Jonathan D. 2001. Chinas Weg in die Moderne, aus dem Englischen von Gerda Kurz, Siglinde Summerer und Susanne Hornfeck, München.

Statistisches Bundesamt 2005. Statistisches Jahrbuch 2005. Für die Bundesrepublik Deutschland, Wiesbaden.

Strohm, Holger 1981. Friedlich in die Katastrophe. Eine Dokumentation über Atomkraftwerke, erweiterte, neue, 6. Auflage Juni 1981, Frankfurt am Main.

Sun Tzu 2008. Die Kunst des Krieges, übersetzt von Klaus Leibnitz, mit einer Einführung von Gregor Paul, Darmstadt.

Temple, Robert K. G. 1990. Das Land der fliegenden Drachen. Chinesische Erfindungen aus vier Jahrtausenden, Vorwort von Joseph Needham, Bergisch Gladbach.

Verlag für fremdsprachige Literatur (Hrsg.) 1986. China-Buchreihe Wirtschaft, Beijing, erste Auflage.

Wallraff, Günter 2009. Aus der schönen neuen Welt, Expeditionen ins Landesinnere, erste Auflage, Köln.

Wallraff, Günter 2009. Kleine Brötchen für Lidl. Vom schlechten Arbeiten für schlechtes Essen, Köln. In: , Wallraff, Günter 2009. Aus der schönen neuen Welt, Expeditionen ins Landesinnere, erste Auflage, Köln, S. 157-191.

Wallraff, Günter 2009. Unfeine Küche. Ausbeutung in der Edelgastronomie, Köln. In: Wallraff, Günter 2009. Aus der schönen neuen Welt, Expeditionen ins Landesinnere, erste Auflage, Köln, S. 193-217.

Weber, Max 1988[1920]. Gesammelte Aufsätze zur Religionssoziologie I, Tübingen.

Weber, Max 1988[1920]. Die protestantische Ethik und der Geist des Kapitalismus, Tübingen. In: Weber, Max 1988[1920]. Gesammelte Aufsätze zur Religionssoziologie I, Tübingen, S. 17-206.

Weber, Max 2005. Wirtschaft und Gesellschaft. Grundriss der verstehenden Soziologie, mit einem Vorwort von Dr. Alexander Ulfig, zwei Teile in einem Band, Frankfurt am Main.

Weggel, Oskar 1989. Geschichte Chinas im 20. Jahrhundert, Stuttgart.

Weggel, Oskar 1996. Das nachrevolutionäre China. Mit konfuzianischen Spielregeln ins 21. Jahrhundert?, Hamburg.

Weggel, Oskar 1997. China im Aufbruch. Konfuzianismus und politische Zukunft, München.

Weggel, Oskar 1999. Wie mächtig wird Asien? Der Weg ins 21. Jahrhundert, München.

Weltbank (Hrsg.) 2005. Weltentwicklungsbericht 2006. Chancengerechtigkeit und Entwicklung, Sonderausgabe für die Bundeszentrale für politische Bildung, 1. Auflage 2006, Bonn.

Wittfogel, Karl August 1931. Wirtschaft und Gesellschaft Chinas - Versuch der wissenschaftlichen Analyse einer großen asiatischen Agrargesellschaft, Leipzig.

Wittfogel, Karl August 1962. Die orientalische Despotie - Eine vergleichende Untersuchung totaler Macht, Köln/Berlin.

Zagoria, Donald S. 1964. Der chinesisch-sowjetische Konflikt1956-1961, München.

Sammelbände

Herrmann-Pillath, Carsten/Lackner, Michael, unter Mitarbeit von Doris Fischer und Christoph Müller-Hofstede 1998. Länderbericht China. Politik, Wirtschaft und Gesellschaft im chinesischen Kulturraum, Bonn.

Kurz, Robert/Lohoff, Ernst/Trenkle, Norbert (Hrsg.) 1999. Feierabend! Elf Attacken gegen die Arbeit, Hamburg.

Kurz, Robert 1999. Die Diktatur der abstrakten Zeit. Arbeit als Verhaltensstörung der Moderne. In: Kurz, Robert/Lohoff, Ernst/Trenkle, Norbert (Hrsg.) 1999. Feierabend! Elf Attacken gegen die Arbeit, Hamburg, S. 9-41.

Liu Suinian/Wu Qungan (Hrsg.) 1988. Chinas sozialistische Wirtschaft. Ein Abriss der Geschichte (1949-1984), erste Auflage, Beijing.

Pohl, Manfred/Mayer, Hans Jürgen (Hrsg.)1998. Länderbericht Japan. Geographie - Geschichte - Politik - Wirtschaft - Gesellschaft - Kultur, 2. aktualisierte und erweiterte Auflage, Bonn.

Philipp, Raimund G. 1994. Wirtschaftsgroßraum China oder Regionalisierung der chinesischen Volkswirtschaft? In: Stolorz, Christian et al. 1994. Jahrbuch zur Außenwirtschaftspolitik 1993/1994, Münster, S. 269-290.

Sandschneider, Eberhard 1998. Die Kommunistische Partei an der Macht: Politische Entwicklungen bis zum Ende der Ära Deng Xiaoping. In: Herrmann-Pillath, Carsten/Lackner, Michael, unter Mitarbeit von Doris Fischer und Christoph Müller-Hofstede 1998. Länderbericht China. Politik, Wirtschaft und Gesellschaft im chinesischen Kulturraum, S. 169-185, Bonn.

Skinner, G. William (Hrsg.) 1977. The City in Late Imperial China, Stanford.

Stahncke, Holmer 1998. Die Geschichte Japans bis 1945. In: Pohl, Manfred/Mayer, Hans Jürgen (Hrsg.)1998. Länderbericht Japan. Geographie - Geschichte - Politik - Wirtschaft - Gesellschaft - Kultur, 2. aktualisierte und erweiterte Auflage, Bonn, S. 50-59.

Stolorz, Christian et al. 1994. Jahrbuch zur Außenwirtschaftspolitik 1993/1994, Münster.

Wirtschaft heute 2002. Vierte, völlig neu bearbeitete Auflage, Bonn.

Werke

Mao Zedong: Ausgewählte Werke (AW), Beijing 1968ff.

Marx, Karl/Engels, Friedrich: Werke (MEW), Berlin 1956ff.

Tucholsky, Kurt 1980. Gesammelte Werke Bd. 7, 1929, Hamburg.

Mao Zedong 1968. Untersuchungsbericht über die Bauernbewegung in Hunan (März 1926). In: Ausgewählte Werke Band I, Peking, S. 21-63.

Mao Zedong 1968. Yü Gung versetzt Berge (11. Juni 1945). In: AW Band III, Beijing, S. 321-324.

MEW 1: Marx, Karl 1976. Die Verhandlungen des 6. rheinischen Landtags. Von einem Rheinländer. Erster Artikel: Debatten über Preßfreiheit und Publikation der Landständischen Verhandlungen. [„Rheinische Zeitung" Nr. 125 vom 5. Mai 1842]. In: MEW Band 1, Berlin, S. 28-77.

MEW 1: Engels, Friedrich 1976. Umrisse zu einer Kritik der Nationalökonomie. In: MEW Band 1, Berlin, S. 499-524.

MEW 4: Marx, Karl/Engels 1977. Manifest der Kommunistischen Partei. In: MEW Bd. 4, Berlin, S. 457-493.

MEW 20: Engels, Friedrich 1975. Herrn Eugen Dührings Umwälzung der Wissenschaft ("Anti-Dühring"). In: MEW Bd. 20, Berlin, S. 1-303.

MEW 23: Marx, Karl 1977. Das Kapital. Kritik der politischen Ökonomie. Erster Band. Vorwort zur ersten Auflage. In: MEW Bd. 23, Berlin, S. 11-17.

MEW 23: Marx, Karl 1977. Das Kapital. Kritik der politischen Ökonomie. Erster Band. Maschinerie und große Industrie. In: MEW Bd. 23, Berlin, S. 391-530.

MEW 23: Marx, Karl 1977. Das Kapital. Kritik der politischen Ökonomie. Erster Band. c) Das Wandervolk. In: MEW Bd. 23, Berlin, S. 693-697.

MEW 23: Marx, Karl 1977. Das Kapital. Kritik der politischen Ökonomie. Erster Band. Die sogenannte ursprüngliche Akkumulation. In: MEW Bd. 23, Berlin, S. 741-791.

MEW 24: Marx, Karl 1975. Die zwei Abteilungen der gesellschaftlichen Produktion. In: MEW Bd. 24, Berlin, S. 394-397.

MEW 35: Marx, Karl 1973. Marx an Vera Iwanowna Sassulitsch. In: MEW Bd. 35, Berlin, S. 166-167.

Tucholsky, Kurt 1980. Fabel. In: Tucholksy, Kurt 1980. Gesammelte Werke Bd. 7, 1929, Hamburg, S. 12-13.

Handbücher und Lexika

Ash, Robert F. 2006. Landwirtschaft allgemein. In: Staiger, Brunhild/Friedrich, Stefan/Schütte, Hans Wilm (Hrsg.) 2006. China. Lexikon zu Geographie und Wirtschaft, Darmstadt, S. 106-110.

Ash, Robert F. 2006. Getreide. In: Staiger, Brunhild/Friedrich, Stefan/Schütte, Hans Wilm (Hrsg.) 2006. China. Lexikon zu Geographie und Wirtschaft, Darmstadt, S. 118-120.

Aubert, Claude 2006. Landwirtschaftspolitik. In: Staiger, Brunhild/Friedrich, Stefan/Schütte, Hans-Wilm 2006. China. Lexikon zu Geographie und Wirtschaft, Darmstand, S. 113-116.

Bealey, Frank 2000. The Blackwell Dictionary of Political Science. A User's Guide to ist Terms, reprinted, Oxford.

Christoffersen, Gaye 2006. Xinjiang. In: Staiger, Brunhild/Friedrich, Stefan/Schütte, Hans Wilm (Hrsg.) 2006. China. Lexikon zu Geographie und Wirtschaft, Darmstadt, S. 255-258.

Franke, Wolfgang (Hrsg.), unter Mitarbeit von Staiger, Brunhild 1973. China-Handbuch. Gesellschaft - Politik - Staat - Wirtschaft, Auszüge, Düsseldorf.

Großmann, B. 1973. Wirtschaftsplanung. In: Franke, Wolfgang (Hrsg.), unter Mitarbeit von Staiger, Brunhild 1973. China-Handbuch. Gesellschaft - Politik - Staat - Wirtschaft, Auszüge, S.314-320, Düsseldorf.

Großmann, B. 1973a.Wirtschaftspolitik. In: Franke, Wolfgang, unter Mitarbeit von Staiger, Brunhild 1973. China-Handbuch. Gesellschaft - Politik - Staat - Wirtschaft, Auszüge, S.321-322, Düsseldorf.

Herrmann-Pillath, Carsten/Lackner, Michael, unter Mitarbeit von Doris Fischer und Christoph Müller-Hofstede 1998. Länderbericht China. Politik, Wirtschaft und Gesellschaft im chinesischen Kulturraum, Bonn.

Klaus, Georg/Buhr, Manfred 6/1975. Marxistisch-Leninistisches Wörterbuch der Philosophie. Band 3, Prädikat - Zyklentheorie, neubearbeitete und erweiterte Ausgabe, Reinbek bei Hamburg.

Kolb, Raimund Th. 2006. Agrarzonen. In: Staiger, Brunhild/Friedrich, Stefan/Schütte, Hans Wilm (Hrsg.) 2006. China. Lexikon zu Geographie und Wirtschaft, Darmstadt, S. 110-113.

Marshall, Gordon 1998. Oxford Dictionary of Sociology, second Edition, Oxford.

Schubert, Günter 2006. Taiwan. In: Staiger, Brunhild/Friedrich, Stefan/Schütte, Hans Wilm (Hrsg.) 2006. China. Lexikon zu Geographie und Wirtschaft, Darmstadt, S. 243-248.

Staiger, Brunhild/Friedrich, Stefan/Schütte, Hans Wilm (Hrsg.) 2006. China. Lexikon zu Geographie und Wirtschaft, Darmstadt.

Sun Wanning 2006. Anhui. In: Staiger, Brunhild/Friedrich, Stefan/Schütte, Hans Wilm (Hrsg.) 2006. China. Lexikon zu Geographie und Wirtschaft, Darmstadt, S. 194-195.

Taubmann, Wolfgang 1998. Naturräumliche Gliederung und wirtschaftsgeographische Grundlagen. In: Herrmann-Pillath, Carsten/Lackner, Michael, unter Mitarbeit von Doris Fischer und Christoph Müller-Hofstede 1998. Länderbericht China. Politik, Wirtschaft und Gesellschaft im chinesischen Kulturraum, S. 31-57, Bonn.

Verschiedene Autoren 2006. Teil III: Regionen und Städte In: Staiger, Brunhild/Friedrich, Stefan/Schütte, Hans Wilm (Hrsg.) 2006. China. Lexikon zu Geographie und Wirtschaft, Darmstadt, S. 193-261.

Zhang, David Dian 2006. Guizhou. In: Staiger, Brunhild/Friedrich, Stefan/Schütte, Hans Wilm (Hrsg.) 2006. China. Lexikon zu Geographie und Wirtschaft, Darmstadt.

Periodika

Aus Politik und Zeitgeschichte. Beilage zur Wochenzeitung Das Parlament, Bonn.

Beijing Rundschau (BRu), Wochenzeitschrift, Beijing.

China aktuell (C. a.), Monats- bzw. Vierteljahreszeitschrift, Hamburg.

Far Eastern Economic Review (FEER), Hongkong.

Exit! Krise und Kritik der Warengesellschaft, Bad Honnef.

Exit! Krise und Kritik der Warengesellschaft, Berlin.

Journal of Current Chinese Affairs (JCCA, [vormals China aktuell], Vierteljahreszeitschrift, Hamburg.

Krisis. Zeitschrift für revolutionäre Theorie, Erlangen.

Krisis. beiträge zur kritik der warengesellschaft, Bad Honnef.

Streifzüge, Wien.

Beijing Rundschau 1979. Das Gesetz der Volksrepublik China über Gemeinschaftsunternehmen mit chinesischer und ausländischer Investitionsbeteiligung, 24. Juli 1979, S. 25-27. In: BRu 29/1979.

Beijing Rundschau 1997. Bericht über die Durchführung des Plans für die volkswirtschaftliche und gesellschaftliche Entwicklung 1996 sowie den Planentwurf für 1997 (Auszüge), von Chen Jinhua, Vorsitzender der Staatlichen Plankommission. In: Beijing Rundschau 14/1997, S. 26-28, Beijing.

Beijing Rundschau 1998.Bericht über die Durchführung des Plans für die volkswirtschaftliche und gesellschaftliche Entwicklung 1997 sowie den Planentwurf für 1998 (Auszüge). Vorsitzender der Staatlichen Planungskommission Chen Jinhua. In: Beijing Rundschau 15/1998, S. 23-26.

Beijing Rundschau 1997. Bericht über die Durchführung der zentralen und lokalen Haushaltspläne 1996 und den Entwurf der zentralen und lokalen Haushaltspläne 1997 (Auszüge), erstattet von Finanzminister Liu Zhongli. In: Beijing Rundschau 14/1997, S. 23-25.

Beijing Rundschau 1997. Bericht über die Durchführung des Plans für die volkswirtschaftliche und gesellschaftliche Entwicklung 1996 sowie den Planentwurf für 1997 (Auszüge), von Chen Jinhua, Vorsitzender der Staatlichen Plankommission. In: Beijing Rundschau 14/1997, S. 26-28.

Beijing Rundschau 1997. Staatliches Statistikamt der Volksrepublik China (Hrsg.) 1997. Statistisches Kommuniqué über die volkswirtschaftliche und gesellschaftliche Entwicklung 1997. In: Beijing Rundschau 19/998 S. 19-27.

Beijing Rundschau 1998. Staatliches Statistikamt der Volksrepublik China (Hrsg.) 1998. Statistisches Kommuniqué über die volkswirtschaftliche und gesellschaftliche Entwicklung 1998. In: Beijing Rundschau 13/1999, S. 24-33.

Beijing Rundschau 1998. Bericht über die Durchführung der zentralen und lokalen Haushaltspläne 1997 und den Entwurf der zentralen und lokalen Haushaltspläne 1998 (Auszüge), erstattet von Finanzminister Liu Zhongli. In: Beijing Rundschau 15/1998, S. 27-28.

Beijing Rundschau 1998. Staatliches Statistikamt der Volksrepublik China (Hrsg.). Statistisches Kommuniqué über die volkswirtschaftliche und gesellschaftliche Entwicklung 1997. In: Beijing Rundschau 19/998 S. 19-28, Beijing.

Beijing Rundschau 1999. Staatliches Statistikamt der Volksrepublik China (Hrsg.). Statistisches Kommuniqué über die volkswirtschaftliche und gesellschaftliche Entwicklung 1998, S. 25. In: Beijing Rundschau 13/1999, S. 24-33, Beijing.

Beijing Rundschau 1999. Bericht über die Durchführung der Haushaltspläne 1998 auf zentraler und lokaler Ebene und den Entwurf derselbigen für 1999 (Auszüge). Erstattet am 6. März 1999 auf der 2. Tagung des 9. Nationalen Volkskongresses (von Finanzminister Xiang Huaicheng). In: Beijing Rundschau, 16/1999, S. 26-34.

Beijing Rundschau 2000. Bericht über die Durchführung der Haushaltspläne 1999 auf zentraler und lokaler Ebene und den Planentwurf derselbigen für 2000. Erstattet am 6. März 2000 auf der 3. Tagung des 9. Nationalen Volkskongresses (von Finanzminister Xiang Huaicheng). In: Beijing Rundschau 16/2000, S. 19-32.

Böschen, Mark 2003. Arbeitsminister spricht von Jobverlusten im bisher ungekanntem Ausmaß. In: C. a. 3/2003, S. 304-305.

Böschen, Mark 2003. Neues Landvergabe-Recht bietet Einkommenschancen für Bauern. In: C. a. 3/2003, S. 305-306.

Darimont, Barbara 2007. Die Verabschiedung des Arbeitsvertragsgesetzes vor dem Hintergrund moderner Sklavenhaltung in der VR China. In: C. a. 5/2007, S. 96-114.

Giese, Karsten 2002. Mobilität und Migration in China. Teil 1: Von der Herrschaft des Plans zu den Erfordernissen der Reform. In: C. a. 4/2002, S. 400-409.

Giese, Karsten 2002. Mobilität und Migration in China. Teil 2: Im Zeichen von

Reform, Markt und Globalisierung. In: C. a. 5/2002, S. 519-531.

Giese, Karsten 2002. Mobilität und Migration in China. Teil 3: Herausforderungen des neuen Jahrhunderts. In: C. a. 7/2002, S. 752-758.

Heberer, Thomas 1995. Die stille Revolution von unten. Wandlungsprozesse im ländlichen Raum Chinas. In: Aus Politik und Zeitgeschichte. Beilage zur Wochenzeitung Das Parlament B/50/95 vom 8.12.1995, S. 27-37.

Heilmann, Sebastian 1996. Administrative Kontrolle und Steuerung der Migrantenströme. In: C. a. 4/1996, S. 357-357.

Heilmann, Sebastian 1997. Veränderungen der Migrantenströme und Bemühungen um ländliche Wohnsitzkontrolle. In: C. a. 8/1997, S. 739-739.

Hetmanczyk, Philipp 2007. Ergebnisse und Analysen im Antikorruptionskampf. In: C. a. 2/2007, S. 128-130

Holbig, Heike 1999. Bestätigung Zhu Rongjis als Leiter einer neuen Führungsgruppe zum „Aufbau West“. In: C. a. 11/1999, S. 1133-1134.

Holbig, Heike 2001. Lokalverwaltung in der VR China. Zum Wandel parteistaatlicher Kontrollstrukturen seit 1979. In: C. a. 2/2001, S. 153-168.

Holbig, Heike 2001. Schwieriger Balanceakt zwischen sozialer Stabilität und wirtschaftlichen Reformen. In: C. a. 6/2001, S. 594-595.

Holbig, Heike 2001. Reform des Haushaltsregistrierungssystems - erwünschter Urbanisierungsschub bleibt aus. In: C. a. 10/2001, S. 1068-1069.

Holbig, Heike 2002. Wachsende Zahl von Verwaltungsklagen. In: C. a. 4/2002, S. 19-19.

Holbig, Heike 2004. Gesellschaftliche Unruhen in verschiedenen Landesteilen. In: C. a. 10/2004, S. 1083-1086.

Holbig, Heike 2005. Neuerliche Gewaltkonflikte in Zhejiang und Hebei. In: C. a. 4/2005, S. 76-77.

Holbig, Heike 2006. Neue Evaluierungskriterien für lokale Partei- und Regierungskader. In: C. a. 2/2006, S. 105-106.

Holbig, Heike 2006. Neuerliche Gewaltkonflikte in Guangdong. In: C. a. 3/2006, S. 119-121.

Holbig, Heike 2007. Staatliches Amt für Korruptionsprävention gegründet. In: C. a. 5/2007, S. 158-159.

Klemm, Birte 2004. Regierungskampagne zur Unterstützung ländlicher Migranten. In: C. a. 1/2004, S. 11-12.

Kurz, Robert 1995. Die Himmelfahrt des Geldes. Strukturelle Schranken der Kapitalverwertung, Kasinokapitalismus und globale Finanzkrise. In: Krisis. beiträge zur kritik der warengesellschaft, Nr. 16/17, 1995, S. 21-76.

Kurz, Robert 1997. Antiökonomie und Antipolitik. Zur Reformulierung der sozialen Emanzipation nach dem Ende des >>Marxismus<<. In: Krisis. beiträge zur kritik der warengesellschaft, Heft 19, S. 51-105.

Kurz, Robert 2004. Die Substanz des Kapitals. Abstrakte Arbeit als gesellschaftliche Realmetaphysik und die absolute innere Schranke der Verwertung. Erster Teil: Die negative historisch-gesellschaftliche Qualität der Abstraktion "Arbeit". In: Exit! Krise und Kritik der Warengesellschaft, Nr. 1, 2004, S. 44-129.

Levy, Katja 2005. Das Ende des *hukou*-Haushaltsregistrierungssystems angekündigt. In: C. a. 6/2005, S. 64-65.

Liu Jen-Kai 2007. Korruption und Korruptionsbekämpfung in China - ein Kampf gegen Windmühlen. In: C. a. 5/2007, S. 70-95.

McLaughlin, Kathleen E. 2009. China's Rail Plans: Awesome or Awful? In: FEER June 2009, S. 41-44.

Mei Zhang 2007. From Rural Poverty to Urban Poverty. A Case Study in Shanxi. In: C. a. 2/2007, S. 9-38.

Moser, Günter 2009. Die Strukturreform des chinesischen Statistiksystems. In: JCCA 1/2009, S. 181-201.

Müller, Barbara 1996. Migrantengruppen und städtische Nischenwirtschaft: Das „Zhejiang-Dorf" in Beijing. In: C. a. 7/1996, S. 678-690.

Orlik, Tom/Rozelle, Scott 2008. China's Land Reform: Speeding the Plough, S. 20. In: FEER November 2008, S. 18-21.

Ortlieb, Claus Peter 3/2000. Gesellschaftskritik als Erkenntniskritik. Anmerkungen zu der Frage, warum Kritik der Theorie bedarf und wo deren Grenzen liegen. In: Streifzüge 3/2000, S. 8-13.

Ortlieb, Claus Peter 2009. Ein Widerspruch von Stoff und Form. Zur Bedeutung der Produktion des relativen Mehrwerts für die finale Krisendynamik. In: Exit! Kritik und Krise der Warengesellschaft, Nr. 6, 2009, Bad Honnef, S. 23-54.

Schneider, Florian 2004. Neue Maßnahmen sollen illegale Landnutzung einschränken. In: C. a. 5/2004, S. 479-480.

Scholz, Roswitha 2011. Das Abstraktionstabu im Feminismus. Wie das Allgemeine des warenproduzierenden Patriarchats vergessen wird. In Exit! 8/2011, Berlin, S. 23-44.

Schucher, Günter 2002. Plan zur Verbesserung der öffentlichen Gesundheitsversorgung in ländlichen Gebieten. In: C. a. 11/2002, S. 1242-1244.

Schucher, Günter 2003. Proteste gegen Umsiedlungen nehmen zu. In: C. a. 10/2003, S. 1201-1202.

Schucher, Günter 2004. Nationaler Volkskongress: Ausbau sozialer Sicherheit. In: C. a. 3/2004, S. 245-246.

Schucher, Günter 2004. Ländliche Gesundheitsversorgung soll verbessert werden. In: C. a. 3/2004, S. 1194-1195.

Schucher, Günter 2004. Einkommensunterschiede und soziale Stabilität beunruhigen Parteikader. In: C. a. 11/2004, S. 1190-1190.

Schucher, Günter 2005. Gelingt es der KP Chinas „rechtzeitig umzuschalten"? - Zur neuen Agrarpolitik, S. 18. In: C. a. 2/2005, S. 15-20.

Schucher, Günter 2005. Stabilität und/oder Entwicklung. In: C. a. 3/2005, S. 55-56.

Schucher, Günter 2005. Gesundheitsreform gescheitert. In: C. a. 4/2005, S. 81-82.

Schucher, Günter 2006. Agrarsteuer abgeschafft. In : C. a. 1/2006, S. 123-124.

Schucher, Günter 2006. Mehr Geld für die Bauern. In. C. a. 2/2006, S. 117-119.

Schucher, Günter 2006. Mehr Rechtsschutz für Migranten gefordert. In: C. a. 2/2006, S. 119-120.

Schucher, Günter 2006. Gesundheitsversorgung auf dem Lande soll verbessert werden. In: C. a. 3/2006, S. 127-128.

Schucher, Günter 2006. Chinas neues Arbeitsvertragsgesetz - Stärkung der Schwachen oder nur Beruhigungspille? In: C. a. 4/2006, S. 47-65.

Schucher, Günter 2006. Fragile Umweltsituation. In: C. a. 4/2006, S. 121-123.

Schucher, Günter 2006. Ein Gespenst geht um in China - das Gespenst sozialer Instabilität. In: C. a. 5/2006, S. 47-63.

Schucher, Günter 2006. Soziale Sicherung eine der Hauptsorgen der Städter. In: C. a. 5/2006, S. 113-115.

Schucher, Günter 2006. Kein Schutz gegen Landnahmen. In: C. a. 5/2006, S. 116-117.

Schucher, Günter 2006. Lecks und Lücken in der sozialen Sicherung. In: C. a. 6/2006, S. 130-131.

Schucher, Günter 2007. Landwirtschaft bleibt offiziell „No. 1". In: C. a. 1/2007, S. 114-115.

Schucher, Günter 2007. Besorgnis um Einkommenskluft. In: C. a. 1/2007, S. 116-117.

Schucher, Günter 2007. Klimawandel und Umweltzerstörung. In: C. a. 1/2007, S. 119-121.

Schucher, Günter 2007. NVK: Bessere Gesundheitsversorgung. In: C. a. 2/2007, S. 136-137.

Schucher, Günter 2007. NVK: Lohnzahlungen für Wanderarbeiter. In: C.a. 2/2007, S. 138-139.

Schucher, Günter 2007. Aufbau eines Gesundheitssystems. In: C. a. 3/2007, S. 122-123.

Schucher, Günter 2007. Chinas Streben nach Harmonie: Wunsch und Wirklichkeit. In: C. a. 5/2007, S. 40-69.

Schucher, Günter 2007. Hu Jintao fordert soziale Gerechtigkeit. In: C. a. 6/2007, S. 138-139.

Schucher, Günter 2007. Drei-Schluchten-Staudamm in der Kritik. In: C. a. 6/2007, S. 141-143.

Schüller, Margot 1995. Die Reform des chinesischen Finanzsystems: Banken und Kapitalmärkte im Wandel. In : C. a. 10/1995, S. 926-934.

Schüller, Margot 1997. China Wirtschaftsentwicklung im Jahre 1996. In: C. a. 4/1997, S. 339-343.

Schüller, Margot 1998. Migranten - Bedrohung für den städtischen Arbeitsmarkt. In: C. a., 1/1998, S. 21-21.

Schüller, Margot 2000. Chinas Wirtschaftsentwicklung 1999/2000: Abflachendes Wirtschaftswachstum trotz staatlicher Gegensteuerung. In: C. a. 4/2000, S. 389-395.

Schüller, Margot 2001. Chinas Wirtschaft am Ende des Millenniums. Anzeichen für Überwindung der Wachstumsschwäche im Jahre 2000 und ehrgeizige Ziele im 10. Fünfjahresplan. In: China aktuell 3/2001, S. 289-298.

Schüller, Margot 2001. Agrarsektor und WTO-Beitritt. In: C. a. 4/2001, S. 367-367.

Schüller, Margot 2002. China nach dem WTO-Beitritt. In: China aktuell 2/2002, S. 140-150.

Schüller, Margot 2004. Ländliche Einkommen und Getreideproduktion sollen im Jahr 2004 stärker steigen. In: C. a. 1/2004, S. 24-25.

Schüller, Margot 2004. Chinas wirtschaftlicher Aufstieg. Auslöser von Euphorie und Bedrohungsängsten. In: China aktuell 1/2004, 40-47.

Schüller, Margot 2004. Daten zur Wirtschaftsentwicklung 2003 veröffentlicht. In: C. a. 2/2004, S. 140-143.

Schüller, Margot 2004. NVK-Tagung: Ausgeglichene Regionalentwicklung als Ziel. In: C. a. 3/2004, S. 252-253.

Schüller, Margot 2004. Chinas Landwirtschaft. Neue Entwicklungstrends nach dem WTO-Beitritt. In: C. a. 5/2004, S. 515-527.

Schüller, Margot 2005. Hohe gesamtwirtschaftliche Wachstumsrate sendet unterschiedliche Signale aus. In: China aktuell 1/2005, S. 68-69.

Schüller, Margot 2007. China revidiert Wirtschaftsstatistiken, In: China aktuell 1/2006, S. 132-134.

Schüller, Margot 2007. Vorläufige Wirtschaftsdaten für 2005, China aktuell 1/2006, S. 134-136.

Späth, Daniel 2011. Das Elend der Aufklärung. Antisemitismus, Rassismus und Sexismus bei Immanuel Kant. Teil I: Transzendentalität und Zirkulationssubjektivität. In: Exit! 8/2011, Berlin, S. 45-78.

Stahlmann, Johanna W. 8/9/1991. Die Quadratur des Kreises. Funktionsmechanismus und Zusammenbruch der sowjetischen Planökonomie. In: Krisis. Zeitschrift für revolutionäre Theorie, Nr. 8/9, zweite unveränderte Auflage 4/1991, S. 39-68, Erlangen.

Staiger, Brunhild 1997. Bemühungen um Schulbesuch der Migrantenkinder. In: C. a. 4/1997, S. 290-291.

Staiger, Brunhild 1998. Probleme bei Schulbesuch von Migrantenkindern. In: C. a. 10/1998, S. 1108-1109.

Staiger, Brunhild 2001. Wissenschaftlich-technische Revolution zur Modernisierung der Landwirtschaft. In: C. a. 1/2001, S. 17-18.

Staiger, Brunhild 2004. Schulbesuch von Migrantenkindern. In: C. a. 1/2004, S. 18-19.

Willmann, Katrin 2005. Pläne zur neuen Entwicklungsstrategie für Zentralchina, S. 47. In: C. a. 3/2005, S. 47-47.

Willmann, Katrin 2006. Erneut Niederschlagung von Bauernprotesten in Guangdong. In: C. a. 1/2006, S. 109-112.

Willmann, Katrin 2006. Fortsetzung von gesellschaftlichen Unruhen und Reaktionen auf die Proteste der letzten Monate. In: C. a. 2/2006, S. 110-112.

Willmann, Katrin 2006. Neue Bestimmungen und Planungen zur Umweltverschmutzung und Energieknappheit. In: C. a. 2/2006, S. 113-114.

Willmann, Katrin 2006. Proteste in Guangdong und Sichuan. In: C. a. 6/2006, S. 120-121.

Willmann, Katrin 2007. Soziale Stabilität im Blickpunkt der KPCh. In: C. a. 1/2007, S. 103-104.

Willmann, Katrin 2007. Verstärkte Überwachung der lokalen Behörden im Antikorruptionskampf. In: C. a. 1/2007, S. 108-108.

Willmann, Katrin 2007. Analphabetentum nimmt zu. In: C. a. 3/2007, S. 116-117.

Zhang Junhua 2003. Der Aufbau eines sozialen Sicherungssystems in der VR China - eine kritische Betrachtung, (Teil 2), S. 993. In: C. a. 8/2003, S. 986-997.

Zhang Zhongji 1991. Wirtschaftsübersicht 1990. In: Beijing Rundschau, Jg 28, Nr. 2, vom 15.1.1991, S. 12-18.

Internet

Xiù Cai, Einblicke in die Welt der Chinesen für die Freunde des Ostasieninstituts der FH Ludwigshafen (Online-Zeitschrift), Ludwigshafen. http://xiucai.oai.de/.

4mare.com 2009. Chinas Atom-U-Boote . . . http://www.4mare.com/blog.de/?p=890&cpage=1, S. 1-3. Stand: 23.3.2010.

758,3 Mio. Beschäftigte im Jahr 2005 in China, http://german.china.org.cn/archive2006/txt/2006-06/14/content_2243332.htm, S. 1-1. Stand: 17.4.2008.

ADB Technical Assistance Consultant's Report 2006. People's Republic of China: Safe Drinking Water and Sanitation for the Rural Poor (Financed by the Poverty Reduction Cooperation Fund, March 2006). http://www.adb.org/Documents/Reports/Consultant/36594_PRC/36594_PRC-TACR.pdf, S. 1-160.

Agriculture, Forestry, Fishery and Husbandry Census o. J. http://eng.stat.gov.tw/public/Data/81716571017.pdf, S. 1-12.

Ali, Ifzal/Yao Xianbin 2004. Inclusive Growth for Sustainable Poverty Reduction in Developing Asia: The Enabling Role of Infrastructure Development. http://www.adb.org/Documents/ERDC/Policy_Briefs/PB027.pdf, S. 1-10.

Der Arbeitsmarkt in Deutschland Februar 2007. http://www.pub.arbeitsamt.de/hst/services/statistik/000000/html/start/monat/aktuell.pdf, S. 1- 47.

Asia News Network 2009. China riots ‚won't lead to rebellion'.

http://www.asianewsnet.net/print.php?id_3903, S. 1-1. Stand: 22.5.2009.
Asian Development Bank 1996. Technical Assistance To The People's Republic Of China For Industrial Pollution Investigation And Assessment In Town And Village Enterprises. http://www.adb.org/Documents/TARs/PRC/30067-PRC-TAR.pdf, S. 1-12.

Asian Development Bank 2006. People's Republic of China. Country Gender Assessment 25. http://www.adb.org.Documents/Reports/Country-Gender-Assessments/cga-prc.pdf, S. 1-104.

Auswärtiges Amt 2009. China: Wirtschaft. http://www.auswaertiges-amt.de/diplo/de/Laenderinformationen/China/Wirtschaft.html, S. 1-4. Stand: 25.6.2009.

Bass, Hans H. 2004. Auswirkungen des WTO-Beitritts auf den chinesischen Arbeitsmarkt. In: Kupfer, Kristin (Hrsg.) 2004. „Sprengstoff China?" Dimensionen sozialer Herausforderungen in der Volksrepublik. http://www.asienhaus.de/public/archiv/FocusAsien17.pdf, S. 55-65.

Beijing Rundschau 2002. Staatliches Statistikamt der Volksrepublik China (Hrsg.) 2002. Staatliches Kommuniqué über die volkswirtschaftliche und gesellschaftliche Entwicklung 2001. http://german.china.org.cn/de-tongji/index_2001.htm Stand: 24.4.2006.

Beijing Rundschau 2008. Dongguan: Ausweg aus der Krise. http://german.beijingreview.com.cn/reform/txt/2008-04/16/content_157937.htm, S. 1-2. Stand: 13.8.2008.

Beijing Rundschau 2008. Beschleunigung der Reform der Staatsbetriebe. http://www.bjrundschau.com/Wirtschaft/2008-08/13/content_142181_2.htm, S. 2. Stand: 20.8.2008.

Beijing Rundschau 2010. Chinas Haushaltsdefizit beläuft sich auf 950 Milliarden Yuan. http://www.bjrundschau.com/Wirtschaft/txt/2009-03/11/content_184171.htm, S. 1-2. Stand: 8.4.2010.

boerse.ARD.de 2008. Apocalypse now an der Börse. http://boerse.ard.de/druck.jsp?key=dokument_311102, S. 1-2. Stand: 15.9.2008.

boerse.ARD.de 2008. Finanzkrise erreicht neue Dimension. http://boerse.ard.de/druck.jsp?key=dokument_311102, S. 1-3. Stand: 16.9.2008.

boerse.ARD.de 2008. Die Finanzkrise dürfte sich noch verschärfen. http://boerse.ard.de/druck.jsp?key_dokument_311478, S. 1-2. Stand: 16.9.2008.

boerse.ARD.de 2008. Börsen-Kollaps auch in Japan. http://boerse.ard.de/druck.jsp?key_dokument_311400, S. 1-2. Stand: 16.9.2008.

börsenradar 2010. US-Firmen fürchten die Schuldenlawine. boersenradar.t-online.de/Aktuell/Anleihen/Schrottanleihen-US-Firmen-fuerchten-die-Schuldenlawine-22028804.html, S. 1-3. Stand: 16.3.2010.

Bundesagentur für Arbeit 2009. Statistik der Bundeagentur für Arbeit 2009. Arbeitslosigkeit im Zeitverlauf. http://www.sozialpolitik-aktuell.de/tl_files/sozialpolitik-aktuell/_Politikfelder/Arbeitsmarkt/Datensammlung/PDF-Dateien/abbIV33.pdf, S. 1-2.

Chen Jianbao 2006. ABD Institute Discussion Paper No. 45. Finance and Economic Development: Financing Township and Village Enterprises in the People's Republic of China. http://adb.org/files/2006.03.dp45.finance.development.prc.pdf, S. 1-17.

China: 58,000 „mass incidents" in first three months of 2009. http://retrenchment_blogbreaking.sg/2009/05/china-58000-mass-incidents-in-first-three-months-of-2009/, S. 1-4. Stand: 22.5.2009.

china.asiatelegraph o. J. China veröffentlich Militärbudget - Ausgaben um 17% gestiegen, S. 1. http://china.asiatelegraph.net/Politik/Militar/china-veroeffentlicht-militärbudget-ausgaben-um17-gestiegen.html, S. 1-3. Stand: 12.3.2010.

China's Employment Situation and Policies 2004. http://www.china.org.cn/english/2004/Apr/93983.htm, S. 1-17. Stand: 26.8.2008.

China daily 2006. China strives to handle mass incidents, S. 1. http://www.chinadaily.com.cn/china/2006-12/09/content_754796.htm, S. 1-1. Stand: 22.5.2009.

China. Fakten und Zahlen 2000. http://german.china.org.cn/de-internet/gq/htm/information.htm, S. 1-1. Stand: 24.4.2006.

China. Fakten und Zahlen 2000. Außenhandel und Außenwirtschaft. http://german.china.org.cn/de-internet/jj/htm/17-1.htm, S. 1-1. Stand: 24.4.2006.

China. Fakten und Zahlen 2003. http://www.china.com.cn/german/ger-shuzi2003/index.htm S. 1-1. Stand: 24.4.2006.

China. Fakten und Zahlen 2004. http://www.china.com.cn./german/ger-shzi2004/index.htm, S. 1-1. Stand: 30.3.2006.

China gibt Details über massive Finanzspritze bekannt. http://german.china.org.cn/txt/2008-12/10/content_16928982.htm, S. 1-1. Stand: 10.12.2008.

China Labour Bulletin 2002. The Third Wave of the Chinese Labour Movement in the Post-Mao Era. http:www.china-labour.org.hk/en/node/1894/print, S. 1-9. Stand: 13.8.2008.

China Labour Bulletin 2003. The Liaoyang Protest Movement of 2002-2003, and the Arrest, Trial and Sentencing of the „Liaoyang Two". http:www.china-labour.org.hk/en/node/100163/print, S. 1-29. Stand: 13.8.2008.

China Labour Bulletin (Hrsg.) 2006. Falling Through The Floor. Migrant Women Workers' Quest for Decent Work in Dongguan, China. http://www.clb.org.hk/en/files/File/research_reports/Women_Workers-Report.pdf, S. 1-54.

China Labour Bulletin 2007. Research Report No. 3. Small Hands. A Survey Report on Child Labour in China. http://www.china-labour.org.hk/enfiles/share/File/general/Child_labour_report_1.pdf, S. 1-39.

China Labour Bulletin 2008. Bone and Blood. The Price of Coal in China. CLB Research Report No. 6. http://www.cn.or.hk/en/files/File/bone_and_blood.pdf, S. 1-54.

China Labour Bulletin 2008. No Way Out. Worker Activism in China's State-Owned Enterprise Reform. http://www.clb.org.hk/en/files/share/File/research_reports/No_Way_Out-eng.pdf, S. 1-26.

China Labour Bulletin Research Reports 2009. Going it Alone. The Workers‘ Movement in China (2007-2008). http://www.clb.org.hk/en/files/File/research_reports/workersmovement07-08.pdf, S. 1-57.

chinanetz.info 2008. Chinas Militärausgaben steigen auf 84,9 Milliarden US-Dollar. http://chinanetz.info/blog/china-politik/chinas-militarausgaben-steigen-auf-849-milliarden-us-dollar, S. 1-1. Stand: 12.3.2010.

chinanetz.info 2010. Chinas Militäretat soll bis 2020 auf 360 Milliarden Dollar steigen. http://chinanetz.info/blog/china-politik/chinas-militaretat-soll-bis-2020-auf-360-Milliarden-dollar-steigen, S. 1-1. Stand: 21.3.2010.

CLB 2000. Child Labour in China. http://www.china-labour.org.hk/en/node/1360/print, S. 1-12. Stand: 13.2008.

CLB 2003. Summary of Workers Protests in November 2003. http://www.china-labour.org.hk/en/node/3346/print, S. 1-5. Stand: 13.8.2008.

CLB 2004. „Dagongmei“ - Female Migrant Labourers. http://www.china-labour.org.hk/en/node/3448/print, S. 1-8. Stand: 13.8.2008.

CLB 2004. Daily Telegraph‘s Report on Sweatshops in China, 22 December 2004. http://china-labour.org.hk/en/node/4048/print, S. 1-2.

CLB 2004. Rural working women in China: A short summary of concerns. http://www.china-labour.org/hk/en/node/3454/print, S. 1-3. Stand: 13.8.2008.

CLB 2005. Summary of Some Recent Mainland Chinese News Articles on Labour Issues in China: Up to August 2005. Occupational health and safety problems climbing in the private sector. http://www.china-labour.org.hk/en/node/17300/print, S. 1-3. Stand: 13.8.2008.

CLB 2005. Summary of Some Recent Mainland Chinese News Articles on Labour Issues in China: Up to August 2005. Private sector wages, benefits inferior to state enterprises. http://www.china-labour.org.hk/en/node/17300/print, S. 1-3. Stand: 13.8.2008.

CLB Research Reports No. 5 2007. Speaking Out. The Workers‘ Movement in China (2005-2006). http://www.clb.org.hk/en/files/File/research_reports/Workers_Movement_Report_final.pdf, S. 1-56.

CLB 2008. Is corporate „wolf-culture“ devouring China‘s over-worked employees? http://www.china-labour.org.hk/en/node/100253/print, S. 1-9. Stand: 23.7.2008.

CLB 2008. Migrant Workers in China. http://clb.org.hk/en/node/100259/print, S. 1-14. Stand: 23.7.2008.

CLB 2008. Migrant workers in China (vgl. den Link: statistics: demographics of migrant workers: vgl. Source: State Council (2006). Research Report on Chinese Migrant Workers. Age Structure of migrant workers (2004). Shiyen Chubanshe, o. S. http:www.china-labour.org.hk/en/files/migrant_workers/Demographics_of_migrant-workers.pdf, http://www.clb.org.hk/en/node/100259/print, S. 1-14. Stand: 23.7.2008.

CLB 2008. Migrant Workers start to win significant compensation awards in the court. http://www.china-labour.org.hk/en/node/50878/print, S. 1-3. Stand: 23.7.2008.

CLB 2008. New Migrant Worker Department faces a daunting task http://www..clb.hk/en/node/100277/print, S. 1-2. Stand: 23.7.2008.

CLB 2008. From Shanxi to Dongguan, slave labour is still in business. http://www.china-labour.org.hk/en/node/100250/print, S. 1-5. Stand: 23.7.2008.

CLB 2009. The Children of Migrant Workers in China. Part One: Those Left Behind. http://www.clb.org.hk/en/node/100459/print, S. 1-9. Stand: 11.5.2009.

CLB 2009. The Children of Migrant Workers in China. Part Two: Under the same sky? Rural migrant children in urban China. http://www.clb.hk/en/node/100460/print, S. 1-14. Stand: 11.5.2009.

CLB 2009. The Children of Migrant Workers in China. Part Three: The Government‘s Response. http://www.clb.org.hk/en/node/100457/print, S. 1-12. Stand: 11.5.2009.

CLB 2009. The Children of Migrant Workers in China. Part Four: Conclusions and recommendations. http://www.clb.org.hk/en/node/100458/print, S. 1-2. Stand: 11.5.2009.

CLB 2009. China‘s labour dispute resolution system. http://www.clb.org.hk/en/node100618/print, S. 1-6. Stand: 16.12.2009.

China Labour News Translations 2006. Owed Wages: Unresolved After Five Years. The Difficulties of a Migrant Worker Chasing Back Wages. Xinhua News Website, 30 November 2006. CLNT-5years-owedwages.pdf, S. 1-5.

China Labour News Translations 2007. Tracing the Causes of Owed Wages in the Construction Industry. Written by Hewu Qingying in Jin Yang Wang (. . .). 4 September 2007. CLNT_construction_owedwages.pdf, S. 1-5.

China Labour News Translations 2008. Comprehensive Guide to Retrieving Wages. Straits Metropolitan Daily, 4. January 2008. CLNT_guidegetting_wages.pdf, S. 1-5.

China Labour News Translations 2008. Migrant Workers and the Chronic Problem of Owed Wages.
http://www.clntranslations.org/article/28/migrant-workers-and-the-chronic-problem-of-owed-wages, S. 1-3. Stand: 28.2.2008.

China.Org.Cn 2008. No. 1 central document focuses on rural issues.
http://www.china.org.cn/government/policy_updates/2008-01/31/content_1241399.htm, S. 1-3. Stand: 12.11.2008.

Death toll in the Mengnanzhuang coal mine accident now risen to 64. http://www.china-labour.org.hk/en/node5032/print, S. 1-1. Stand: 28.8.2009.

http://detail.china.alibaba.com/buyer/offerdetail/44963219.html, S. 1-1. Stand: 6.3.2010.

http://detail.china.alibaba.com/buyer/offerdetail/312484072.html#playerStart, S. 1-1. Stand: 6.3.2010.

http://detail.china.alibaba.com/buyer/offerdetail/398061721.html, 1.-13. Stand: 6.3.2010.

http://detail.china.alibaba.com/buyer/offerdetail/398066485.html#playerStart, 1-13. Stand: 6.3.2010.

http://detail.china.alibaba.com/buyer/offerdetail/505630509.html, S. 1-10. Stand: 6.3.2010.

http://detail.china.alibaba.com/buyer/offerdetail/153489521.html#playerStart, S. 1-15. Stand: 6.3.2010.

EastSouthWestNorth 2006. Statistics of Mass Incidents.
http://www.zonaeuropa.com/20061115_1.htm, S. 1-5. Stand: 22.5.2009.

The Economist 2007. Food prices. The end of cheap food. http://www.economist.com/opinion/displaystory.cfm?story_id=10252015, S. 1-3. Stand: 23.4.2008.

Entfernung berechnen. http://www.new-media-engineering.com/entfernung/berechnen_weltweit.php, S.1-1. Stand: 25.8.2009.

Erling, Johnny 2005. Johnny Erling . . . aus China (3.7.1997 bis 31.12.1999) [Die Reportagen und Berichte in Xiù Cai (im Original in chinesischen Schriftzeichen; RGP) No. 60 bis 66]. Die Welt 1999/10/23. Chinas neue Reiche stellen ihren Luxus jetzt zur Schau, S. 19-20. In: Xiù Cai 2005, Nr. 66, 4.8.2005. http:/xiucai.oai.de/XiuCai/XiuCaiNo66.pdf, S. 1-59.

Farmers in Zhejiang are beaten and detainend after being cheated out of their land. http://www.china-labour.org.hk/en/node/51557/print, S.1-3. Stand: 20.05.2008.

FAZ.NET 2002. Täglicher Kalorienbedarf: Wieviel ist genug? http://www.faz.net/s/Rub9D229D57C7F9471296653BB3D3BB9B/Doc~E259DB07229184BF6B7CB1BABA588CBA8~ATplEcommon~Scontent.html, S. 1-2. Stand: 12.8.2009.

FAZ.NET 2008. Chinas Gesundheitssystem. Krankheit kann den Ruin bedeuten. http://www.faz.net/s/Rub00FF9a9C12F34E50BC46B4A9D1B2FFB4/Doc~E68753AA650FC4E08B146A31017C5B1EB~Atp/~Ecommon~Scontent.html, S. 1-3. Stand: 22.2.2010.

FAZ.NET 2010. Im Gespräch: Victor Shih, Northwestern University. „Chinas Schulden sind größer als wahrgenommen“. http://www.faz.net/s/Rub4B891837ECD14082816D9E088A2D7CB4/Doc~EB

889B1F03A734F728F7B992A2025AB80~ATpl~Ecommon~Sspezial.html, S. 1-6. Stand: 8.4.2010.

Focusonline 2010. Chinesen häufen gigantische Schulden an. http://www.focus.de/finanzen/news/krise-chinesen-haeufen-gigantische-schulden-an_aid_486763.html, S. 1-2. Stand: 22.3.2010.

Foodwatch 2008. Hintergrund: EU-Subventionen. EU: Milliardengrab und Sicherheitsrisiko. http://foodwatch.de/foodwatch/content/e10/e14669/e14719/e14739/EU-Subventionen_foodwatch_200804_ger.pdf, S. 1-4.

ftd 2010. China erhöht Militäretat um 7,5 Prozent. http://www.ftd.de/politik/international/:verteidigungsausgaben-china-erhoeht-militaeretat-um-7-5-prozent/50083715.html?, S. 1-1. Stand: 12.3.2010.

German.China.Org.cn. 2004. Weißbuch zur Beschäftigungslage und -politik veröffentlicht. http://german.china.org.cn/news/txt/2004-04/27/content_2111476.htm, S. 1-2. Stand: 26.8.2008.

German.China.org.cn 2008. China beschließt 460-Milliarden-Euro-Konjunkturprogramm. http://german.china.org.cn./tx7/2008-11/10/content_16741482.htm, S. 1-2. Stand: 10.11.2008.

German.China.Org.Cn 2008. China: Dorfbewohner legen Müllverbrennungsanlage lahm. http://german.china.org.cn/environment/txt/2008-11/13/content_16761251.htm, S. 1-1, Stand: 17.11.2008.

German.China.Org.Cn 2008. China garantiert 109 Millionen Landbewohnern sauberes Trinkwasser. http://german.china.org.cn/environment/txt/2008-12/25/content_17006469.htm, S. 1-1. Stand 27.12.2008.

German.China.Org.Cn 2008. Ländliche Gebiete brauchen dringend Lehrer. http://german.china.org.cn/china/2008-12/22/content_16989018.htm, S. 1-1. Stand: 22.12.2008.

German.China.Org.Cn 2008. Mehr Hilfe für Bedürftige: China hebt die Armutsgrenze an. http://german.china.org.cn/fokus/2008-12/24/content_17000424.htm, S. 1-2. Stand: 24.12.2008.

German.China.Org.cn. 2008. Konjunkturpaket soll Lebensstandard der chinesischen Bevölkerung verbessern. http://german.china.org.cn/fokus/2008-12/11/coontent_16935118.htm, S. 1-2. Stand: 11.12.2008.

German.China.Org.Cn (Hrsg.) 2008. Schulpflicht in China Realität geworden. http://german.china.org.cn/china/2008-12/26/content_17013856.htm, S. 1-2. Stand: 27.12.2008.

German.China.org.cn 2010. „Nackte Beamte" stehen im Visier 1. http://german.china.org.cn/fokus/2010-01/12/conent_19222084.htm, S. 1-1. Stand: 27.1.2010.

German.China.org.cn 2010. Chinas Bruttoinlandsprodukt stieg 2009 um 8,7 Prozent. http://german.china.org/cn/fokus/2010-01/21/content_19284428.htm, S. 1-1. Stand: 27.1.2010.

German.China.Org.Cn 2010. Chinesische Regierung zieht staatliche Unternehmen vom Immobilienmarkt ab. http://german.china.org.cn/fokus/2010-03/21/content_19652254.htm, S. 1-1. Stand: 22.3.2010.

gft 2009. United States of America Military Strength. http://www.globalfirepower.com/country-military-strength-detail.asp?country_id=United-States-of-America, S. 1-2. Stand: 19.3.2010.

GOV.cn 2006. The 11 Five Year Plan: Targets, Paths and Policy Orientation. Ma Kai, Minister, National Development and Reform Commission, March 19, 2006. http://www.gov.cn/english2006-03/23/content_234832.htm, S. 1-4. Stand: 14.1.2009.

Gov.cn (China's Goverment's Official Web Portal) 2008. China vows to deepen rural reform in 2008. http://sousuo.gov.cn/pagephoto?photopage=gw_js%2Fen%2photoingsp&channelid=6001&searchword=%2Cdecree%2Cone%C2003&url=http:english.gov.cn/2008-0/31/content_875805.htm, S. 1-3. Stand: 12.11.2008.

Gov.cn (Chinese Government's Official Web Portal) 2008. More funds destined for countryside. http://english.gov.cn/2008-02/12/content_888045.htm, S. 1-1. Stand: 12.11.2008.

Grember, Klaus von/Fritschel, Heidi/Nestorova, Bella/Olofinbiyi, Tolulope/Pandya-Lorch, Rajul/Yohannes,Yisehac 2008. Welthunger-Index. Herausforderung Hunger 2008, Bonn, Washington D. C., Dublin, Oktober 2008. Welthunger-Index-2008_2.pdf, S. 1-42.

Haag, Daniela 2004. Autofinanzierung in China, S. 26. In: Xiù Cai, Nr. 40, 26.8.2004. http://xiucai.oai.de/XiuCai/XiuCaiNo40.pdf. S. 1-108.

Hamburger Abendblatt 2011. Ökonom Max Otte: "Keine Hilfen mehr für Athen". http://www.abendblatt.de/wirtschaft/article2009588/Oekonom-Max-Otte-Keine-Hilfen-mehr-fuer-Athen.html, S. 1-3. Stand: 16.09.2011.

Heberer, Thomas o. J. 20 Jahre Reformpolitik im Lichte sozialen und politischen Wandels. Eine thesenhafte Bestandsaufnahme. http://www.ahk_china.org/download/20-jahre-reformpolitik.pdf, S. 1-24.

Heberer, Thomas 2004. Karl August Wittfogel und die *Orientalische Despotie* in China. Totaler Staat, schwaches Eigentum? Vortrag zum Symposium anlässlich des 90. Gründungstages der Johann Wolfgang Goethe-Universität Frankfurt/M. 14.07.04. In: Xiù Cai Nr, 47, 31.10.2004, http://xiucai.oai.de/XiuCai/XiuCaiNo47.pdf, S. 23-38.

Human Rights Watch 2008. China: Ausbeutung von Wanderarbeitern in Peking. Erbauern des „Neuen Peking" werden Löhne und Grundversorgung verweigert. https//hrw.org/german/docs/2008/03/12/china18279_txt.htm, S. 1-4. Stand: 2.5.2008.

IHLO 2008. Working Conditions. New Labour Contract Law: Myth and reality six month after implemantation. http://www.ilho.org/LRC/WC/270608.html, S. 1-8. Stand: 28.7.2008.

January 2006: China responds to increasing social unrest with greater repression. http://www.hrichina.org/public/contens/article?print=t&revision%5fid=36026 8item%fid=26823, S. 1-5. Stand: 20.5.2008.

Japan und die USA im finanzkapitalistischen Dilemma, http://www.science-explorer.de/reports/finanzdilemma.htm, S. 1-6. Stand: 13.3.2007.

Jensen, Annette 2008. Modernes Arbeitsrecht für das Milliardenvolk, S. 1. In: Magazin Mitbestimmung 07+08/2008. http://www.boeckler.de/107_91907.html?cis_mode=print, S. 1-4. Stand: 5.8.2008.

Jin Liqun 2007. China in the Global Economy. http://www.adb.org/printer-friendly.asp?fn=%2FDocuments%2FSspeeches%2F2007%2Fms2007066.asp &news=none, S. 1-8. Stand: 12.2.2009.

Kaiser, Walter 1994. http://www.histech.rwth-aachen.de/content/1585/zur_lean_production.pdf, S. 1-25.

Kampagne für saubere Kleidung 2009. Aktuelle Fälle: Zentrum für Wanderarbeiter Shenzhen / China. Der Gründer des Wanderarbeiter-Zentrums Huang Qing-nan wird vor Gericht diskriminiert. http://saubere-kleidung.de/ccc-10_eilaktionen/ccc-11-04_afdgz_china.html, S. 1-4. Stand: 2.2.2009.

Kantelhardt, Wolf 2008. Das Ende der großen Solidarität. In: Freitag 2008, Nr. 17, 25.4.2008. http://www.freitag.de/2008/17/08/172101php, S. 1-6.

Kinkel, Stefan/Maloca, Spomenka 2007. Produktionsverlagerung rückläufig. Ausmaß und Motive von Produktionsverlagerung und Rückverlagerung im deutschen Verarbeitenden Gewerbe. http://www.isi.fhg.de/pr/2007de/pri01/Endbericht_18Jan07.pdf, S. 1-12.

Kupfer, Kristin (Hrsg.) 2004. „Sprengstoff China?“ Dimensionen sozialer Herausforderungen in der Volksrepublik. http://www.asienhaus.de/public/archiv/FocusAsien17.pdf, S. 1-131.

Kupfer, Kerstin 2007. „Warum ist denn mit Sozialismus keine Marktwirtschaft zu machen?“ (Deng Xiaoping). Ein Überblick über den chinesischen Reformprozess seit 1978 und die ihn begleitenden Debatten in Partei und Gesellschaft. In: Wen Dale 2007. Wie China die Globalisierung bewältigt. Ein kritischer Blick auf die Reformpolitik seit 1978. Mit einer Einleitung von Kerstin Kupfer. http://www.asienhaus.de/public/archiv/focus28.pdf, S. 1-64.

Kurz, Robert o. J. Der Appetit des Leviathan. Privatisierung und “schlanker Staat”: eine Illusion, http://www.giga.or.at/others/krisis/r-kurz_appetit-des-leviathan.html, S. 1-4. Stand: 7.8.2002.

Kurz, Robert o. J. Gibt es einen konfuzianischen Kapitalismus? Anmerkungen zu einem asiatischen Mißverständnis, http://www.giga.or.at/others/krisis/r-kurz_konfuzianischer-kapitalismus-folha.html, S. 1-4. Stand: 24.9.2002.

Kurz, Robert 1987. Abstrakte Arbeit und Sozialismus. Zur Marxschen Werttheorie und ihrer Geschichte. In: Marxistische Kritik, Nr. 4, Dez. 1987, S. 57-108, S. 1-53, http://www.giga.or.at/others/krisis/r-ku. . . kte-arbeit-und-sozialismus_mk4-1988.html , Stand: 7.8.2002.

Kurz, Robert 1995. Postmarxismus und Arbeitsfetisch. Zum historischen Widerspruch in der Marxschen Theorie, http://www.giga.or.at/others/krisis/r-ku. . .us-und-arbeitsfetisch_ _krisis15_1995.html, S. 1-18, Stand: 7.8.2002.

Kurz, Robert 1997. Kanonen und Kapitalismus. Die militärische Revolution als Ursprung der Moderne. http://exit-online.org/druck.php?tabelle_schwerpunkte&posnr=80, S. 1-4. Stand: 27.09.2011.

Kurz, Robert 2002. Der Knall der Moderne. Innovation durch Feuerwaffen, Expansion durch Krieg: Ein Blick in die Urgeschichte der abstrakten Arbeit. In: Jungle World, 9.1.2002, http://www.giga.or.at/others/krisis/r-kurz_knall-der-moderne.html, S. 1-10, Stand: 1.7.2002.

Kurz, Robert 2004. Der ontologische Bruch. Vor dem Beginn einer anderen Weltgeschichte. Referat zum Roberto-Schwarz-Symposion in Sao Paulo, August 2004, wird in portugiesischer Übersetzung als Beitrag für einen Sammelband im Frühjahr 2005 in Sao Paulo erscheinen, http://www.exit-online.de.org/html/druck.php, S. 1-10, Stand: 11.2.2005.

Kurz, Robert 2006. Geschichte als Aporie. Vorläufige Thesen zur Auseinandersetzung um die Historizität von Fetischverhältnissen. Erste Folge. http://www.exit-online.org/druck.php?tabelle=aktuelles&posnr=207, Stand:

9.8.2006.

Kurz, Robert 2009. Die Stunde der Wahrheit. Konturen eines sozialen Notstandsprogramms nach der Bundestagswahl. In: Freitag, 12.6.2009. S. 1-2. http://exit-online.org/druck.php?tabelle=akutelles&posnr=366. Stand: 13.6.2009.

Kurz, Robert 2009. Kapitalismus ohne Mehrwert? Eine zu kurz greifende Debatte über die Grenzen des Wachstums, erschienen in der Printausgabe der Wochenzeitung „Freitag“ am 24.07.2009. http://exit-onlinhe.org/druck.php?tabelle=aktuelles&posnr=371, S. 1-3. Stand: 28.7.2009.

Kurz, Robert 2009. Den Kapitalismus gesundpflegen? Die Linke und der historische Finanzkrach. http://exit-online.org/druck.php?tabelle=aktuelles&posnr=374, S. 1-3. Stand: 18.8.2009.

Kurz, Robert 2010. Von der Euro-Krise zur Weltwährungskrise?, erschienen im Neuen Deutschland am 5.3.2010. http/exit.online.org/druck.php?tabelle=aktuelles&posnr=466, S. 1-2. Stand: 6.3.2010.

Kurz, Robert 2011. Ökonomisches Doping. http://exit-online.org/textanz1.php?tabelle=aktuelles&index=0&posnr=532. S. 1-2. Stand: 20.9.2011.

LabourNet Germany 2004. China: Wirtschaftswunderland - für wen? http://www.labournet.de/internationales/cn/wirtschaftswunder.htm, S. 1-3. Stand: 16.2.2010.

LabourNet.de Germany 2007. Kapitalismus in China, Zusammenfassung von Reinhold Schramm. http://www.labournet.de/internationales/cn/schramm2.html, S. 1-2. Stand: 6.1.2008.

LabourNet.de Germany 2008. Breaking or Taking the Law - Studie zur Umsetzung des Arbeitsvertragsgesetzes in China erschienen. http://www.labournet.de/internationales/en/studie_lcl, S. 1-4. Stand: 18.92008.

Lin Justin Yifu/Cai Fang/Li Zhou o. J. The Lessons of China's Transition to a Market Economy, http://www.cato.org/pubs/journal/cj16n2-3.html, S. 1-25. Stand: 30.11.2002.

Lin Yutang 2005[1936] Mein Land und mein Volk, aus dem Amerikanischen übertragen von W. E. Süskind (Titel der Originalausgabe: *My Country And My People*, Stuttgart, Berlin [Nachdruck in Xiù Cai 28.2. 2005, Nr. 54. Leicht bearbeitet, mit Schriftzeichen und Anmerkungen versehen: Jörg-M. Rudolph. Scan: Joseph Förster.]. http://xiucai.oai.de/XiuCai/XiuCaiNo54.pdf.

Local elections in Hubei manipulated by village chiefs. http://china-labour.org.hk/en/node/44840/print, S. 1-2. Stand: 20.05.2008.

Lohoff, Ernst 1989. Staatskonsum und Staatsbankrott, http://www.giga.or.at/others/krisis/e-lo. . . skonsum-und-staatsbankrott_mk6-1989.html, S. 1-27. Stand: 25.6.2002.

Lüthje, Boy 2006. Produktionsmodell China? Electronic Contract Manufacturing: globale Produktion und neue Arbeitsregime (Teil 1). In: Express, Zeitschrift für sozialistische Betriebs- und Gewerkschaftsarbeit 2/06. http://www.labournet.de/internationales/en/luethje.html, S. 1-4. Stand: 5.4.2006.

Maass, Harald 2008. Unternehmen wandern ab. Auch China wird teurer. https://www.fr-online.de/_inc/_globals/print.php?cm_cnt=1299025, S. 1-2. Stand: 2.5.2008.

Mainland Affairs Council 2007. Background information: the frequent occurrence of mass incidents in China pushes it into becoming a „risk society".

http://wwws.mac.gov.tw/english/macpolicy/risk961228.htm, S. 1-2. Stand 22.5.2009.

Major migrant worker exporting provinces. Based on the 2002 survey of the Rural Research Team, National Statistics of Bureau; quoted in State Council (2006). *Research Report on Chinese Migrant Workers*. Shiyen Chubanshe. http://www.china-labour.org.hk/en/files/share/Image/statistics/migrant-workers/Major_migrant_workers-exporting-and-importing-provinces-pie.pdf, S. 1-3.

Migrant worker exporting and importing provinces. Source: State Council (2006). Research Report on Chinese Migrant Workers. Shiyen Chubanshe. http://www.china-labour.org.hk/en/files/share/Imabge/statistics/migrant-workers/Major_migrant_workers-exporting-and-importing-provinces-pie.pdf, S. 1-3.

Major migrant worker importing provinces. Based on the 2002 survey of the Rural Research Team, National Statistics of Bureau; quoted in State Council (2006). *Research Report on Chinese Migrant Workers*. Shiyen Chubanshe. http://www.china-labour.org.hk/en/files/share/Imabge/statistics/migrant-workers/Major_migrant_workers-exporting-and-importing-provinces-pie.pdf, S. 1-3.

Min Tang 2008. Inclusive Growth and the New Phase of Poverty Reduction in the People's Republic of China. http://www.adb.org/Documents/Periodicals/ADR/ADR-Vol/25-1-1-Tang.pdf, S. 81-99.

Mine managers in Henan be suspended if nine people die in one accident. http://www.china-labour.org.hk/en/node/38550/print, S. 1-1. Stand: 28.7.2009.

National Bureau of Statistics of China (Hrsg.) 2002. Statistical Communique of the People's Republic of China on the 1998 National Economic and Social Development. http://english.gov.cn./official/2005-07/26/content_17314.htm, S. 1-7. Stand: 13.4.2010.

National Bureau of Statistics of China (Hrsg.) 2002. Statistical Communique of the People's Republic of China on the 1999 National Economic and Social Development.
http://www.stats.gov.cn/was40/gjtjj_en_detail.jsp?channelid=4920&record=51, S. 1-7. Stand: 13.4.2010.

National Bureau of Statistics (Hrsg.) 2002. Statistical Communique of the People's Republic of China on the 2000 National Economic and Social Development. http://english.gov.cn/official/2005-07/26/content_17314.htm, S. 1-8. Stand: 2.5.2006.

National Bureau of Statistics (Hrsg.) 2002. Statistical Communique of the People's Republic of China in the 2001 National Economic and Social Development. http://english.gov.cn/offivial/2005-07/26/content_17337.htm, S. 1-8. Stand: 2.5.2006.

National Bureau of Statistics of China (Hrsg.) 2002. Communique on General Results of the Manual Tabulation for the First National Census of Agriculture in China by the National Agricultural Census Office in China, No. 1-5, (http-Adresse und Stand siehe die einzelnen Nr.).

National Bureau of Statistics of China (Hrsg.) 2002. Agricultural Census Communique No. 1. Great Success Achieved by the First National Census of Agriculture.
http://www.stats.gov.cn/was40/gjtjj_en_detail.jsp?.channelid=4920&record=41, S. 1-3. Stand: 28.3.2008.

National Bureau of Statistics of China (Hrsg.) 2002. Agricultural Census

Communique No. 2. Number and Structure of Rural Holdings. http://www.stats.gov.cn/was40/gjtjj_en_detail.jsp?channelid=4920&record=40 , S. 1-4. Stand: 28.3.2008.

National Bureau of Statistics of China (Hrsg.) 2002. Agricultural Census Communique No. 3. Rural Persons Engaged and Agricultural Machinery. http://.www.stats.gov.cn./was40/gjtjj_en_detail.jsp?channelid=4920&record=39, S. 1-3. Stand: 28.3.2008.

National Bureau of Statistics of China (Hrsg.) 2002. Agricultural Census Communique No. 4. Rural Town Districts and Their Socio-Economic Conditions. http://www.stats.gov.cn./was40/gjtjj_en_detail.jsp?channelid=4920&record=38, S. 1-4. Stand: 28.3.2008.

National Bureau of Statistics of China (Hrsg.) 2002. Agricultural Census Communique No. 5. Total Amount of Cultivated Land Area and Ist Structure. http://www.stats.gov.cn.was40/gjtjj_en_detail.jsp?vhannelid=4920&record=37, S. 1-3. Stand: 28.3.2008.

National Bureau of Statistics (Hrsg.) 2003. Statistical Communique of the People's Republic of China on the 2002 National Economic and Social Development. http://english.gov.cn./official/2005-09/29/content_73144.htm S. 1-12. Stand: 2.5.2006.

National Bureau of Statistics (Hrsg.) 2004. Statistical Communique of the People's Republic of China on the 2003 National Economic and Social Development. http://english.gov.cn/official/2005-09/30/content_73946.htm, S. 1-11. Stand: 2.5.2006.

National Bureau of Statistics (Hrsg.) 2005. Statistical Communique of the People's Republic of China on the 2004 National Economic and Social

Development. http://english.gov.cn./official/2005-10/07/content_73725.htm S.1-11. Stand: 2.5.2006.

National Bureau of Statistics (Hrsg.) 2005. Communiqué on 2004 Rural Poverty Monitoring of China. http://www.stats.gov.cn/was40/gjtjj_en_detail.jsp?channelid=49208&record=26, S. 1-6. Stand: 13.3.2008.

National Bureau of Statistics (Hrsg.) 2006. Communiqué On Major Data Of The First National Census of China (No. 1), S. 1-5. http://www.stats.gov.cn./english/newsandcomingevents/t200060301_402307658.htm. Stand: 1.2.2008.

National Bureau of Statistics (Hrsg.) 2006. Statistical Communique of the People's Republic of China on the 2005 National Economic and Social Development. http://www.stats.gov.cn/english/newsandcomingevents/t20060302_402308116.htm S. 1-21. Stand: 2.5.2006.

National Bureau of Statistics (Hrsg.) 2007. Statistical Communiqué of the People's Republic of China on the 2006 National Economic And Social Development. http://www.stats.gov.cn/english/newsandcomingevents/t20070301_402388091.htm, S. 1-22. Stand: 15.6.2007.

National Bureau of Statistics of China (Hrsg.) 2008. Communiqué on Major Data of the Second National Agricultural Census of China (No. 1). http://www.stats.gov.cn/english/newsandcommingenvents/t20080226_402464541.htm, S. 1-4. Stand: 11.3.2008.

National Bureau of Statistics of China (Hrsg.) 2008. Communiqué on Major Data of the Second National Agricultural Census of China (No. 2).

Agricultural Basic and Production Conditions.
http://www.stats.gov.cn./english/newsandcomingevents/t20080227_40246477 2.htm, S. 1-5. Stand: 11.3.2008.

National Bureau of Statistics of China (Hrsg.) 2008. Communiqué on Major Data of the Second Agricultural Census of China (No. 3). Rural Infrastructural Construction and Basic Social Services.
http://www.stats.gov.cn/english/newsanddomingevents/t20080229_402465269 .htm, S. 1-7. Stand: 11.3.2008.

National Bureau of Statistics of China (Hrsg.) 2008. Communiqué on Major Data of the Second National Agricultural Census of China (No.4). Living Conditions of Rural Households.
http://www.stats.gov.cn/english/newsandcomingevents/t20080229_402465351 .htm, S. 1-4. Stand: 11.3.2008.

National Bureau of Statistics of China (Hrsg.) 2008. Communiqué on Major Data of the Second National Agricultural Census of China (No. 5). Rural Labor Force Resources and Employments.
http:/www.stats.gov.cn/english/newsandcomingevents/t20080303_402465584. htm, S. 1.-3. Stand: 11.3.2008.

National Bureau of Statistics of China (Hrsg.) 2008. Communiqué on Major Data of the Second National Agricultural Census of China (No. 6). Distribution and Classification of Cultivated Land.
http://www.stats.gov.cn/english/newsandcomingevents/t2008030.3_40246563 0.htm, S. 1-2. Stand: 11.3.2008.

National Bureau of Statistics of China (Hrsg.) 2008. Statistical Communiqué of the People's Republic of China on the 2007 National Economic and Social Development.
http://www.stats.gov.cn/english/newsandcomingevents/t20080228_402465066

.htm, S. 1-20. Stand: 11.3.2008.

National Bureau of Statistics of China (Hrsg.) 2009. Statistical Communiqué of the People‘s Republic of China on the 2008 National Economic and Social Development.
http://www.stats.gov.cn/english/newsandcomingevents/t20080226_402540784.htm, S. 1-19. Stand: 26.2.2009.

National Bureau of Statistics o China (Hrsg.) 2010. Statistical Communiqué of the People‘s Republic of China on the 2009 National Economic and Social Development.
http://www.stats.gov.cn/was40/gjtjj_en_detail.jsp?searchword=Statistical+Communiqu%A8%A6+of+the+People%A1%AEs+Republic+of+China+on+the+2009+National+Economic+and+Social+Development&channelid=9528&record=1, S. 1-22. Stand: 7.3.2010.

Naturally Healthy o. J. Der lange Weg vom Feld zum Teller.
http://www.altameda.de/cms/artikel/3004061144.html, S.1-2. Stand: 10.8.2009.

The New Five-Year Plan. http://french.org.cn/english/China/148214.htm, S. 1-5. Stand: 14.1.2009.

People Daily 2010. No 1 central document still focuses on rural issues.
http://english.peopledaily.com.cn/90001/90776/90785/6860369.htm, S. 1-3. Stand: 2.2.2010.

Planet Wissen - Amazonien o. J.
http://ftp01.wdr.de/natur_technik/wald/amazonien/index.jsp, S. 1-3. Stand: 23.8.2011.

PortAsian o. J. Der Drache erhebt sich. China in Zahlen. http:www.portaasia.de/Content/PDF/ChinaZahlen.pdf, S. 1-25.

Qian Yingyi 4/1999. The Process of China's Market Transition (1978-1998): The Evolutionary, Historical, and Comparative Perspectives. http://ww.econ.stanford.edu/faculty/workp/swp99012.pdf, S. 1-34.

Research Group for China Modernization Strategies (Hrsg.) 2006. Ecological Modernization Report 2007, Research Group for China Modernization Strategies, China Center for Modernization Research, Chinese Academy of Sciences, October 21, 2006. http://cn.chinagate.cn/english/reports/50007.htm, S. 1-10.

http://search.china.alibaba.com/search/offer_search.htm?keywords=tv&button_click=top, S. 1ff. Stand: 6.3.2010.

http://search.china.alibaba.com/selloffer/%E7%94%B5%E8%AF%9D%E6%9C%BA/17.html?sort_promotion=false&is_no_repost=false&is_only_alipay=false&show_style=img&only_one_price=false&offset=17, S. 1-17. Stand: 6.3.2010.

Scheidhauer, Anne 2008. CSR, CoC, prima Gesetze . . . . . . nur schade, dass Cadmium und Blei nicht lesen können - auch nicht in China (erschienen im express, Zeitung für sozialistische Betriebs- und Gewerkschaftsarbeit, 5/08). http://www.labournet.de/internationales/cn/scheidhauer.html, S. 1-4. Stand: 23.6.2008.

Schneider, Rafael 2009. Konjunkturprogramm für weltweite Ernährung. Die Bewältigung der Wirtschaftskrise sollte auch Vorbild für die Bewältigung der Hungerkatastrophe sein. In: Welternährung. Die Zeitung der Welthungerhilfe, 2. Quartal 2009, 38. Jahrgang. www.welthungerhilfe.de, S. 1-16.

Schramm, Reinhold 2008. Wirtschaft und Soziales in China. Ungeschminkte Fakten zur kapitalistischen Realität. http://hvw.org/german/docs/2008/03/12/china18279_txt.htm, S. 1-5. Stand: 8.5.2008.

Second wave of China Labour Unrest? http:/www.labournet.de/internationales/cn/yan.html, S. 1-4. Stand: 11.3.2006.

Sinn, Hans-Werner 2011. EZB und Rettungsfonds dürfen keine Staatsanleihen kaufen. Die Stimmrechte im EZB-Zentralbankrat sind nach den Kapitalanteilen zu gewichten. http://www.cesifo-group.de/portal/page/portal/ifoHome/B-politik/10echomitarb/_echomitarb?item_link=ifostimme-hdbl-16-09-11.htm, S. 1-2. Stand: 16.9.2011.

sinodefense 2009. Naval Forces. http://www.sinodefense.com/navy/default.asp, S. 1-1. Stand: 23.3.2010.

sinodefense 2010. Air Forces. http://www.sinodefence.com/airforce/default.asp, S. 1-1. Stand: 23.03.2010.

SIPRI Publications 2009. Military expenditure of USA. http://milexdata.sipri.org/result.php4, S. 1-2. Stand: 20.3.2010.

SIPRI Publications 2009. Military expenditure of China. http://milexdata.sipri.org/result.php4, S. 1-2. Stand: 20.3.2010.

SIPRI Yearbook 2009. Armaments, Disarmanents and International Security. Kurzfassung auf Deutsch. http://www.sipri.org/yearbook/2009/files/SIPRIB09summaryDE.pdf, S. 1-24.

Sixteen killed in chemical plant explosion. http://www.china-labour.org.hk/en/node/38353/print, S. 1-1. Stand: 28.7.2009.

Soong, Roland 2006. China: Statistics of Mass Incidents - By Absurdist Republic. http://my.opera.com/PRC/blog/show.dm/581789, S. 1-3. Stand: 22.5.2009.

Der Spiegel 12/2008. China. Großer Knüppel. http://wissen.spiegel.de/wissen/image/show.html?did=56240601 8&aref=image 036/2008/03/15ROSP200801201040108.PDF&thumb=false, S. 104-108. Stand: 23.3.2010.

SpiegelOnline 2008. Chinas Marine drängt auf die Weltmeere. http://www.spiegel.de/politik/ausland/0,1518,druck-551271,00.html, S. 1-2. Stand: 23.3.2010.

Staatsverschuldung: gegenwärtige Höhe. http://www.staatsverschuldung.de/hoehe.htm, S. 1-2. http://www.sgipt.org/politpsy/aktuell/pwk/04/Pwk04-31.htm#Deutschland,%20Japan,%20USA%20Schuldenvergleich%202003: Stand: 13.3.2007.

Staatsverschuldung: Vergangenheit. http://www.staatsverschuldung.de/vergang.htm, S. 1-2. http://www.sgipt.org/politpsy/aktuell/pwk/04/Pwk04-31.htm#Deutschland,%20Japan,%20USA%20Schuldenvergleich%202003: Stand: 13.3.2007.

Staatsverschuldung: Europa, http://www.staatsverschuldung.de/ausland.htm, S. 1-2. http://www.sgipt.org/politpsy/aktuell/pwk/04/Pwk04-31.htm#Deutschland,%20Japan,%20USA%20Schuldenvergleich%202003: Stand: 13.3.2007.

Staatsverschuldung 2008. USA. http://www.staatsverschuldung.de/usa01.htm, S. 1-2. Stand: 8.4.2010.

Staatsverschuldung 2009. Europa. http://www.staatsverschuldung.de/ausland.htm, S. 1-2. Stand: 8.4.2010.

Staatsverschuldung 2009. Japan. http://www.staatsverschuldung.de/japan.htm, S. 1-2. Stand: 8.4.2010.

Staatsverschuldung 2010. Schuldenuhr. http://www.staatsverschuldung.de/schuldenuhr.htm, S. 1-2. Stand: 8.4.2010.

Statistikamt der Volksrepublik China (Hrsg.) 2001. Statistisches Kommuniqué über die volkswirtschaftliche und gesellschaftliche Entwicklung 2000. http://www.china.com.cn/de-tongji/1.htm, S. 1-2. Stand: 24.4.2006.

Staatliches Statistikamt der Volksrepublik China (Hrsg.) 2002. Staatliches Kommuniqué über die volkswirtschaftliche und gesellschaftliche Entwicklung 2001. http://german.china.org.cn/de-tongji/index_2001.htm, S. 1-2. Stand: 24.4.2006.

Statistisches Bundesamt (Hrsg.) 2005. Statistisches Jahrbuch 2005. Für das Ausland, S.1-425, ausland2005.pdf.

Statistisches Bundesamt 2010. Erwerbstätigenrechnung. http://www.destatis.de/jetspeed/portal/cms/Sites/destatis/Internet/DE/Content/Statistiken/Arbeitsmarkt/Erwerbstaetige/Tabellen/Content50/InlaenderInlandskonzept,templateId=renderPrint.psml, S. 1-1. Stand: 13.4.2010.

Stegemann, Thorsten 2008. Kinderarmut in Deutschland. http//www.heise.de/bin/tp/issue/r4/dl-artikel2.cgi?artikelnr=28021&mode=print, S. 1-3. Stand: 22.07.2009.

tagesschau 10.11.2008. Konjunkturprogramm in China: Die Werkbank der Welt im Abwärtssog. http://tagesschau.de/ausland/konjunkturprogramm134.html., S. 1-1.

taz.de 2009. Die Welt wird arbeitslos. 40.000.000 Chinesen ohne Job. http://www.taz.de/1/archiv/print-archiv/printressorts/digi-artikel/?ressort_sw&dig=2009%2F=2%2F27%2Fa=115&cHash=ff357fe56f, S. 1-4. Stand: 16.2.2010.

„Toyotismus“ http://www.thur.de/philo/toyotismus2.htm, S. 1-6. Stand: 27.2.2003.

Trenkle, Norbert 1996. Die Entwertung des Werts. Über die krisenhafte Durchsetzung des Wertgesetzes auf dem Weltmarkt, S. 1-7. http://www.giga.or.at/others/krisis/n_tr. . . ntwertung-des-werts_wegundziel_1996.html, S. 1-7, Stand: 24.9.2002.

Trenkle, Norbert 6/1998. Was ist der Wert? Was soll die Krise? Überarbeitung eines Referats, gehalten am 24. Juni 1998 an der Universität Wien, S. 1-9. http://www.giga.or.at/others/krisis/n-trenkle_was-ist-der-wert.html, S. 1-9. Stand: 24.9.2002.

USAF o. J. U. S. Air Force. http://www.1sa1.com/usairforce.php, S. 1-2. Stand: 19.3.2010.

United States Air Force 2010. Posture Statement. http://www.posturestatement.af.mil/index.asp, S. 1-14. Stand: 23.3.2010.

United States Navy 2010. Fact File. http://www.navy.mil/navydata/fact_display.asp?ccid=4100&tid=100&ct=4, S. 1-2. Stand: 23.3.2010.

U. S. Marines Corps o. J. U. S. Marine. http://www.1sa1.com/usmarines.php, S. 1-2. Stand: 19.3.2010.

U.S. National Debt Clock, http://brillig.com/dept_clock, S. 1-3. Stand 13.3.2007.

U. S. National Debt Clock: Real Time 2010. http://www.usdebtclock.org/ S. 1-1. Stand: 8.4.2010.

Vincenzo, Rosso 2008. China auf dem Weg zu Streikrecht und Tarifverträgen? In: Telepolis, 8.7.2008, S. 1 http://www.heise.de/bin/tp/issue/r-4/dl-artikel2.cgi?aetikelnr=28258&mode=print, S. 1-2. Stand: 5.8.2008.

vitanet.de o. J. Kalorien- und Energiegehalt von Lebensmitteln. http://www.vita.net.de/html/download/kaloriengehalt_von_lebensmitteln.pdf, S. 1-6.

Waffenhq. o. J. Die Flugzeugträger der US Navy. http://www.waffenhq.de/specials/usntraegerliste.htm, S. 1-8. Stand: 23.3.2010.

Welthungerhilfe o. J. Die Getreidepreise bleiben hoch - Maßnahmen zum Schutz der Ärmsten sind nötig. http://www.welthungerhilfe.de/getreidepreise-bleiben-hoch.html#PRINTPREV_TRUE, S. 1-2. Stand: 10.8.2009.

Welthungerhilfe o. J. Hunger durch Biokraftstoff: Biokraftstoffproduktion lässt Lebensmittelpreise steigen. http://www.welthungerhilfe.de/biokraftstoff-lebensmittelpreise.html.#PRINTPREV_TRUE, S. 1-1, Stand: 10.8.2009.

Welthungerhilfe 2006. Weltweit hungern über 850 Millionen Menschen. http://www.welthungerhilfe.de/grafik-weltweites-hungern.html#PRINTPREV=TRUE, S. 1-1. Stand: 10.8.2009.

Welthungerhilfe 2006. Wettlauf um Nahrung und Ackerflächen. http://www.welthungerhilfe.de/nahrung-ackerflaechen.html#PRINTPREV=TRUE, S. 1-2. Stand: 10.8.2009.

Welthungerhilfe 2008. Jeder 7. Mensch hungert, obwohl es statistisch überall genug Nahrung gibt. http://www.welthungerhilfe.de/jeder-siebte-mensch-hungert.html#PRINTPREV=TRUE, S. 1-2. Stand: 10.8.2009.

Welthungerhilfe 2008. Weiterhin hohe Agrarsubventionen der Industrieländer - Umschichtungen anstelle von Kürzungen. http://www.welthungerhilfe.de/industrielander-agrarsubventionen.html#PRINTPREV=TRUE, S. 1-2. Stand: 10.8.2009.

Welternährungskrise 2008. foodwatch kritisiert: EU subventioniert Welthunger. http://foodwatch.de/kampagnen_themen/welternaehrungskrise/index_print_ger.html, S. 1-1. Stand: 23.4.2008.

WeltOnline 2008. China hat Militäretat in fünf Jahren fast verdoppelt. http://www.welt.de/politik/article1756905/China_hat_Militaeretat_in_fuenf_Jahren_fast_verdoppelt.html?print=yesreqdrucken, S. 1-2. Stand: 12.3.2010.

Wen Dale 2007. Wie China die Globalisierung bewältigt. Ein kritischer Blick auf die Reformpolitik seit 1978. Mit einer Einleitung von Kerstin Kupfer. http://www.asienhaus.de/public/archiv/focus28.pdf, S. 1-64.

Wen Jiabao 2005. Report on the Work of the Government (2005). (Delivered at the Third Session of the Tenth National People‘s Congress on March 5, 2005). http://english.gov.cn/official/2005-07/29/content_18351.htm, S. 1-12. Stand: 19.9.2008.

Wen Jiabao 2006. Report on the Work of the Government (2006). (Delivered at the Fourth Session of the Tenth National People‘s Congress on March 5, 2006).

http://english.gov.cn/official/2006-03/14/content_227248.htm, S. 1-14. Stand: 20.7.2008.

Wen Jiabao 2007. Report On The Work Of The Government. Delivered at the Fifth Session of the Tenth National People's Congress on March 5, 2007, Wen Jiabao, Premier of the State Council. http://english.gov.cn/2007-03/16/content_552995.htm, S. 1-15. Stand: 20.7.2008.

Wen Jiabao 2008. Report on the work of the Government. Delivered at the First Session of the 11th National People's Congress on March 5, 2008. http://english.gov.cn/official/2008-03/20/content_924600.htm, S. 1-17. Stand: 20.7.2008.

Wen Jiabao 2009. Report on the Work of the Government (2009). Delivered at the Second Session of the Eleventh National People's Congress on March 5, 2009. http://english.gov.cn/official/2009-03/14/content_1259415.htm, S. 1-14. Stand: 14.3.2009.

„Wir müssen die Arbeiterbewegung in China aufbauen!" Interview mit May Wong (Globalization Monitor, China/Hong Kong). Interview: Alexandra Weltz, Übersetzung aus dem Englischen: Eva Völpel. http://www.labournet.de/branchen/medien-it/wong.pdf, S.33-38.

Wirtschaftswachstum korreliert nicht mit Beschäftigung. http://german.china.org.cn/archive2006/txt/2006-09/07/content_2258564.htm, S. 1-2. Stand: 17.4.2008.

Wong, Staphany 2009. Auswirkungen der Finanzkrise auf Arbeitsbedingungen in China, 5. März 2009, übersetzt von Anne Scheidhauer. http://www.labournet.de/internationales/cn/wong1.pdf, S. 1-6.

WOZ. Die Wochenzeitung 2007. Das Ende der großen Solidarität. http://www.woz.ch/artikel/print_15529.htmlk, S. 1-5. Stand: 6.11.2007.

Xinhua News Agency 2009. Coal mine gas accidents leave 13 dead in China. http://xinhuanet.com/english/2009-10/09/content_12199500.htm, S. 1-2. Stand: 21.12.2009.

Xinhua News Agency 2009. Deaths from coal mine gas explosions drop in China, but still too many. http://www.news.xinhuanet.com/english/2009-12/03/content_125848.htm, S. 1-1. Stand: 21.12.2009.

Xinhua 2009. China trains more than 12 mln construction migrant workers. http://news.xinhuanet.com/english/2009-06/28/content_11613977.htm, S. 1-1. Stand: 16.2.2010.

Xinhua 2010. Consecutive No. 1 central target rural issues. http://news.xinhuanet.com/english2010/china/2010-02/01/c_13158948.htm, S. 1-3. Stand: 2.2.2010.

Xiù Cai 2004. Erster Xiù Cai (im Original in chinesischen Schriftzeichen) - Versuch über die chinesischen Schulden. In: Xiù Cai 2004, Nr. 25, 30.1.2004. http://xiucai.oai.de/XiuCai/XiuCaiNo25.pdf. S. 1-20.

Xiù Cai 2004. Aus einem Funken kann ein Steppenbrand entstehen. In: Xiù Cai 2004, Nr. 34, 12.6.2004, S. 11-15. http://xiucai.oai.de/XiuCai/XiuCaiNo34.pdf, S. 1-22.

Xiù Cai 2004. Deutschland lernt von China (4). Golf-Geschäfte. In: Xiù Cai 2004, Nr. 30, 8.4.2004, S. 17-18. http://xiucai.oai.de/XiuCai/XiuCaiNo30.pdf, S. 1-22.

Xiù Cai 2007. China im (Schau) Bild (1), Nr. 86, 19.1.2007, S. 1-26. http://xiucai.oai.de/XiuCai/XiuCaiNo86.pdf, S. 1-26.

Xiù Cai 2007. Der Zustand Chinas nach 57 Jahren autokratischer Herrschaft. Dornensavanne . . . Vorstufe zur Halbwüste. In: Xiù Cai 2007, China im (Schau) Bild (1), Nr. 86, 19.1.2007, S. 11. http://xiucai.oai.de/XiuCai/XiuCaiNo86.pdf, S. 1-26.

Xiù Cai 2007. 23. Nicht mehr Polen, sondern China liefert die Erdbeeren in die EU. In: Xiù Cai 2007, China im (Schau) Bild (1), Nr. 86, 19.1.2007, S. 12. http://xiucai.oai.de/XiuCai/XiuCaiNo86.pdf, S. 1-26.

Xiù Cai 2007. China im (Schau) Bild (1). 29. Schöne Grüße aus China: CO_2Ausstoß 1971 - 2003, S. 16. In: Xiù Cai, Nr. 86, 19.1.2007, S. 1-26. http://xiucai.oai.de/XiuCai/XiuCaiNo86.pdf, S. 1-26.

Xiù Cai 2007. China im (Schau) Bild (1). 42. Abwasser 1, S. 22. In: Xiù Cai, Nr. 86, 19.1.2007, S. 1-26. http://xiucai.oai.de/XiuCai/XiuCaiNo86.pdf, S. 1-26.

Xiù Cai 2007. China im (Schau) Bild (1). Abwasser 2, S. 23. In: Xiù Cai, Nr. 86, 19.1.2007, S. 1-26. http://xiucai.oai.de/XiuCai/XiuCaiNo86.pdf, S. 1-26.

Xiù Cai 2007. China im (Schau) Bild (2) 2007. In: Xiù Cai 2007, Nr. 87, 20.2.2007, S.1-16, http://xiucai.oai.de/XiuCai/XiuCaiNo87.pdf. S. 1-16.

Xiù Cai 2007. China im (Schau) Bild (2) 2007. Nr. 9, S. 4-5. In: Xiù Cai 2007, Nr. 87, 20.2.2007, S.1-16, http://xiucai.oai.de/XiuCai/XiuCaiNo87.pdf, S. 1-16.

Xiù Cai 2007. China im (Schau) Bild (3) 2007. In: http://xiucai.oai.de/XiuCai/XiuCaiNo88.pdf, S. 1-13.

Xiù Cai 2007. China im (Schau) Bild (3) 2007, Nr. 88, 21.2.2007. Nr. 60-63, S. 7-7. In: http://xiucai.oai.de/XiuCai/XiuCaiNo88.pdf, S. 1-13.

Xiù Cai 2007. China im (Schau) Bild (4) 2007. In: http://xiucai.oai.de/XiuCai/XiuCaiNo89.pdf, S.1-12.

Xiù Cai 2007. China im (Schau) Bild (4) 2007, S. 2. In: Xiù Cai 2007, Nr. 89, 21.2.2007. http://xiucai.oai.de/XiuCai/XiuCaiNo89.pdf, S. 1-12.

Xiù Cai 2007. China im (Schau) Bild (5), 115. Zeitungen, Herausgeber-Ebene, 2005. In Xiù Cai Nr. 90, 22.2.2007. http://xiucai.oai.de/XiuCai/XiuCaiNo90.pdf, S. 1-14.

Xiù Cai 2007, Nr. 91, 16.4.2007, S. 4. http://xiucai.oai.de/XiuCai/XiuCaiNo91.pdf, S. 1-17.

Xiù Cai 2007. Der Preis des Booms. Die Vernichtung der chinesischen Umwelt auf einen Blick. In: Xiù Cai, 16.4.2007, Nr. 92, S. 4-9. http://xiucai.oai.de/XiuCai/XiuCaiNo92.pdf, S. 1-17.

Xiù Cai 2007. Huainan, S. 15-16. In: Xiù Cai, Nr. 97, 4.10.2007, http://xiucai.oai.de/XiuCai/XiuCaiNo97.pdf, S. 1-17.

Yao Xianbian 2003. Infrastructure and Poverty Reduction - Making Markets Work for the Poor. http://www.adb.org/Documents/EDRC/Policy_Briefs/PB014.pdf, S. 1-9.

Yearly Report of Taiwan‘s Agriculture > 2007 > Summary. http://eng.coa.gov.tw.content_print.php?catid=17882, S. 1-3. Stand: 24.7.2009.

Zhao Zhijun/Kanamori, Toshiki 2007. Infrastructure and Regional Development in the People's Republic of China, ADB Institute Discussion Paper No. 69, June 2007. http://adbi.adb.org/files/dp69.prc.infrastructure.regional.dev.pdf, S. 1-46.

ZEITONLINE AUSLAND 2009. Herr Lu, Herr Li und die Krise. http://www.zeit.de/2009/07China?page=all&print_true, S. 1-9. Stand: 16.2.2010.

ZEITONLINE 2010. China erhöht Militäretat um 7,5 Prozent. http://www.zeit.de/newsticker/2010/3/4/iptc-bdt-20100404-61-24104764xml?page=all&print=true, S. 1-1. Stand: 10.3.2010.

Zhu Rongji 2001. Report on the Outline of the Tenth Five-Year Plan for National Economic and Social Development (2001). (Delivered at the Fourth Session of the Ninth National People's Congress on March 5, 2001). http://english.gov.cn./official/2005-07/29/content_18334.htm, S. 1-11. Stand: 19.9.2008.

Zhu Rongji 2002. Report on the Work of the Government (2002). Delivered at the Fifth Session of the Ninth People's Congress on March 5, 2002). http://english.gov.cn/official/2005-07/29/content_18337.htm, S. 1-11. Stand: 19.9.2008.